国際法の人権化

阿部 浩己

国際法の人権化

学術選書
126
国際人権法

信山社

は　し　が　き

　本書は，私の4作目の論文集である。1998年に刊行した第1作目のタイトルが『人権の国際化』であったのに対して，本書には『国際法の人権化』というタイトルをあてた。「人権」と「国際」という2つの言葉の順序を入れ替えただけのようにも見えようが，私はそこに，国際法の構造あるいは価値的枠組みの基底的変化を投射する含意を込めたつもりである。

　国際法は，前世紀にあって，国家間の関係を規律する法として概念構成されることが多かった。国際法が妥当する国際社会も，当然ながら，国家を基本単位とする水平で脱中心的・アナーキカルな関係から成るものとして特徴づけられた。だが，現実政治の変容も受けて，国際法学は，しだいにこうした認識枠組みをさまざまな角度から切り崩す言説によって彩られていく。国家に対しては非(脱)国家，水平に対しては垂直，脱中心に対しては集権，アナーキーに対してはヒエラルキーといった対抗概念が提示され，両者の関係性が少なからず後者に重きをおくものに転じていった。

　こうした国際法の言説変容を強力に推進してきたのが人権である。前世紀中葉まで国際法の域外かせいぜい周縁に位置づけられるにすぎなかった人権は，1990年代以降に主流化の対象となり，現在では国際法の中心部に位置するようになったといってよい。その変化は劇的ですらある。私自身が大学院の博士後期課程に入り研究者の道を踏み出そうと考えていた1980年代前半とはまったく異なる風景が広がっている。国際法を通じて人権の実現をはかろうとする潮流が，いまや国際法自体の人権化を促すまでになっている。

　日本でもそうであるように，国際法学の主流思想／方法論はリベラリズム／実証主義といってよい。リアリストとは違って，法の現実的効能を説くこのアプローチにとり，人権を推進因とする国際社会の垂直化は，法の支配を実現する歓迎すべき事象にほかなるまい。「共存」や「協力」の次元を超えて，国際共同体全体の利益を担う超越的な仕組みを整備することは，国際法の進化であり，進歩の証というべきものなのであろう。

　2010年に著した『国際法の暴力を超えて』では，そうした国際法の進歩史

はしがき

観を根源的に批判する議論を提示した。リベラル／実証主義アプローチへの違和感をぬぐいきれないのは，圧倒的なまでに不均衡な権力構造をその考察の射程から放擲しているからにほかならない。文明，開発，民主主義，法の支配と，時代によって用いられる言葉こそ異なれ，根幹において変わらぬ支配的な価値（新／植民地主義）が一貫して国際法のありかたを規定してきているのではないかという思いが私にはある。人権についても，解放言説としての可能性を最大化する意義をいっかな疑うものではなく，現にそうした観点からの小論を本書にも収録しているものの，その一方で，グローバル化が進み行く今日，人権と権力（新／植民地主義）との密接なかかわりについての批判的な視座を欠かしてはならないという思いもますます強くなっている。

　そうした想念をうまくすくいとってくれるのがフェミニスト・アプローチであり，第三世界アプローチであり，批判的アプローチであった。多彩なアプローチが国際法学のなかで培われてきたことは，私にとってなによりの幸いである。『国際法の暴力を超えて』ではそれらの知見を全面的に展開したが，本書にも，こうしたアプローチの果実が随所に見て取れるのではないかと思う。なお，収録した小論は，必要最小限度の修正を加えたほかは原則として初出のままにしてある。ただし，第15章のみ，初出時に大幅に削除せざるをえなかった箇所を元に戻してあることをお断りする。

＊　　　＊　　　＊

　本書と時期を同じくして刊行される『国際人権を生きる』（信山社）には，国際法や国際人権法について，ここ数年の間に発表してきた評論やエッセイを収録した。評論集としては，2008年に刊行した『抗う思想／平和を創る力』に続く2冊目のものである。本来であれば，同書とともに本書ももっと早くに江湖に問えたのだが，私自身の宿痾ともいうべき怠慢により刊行が予定より大幅に遅れてしまった。もっとも，遅れたのには，もう1つ，2013年秋に伊豆大島にある私の実家が大規模な土石流で全壊してしまったという事情も少しく与っている。

　本書には，2011年3月11日に勃発した福島第一原子力発電所の大規模な事故と国際法のかかわりについてしたためた小論も収めてある。福島の災害は放射能という特殊な要素を随伴していることもあって軽々に比較などできないが，

はしがき

　伊豆大島というところはこれまでも何度となく災害に見舞われてきたところであった。私が生を享けた年にも大きな災害（狩野川台風）があり，今般と同じように大量の土砂が家の中に流れ込んできた。臨月を迎えていた母は文字通り生と死のあわいをさまよったのだが，生への強い執着心に支えられてか，身重の体を消防団に助け出され，その5日後に私が生まれ出た（小さいときからこの話を何度となく聞かされてきたので，まるでそこに私自身がいたのではないかと錯覚するほどである）。その後も，街を軒並み焼き尽くす大火や三原山の噴火による全島避難などがあり，そして2013年秋に，多くの犠牲者を出す件の大事とあいなった。

　老齢の父が介護を受けながら1人暮らしだったこともあり，被災後は私の生活もだいぶ慌ただしくなってしまった。校正ゲラは早々と用意されて自宅の机の上に積まれていたのに，時間的にも精神的にも目を通す余裕がまったくなく，手をつけられるようになったのはようやく2014年の新学期を迎えてからであった。その間，信山社には辛抱強く待っていただいた。たいへん申し訳なく思うとともに，そうした事情のなかで，本書を出版にまで導いていただいたことに心から感謝の意を表するしだいである。

2014年6月

阿　部　浩　己

目　次

はしがき

第1部　国際法の言説構成

1　国際法の人権化 …………………………………………………5
　　Ⅰ　一般国際法と人権法 (5)
　　Ⅱ　人権義務の「特殊性」と国際共同体の構築 (9)
　　Ⅲ　倫理的転回の諸相 (15)
　　Ⅳ　人権のポリティクス (28)

2　原子力災害と人権 ………………………………………………37
　　Ⅰ　「不運」と「不正義」の間──災害言説の変容 (37)
　　Ⅱ　核の平和利用への国際的対応 (40)
　　Ⅲ　原子力災害への人権アプローチ (47)
　　Ⅳ　フクシマと人権 (56)
　　Ⅴ　原子力と国際人権保障 (65)

第2部　グローバリゼーションの中で

3　グローバリゼーションと国際人権法 …………………………75
　　Ⅰ　グローバリゼーションの時代風景 (75)
　　Ⅱ　国際人権法の〈大きな物語〉(78)
　　Ⅲ　脱構築の営み (82)
　　Ⅳ　闘いのアリーナ (84)

4　カナダに見る拷問禁止規範の揺らぎ …………………………87
　　Ⅰ　アラル事件 (87)
　　Ⅱ　恐怖からの自由 (88)
　　Ⅲ　非人間化の実景 (96)
　　Ⅳ　国際人権の深層へ (102)

目　次

5　〈文明化の使命〉と難民の現在 …………………………………107
　　Ⅰ　国際難民レジームの系譜学 (107)
　　Ⅱ　難民ラベルの断片化 (110)
　　Ⅲ　難民の封じ込め (114)
　　Ⅳ　難民から強制移動へ――新しい人道主義の相貌 (119)

6　〈人類の敵〉海賊――国際法の遠景―― ………………………127
　　Ⅰ　境界の揺らぎ (127)
　　Ⅱ　共同体の構築 (130)
　　Ⅲ　構成要件・瞥見 (134)
　　Ⅳ　国際共同体の構築 (138)

第3部　ジェンダーの領野

7　国際法におけるフェミニスト・アプローチ ………………145
　　Ⅰ　オスカーへのフェアウェル (145)
　　Ⅱ　2つの目標に向けた発掘作業 (151)
　　Ⅲ　ドメスティック・イデオロギー (161)
　　Ⅳ　境界を引き直す (170)

8　国際法とジェンダー――国家，権力，平和への視座―― ………179
　　Ⅰ　はじめに (179)
　　Ⅱ　フェミニスト・アプローチの相貌 (180)
　　Ⅲ　国家と権力 (185)
　　Ⅳ　国際の平和と安全 (192)
　　Ⅴ　おわりに (199)

9　国際法／暴力／ジェンダー ……………………………………203
　　Ⅰ　暴力の諸相 (203)
　　Ⅱ　自衛のための暴力 (205)
　　Ⅲ　集団安全保障という暴力 (209)
　　Ⅳ　脱暴力へ (212)

目　次

10 「慰安婦」訴訟・再考
　　——国際法の歴史／歴史の中の国際法—— ················· *217*
　　Ⅰ　歴史の再審と過去の克服 (*217*)
　　Ⅱ　法廷に提示された国際法史観 (*221*)
　　Ⅲ　過去との対話に果たす国際法の役割 (*227*)
　　Ⅳ　国際法の実現と司法の機能 (*230*)

第4部　人権条約の位相

11　自由権規約 ——表現の自由の境界—— ················· *239*
　　Ⅰ　は じ め に (*239*)
　　Ⅱ　規範的潮流 (*241*)
　　Ⅲ　規範的形姿 (*246*)
　　Ⅳ　ジェンダーの視座 (*262*)

12　難民条約 ——迫害の相貌—— ······················· *269*
　　Ⅰ　は じ め に (*269*)
　　Ⅱ　迫害の「国際的意味」(*272*)
　　Ⅲ　国際人権基準への連結 (*276*)
　　Ⅳ　迫害の解析 (*280*)
　　Ⅴ　国家の保護 (*288*)

13　障害者権利条約 ——権利義務の構造—— ············· *293*
　　Ⅰ　は じ め に (*293*)
　　Ⅱ　障害者排除の力学 ——二分法言説の実相 (*295*)
　　Ⅲ　平等から多元性の承認へ (*299*)
　　Ⅳ　お わ り に (*305*)

14　女性差別撤廃条約 —— CEDAW の挑戦—— ········· *307*
　　Ⅰ　条約の規範構造 (*307*)
　　Ⅱ　周縁から主流へ (*311*)
　　Ⅲ　報告審査と一般的勧告 (*315*)

xi

目　次

　　　　Ⅳ　個人通報と調査手続き (*319*)
　　　　Ⅴ　お わ り に (*324*)

第5部　国際法学・批評

15　国際社会の法構造
――【書評】国際法外交雑誌103巻4号（2005年）―― ……………*329*
　　　　Ⅰ　「責任」の意味するもの (*329*)
　　　　Ⅱ　「人権」が覆い隠したもの (*331*)
　　　　Ⅲ　「平和」という介入 (*336*)
　　　　Ⅳ　自由主義／実証主義の相貌 (*341*)
　　　　Ⅴ　境界を超える (*347*)

初出一覧 (*352*)
事項索引 (*353*)

国際法の人権化

◆第1部◆

国際法の言説構成

1 国際法の人権化

I 一般国際法と人権法

　一般国際法に対する人権の影響をめぐる議論は，これまでのところ，主に一般国際法と国際人権法（人権法）の関係性をめぐって展開されてきた。その後背をなしてきたのは国際法の断片化 fragmentation への危惧にほかならない。国際法秩序が高度に専門化された一群の自己完結的なレジームに分裂してしまうことへの懸念である(1)。断片化と対比される概念はむろん一体化（統合）ということだが，断片化への懸念はその対義概念である統合を肯定的に評価する価値判断の下に展開されてきている。その意味合いについては後に論ずることとして，以下ではまず，一般国際法秩序への人権の影響を実証的に検討することから始めたい(2)。

　2008年の国際法協会（ILA）リオデジャネイロ会期で採択された「一般国際法に対する人権法の影響に関する最終報告書」(3)では，人権法と一般国際法の

---

(1) See *Report of the Study Group on Fragmentation of International Law: Difficulties Arising from the Diversification and Expansion of International Law*, UN Doc. A/CN. 4/L. 682, 13 April 2006.

(2) 本稿において，国際人権法（人権法）という語は個人に対して直接に権利または義務を付与する国際法分野の総称として広義に用いる。また一般国際法は，妥当範囲において一般的な射程を有する国際法制度として理解する。ちなみに，一般国際法に対する人権法の影響について論じた ILA 最終報告書では，条約法や国家責任法が一般国際法を代表する制度として例示されている（Menno T. Kammurga, "Final Report on the Impact of Human Rights Law on General International Law," in Kamminga and Martin Scheinin. (eds.), *The Impact of Human Rights Law on General International Law* (Oxford University Press, 2009), p. 2）。本稿で用いる「国際法の人権化」という表現は，アーノルド・プロント（Arnold Pronto, "'Human-Rightism' and the Development of General International Law," *Leiden Journal of International Law*, Vol. 20 (2007), pp. 753-765）と，human right-ization of global politics という語・概念を用いる大沼保昭の知見に着想を得て，人権・民主主義という倫理的・道徳的価値を湛えた言説が公然と国際法務の前面に押し出される事象を総称していうものとする。

(3) Kamminga, *supra* note 2.

5

第1部　国際法の言説構成

関係について，大別すると2つのアプローチが認められるとして，断片化アプローチ fragmentation approach と調和アプローチ reconciliation approach が紹介されている。前者は人権法の特殊性を強調し一般国際法の少なくとも一部の適用を拒否する立場であり，後者は，人権法を一般国際法の一部に位置づけ，両法を可能なかぎり調和させようとする立場である。報告書の作成にあたった委員会は，全員一致で調和アプローチが好ましいとする認識であった[4]。

その一方で，人権法と一般国際法の関係については3つの学派の対立が見られるという分析もある[5]。それらは，伝統主義者 traditionalists，自律論者 autonomists，そして穏健な発展論者 moderated evolutionists に分けられる。伝統主義的見解は，一般国際法の伝統的概念の枠内に国際人権法を収斂させて国際法の一体性を確保しようとする。その代表格はおそらくアラン・ペレであろう。ペレは，あらゆるコストを払って人権法の自律を欲する姿勢を人権主義 human rightism と称したうえで，人権法の特殊性に依拠して一般国際法の適用を避けようとする人々と，ハード・ローの認定にあたって根拠なき「希望的観測」に走る人権法の専門家たちを最も危険な存在と位置づける[6]。

これに対して自律論者は，伝統的な国際法の概念が人権の保護を阻む障害であると見る。この立場を押し出してきた代表的論者は米州人権裁判所長官から国際司法裁判所（ICJ）裁判官に転進したカンサード・トリンデードである。もっとも，彼は人権法の自律性を推進する立場を超えて，国際法の人間化 humanization という国際法のパラダイム転換まで唱導している点で特徴的である。国際法は「もはや国家中心的ではなく，人間および人類全体の保護と願望の充足に向けた」新しいユス・ゲンチウムになるべきとして，きわめてラディカルにも実証主義的態度の拒絶と「普遍的良心 universal conscience」に照らした国際法の再構築を説く[7]。

---

(4) *Id.*, pp. 1-2.
(5) J. -F. Flauss, "Rapport general: La protection des droits de l'homme et les sources de droit international," in *La protection des droits de l'homme et l'evolution du droit international* (Societe Francaise pour le Droit International ed. Pedone, 1998), pp. 13-14, quoted in Frederic Vanneste, *General International Law Before Human Rights Courts: Assessing the Specialty Claims of International Human Rights Law* (intersentia, 2010), p. 11.
(6) Alain Pellet, "Human Rightism and International Law," *Italian Yearbook of International Law*, Vol. 10 (2000), pp. 3-16. See also, Vanneste, *supra* note 5, p. 13.

両者の中庸をいくのが穏健な発展論者である。その中にはテオドア・メロンが含まれる。この立場は、一般国際法と人権法の相互補完性を説き、可能な限り一般国際法にもとづく人権法の適用を求めるとともに、場合によっては人権の要請に沿って一般国際法の伝統的概念を再解釈するよう要請する[8]。

　こうした立場の違いは論者の思想の違いを反映したものではあるが、一般国際法が字義通り一般法であるのに対して、人権法が特別のあるいは特殊な法分野として位置づけられている点はすべての立場に共通している。いかなる意味で特殊・特別なのかについては議論がある[9]とはいえ、こうした一般／特別（特殊）という両者の位置関係を前提にしながら、本稿では、「特別（特殊）」の位置を与えられてきた人権法（あるいは人権法を支える人権概念）が一般国際法に対してどのような影響を与えてきたのかという視点に立って議論を進めていく。

　その際、なにより指摘しておかなくてはならないのは、一般国際法と人権法のかかわりについて論者による認識の違いがあるにしても、人間の尊厳あるいは個人の利益を第一義的な保護法益に据える人権法が、第二次世界大戦後に生成し発展を遂げるなかにあって、その拠り所を常に国際法に求めてきたことは紛れもないということである。実際のところ、ホロコーストを経た世界にあって人権を国際化するには、グローバルな次元で存在していた法体系に依拠する以外の選択肢はなかったといってよい。国際法のみが国家を「上から」拘束し、各国内の法実践を変革しうるものであったからである[10]。だがその国際法は、

---

[7] A. A. Cançade Trindade, "International Law for Humankind: Toward a New *Jus Gentium*," *Recueil des Cours* 2005, Vols 316, 317. *Jurisdictional Immunities of the State (Germany v. Italy: Greece Intervening)*, Judgment of 3 February 2012 において示された反対意見にそうした国際法観が顕著に表出している。
http://www.icj-cij.org/docket/index.php?p1=3&p2=2&case=143.

[8] Theodor. Meron, "International Law in the Age of Human Rights", *Recueil des Cours* 2003, Vol. 301. See also, Theodor Meron, *The Humanization of International Law* (Martinus Nijhoff Publishers, 2006).

[9] 国際法の断片化に関するILC（国連国際法委員会）報告書に倣うなら、「特別」と「一般」との関係は、大きくは、次のいずれかに整理できる。1つは、一般的基準が特定の文脈で精錬されている事態を「特別」とみる見方、もう1つは、「特別法は一般法を破る」という法諺が示すように、一般的基準の修正・逸脱を「特別」とみる見方である。*Report of the Study Group on Fragmentation of International Law: Difficulties Arising from the Diversification and Expansion of International Law*, UN Doc. A/CN. 4/L. 644, 18 July 2003, para. 21; A/CN. 4/L. 682, 13 April 2006, paras. 56, 57.

第1部　国際法の言説構成

けっして人権に親和的というわけではなかった。国際法の伝統的な在り様について，たとえば，常設国際司法裁判所（PCIJ）はこう述べている[10]。

> 国際法は独立国家間の関係を規律する。諸国を拘束する法規は，したがって諸国の自由な意思に由来する。その意思は，条約において，または，法原則の現れとして一般に認められた慣行であって，共存する独立した共同体間の関係を規律するためにもしくは共通の目的を達成するために確立されたものにより表明される。

　国際法の根幹は国家主権とその実効的な行使におかれ，国家（政府）の意思こそが国際法の拘束力の淵源とされてきた。そのため，国家による権力行使の制御を求める人権の基本的要請が，国家主権の確保に向けられた国際法の根本原理との摩擦・軋轢を生じさせることは半ば必然的な帰結ともいえた。だがその軋轢は，改めて言挙げするまでもなく，一般国際法制度との接合を続ければこそ生じえたものであり，人間の尊厳と国家意思との相克を理由に人権法が一般国際法の諸制度を直截に拒絶するようなことはけっしてなかった。一般国際法からの離脱は，たとえそれが哲学的・倫理的な観点から歓迎されることがあるにせよ，人権法の法的規範性を弱めてしまい，ひいては人権法が拠り所とすべき国際法そのものの実効性を毀損することにもなりかねないことは十分に承知されていたといってよい[12]。

　ブルーノ・シンマが分析するように，一般国際法と人権法の分断は，一方では一般国際法の伝統的在り様を問い直さぬ主流国際法学者と，他方では「自らの望ましい政策的立場を支持するために厳格さを欠いた法的分析を行う」ことで良しとしてきた国際人権法学者の共同作業によって増幅され[13]，また，ICJ

---

(10) Frédéric Mégret, "Nature of Obligations," in Daneil Moeckli, Sangeeta Shah, Sandesh Sivakumaran and David Harris (eds.), *International Human Rights Law* (Oxford University Press, 2010), p. 125.

(11) *The Case of the S. S. "Lotus" (France v. Turkey)*, Judgment of 7 September 1927, P. C. I. J. Series A No. 10, p. 18.

(12) Martin Scheinin, "Impact on the Law of Treaties," in *The Impact of Human Rights Law on General International Law, supra* note 2, pp. 28-29.

(13) Bruno Simma, "International Human Rights and General International Law: A Comparative Analysis," in *Collected Courses of the Academy of European Law*, Vol. IV (1995), pp. 153-236.

の人質事件を契機に提示された「自己完結的レジーム self-contained regime」の概念によっていっそう煽られてきた[14]ところもあるのかもしれない。しかし両者の規範的現実は前出 ILA 最終報告書がいうように，「双方向的」な作用を強めており[15]，国際人権擁護機関が一般国際法を援用して判断を下すことがいまや通例であるように，一般国際法の代表的担い手たる ICJ や国連国際法委員会（ILC）にも，人権法あるいは人権概念の影響が少なからずみられるようになっている。

II 人権義務の「特殊性」と国際共同体の構築

　西洋の法文化を出自としている国際法が世界化をなしとげられた主要な要因の一つは，法規範の抽象性・普遍性にあったとされる[16]。国際法は外観上は中立性を備えた法的器を提供するにとどまり，その内にどのようなものを入れ込むのかは各国の自由とされてきた。たとえば，一般国際法の中核をなす条約法についてみるに，あらゆる分野に妥当する条約という器のあり方に主眼をおいて定式化がなされていることがわかる。むろん，そこに仮託されていたのが国家主権の最大化という要請であったことは既に示したとおりだが，ともあれ，そうした形式主義 formalism の唱導は，主権国家として立ち上げられた非西洋文化圏への国際法の浸潤を促す動力にもなってきた。
　形式に重きをおく伝統的な国際法の作法からすると，人権は国家間の合意内容がたまたま人権に関わっているものにすぎず，そこに，特段の有意性はないということになる。ところが，人権条約は個人や集団の利益の擁護を目的にしていることから，伝統的な条約とは違って，国家権力を規制し，国際法における権力制御の正統化モデルを提供するものとして制定される[17]。マシュー・

---

(14) Pierre Marie Dupuy, "The Danger of Fragmentation or Unification of the International Legal System and the International Court of Justice," *New York University Journal of International Law and Policy*, Vol. 31 (1999), pp. 791-807.

(15) Kamminga, *supra* note 2, p. 2.

(16) Emmanuelle Jouanne, "Universalism and Imperialism: The True-False Paradox of International Law," *European Journal of International Law*, Vol. 18 (2007), p. 380.

(17) この認識を明瞭に打ち出すテソンは，「人権の遵守は，文明化された諸国の共同体に参加するための主要な要件である」と述べる。Fernando Tesón, *A Philosophy of International Law* (Westview Press, 1998), p. 7.

第1部　国際法の言説構成

クレイヴァンの言葉を借りるなら,「準憲法的な性格」を帯びるわけである[18]。しかも, 人権は「人間の固有の尊厳」に由来することから, 国家の合意に先立って存在し, 国家の合意によって自由に処分しうるものでもない[19]。このゆえに, 人権条約の締結は, 国の義務を新たに創設するのではなく, 単に宣言するにすぎないかのような感すら漂わせている。

この点は, 欧州人権条約上の義務について自動的な国家承継を認める欧州人権裁判所の判断に鮮明にうかがえる[20]が, 自由権規約(市民的及び政治的権利に関する国際規約)委員会も規約の承継に関して, ほぼ同様の立場をとってきている[21]。たとえば, カザフスタンのケースを例にとると, 同国が独立したのは1991年12月16日で, 自由権規約の署名と批准がそれぞれ2003年12月2日と2006年1月24日であった。しかし自由権規約委員会は, 条約の自動承継により, 同国が批准前に遡って独立時から一貫して規約の締約国であったという見解を示し, 次のように述べている。「承継の宣言は受領していないが——規約の元締約国の一部であった——当該国の領域内にいる人々は, 委員会の確立した先例に従って, 規約に掲げられた保証を引き続き受ける権利を有している」[22]。

---

[18] Matthew Craven, "Legal Differentiation and the Concept of the Human Rights Treaty in International Law," *European Journal of International Law*, Vol. 11 (2000), p. 493.

[19] 個人の国際法主体性にかかる文脈でこの点に留意するものに, 松井芳郎ほか『国際法[第5版]』(有斐閣, 2007年) 59-62頁[小畑郁執筆]。

[20] *E.g., Matter v. Slovakia, Application* No. 31534/96, Judgment of 5 July 1992; *Benackova v. Slovakia, Application* No. 53376/99, Judgment of 17 July 2003; *Skodakova v. Czech Republic*, Application No. 71551/01, Judgment of 21 December 2004.

[21] Menno T. Kamminga, "Impact on State Succession in Respect of Treaties," in *The Impact of Human Rights Law on General International Law, supra* note 2, pp. 102-106.

[22] UN Doc. A/59/40 (Vol. 1) Annex 1, note d. また, 人権が人間に属するものである以上, 人権条約からの離脱には強い制約がかかっており, 自由権規約のように明文の定めがない場合には, 条約からの離脱は法的に許容されないと見られるようになっている。「規約に掲げられた権利は締約国の領域に住む人々に帰属する。……人々がいったん規約に基づく権利の保護を与えられたならば, 締約国の政府が変更されようと, その保護は領域とともに移転し, 人々に帰属し続ける」とされる (HRC, General Comment 26, HRI/GEN/1/Rev. 9 (Vol 1) 222, para. 4)。ただし, 人権条約の自動承継については人権条約機関以外にいまだ広い支持を得ておらず, ICJもその慣習法性については判断を留保している。*Application of the Convention on the Prevention and Punishment of the Crime of Genocide*, (Preliminary Objections) *(Bosnia-Herzegovina v. Yugoslavia)*,

1 国際法の人権化

　一般国際法が条約という形式に焦点をあてるのに対して，人権法はその中身となる実質に関心を集中する。この形式と実質との緊張関係は，形式主義の内側に埋め込まれた主権擁護の要請とあいまって増幅されていくのだが，そうした事態を調整すべく召喚されたのが，人権条約あるいは人権義務の「特殊性」という議論である。こうして，人権条約あるいは人権義務は，一般国際法制度に依拠しつつも，その典型的な適用にはなじまないという言説が広まっていく[23]。

　特殊性の議論を支える人権義務の法的性格は次のように論じられる。伝統的な条約は当事国の合意によって成立し，その合意に参加しない第三者には原則として適用されない。これに対して人権条約は，合意に参加していない第三者（個人）を第一義的な受益者・権利の主体に設定している。そして，締約国は，他国との相互関係においてではなく，条約当事国全体，より具体的には個人との関係において義務の遵守を求められる。ICJ は，ジェノサイド条約への留保にかかる勧告的意見においてすでに締約国の意思の総和を超える，高次の目的を有する条約の存在を認めていた[24]が，こうした類型に人権条約がもっともよくあてはまることは，国際人権擁護機関の判断において繰り返し確認されてきているところである。それを最も明瞭に表現したのが米州人権裁判所の次の見解であろう[25]。

Judgment of 11 July 1996, ICJ Rep. 1996, p. 595, para. 23. 他方で，国家承継法の諸側面に関する ILA 委員会は，人権条約にも「条約の国家承継に関する一般的規則が依然として適用される」という見解である。"Conclusions of the ILA Committee on Aspects of the Law of State Succession", in *ILA Report of the Seventy-Third Conference* (2008), p. 43, para. 11. 安藤仁介もまた，関連事案の詳細な検討をもとに，自由権規約委員会の解釈を「度を過ぎた立法論的主張」と論難している。安藤仁介「条約承継条約と最近の国家実行――とくに自由権規約の承継に関連して」山手治之・香西茂編集代表『21世紀国際社会における人権と平和：国際法の新しい発展をめざして　上巻　国際社会の法構造――その歴史と現状』(東信堂，2003年) 257頁。

(23) Mégret, *supra* note 10, pp. 127-148.

(24) *Reservations to the Genocide Convention*, Advisory Opinion of 28 May 1951, ICJ Rep. 1951, p. 15, para. 23.

(25) OC-2/82, *The Effect of Reservations on the Entry into Force of the American Convention* (Arts 74 and 75), Inter-American Court of Human Rights, Series A No 2 (24 September 1982), paras. 29 米州人権裁判所はその見解を補強するために，続けて次のように述べる (*Id.*)。「これらの条約の別個の性格については，とくに欧州人権委員会によって認められてきている。同委員会は次のように言明する。「欧州人権条約において締約国が引き受ける義務は本質的に客観的性格のものであって，締約国自身の

第1部　国際法の言説構成

　　現代の人権条約一般とくに米州人権条約は，締約国の互いの利益のために権利の相互交換を達成する目的で締結される伝統的タイプの多国間条約ではない。その趣旨および目的は，国籍にかかわりなく，個々の人間の基本的権利を国籍国と他のすべての締約国双方から保護することにある。こうした人権条約を締結することで，諸国は，共通の利益のために，様々な義務を他国との関係ではなくその管轄の下にあるすべての個人に対して負う法秩序に服するとみなすことができる。

　個人を受益者とする人権条約のこうした「客観的な性格」は，「当事者間対世的義務 obligation *erga omnes partes*」の存在を指し示すとともに，人権義務が国際共同体全体に対する対世的義務 obligation *erga omnes* に延伸されていくことも示唆している。よく知られているように，ICJ はバルセロナトラクション事件判決の傍論で，国際義務を 2 つに分類し，国際共同体全体 international community as a whole に対して負われ，それゆえすべての国の関心事となる対世的義務を，国家間の相互主義的義務との対比をもって提示していた[26]が，人権義務は対世的義務の文字通りの代表格にほかならない。実際のところ，その後の国際判例や学説の展開が示すように，人種差別の禁止や自決権，拷問からの保護，人道法諸規則など対世的義務の具体例に名指しされるもののほぼすべてが人権にかかわっており，その意味でこの概念の具体化・精緻化に果たしてきている人権の役割には際立ったものがある[27]。人権義務の「特殊性」は，人権法と一般国際法の分断を意味するのではなく，むしろ一般国際法の諸制度を現代により適した形に精錬する契機に転じていると評する

　　ための主観的で相互的な権利というよりも，いずれかの締約国による侵害から個人の基本的権利を保護することに向けられている（Austria vs Italy, Application No. 788/60, 4 *European Yearbook of Human Rights* 116, at 140 (1961)。」欧州人権条約前文に依拠して，欧州委員会はさらに次のことも強調する。「締約国が条約を締結する目的は個々の国益を追求して相互的な権利義務をお互いに認めることではなく，欧州評議会の目的と理念を実現し……欧州自由民主主義国家共通の公序を確立し，政治的伝統，理念，自由および法の支配という共通の遺産を守ることにある（Ibid. at 138)。」

(26) *Barcelona Traction, Light and Power Company, limited (Belgium v. Spain),* Judgment of 5 February 1970, ICJ Rep. 1970, p. 3, para. 33.
(27) 対世的義務の判別基準として岩沢雄司は，その困難さを指摘しつつ「二国間関係に還元されず国際共同体全体にとって重要な義務を対世的義務とみなす」説を基本的に支持している。岩沢雄司「国際義務の多様性——対世的義務を中心に」中川淳司・寺谷広司編『国際法学の地平』大沼保昭先生記念論文集（東信堂，2008 年）150-151 頁。

ことができるのではないか。

　対世的義務の基盤をなす国際共同体は、古谷修一がいうように、「「国際社会 international society」が含意する原子論的な社会ではなく、構成員が価値を共有し、その価値に基づき行動し、その価値が体現された秩序を公序として維持することを目指す、まさしく「価値の共同体」である」[28]。対世的義務は、国際共同体の存在を前提にしつつ、同時にその存在確認を通して国際共同体の構築を促していく言説効果を有している。人権はそのプロセスの中心に位置づけられるわけだが、こうした議論は、強行規範 *jus cogens* をめぐる言説にいっそう強く妥当する。アンドレア・ビアンキは、「強行規範と人権とはまず切り離せぬ関係にあり」、いまや「人権と強行規範を同時に思い浮かべることは、ほとんど自然な知的反射作用」[29]になっているとまでいう。

　ILC のコメンタリーは、強行規範を「諸国およびその人民の生存そして最も基本的な人間の価値を脅威にさらすため容認することができない」[30]行為を禁ずる実体的規則と性格づけている。いずれの国際法規範がこれに該当するかについては判然としない状況が続いてきたものの、2006 年にコンゴ対ルワンダ事件判決において ICJ は法廷意見として初めて強行規範の存在を明示的に認め、アドホック国際刑事法廷や ILC の見解にならい、ジェノサイドの禁止を、強行規範としての性格を「確実に assuredly」有するものと認定した[31]。すでに南西アフリカ事件判決に際して田中判事は「人権の保護に関する法は強行規範に属するものとみなすことができる」という包括的な見解を示していた[32]が、国際法の実務にあってそこまでの合意はいまだ見られない。それでも、国際判例や ILC の国家責任条文コメンタリー（26 条）は、ジェノサイドの禁止以外に

---

[28]　古谷修一「イデオロギーとしての「国際共同体」」大沼保昭編『国際社会における法と力』（日本評論社、2008 年）159 頁。

[29]　Andrea Bianchi, "Human Rights and the Magic of *Jus Cogens*," *European Journal of International Law*, Vol. 19 (2008), pp. 491, 495.

[30]　Draft Articles on Responsibilities of States for Internationally Wrongful Acts, with Commentaries 2001, Article 40 (3).
http://untreaty.un.org/ilc/texts/instruments/english/commentaries/9_6_2001.pdf.

[31]　*Armed Activities on the Territory of the Congo (Democratic Republic of Congo v. Rwanda), Judgment of 3 February 2006*, I.C.J. Rep.2006, p. 6, para. 64.

[32]　*South West Africa*, Second Phase, 1966 ICJ Rep. 6, Dissenting Opinion of Judge Tanaka, 298.

第1部　国際法の言説構成

も，自決権，奴隷制・奴隷取引の禁止，人種差別の禁止，拷問の禁止，平等権など一群の人権規範を強行規範と認めてきている[33]。

　強行規範と性格づけられる人権規範が国際共同体の中核的位置を占めるとなれば，ローターパクト特任裁判官が示唆していたように，国連安全保障理事会の決議であっても，そうした人権規範に抵触するかぎりにおいて無効になり法的効果をもたないとの議論もありうることになる[34]。こうした観点から注目されるのは，アルカイダ・タリバン制裁のために打ち出された個人に対する強制措置に関連して，安保理自身が人権・人道・難民法を含む国際上の義務との両立性への配慮を見せるようになっていることであり，さらに総会において，基本的人権の尊重が国連の対テロ戦略全体の基礎的な柱となる旨がコンセンサスで確認されている[35]ことである。安全保障措置が人権の要請と抵触しないようにとの配慮が明瞭にうかがえる。

　同時に想起されるのは，安全保障にかかる措置を人権法を用いて統制しようとする司法的潮流が顕現していることである[36]。その代表例である欧州司法裁判所を舞台に争われたカディ事件は，安保理決議を受けてEUのとった措置が基本権を含む共同体法の一般原則に抵触するという判断に逢着した[37]。もっともこの判断は安保理の行為そのものを審査対象にしたわけではなく，それゆえ安保理を相手取った独立の審査機関を国連に設けるべきとする批判的提言[38]を招いてもいるが，本報告との関連でいっそう興味深いのはむしろ同事

---

[33] See Sandesh Sivakumaran, "Impact on the Structure of International Obligation," in *The Impact of Human Rights Law on General International Law*, supra note 2, p. 145. その一方で，最上敏樹が説くように，強行規範については＜犯罪化＞の様相もことのほか強まっており，ほかならぬ個人との関係性のなかで強行規範の精錬が進んでいることをここでも看取できる。最上敏樹「普遍的管轄権論序説——錯綜と革新の構造」坂元茂樹編『国際立法の最前線』藤田久一先生古稀記念（有信堂，2009年）23頁。

[34] *Application of the Convention on the Prevention and Punishment of the Crime of Genocide*, Provisional Order of 13 September 1993, ICJ Rep. 1993, p. 325, Separate Opinion of Judge *ad hoc* Lauterpacht, para. 100.

[35] See, SC Res. 1456（2003），1566（2004），1624（2005），A/RES/60/288.

[36] 薬師寺公夫「国際人権法の現代的意義——「世界法」としての人権法の可能性？」世界法年報第29号（2010年）15-23頁参照。

[37] *Kadi & Al Barakaat v. Council & Commission*, Joint Cases C-402/05 P & C-415, Judgment of 3 September 2008（Grand Chamber）.

[38] 小畑郁「個人に対する国連安保理の強制措置と人権法によるその統制——アルカイダ・タリバン制裁をめぐる最近の動向」国際問題592号（2010年）13頁。

件第1審裁判所の見解であった。

　結果的にその判断を覆されることになったとはいえ、第1審裁判所は、自らが「国連諸機関を含むすべての国際法主体を拘束する……強行規範との関連で、問題となっている安保理決議の合法性を間接的に審査する権限を有している」[39]という認識を示していた。この判決には、適合性の審査対象とされた人権（財産権および効果的な司法的救済を受ける権利）の強行規範性の立証がなされていないなど実定法の観点から強い批判が向けられており[40]、その批判はそのとおりとしても、強行的性格を有する人権規範が安全保障の統制にも振り向けられる思潮の所在をうかがわせていることには留意しておいてよい。人権概念を基軸にした国際立憲主義の位相をそこに見て取る向きも少なくない[41]。

III　倫理的転回の諸相

(1)　慣習法、免除

　人権概念は、対世的義務や強行規範の内実を具体化し、「価値の共同体」たる国際共同体の構築を促してきている。人権・個人の利益を中核に据えた「価値の共同体」の構築は、当然ながら、国際法の法源をめぐる議論にも影響を与えずにはいない。典型的には慣習法の認定方法に顕著な変化を導く動因となっていることは周知のとおりである。慣習法は国家実行と法的信念という2つの要件をもって成立するとされるが、人権分野にあって国家実行はけっして一様

See also, Jan Klabbers, Anne Peters and Geir Ulfstein, *The Constitutionalization of International Law*, (Oxford University Press, 2009), p. 78; *Report to the General Assembly by the Special Rapporteur on the promotion and protection of human rights and fundamental freedoms while countering terrorism*, Martin Scheinin, 6 August 2006, UN Doc. A/63/223.

(39)　*Kadi v. Council of European Union, Commission of European Communities*, Case T-315/01, Judgment of the Court of First Instance, 21 September 2005, para. 226.

(40)　薬師寺公夫は、これに加えて、国連憲章103条との関係でも第1審裁判所の判断には「実定法の解釈論としては無理がある」という見解である。薬師寺・前掲（注36）16頁。

(41)　Bianchi, *supra* note 29, p. 499. なお、欧米諸国の国内裁判所が基本的人権の立場から安保理の強制措置を精査しはじめていることについて、Antonio Tzanakopoulos, *Disobeying the Security Council: Countermeasures against Wrongful Sanctions* (Oxford University Press, 2011), pp. 131-137.

とはいえ，むしろ人権に反するような事態が世界に蔓延しているといってもおかしくない。オーソドックスな2要件論をもってしては，人権分野における慣習法の認定は時に著しく困難になってしまう。そこで，国家実行の比重を緩和し，法的信念に重きをおく慣習法の認定が行われることになる。

現実の国家実行ではなく国際社会の基本的価値あるいは一般的法原則というべき価値を重視する認定方法の淵源の一つは，人権条約の締結を拒む行政府の姿勢を前に，慣習法を用いて人権保障の道を切り開こうとしていた米国の進歩的な学派からの働きかけにあった。1987年の第3リステイトメントには，すでに，慣習人権規則の認定にあたり国家実行の評価が慣習法一般の場合のそれとは異なる旨が明記されている[42]。もっとも，一般国際法への影響という点では，1986年のニカラグア事件判決の果たした役割が決定的であった。人権分野と通底する状況にある武力行使の慣習法性にかかる判示を通じて，ICJは法的信念が国家実行によって「確認」されるものであること，つまり論理的に国家実行に先立って法的信念が成立しうること，そしてその法的信念に疑義がないかぎり，矛盾した国家実行の存在によって慣習法規の成立・存続は妨げられない旨を示唆した[43]。

むろん，2要件論が放棄されたわけではなく，国家実行の必要性は依然として否定されていない。しかし国家実行は国家の物理的な行為というより，声明や条約の締結・決議の採択といった口頭での意思の表明に力点をおいて見定められるようになっている。それゆえ，往々にして法的信念の表明それ自体が同時に国家実行を構成するということにもなる。こうして，米国第2巡回区控訴裁判所は，1980年のフィラルチガ事件判決において，各国の行為ではなく声明に重みをおいて拷問禁止の慣習法性を認定した[44]。

---

[42] Note to Section 701 of *the Restatement (Third) of U.S. Foreign Relations Law* (1987). これにより，外国人不法行為請求権法を通じた人権保障の可能性が広がったことはいうまでもない。

[43] 「当法廷は，諸国の法的信念における規則の存在が実行によって確認されるということを確信しなくてはならない。……慣習法の存在を示すには，諸国の行動が一般にその規則に適合していること，および，当該規則に適合しない国家の行動の例が新しい規則の承認の表示ではなく当該規則の侵害として扱われたということで十分であると当法廷は思料する。」*Military and Paramilitary Activities in and Against Nicaragua* (Nicaragua v. United States) Merits, Judgment of 27 June 1986, ICJ Rep. 1986, p. 14, paras. 184, 186.

1 国際法の人権化

　言葉・声明を重視するこうした慣習法の認定方法は，現場における具体的な国家実行を見定めることが著しく困難な人道法の領域においていっそう顕著になっている。旧ユーゴスラビア国際刑事法廷はタジッチ事件（控訴審）において，慣習法の形成または一般原則の成立を評価するにあたっては，「諸国の公式の声明，軍事マニュアル，司法判断のような要素に主に依拠しなくてはならない」旨を明言しており(45)，赤十字国際委員会（ICRC）も，慣習国際人道法に関する包括的な研究において，慣習規則の認定にあたり，軍事マニュアルや国内法，国内判例，軍事書簡，外交上の抗議，法律顧問の意見，条約案へのコメント，国際裁判における訴答書面など，国家の意思表明に圧倒的な重きをおいている(46)。

　正確を期していえば，場合に応じて国際法の一般原則や人道法上の基本原則といった諸要素が慣習法性の認定を補強しているところもあるのだが，いずれにせよ，国際の平和・安全，人間の保護にとって望ましい規則については，有意な反対の法的信念が示されないかぎり，その慣習法性が認められるようになっていることは概ねたしかなところであろう。マルティ・コスケニエミが喝破したように，「人権分野における慣習法の成立は，人間にとって何が正しく，善であるかという先行する——ある意味では概ね共有されている——基準によって決定されている」(47)といってよい。

　人権のような高次の価値から演繹的に結論を導く手法に対しては，帰納的なやり方を重視する伝統的な実証主義の立場から，あるべき法と現にある法とを混同する，厳格さを欠いた手法として批判が向けられる。しかし，新たな慣習法認定過程は，普遍的な性格を有する多国間条約や国連総会決議等を重要な証拠として扱うことにより，一握りの強国あるいは国際法学者に生殺与奪の権限が集中していた伝統的な慣習法認定過程よりもはるかに「民主的」であり，さらに，広範な同意に基づいているという意味で，より「実証的」ですらあるかもしれない(48)。

---

(44)　*Filartiga v. Peña-Irala*, 630 F2d 876（2d Cir 1980）.
(45)　*Prosecutor v. Tadic*, ICTY-94-1-AR72, 2 October 1995, para. 99.
(46)　See Jean-Marie Henckaerts and Louise Doswald-Beck, *Customary International Humanitarian Law* Volume I: Rules (Cambridge University Press, 2005).
(47)　Martti Koskenniemi, "The Pull of the Mainstream," *Michigan Law Review*, Vol. 88 (1990), p. 1953.

第1部　国際法の言説構成

　人権概念は慣習法認定過程を価値重視の形に変容させる動力源になっているといえるだろうが，ただその一方で，価値的基盤という意味では，国家間関係を重視する伝統的な国際法の要請もむろん根強いままにある。2002年のICJ逮捕状事件判決はその一面を見せている[49]。現職の外務大臣が外国の刑事裁判権から絶対的な免除を享有することを裏付ける国家実行が欠けているなかにあって，多数意見は，国際関係の安定と円滑な遂行という価値を優先的に選択し，水島朋則の表現を借りるなら，「外交関係条約・領事関係条約・特別使節団条約を指針とし，それらに共通に内在し，その基礎をなす原則」を慣習国際法と位置づけ，その演繹的な適用をはかってコンゴ外務大臣に対するベルギーの逮捕状発付を国際法違反と認定した[50]。

　この事件においてICJは，重大な人権侵害を理由とする外務大臣の免除否定を支持する国家実行がないという理由によってその慣習法性を否認している。有意な国家実行がなくとも，人権を高次の原則に位置づけて免除否定を正当化することもけっして不可能ではなかったのかもしれないが，多数意見は，そこに規範的重みをおくことを回避した。他方で，重大な人権侵害（強行規範からの逸脱）を実行したとされる外国国家自体を相手取った不法行為訴訟において免除を否定することについても，イタリアとギリシアの法廷を除き，消極的な判断が欧州人権裁判所その他各国の国内裁判所で示されていたところ，ICJは国家の裁判権免除事件において，国家慣行と法的信念の有無を精査のうえ，同様に消極の判断を導いている[51]。

---

(48) ONUMA Yasuaki, *A Transcivilizational Perspective on International Law* (Martinus-Nijhoff, 2010), pp. 225-244; Jan Wouters and Cedric Ryngaert, "Impact on the Process of the Formation of Customary International Law," in *The Impact of Human Rights Law on General International Law, supra* note 2, p. 31.

(49) *Arrest Warrant of 11 April 2000 (Democratic Republic of the Congo v. Belgium)*, Judgment, ICJ Reports 2002, p. 3.

(50) 水島朋則「外務大臣の刑事管轄権免除に関する「慣習国際法」――逮捕状事件判決における国際立法の側面」『国際立法の最前線』（前掲書，注33）40-42頁。ただし，免除は免責を意味しないこと，自国の法廷や国際刑事法廷での裁判の可能性までもが閉ざされているわけではないこと，さらに，外務大臣就任前の行為もしくは退任後の行為または在任中の私的行為については退任後に訴追の対象になりうることが認められたことは改めて確認するまでもない。

(51) *Jurisdictional Immunities of the State (Germany v. Italy), supra* note 7. 欧州人権裁判所および各国裁判所の判決について，*id.*, paras. 85, 96.

人権（強行規範）の価値を最大化しようとする観点からは，裁判権免除という手続き規則をもって重大な不正義の看過を正当化するこうした判断には強い批判が呈されている[52]。効果的な救済の実現を企図するそれらの批判には相応の合理性を見出すこともできようが，その一方で，免除を是認する一連の司法判断は，裁判による人権の強制が現代国際社会にあっていかなる価値的含意をもち得るのかについて少々立ち止まって考えるよい機会を提供しているようにも思う。

(2) 国家責任，外交的保護

国際法はこれまで，国際義務の履行にあたり，相当に幅広い裁量を国家に認めてきたところがあるが，こうしたレッセ・フェール型のアプローチを人権法は採用していない。現に人権条約は，締約国に対して人権を尊重し確保する義務を課すのが通常であり，これはさらに，尊重・保護・充足という3層にわたった義務構造として精緻化されてきている。尊重義務とは国家自らが人権侵害を控えること，保護義務とは第三者による人権の侵害を国家が規制すること，そして充足義務とは国家の積極的な作為によって人権の効果的な実現をはかることを意味する。国家はこの3層からなる人権義務を負うという認識が，社会権規約（経済的，社会的及び文化的権利に関する国際規約）委員会の一般的意見を中心に形成されてきた[53]。

保護義務との関連で特に留意すべきは，国家責任法が発展させてきた「相当の注意 due diligence」義務の概念が人権機関において頻繁に援用されるようになっていることである。その先駆けとなったのは強制失踪事件に対する国家責任の有無が問われた1989年の米州人権裁判所ベラスケス・ロドリゲス事件

---

(52) See *e.g.*, *Al-Adsani v. United Kingdom*, Application. No. 35763/97, Judgment of 21 November 2001, European Court of Human Rights 2001-XI, Dissenting opinion of Rozakis *et al*; *Arrest Warrant* (*supra* note 49), Dissenting opinion of Van den Wyngaert; *Jurisdictional Immunities* (*supra* note 7), Dissenting opinion of Cançado Trindade; Lorna McGregor, "State Immunity and *Jus Cogens*," *International and Comparative Law Quarterly*, Vol. 55 (2006), pp. 437-446; "Torture and State Immunity: Deflecting Impunity, Distorting Sovereignty," *European Journal of International Law*, Vol. 18 (2007), pp. 903-919; Alexander Orakhelashvili, "State Immunity and Hierarchy of Norms: Why the House of Lords Got it Wrong," *id.*, pp. 955-970.

(53) Mégret, *supra* note 10, pp. 130-134.

判決である。その中で同裁判所は，条約違反による国家責任が，国家自体の行為を理由としてだけでなく，「侵害を防止する相当の注意の欠如を理由に」生ずると判示し，私人の行為を規制する国家義務の所在にも注意を喚起した[54]。「相当の注意」概念を用いた国際義務（保護義務）の違反は，近年では女性に対する暴力を扱う事案においてとりわけ精力的に主張されるようになっている[55]。

また，人権法は人権義務の域外適用にも強い関心を示し始めている。たとえば，自由権規約委員会の一般的意見31は次のように記す[56]。

> 締約国は，当該締約国の領域内に所在していなくとも，当該締約国の権限または実効的な支配の下にあるいずれの者に対しても規約に定められた権利を尊重しおよび確保しなくてはならない。……この原則は，締約国の領域外で行動する軍隊の権限または実効的支配の下にある者についても適用され，その権限または実効的支配がもたらされた事情のいかんを問わない。

上述した3層的な人権義務は，したがって一定の条件の下に領域外にも適用されることになる。この点でとくに注目を集めているのは，多国籍企業の域外活動規制の必要性であり，これは，とりわけ国家の負う保護義務の観点から問題とされている。この点について熱心な取り組みを見せているのは社会権規約委員会であり，同委員会は，声明や一般的意見等を通して，自国の市民および自国に本拠をおく企業が他国において権利を侵害することを防止するために必要な規制措置をとるよう明示的に求めている[57]。

---

(54) *Velásquez Rodriguez v. Honduras*, Inter-American Court of Human Rights, Judgment of 29 July 1989, Series C No. 4, para. 172.

(55) See Alice Edwards, *Violence Against Women under International Human Rights Law* (Cambridge, 2011), Chapters 4 & 5; Siobhan Mullally, "Domestic Violence Asylum Claims and Recent Developments in International Human Rights Law: A Progress Narrative," *International and Comparative Law Quarterly*, Vo. 60 (2011), pp. 461-470.

(56) HRC General Comment 31, HRI/GEN/1/Rev. 9 (Vol. 1) 243, para. 10. See *generally*, Mark Gibney and Sigrun Skogly (eds.), *Universal Human Rights and Extraterritorial Obligations* (University of Pennsylvania Press, 2010).

(57) *E.g.*, CESCR, *Statement on the obligations of States Parties regarding the corporate sector and economic, social and cultural rights*, UN Doc. E/C. 12/2011/1 (20 May 2011), para. 5; CESCR, General Comment 15, HRI/GEN/1/Rev. 9 (Vol. 1) 97, para. 33. とるべき具体的な規制内容もしだいに明確化されつつある。See *Commentary to the Maastricht Principles on Extraterritorial Obligations of States in the area of Economic,*

国際義務と帰属の両様にまたがる人権法上のこうした展開は，国家責任にかかる一般国際法制度の展開と共振しているように見受けられる。たとえば，ICJ は，2004 年のパレスチナ被占領地域壁事件勧告的意見[58]を経て，翌 2005 年のコンゴ対ウガンダ事件判決において，「国際人権文書は「国家が自国の領域外 (特に占領地域) において管轄権を行使してとる行動について」適用される」[59]と判示することにより，占領国のみならず，すべての国について国際人権条約義務の域外適用を明示的に認めるに至っている。

　ジェノサイド条約適用事件では，ボスニアのセルビア人勢力の行為がセルビアに帰属するかが争点の一つとなり，ICJ は，タジッチ事件において ICTY の示した「全般的支配」の基準を排し，ニカラグア事件判決で自らが提示した「実効的支配」の基準を支持することにより，ジェノサイド行為の帰属についてはこれを否定する判断を示した。だが，その判断を償うかのように ICJ は，ジェノサイドを防止する義務を「相当の注意」概念をもって検討し，セルビアは影響力を行使できる立場にありながら，しかも危険性を現に認識していたのに，事件の発生を防ぎ，残虐行為を回避するための措置をとらなかったとして，国家責任の発生を認めている[60]。こうした国家義務の性格や射程の広がりは，人権の擁護という基本的要請を背景にして促されていることはいうまでもない。

　その様相は，外交的保護の文脈にも見て取れる。1923 年に PCIJ が示したマブロマチス事件判決は「自国民の事案をとりあげ，同人のために外交行動または国際司法手続きに訴えることにより，国は実際には……国民に名を借りて，国際法規の尊重を確保する自らの権利を主張している」[61]と判示し，外交

Social and Cultural Rights（29 February 2012), Chapter IV, at http://danton1066.files.wordpress.com/2012/03/maastricht-principles-commentary.pdf. 私人による域外行為の規制は，投資協定等により大きな権利を享受する投資家・多国籍企業に必要な規制を加えようとする考慮に促されており，また，法理的には「領域使用の管理責任」の人権分野への伸張とも説明される。Olivier De Schutter, *International Human Rights Law: Cases, Materials, Commentary* (Cambridge University Press, 2010), pp. 162-170.

(58) *Legal Consequences of the Construction of a Wall in the Occupied Palestinian Territory (Advisory Opinion)*, ICJ Rep. 2004, p. 136, paras. 112-113.

(59) *Armed Activities on the Territories of the Congo (DRC v. Uganda)*, Judgment of 19 December 2005, ICJ Rep. 2005, p. 168, para. 216.

(60) 萬歳寛之「国家責任法における違法性判断の特質——「相当の注意」概念を素材として」早稲田法学 86 巻 2 号（2011 年）120-125 頁参照。

(61) *Mavrommatis Palestine Concessions Case (Jurisdiction) (Greece v. United Kingdom)*,

的保護を個人の利益ではなく国家の利益を実現する制度として定式化した。個人を国際法の客体に押しとどめるこのマブロマチス原則は、1955年のノッテボーム事件[62]はもとより1970年のバルセロナトラクション事件においても依然として支持されていた。しかし、とりわけ2001年のラグラン事件判決[63]以降、ICJは、バッテル以来の法的フィクションを退け、個人の利益を外交保護制度の直接の保護対象に取り込む契機を明示的に広げている。2004年のアベナ事件判決においてICJは、領事関係条約第36条1項が国家のみならず個人にも権利を付与するものであり、したがって国家は、「自らが被った直接的な権利侵害と国民の権利侵害を通した間接的な権利侵害」について請求を提起できると判示している[64]。ILCの外交的保護条文草案第1条のコメンタリーにも、外交保護権を行使する国が追求するのは個人に属する権利の保護である旨が示唆されている[65]。

もっとも、2005年のコンゴ対ウガンダ事件判決においてICJは、国家が請求を提起できるのは、自国民が外国人として受けるべき最低限の保証を受けられなかった場合であるとする伝統的態度になお固執していた[66]。人権・人道法規則の対世的性格を強調するシンマ判事の個別意見において鋭く批判されていた[67]この認識は、ほどなくディアロ事件において転換されることになる。ICJは2007年のディアロ事件先決的抗弁判決において、外交的保護の事項的範囲が「外国人に保証される最低基準」から「国際的に保証された人権」を含むようになってきていることを明らかにし[68]、その上で、2010年に示した本

Judgment of 30 August 1924, PCIJ Series A, No. 2, p. 12.
(62) *Nottebohm (Lichtenstein v. Guatemala)*, Judgment of 6 April 1955, ICJ Rep. 1955, p. 24.
(63) *LaGrand (Germany v. USA)*, Judgment of 27 June 2001, ICJ Rep. 2001, p. 466.
(64) *Avena and Other Mexican Nationals (Mexico v. USA)*, Judgment of 31 March 2004, ICJ Rep. 2004, p. 121, para. 40.
(65) *Draft Articles on Diplomatic Protection with commentaries* 2006, p. 26. http://untreaty.un.org/ilc/texts/instruments/english/commentaries/9_8_2006.pdf.
(66) *Armed Activities on the Territories of the Congo, supra* note 59, para. 333.
(67) *Id.*, Separate Opinion of Judge Simma, para. 37.
(68) 「個人に付与される権利に関するこの数十年の国際法の格段の発展により、当初、外国人にかかる最低限の処遇基準の侵害に限定されていた外交的保護の事項的範囲はその後拡張し、とりわけ国際的に保証された人権を含むまでになっている」。*Ahmadou Sadio Diallo (Republic of Guinea v. DRC)*, Judgment of 24 May 2007, 2007 ICJ Rep. para. 39.

1　国際法の人権化

案判決において，コンゴにおけるディアロの処遇が，領事関係条約に加え，退去強制と恣意的拘禁にかかる自由権規約およびアフリカ人権憲章の違反を構成するとの判断を導いている[69]。個別意見を付したカンサード・トリンデード判事によれば，裁判所が侵害を認定した権利の主体は請求を提起した国家ではなくデイアロ個人であり，また，外交的保護という手続きが用いられた本件の帰趨を決した実体法は人権に関する国際法にほかならなかったことになる[70]。なお，被占領地域壁事件以来はっきりとうかがえるように，ICJは，人権条約の解釈適用にあたり人権条約機関の判断に相当の重みをおいており，本件でもその姿勢は明瞭に示されていた[71]。

　侵害された利益が人権ということになれば，論理的には，責任追及にあたって国籍要件は不要になり，保護を及ぼすことができる国も国籍国に限定されないことになる[72]。そうなれば，外交保護制度にはまったく違った実相が備わることにもなるのだろうが，もとよりそこまで抜本的にこの制度の性格が転換されているというわけではない[73]。とはいえ，個人の利益あるいは人権の要素が外交的保護の形姿・機能に変容を迫る事象はたしかに見て取れ，実務的にも，さらに次のような法状況が各国で顕現していることが想起される。

---

(69) *Ahmadou Sadio Diallo (Republic of Guinea v. DRC)*, Judgment of 30 November 2010.

(70) 「本件において被告国が侵害したと当法廷が認定した権利の主体は，原告国ではない。権利の主体はA. S. ディアロ氏という1人の個人である。請求を行うため当初（原告国が）用いたのは外交的保護の手続きであったが，本件において適用される実体法は——当法廷の先決的抗弁に関する2007年判決の後に，本案に関する（書面および口頭段階の）手続きで明らかになったとおり——人権に関する国際法である。」 *Id.*, Separate Opinion of Judge Cançado Trindate, para. 223.

(71) Mads Andenas, "International Court of Justice, Case Concerning Ahmadou. Sadio Diallo (Republic of Guinea v Democratic Republic of Congo) Judgement of 30 November 2010," *International and Comparative Law Quarterly*, Vol. 60 (2011), pp. 816-817.

(72) Giorgio Gaja, "The Position of Individuals in International Law: An ILC Perspective," *European Journal of International Law*, Vol. 21 (2010), p. 13.

(73) 外交的保護と人権侵害の責任を追及する行動との関係性を整理したものに，Riccardo Pisillo Mazzeschi, "Impact on the Law of Diplomatic Protection," in *The Impact of Human Rights Law on General International Law, supra* note 2, pp. 224-233. 「外交的保護権を行使する国籍国の責任追及権に公益侵害についてのそれを基礎づけることはなお困難に思われる」という西村弓の見解も参照。「国際法における個人の利益保護の多様化と外交的保護」上智法学論集49巻3・4号（2006年）31-32頁。

第1部　国際法の言説構成

　マブロマチス原則に則った伝統的な外交保護制度は，もっぱら国家の権利の実現に向けられていた。そのため外交保護権を行使するもしないも政府の自由裁量ということになり，国際請求を提起しない政府の決定には司法審査は及ばないとする法認識にも特段の問題はなかった[74]。しかし，外交保護権が国家自身の権利に加えて個人の権利・人権によっても支えられるという認識が伸張し始めたことにより，その行使を政府のまったくの裁量として説明することは難しくなっていく。こうして徐々に，外交保護権行使の当否についても司法判断を及ぼしうるとする見解が広がりを見せている。ドイツ，英国などの判例では，個人の側に，政府に対して国際請求の提起を要請し，その要請を適切に検討される権利があること，または，不合理なもしくは正当な期待に反する政府の決定には司法審査が及ぶことなどが認められるようになり，南アフリカ憲法裁判所にあっては「国際法にもとづく義務に一致して，国際人権規範の重大な蹂躙から自国民を保護する行動をとる義務」が政府にあることが確認されるまでになっている[75]。

　2011年8月30日に「請求人らが日本国に対して有する日本軍慰安婦・原爆被害者としての賠償請求権が，「大韓民国と日本国間の財産及び請求権に関する問題の解決と経済協力に関する協定」第2条第1項によって消滅したのかどうかに関する韓日両国間の解釈上の紛争を，上記協定第3条が定めた手続きにより解決しない被請求人［大韓民国政府］の不作為は，違憲であることを確認する」[76]とした大韓民国憲法裁判所の決定も，こうした脈絡の中に位置づけら

---

[74]　David J. Bederman, "State-to-State Espousal of Human Rights Claims," *Virginia Journal of International Law Online*, Vol. 1 (2011), p. 5.

[75]　*Id.*, p. 9; Mazzeschi, *supra* note 71, p. 221. Constitutional Court of South Africa: *Samuel Kaunda and Others v. President of South Africa and Others, International Legal Materials*, Vol. 44 (2005), p. 173, para. 69.

[76]　*Challenge against Act of Omission Involving Article 3 of 'Agreement on the Settlement of Problem concerning Property and Claims and the Economic Cooperation between the Republic of Korea and Japan'*, Decision of August 30, 2011, Constitutional Court of Korea, http://english.ccourt.go.kr/. この決定は，「2006年国連国際法委員会によって採択され，総会へ提出された「外交的保護に関する条文草案」の第19条でも，外交的保護を行使する権利を有する国家は，重大な被害が発生した場合，特に外交的保護の行使の可能性を適切に考慮しなければならず，可能なすべての場合において，外交的保護への訴え及び請求される賠償に関する被害者たちの見解を考慮しなければならないことを勧告的慣行として明示している」ことを踏まえて下されたものである。決

れる。

　ILCにおける外交的保護条文草案の起草過程においてイタリア政府は重大な人権侵害を受けた個人が国際的救済を求めることができない場合には国家に外交的保護を行使する義務が生ずるという条文を提案していた[77]。この提案はそのままでは採択されなかったものの，条文案には「特に，重大な significant 損害が発生した場合において外交的保護を行使する可能性について妥当な考慮を払う」とする1文が19条1項に挿入されることになった。ILCのコメンタリーには，この規定が人権保護の観点から一定の有意性をもつ旨が記されている[78]。イタリア案の当初の趣旨は相当に稀釈されコメンタリーもかなり抑制された表現になってはいるものの，第2次規則にかかる典型的な国家間メカニズムたる外交保護制度の中にも，人権の保護に言及する文脈が広がりつつある様をうかがい知ることができよう。

(3) 条 約 法

　人権義務の性格に直接に由来して，国際人権法の特殊性は，既述のように人権条約との関係で語られることが多い。端的にいえば，条約法条約と人権条約の関係性をどう捉えるかということが問題になるのだが，条約法条約があらゆる分野の条約を射程に入れていることから人権条約が先験的にその適用対象から除外されることはなく，現に，欧州人権裁判所を始めとする人権条約機関も，その判断にあたり条約法条約を頻繁に参照してきている。

　もっとも，人権条約は人権の保障という条約の趣旨・目的を強調して解釈されるのが一般的となっており，「発展的解釈 evolutive interpretation」と呼ばれるこうした手法が人権条約の特殊性の一つであるといわれることもある。「条約は生きた文書であり，今日の条件に照らして解釈されなくてはならない」

　　定文の日本語訳は李洋秀・岡田卓己両氏による。http://www.wam-peace.org/wp-content/uploads/2011/09/64e1569fcbc532fd1df34f353e7e7f09.pdf.
(77)　UN Doc. A/CN. 4/561/Add. 2, 12 April 2006, pp. 2-8.
(78)　「不完全ではあれ，在外自国民が重大な significant 人権侵害を受けた場合に国際法または国内法に基づいて同人を保護する義務があるという見解への支持が増している」(*Draft Articles on Diplomatic Protection, supra* note 65, pp. 96)。「実質的には私人の利益を保護する機能を果たし，または私人の権利を取り上げて請求される」（西村・前掲注(73) 21-22頁）ものであった外交保護制度の中にあって，人権が保護法益として前景化されているところに有意な特徴を看取することができる。

第 1 部　国際法の言説構成

という有名な欧州人権裁判所の一節[79]にその特殊性が示されている，とされる。しかしながら，こうした解釈手法は人権条約にのみ妥当するわけではない。現に，ナミビア事件勧告的意見において ICJ は，「国際文書は，解釈の時点で一般的な法体系全体の枠組みの中で解釈し適用しなくてはならない」[80]と述べ，条約解釈が変化していく可能性を示唆しているし，なにより条約法条約自体，31 条 3 項 b において，「事後の慣行」という概念をもって解釈が発展していく道筋を予めつけている。むろん，発展的解釈は立法作用との違いを時に著しくあいまいにすることからその限界については議論があるのは当然だろうが，しかし，だからといって人権条約固有の解釈として特殊化されるべき類のものではない[81]。

　より本質的な問題は留保との関係で顕在化してきている。留保についての指針の作成にあたり ILC が留意してきているように，人権条約には，非相互主義的な性格と履行監視機関の存在という有意な特徴が随伴している。この要素を前提として具体的に生ずる問題は，大きくは 2 つある。1 つは，条約の趣旨・目的と両立するかぎりで留保が認められる場合に，それを有権的に判断できるのは誰なのか，もう 1 つは，留保が条約の趣旨・目的に反すると判断された場合の法的効果はいかなるものか，というものである。人権法からの回答は明快である。第 1 に，判断できるのは条約機関であり，第 2 に，趣旨・目的に反する留保は無効で，留保がなされていないものとして条約全体が当該国に適用される，というものである。自由権規約委員会は，次のようにいう。

　　委員会は，特定の留保が規約の趣旨および目的と両立するかどうかについて決定する［権限を有している］。それは，人権条約との関係で諸国が行うには不適切な作業であり，また委員会が任務を遂行するうえで避けられない作業でもあ

---

[79] *Tyrer v. United Kingdom*（App. no. 5856/72），Judgment of 25 April 1987，(1978) Series A No. 26, para. 31.

[80] *Legal Consequences for States of the Continued Presence of South Africa in Namibia (South Wes-Africa) notwithstanding Security Council Resolution 276*, Advisory Opinion of 21 June 1971, ICJ Rep. 1971, p. 16, para. 31.

[81] *E.g.*, *Gabčikovo-Nagymaros Project (Hungary v Slovakia)*, Judgment of 25 September 1997, ICJ Rep. 1997 p. 7, para. 112; *Aegean Sea Continental Shelf (Greece v Turkey)*, Judgment of 19 December 1978, ICJ Rep. 1978, p. 3, para. 77. See *also*, Jonas Christoffersen, "Impact on General Principles of Treaty Interpretation," in *The Impact of Human Rights Law on General International Law*, *supra* note 2, pp. 47-50.

るからである。……人権条約の特殊な性格のため，留保と規約の趣旨および目的との両立性は，法原則を参照して客観的に確定されなければならないところ，委員会はその作業を行うのに特にふさわしい立場にある。……許容されない留保の通常の結果は，規約が留保国にとってまったく効力をもたなくなるということではない。むしろ，そのような留保は，規約が留保の利益なく留保国に適用されるという意味で，一般的に可分なものである[82]。

　自由権規約委員会の認識は，いまでは人権条約機関議長会合の作業を通して主要人権条約機関すべての共通見解となっている[83]。こうした進歩的な見解との綱引きを続けたILCの「条約への留保に関する作業部会」は，2011年5月に実務指針をとりまとめている[84]が，そこには人権条約機関からの影響を少なからず感取することができる[85]。まず留保の許容性の評価について同ガイドは，委託された任務の遂行のために条約機関が留保の許容性を評価することができると述べる（3・2・1）とともに，無効な留保を付している国については反対の意思が表明されないかぎり留保が付されていないものとして締約国にとどまるとみなされることが明らかにされ，さらに条約機関から留保が無効であるとの評価が示されている場合にあっては，条約に拘束されない旨の意思表明は12カ月以内に行うことが推奨されている（4・5・3）。もっとも，両立性を欠く留保を付した締約国の地位をめぐる位相は複雑であり，必ずしも議論が決着したわけではない[86]。

---

[82] HRC, General Comment 24, HRI/GEN/1/Rev. 9（Vol. Ⅰ）210, para. 18.

[83] Ineke Boerefijn, "Impact on the Law on Treaty Reservations," in *The Impact of Human Rights Law on General International Law, supra* note 2, p. 90.

[84] *Guide to Practice on Reservations to treaties, Yearbook of the International Law Commission, 2011*, vol. Ⅱ. Part Two.

[85] 自由権規約委員会前委員長として「ILCの作業に対し自由権規約委員会が一定の貢献をしたこと」を具体的に紹介・分析するものとして，岩沢雄司「自由権規約委員長としての2年を振り返る——条約留保問題に対する委員会の貢献を中心に」国際人権22号（2011年）5-8頁。また，条約の留保をめぐるILCと人権条約機関の相互作用については，坂元茂樹「「条約の留保」に関するガイドラインについての一考察——人権条約の実施機関の実行をめぐって」村瀬信也＝鶴岡公二編『変革期の国際法委員会』山田中正大使傘寿記念（信山社，2011年）345頁，中野徹也「人権諸条約に対する留保——条約法の適用可能性とその限界」関西大学法学論集50巻3号（2000年）49-93頁参照。

[86] *Oral report by the Chairman of the Working Group on Reservations to Treaties, Mr. Marcelo Vázquez Bermudez*, 20 May 2011, p. 10.

人権条約は非相互主義的な義務の性格などをもって特殊なものとされてきたものの，条約法条約はこうした条約の存在をも射程に入れながらすべての条約に適用されうるものとして定式化されている。ただそうではあっても，条約の遵守を促進する国際的な履行監視機関の存在は必ずしも前提にされていたわけではなく，また無効な留保が締約国に対してもたらす法的効果についても規定上は沈黙している。そこに人権条約の特殊性をめぐる議論が展開されていくスペースが広がったともいえようが，しかし，条約法に関する国際法規則がすべからく条約法条約に定式化されているというわけではなく，その意味で，人権条約の特殊性をめぐる議論は，条約法との対立を生み出すというよりは，条約法条約が十分に取り扱っていないテーマの議論を通して，条約法に関する一般国際法の規則を押し広げていく効果をもたらしているというべきであろう。

IV 人権のポリティクス

(1) 「近代」を求めて

断片的ではあるものの，以上の検討からも，一般国際法秩序の相貌に人権法・人権概念が漸進的に影響を及ぼしつつあることがうかがい知れよう。むろん，分野によってその現われ方は一様でなく，またなにより，国家の利益と国家間関係を中心に据えた国際法のあり方は依然として根幹において変わらずにあるというべきなのかもしれない。ただそうとしても，高次の価値として人権・個人の利益が位置づけられ，対世的義務・強行規範といった法的器にそうした利益がいっそう浸潤し，「価値の共同体」たる国際共同体の構築が促されていけば，そこで機能する法たる国際法がこれまでとは違った相貌を備えていくのは事理の必然である[87]。

こうした展開は様々な政治力学を受けて進んできているが，なかでも，「価値の共同体」の構築に向けて強い動力となっているものの1つが立憲化constitutionalizationあるいは立憲主義constitutionalismの思潮である。国際法秩序において憲法的要素が生成・確認される過程を意味する立憲化は，「国

---

[87] ILA報告書の結論には次のような一文も含まれている。「一般国際法への国際人権法の浸透は，国際法の最も「国家主義的」な特徴を絶えず標的とする静かな革命を引き起こしている」(Kamminga, *supra* note 2, p. 22)。

際法の断片化（fragmentation）を克服し，国際法秩序の一体性や統合性を実現していくことを求める原理として論じられる」[88]。

　この分野の議論をリードしてきている代表的論者の1人であるアンネ・ペータースは，グローバル（または国際）立憲主義を次のように定義している。「国際法秩序の有効性と公正さを増進するために，法の支配，権力の抑制・均衡，人権の保護，民主主義といった憲法諸原則を国際法圏において適用することを支持する一連の思考（見解または視座）であり政治課題」[89]。薬師寺公夫の表現を借りてこれを言い換えるなら，「個人の自由と権利を保護するため統治機構の構成と権限を定めた憲法に基づいて統治を行うという国内立憲主義の原理を必要な変更を加えて国際共同体に適用しようとする考え方」[90]にほかならない。そして，国内において様々な法分野が憲法の下に統括されているように，国際的次元にあっても，人権に代表される高次の価値・要請を湛えた法秩序の下に様々なレジームが統括される図式が想定されているといってよい[91]。

　寺谷広司がいうように，断片化には「法を同定できないことの不都合」があり，「それ故に法に関与する諸個人が困難に直面すること，統治する側からすれば，社会統制に困難をきたす」という現実的な問題があることはたしかであろう[92]。だが同時に確認しておきたいのは，そこに「近代」特有の心性が投影されていることである。「多元的な権力分散状態，あるいは多中心状態を止揚し，より明晰で統一的な秩序を備える，という意味での「近代」である」[93]。混沌や分裂に代わって打ち立てられる一体性や組織性を善なる進歩 progress とみなす近代的な思考態度といってもよい。この点に関連して想起するのは，

---

(88) 福永有夏「世界銀行の開発政策と「立憲化」」世界法年報30号（2011年）83頁。See also, Anne-Charlotte Martineau, "The Rhetoric of Fragmentation: Fear and Faith in International Law," *Leiden Journal of International Law*, Vol. 22 (2009), p. 25.

(89) Anne Peters, "Compensatory Constitutionalism: The Function and Potential of Fundamental International Norms and Structures," *id.*, Vol. 19 (2006), p. 583.

(90) 薬師寺・前掲注(36) 7-8頁。

(91) Klabbers, *et al. supra*, note 38, p. 15.

(92) 寺谷広司「断片化問題の応答としての個人基底的立憲主義――国際人権法と国際人道法の関係を中心に」世界法年報29号（2009年）62頁。

(93) 最上敏樹『国際立憲主義の時代』（岩波書店，2007年）106頁。See also, Richard Collins, "Constitutionalism as Liberal-Juridical Consciousness: Echoes from International Law's Past," *Leiden Journal of International Law*, Vol. 22 (2009), pp. 251-287.

第1部　国際法の言説構成

国際法における「進歩」の観念を批判的に分析した一書である。その書物では，PCIJ 規程 38 条の新設が国際法言説にあっていかに進歩とみなされたのかが分析されている[94]。進歩とみなされた理由の 1 つは，当該規定が，国際法の法源にかかる不確実性に終止符を打ったところにあったとされる。

実際のところ，条約，慣習以外に，神の法，自然法，古代法，一般的歴史，ローマ法，正義と理性の諸原則，著名な法律家の意見，法廷の決定など，19 世紀の文献に現われ出た国際法の法源にかかるリストは断片化の様相を充満させていた。PCIJ 規程 38 条は，多少の時間差をもってではあったが，「そのすべてを変えた」とされる。こうして，すべての国家の行為に適用される普遍的で明確な法源のリストが同規程 38 条によってできあがったという法言説が流布していく。それは，「国際法の構造物が築かれる堅固な岩盤」[95]をもたらすものとして，つまりは「明晰で統一的な秩序」をもたらすものとして，国際法における「進歩」の証にほかならなかった。そこにあって広く共有されていた混沌・分裂を忌避する国際法学者の近代的心性は，断片化を憂い，国際法秩序の一体性を志向する今日の議論にもそのままに反復されているといってよい。「統合」は「進歩」なのであり，だからこそ達成されるべきものなのである。

興味深いのは，個人の利益を基本的価値に据えた議論を展開する国際立憲主義の主要な担い手が，欧米というより，欧州の学者であるということである。歴史を振り返るなら，18 世紀が深まりゆくまで個人は国際秩序の内に相応のプレゼンスを有してはいた。国際法が自然法から解き放たれ，国家の人格化が進み，国家間の関係に法的関心が集中することにより，しだいに個人は国際秩序の地平から姿を消していくことになる。その個人の存在が再び国際的関心を集めるようになったのはナチス・ドイツによるホロコーストという欧州の地での蛮行を契機としてであったが，もとよりその以前にも個人の利益，とりわけ個人の法主体性が欧州で強い学術的関心を集めることはあった。戦間期に刊行されたジョルジュ・シェルらの論考にそれはことのほか明らかである[96]。

---

[94]　Thomas Skouteris, *The Notion of Progress in International Law*（T. M. C. Asser Press, 2010), Chapter 3.

[95]　John Fisher Williams, *Aspects of Modern International Law- An Essay*（Oxford University Press, 1939), quoted in Skouteris, *supra* note 94, p. 126.

[96]　なお，田畑茂二郎の思索に焦点を当てて戦間期における個人の国際法主体性論の意義を分析したものに，小畑郁「戦間期における個人の国際法主体論の再検討──日本の

ジェーン・ナイマンが解き明かすように[97]、個人の国際法主体性に対する当時の関心の高まりは、戦間期に欧州で高揚していた全体主義あるいは大衆社会への脅威を前にして、いかに国際法を用いて個人を擁護するかという関心によって強く支えられていたとされる。

そうした事情を改めて想起しつつ今日の国際立憲主義の台頭を考察すれば、そこに薬師寺が示唆するように「欧州憲法及び欧州基本権を志向する欧州統合のモデルが何らかの影響を与えている」[98]ことは疑いあるまい。加えて、米国との関係性を通して立憲主義の台頭の意義を再確認できるところも少なくない。たとえば国際法を蹂躙する米国の単独行動主義への異議申し立てという重要な側面をそこに見て取れることはいうまでもないし[99]、その一方で、人権保障など普遍的な価値に至上の重きをおく欧州の立憲主義が、人民の民主的統治に基礎をおく米国の「民主主義的立憲主義」[100]よりもグローバルな展開に親和性をもったものとしてあることも見落とせない。ジェド・ルーベンフェルドによれば、米国の民主主義的立憲主義は、そもそも民主主義的基礎を欠く国際法とは解消不能な対立関係にあるともされている[101]。

もっとも、戦間期においてそうであり第二次世界大戦後においてそうであったように、欧州における個人・人権への関心の高まりは、ほかならぬ欧州内部における人権の蹂躙という事態を受けて促されているところも看過してはなるまい。人権の普遍的価値を国際法秩序に浸潤させる思想的基盤を欧州が元来もっているにしても、それを発動させる直接的契機は、これまで、欧州内部に巣食う野蛮の発現にあったといってよい。今般も、対テロ戦争の下に米国が組

国際法理論の継承と発展のために」国際法外交雑誌109巻2号（2010年）1-21頁。
(97) Janne Elizabeth Nijman, The Concept of International Legal Personality: An Inquiry into the Historyt and Theory of International Law (T. M. C. Asser Press, 2004), *passim*.
(98) 薬師寺・前掲注(36) 9頁。
(99) Richard Collins, "Constitutionalism as Liberal-Juridical Consciousness: Echoes from International Law's Past," *Leiden Journal of International Law*, Vol. 22 (2009), p. 252. 最上・前掲注(93)。
(100) 欧州と米国の立憲主義の相違について、木下智史「グローバル化の中のアメリカ立憲主義」長谷部恭男ほか編『岩波講座 憲法5 グローバル化と憲法』（岩波書店、2007年）157-160頁。
(101) Jed Rubenfeld, "Unilateralism and Constitutionalism," *New York University Law Review*, Vol. 79 (2004), p. 2020.

第1部　国際法の言説構成

織的に実施した「テロリスト」の拷問に欧州各国が直接・間接に関わっていたことはもとより，安全保障上の理由によって拷問を容認すべしという議論が公然化し，またなによりも，移民・難民に対するきわめて劣悪な処遇や人種主義の台頭によって，欧州全土に看過しえぬ人権状況が広がっていることが想起される[102]。こうした欧州内部における再びの野蛮の台頭が，人権という普遍的価値を掲げる国際立憲主義の議論を背後にあって後押ししているようにも見受けられる。欧州が欧州たることを確認するために欧州を超え出ていく歴史の反復運動が再び現前しているかのようである。

(2) 歴史の進歩／反復

国際立憲主義をめぐるこうした分析とは別に，一般国際法の議論に人権あるいは個人の利益の比重が増している状況は，国際法が伝統的に保持してきた形式主義を実質主義に転換させる様相を呈していることにも留意しておかなくてはならない。コスケニエミの言葉を借りるなら，国際法の倫理的転回 ethical turn ということである[103]。ルネ・ジャン＝ドゥプイは条約法条約53条に強行規範の規定がおかれたことを自然法の「実定法化」と評していた[104]が，人権を中核とする強行規範・対世的義務の拡充はそうした事象の深まりを端的に表現するものにほかならない。

先に，西洋に由来する国際法が世界化しえたのは形式主義あればこそと述べたが，その形式主義が舞台の後景に退く一方で，高次の価値を前面に押し出す実質主義が推進される法状況はどのように評することができるのだろう[105]。前述したとおり，形式主義に立ってきたにしても，伝統的国際法には主権の最大化という要請が込められてきたのであるが，これをさらに敷衍すれば，国際法の形式主義がその内奥に包み込んできた本源的要素とは，長く，植民地主義

---

[102]　阿部浩己『国際法の暴力を超えて』（岩波書店，2010年）第1章, Morten Kjaerum, "Refugee Protection Between State Interests and Human Rights: Where is Europe Heading?," *Human Rights Quarterly*, Vol. 24 (2002), pp. 513-536; Bernard Ryan and Valsamis Mitsilegas (eds.), *Extraterritorial Immigration Control: Legal Challenges* (Martinus Nijhoff Publishers, 2010).

[103]　Martti Koskenniemi, "The Lady Doth Protest too Much: Kosovo and the Turn to Ethics in International Law," *Modern Law Review*, Vol. 65 (2002), p. 159.

[104]　Quoted in Bianchi, *supra* note 29, p. 492.

[105]　Jouannet, *supra* note 16, pp. 382-395.

であり帝国主義であった(帝国主義とは、ここでは、支配を通して、自らの法・経済システムを他者に強いる意味で用いる)。フランスのある法律学者が1885年の論文において述べていたように、「文明人はすぐれた正義の範をたれなくてはならない。文明国は「劣悪な人種」が諸国家からなる政治システムに参加するのを手助けしなくてはならない」ものとされていた[106]。法はそれをつくる者の価値を映し出すことらからすればそこに特段の不思議はなく、実に、伝統的国際法は領域を有する近代国家の政治システムを世界化することにより、植民地人民の文化を破壊する結果をもたらしてきたといってよい[107]。

もっとも、そうした暴力的な貌をもちながらも国際法は形式主義を押し出すことで各国に最低限の法的コミットメントを課すにとどまり、異なる価値・正義の観念を有する政体の共存を促進してきたという側面もある。だからこそ国際法の世界化が可能だったわけでもある。ジョゼフ・クンツは「1920年以来、実定国際法は世界の法および価値システムの多元主義を認めている」[108]と述べているが、1948年の国連加盟事件勧告的意見においてICJも、イデオロギーではなく普遍主義を採用して国際社会の価値的多元性を認める判断を示していた[109]。だが国際法の人権化はそうした共存のシステムに変容を迫り、時には、高次の価値を実現する目的の下に、違法であろうとも正統であるという理由で「戦争」を再生させる事態すらもたらしている。

留意すべきは、国際法の人権化あるいは国際法の実質化が再び西洋の価値(自由民主主義／市場主義)をもって推進されていることである[110]。それは、基

---

(106) Joseph Hornung, "Civilisés et barbares", *Revue de droit international et de législation comparée*, Tome 17 (1885), p. 552, quoted in *id.*, p. 383.

(107) 山形英郎は、松田竹男の言を引用しながら、「非ヨーロッパ世界に対して、ヨーロッパ的・資本主義的な価値体系を押し付ける」伝統的国際法を「価値絶対的国際法秩序だった」と評している。山形英郎「グローバリゼーションと国際法——価値絶対的国際法の出現」大久保史郎編『グローバリゼーションと人間の安全保障』(日本評論社、2007年) 98頁。

(108) Josef Kunz, "Pluralism and Legal and Value Systems of the World," *American Journal of International Law*, Vol. 49 (1955), p. 372.

(109) *Admission of a State to the United Nations*, Advisory Opinion, 1948 ICJ Rep. 57. Gerry Simpson, *Great Powers and Outlaw States* (Cambridge University Press, 2004), pp. 270-272.

(110) 山形は、価値絶対的国際法理論あるいは新帝国主義の国際法の登場という語をもって評している。山形・前掲注(107) 122頁。

第 1 部　国際法の言説構成

本的人権を有する自由な個人を前提にした民主主義社会を善とするところにおいてだけでなく，より具体的には，国際共同体の構築を誘導する強行規範の選択に明瞭に映し出されている。強行規範を通して鎮圧の対象となっている行為とは，古谷の言を再び借用すれば，「いずれも欧米社会がその歴史のなかで経験し，民主主義を勝ち取る過程で克服してきた，あるいは少なくとも克服しようとしてきたものである。その意味では，きわめて欧米的な歴史体験と価値基準にもとづいたものである」[111]。第三世界の人々が最大の悪として名指しすることの多い，貧困や不均衡な国際経済構造の克服を，強行規範を通して推進しようとする言説は，国際法の人権化の中におよそ顔を覗かせることはない。国際公序の中心には紛れもなく西洋社会の価値が優先的に投影されている。国際法の実質化は，西洋の中心性を再刻印する政治過程でもあることを否定しさることはできまい。

　国際法の人権化の議論は，国家間関係に基礎をおく国際法のあり方を強く批判してきた。国家主権への挑戦の議論を通して，あるいは，強行規範・対世的義務の唱導を通して，そこでは国家と個人が対立するものとされ，国際法はその対立の図式の中で個人を救済するものと位置づけられている。国家は個人と国際社会をつなぐものとしてではなく，国際共同体・国際法こそが国家と個人を媒介するものとしてある。個人の利益をよりよく実現できるのは国家ではなく国際共同体なのであり，国際法は，国家の同意を得ずとも，個人の保護者として立ち現れることになる。なぜなら国際法には，狭隘な国家の利益を超え出た，人類全体の利益が映し出されているからである[112]。こうした議論が，アフリカやアジアなど非西洋圏で生ずる大規模な人権侵害への国際社会の司法的あるいは軍事的対応の場面にあって，もっともよく聞かれるものであることはいうまでもない。

　しかし人類全体の利益とは，すでに述べたように言葉の真の意味における「人類全体」を掬い取っているわけではけっしてない。なにより，国際共同体という「想像の共同体」（ベネディクト・アンダーソン）がとりわけ非西洋圏にお

---

[111] 古谷・前掲注(28) 185 頁。
[112] See, Maxwell O. Chibundu, "The Other in International Law: 'Community' and International Legal Order," (2004) at http://digitalcommons.law.umaryland.edu/cgi/viewcontent.cgi?article=1077&context=fac_pubs.

いてどの程度のリアリティをもって受け止められているのかは軽々に判断できるものではない。そのゆえにこそ問われるべきは，倫理的転回を遂げつつある国際法の在り様が，それを差し向けられる世界の民衆にとってどのように映っているかということでなくてはなるまい。人道主義・博愛主義の下に，まったき善なるものとして推進されたかつての植民地支配の歴史に学ぶのであれば，現在進行形の国際法の人権化過程についても，その現代的意義を批判的に読み解く営為を欠かすことはできないだろう。

　もとより，国際法の人権化が特定の価値によって強く推進されるにしても，法のテキストは多義的で不確定であり，文脈を置換させていく契機も当然ながら十分にある。外交的保護制度の展開を例にとれば，かつてそれはラテン・アメリカに侵出した西洋の企業を保護することに向けられた片面的な機能を全身に纏っていたが[113]，今日では，投資協定等を通じ企業が直接に国際請求を提起する資格・フォーラムを付与されたこともあり，その実情に変化がみられることは，たとえばラテン・アメリカ諸国が米国を相手取って外交保護権の行使を行っていることからもうかがい知れるのではないか。

　それ以上に注目すべきは，国家責任の射程が域外における国民の活動にも及び始めていることである。国際人権条約は保護義務を媒介に多国籍企業の本拠がおかれた国――その多くは西洋諸国――の責任を追及する契機を強めており，これが一般国際法制度の展開とも共振しつつあることについてはすでに触れたとおりである。かつて西洋諸国は，外国にある自国民について，必要に応じて保護の権利（外交保護権）を行使できる一方で，自国民（投資家，多国籍企業）の活動が現地住民にいかに甚大な被害を生じさせようと国際責任を追及されることはなかった。外国人を受け入れる側に立ってきた非西洋諸国からすれば，「権利は有するものの義務は負わぬ」西洋諸国に仕える，そうした国際法制度の片面性がようやくにして是正されつつあるようにもみえる[114]。また，先進

---

[113] 中川淳司「国際投資の保護と日本」国際法学会編『日本と国際法の100年 第7巻 国際取引』（三省堂，2001年）192頁。伝統的な国家責任の法は「その現実の適用においては先進国に圧倒的に有利に機能するものであった」（松井芳郎「国家責任法の転換（1）――伝統的国際法における国家責任法の性格」国際法外交雑誌89巻1号（1990年）34頁）。

[114] Muthucumaraswamy Sornarajah, "Linking State Responsibility for Certain Harms Caused by Corporate Nationals Abroad to Civil Recourse in the Legal Systems of

国から侵出してきた私人・企業によりその生活を根幹から破壊された世界各地の先住民族のような人間集団が，今日，その声を国際的フォーラムに届け出られるようになっているのも，西洋そのものが推進してきた人権という理念のもつ力を通してである[115]。

　国際法の人権化過程には，このように，偏頗な相貌をみずから変革していく契機も相応に備わっており，そうした契機を拡充していく営みの蓄積こそが世界における国際法の正統性を高める有効な力にもなっていこう。けっして直線的とはいえないものの，深化の度合いを漸進的に強めている人権化過程のもつ価値的前提を批判的に問い続けるとともに，国際法がもたらしうる正義の射程を実務的に押し広げていく営みもまた，非西洋圏に足場をおく国際法学者にとってとりわけ重要な課題であることはいうまでもない[116]。

　　Home States," in Craig Scott (ed.), *Torture as Tort: Comparative Perspectives on the Development of Transnational Tort Litigation* (Hart Publishing, 2001), pp. 491-512.
(115) See Jeremie Glibert, *Indigenous Peoples' Land Rights under International Law: From Victims to Actors* (Transnational Publishers, 2006), Part II and III.
(116) 国際法のあり方を本質主義的に規定してしまうことに警告を発し，「国際コミュニティ（その要素として現代では非国家主体，市民社会の世論も含まれる）の利益を実現する内容のものかどうかを個別にみていかなければならない」と説く藤田の言も参照。藤田久一「国際法から「世界法」への架橋？――フラグメンテーションと統合の問題性」世界法年報第 28 号（2009 年）143 頁。

2　原子力災害と人権

I　「不運」と「不正義」の間——災害言説の変容

災害とはどこまでが「不運」でどこからが「不正義」なのか，という政治思想家シュクラーの問題提起[1]を受けて，ある論者は次のように言葉を継いでいる。「この二分法は，おおむね，日本語の「天災」と「人災」という区別に呼応している。ある災害が「天災」だったというとき，われわれはそれを不運として位置づけている。他方，「正しくないことが行われて災害が発生した」と感じれば，われわれは事態を「人災」と呼び，その正しくないこと，すなわち不正義がいつどこでどのようにして起こったかを追及したいと思う」[2]。

天災と人災，つまりは不運と不正義の境界線をどこに引くのかはけっして容易な作業ではない[3]が，災害言説にあって明瞭に感知できるのは，不正義が不運の領分に侵入し続けている様である。災害はかつて人智を超える「神の仕業」あるいは不運として処理される側面が強かった。今日においても不可抗力（想定外の事態）ないし天罰といったものに結び付ける思考様式は依然として根強いものの，それでも，災害を超常現象ならぬ日常現象ととらえ，科学的な知見に基づく予防措置等により防災・減災が可能であるという認識が着実に広まっていることは紛れもない[4]。

こうした言説変容を促している要因の1つは，いうまでもなく国家活動の拡大にある。現代は社会生活の隅々にまで行政の規制が及ぶ時代であり，このた

---

[1] Judith Shklar, *The Faces of Injustice* (1992), p. 5.
[2] 鈴村興太郎・須賀晃一・河野勝・金彗『復興政策をめぐる《正》と《善》』（早稲田大学出版部，2012 年）52 頁。
[3] 自然災害と人災（人為災害）の区分けが困難なことについて，*Preliminary report on the protection of persons in the event of disasters*, UN Doc. A/CN. 4/598, 5 May 2008, para. 49; *Second report on the protection of persons in the event of disasters*, UN Doc. A/CN. 4/615, 7 May 2009, paras. 37, 49.
[4] Charles Gould, "The Right to Housing Recovery After Natural Disasters", *Harvard Human Rights Journal*, Vol. 22 (2009), p. 182.

第1部　国際法の言説構成

め国家の責任，言い換えれば「不正義」の局面が増幅されていくのは事理の必然といってよい。また，政治過程へのアクセスの度合いによって住民の脆弱度が決せられることを詳らかにしたアマルティア・センの画期的分析[5]が，ひとり飢饉の場合を超えて災害一般に妥当するとの認識が共有されるようになったこともいうまでもない。

　不正義の領分の広がりは，災害時における住民・人間の位置づけを転換させる誘因にもなっている。現に被災者は，いまや強者の助けを待つ脆弱な「要保護者」から，災害の防止と復旧・復興に主体的に関与する「権利の主体」として立ち上げ直されている。「自然災害時における人々の保護に関するIASC活動ガイドライン」は，次のようにいう。「被災者は，単に慈善活動の恩恵を受ける受動的な立場ではなく，特定の義務履行者に対し権利を主張できる個別の権利保持者ということになる。……被災者は法の真空地帯に生きているわけではない。被災者は，国際的・地域的な人権文書を批准し，人権を保護する憲法，法律，規則および制度を備えた国に住んでいる国民である。従って，国家は，その管轄下にある市民およびその他の人々の人権を尊重し，保護し，充足する直接の責任を負っている」[6]。

　こうして災害が不正義や人権の文脈に引きつけて語られるなかにあって，国際法秩序における災害の位置づけにも変化が生じつつある。災害，とりわけ自然災害と国際法の規範的結び付きはこれまで希薄といってよいままに推移してきた[7]。国家間の重大な利益に系統的にかかわる安全保障や通商取引等とは

---

[5] *E.g.*, Amartya Sen, *Development as Freedom* (1999), pp. 170-175.。

[6] UN Inter-Agency Standing Committee, *Operational Guidelines on the Protection of Persons in Situations of Natural Disasters*（日本語版，ブルッキングズ・LSE 国内強制移動プロジェクト，2011年）2頁。See *also*, Principles on Housing and Property Restitution for Refugees and Displaced Persons, UN Doc. E/CN. 4/Sub. 2/2005/17 (June 28, 2005); Rebecca Barber, "Protecting the Right to Housing in the Aftermath of Natural Disaster: Standards in International Human Rights Law", *International Journal of Refugee Law*, Vol. 20 (2008), pp. 432-468.「災害時の人の保護」に関する国連国際法委員会（ILC）の法典化作業でも個人の権利に基づくアプローチが重視されている。植木俊哉「東日本大震災と福島原発事故をめぐる国際法上の問題点」ジュリスト1427号（2011年）108頁。

[7] David Fidler, "Disaster Relief and Governance After the Indian Ocean Tsunami: What Role for International Law", *Melbourne Journal of International Law*, Vol. 6 (2005), p. 459.

異なり，自然災害は1国内で収束する短期的な事態として，国際社会の対応も，バッテル以来変わらぬ人道主義 humanitarianism の発現にとどまってきた[8]ところがある[9]。もっとも，国際関係において顕現する人道主義には政治・外交的利害が仮託されるのが常といってよく，このゆえに，災害をどう定義し，いかなる場合に救援・救助活動を展開するかについて法的な縛りを緩やかにしておくことは，なにより各国の主権的利益にかなう事態でもあった[10]。

冷戦が終結し21世紀に入ると，災害（自然災害）は国際関係に系統的関わりを持つ問題としての性格付けを強めていく。災害のもたらす人的・経済的コスト，なかでも発展途上国の災害が引き起こすグローバル経済への影響を看過できなくなってきたとの認識をその背景に見て取れる[11]。その一方で，災害は「人間の安全保障」を含む安全保障言説の枠組みにあって安定した国際秩序を紊乱する要因の1つとみなされるようになり，さらには，上述したように災害と国際人権保障の結び付きも強まっている。災害は，たとえ自然災害であっても，人道主義の領野に据え置かれるものではなく，主権行使の在り方を規制（調整）すべき法的課題へと，その位置づけを変容しつつあるといってよい[12]。

---

[8] *Preliminary report, supra* note 3, para. 14. これまでの多国間条約を通じた取組みの実情について，*id*., paras. 31-34.

[9] 「国際法はこれまで［自然災害］が発生した場合の被災民の救助と保護に関する国際協力を規律する基本原則について十分な関心を払ってきたとはいえない。……それは国内管轄事項として各国政府がそれぞれの領域のなかで対処する問題と考えられてきたからである」（奥脇直也「自然災害と国際協力——兵庫宣言と日本の貢献」ジュリスト1321号（2006年10月15日）66頁）。

[10] Fidler, *supra* note 7, pp. 461, 462. また，「過去においては，災害の発生……は国力・民力の低下を示唆する情報であり，それゆえ国家の安全保障に直結するものとして情報が秘匿された時代もあった。現在［も］……政府はその統治能力への疑念が醸成されることを回避しようとして協力要請を差し控えることもある」（奥脇・前掲注(9)）。

[11] 2005年のミレニアム開発目標の達成という観点から，国際社会全体として災害に取り組む必要性が強調されるようになったことを想起すべきである。UN Millennium Project, *Investing in Development: A Practical Plan to Achieve the Millennium Development Goals*（Earthcan, 2005), pp. 179-182.

[12] 墓田桂＝エリザベス・フェリス「災害を超えて——国際災害対応法（IDRL）の現状と日本に期待される役割」法律時報83巻8号（2011年）73-74頁。J. Benton Heath, "Disasters, Relief, and Neglect: The Duty to Accept Humanitarian Assistance and the Work of the International Law Commission", *New York University Journal of International Law and Politics*, Vol. 43（2011), pp. 419-477. もっとも，フィドラーは，災害に関する国際法の展開は国際人道法のように拘束力ある規則を包括的に打ち立てる

第 1 部　国際法の言説構成

　原子力災害[13]は，こうした災害言説一般と連動しつつ，その際立った特異性ゆえに，特殊な法言説をもって表現されてきているところがある。人権の視座を踏まえ，以下でその実相を考察する。

II　核の平和利用への国際的対応

(1) 原子力災害の特異性

　核兵器の脅威または使用の合法性に関する勧告的意見において，国際司法裁判所（ICJ）は次のような認識を示していた。「核爆発によって放出される放射線は，非常に広い範囲にわたり健康，農業，天然資源および人口統計に影響を与えるであろう。電離放射線は，将来の環境，食糧および海洋生態系を損傷し，未来世代に遺伝疾患と疾病を引き起こすおそれがある。」[14]

　放射線の放出という特有の性質を有する核兵器との関連で示されたこの認識は，その実，原子力災害一般にそのまま妥当するものでもある。放射性物質の大量拡散がもたらす人体・環境への被害において，核の軍事利用と平和利用との間に本質的な差異はない。そもそも，ウラン濃縮と使用済み核燃料再処理という原子力技術が，「機微な技術」として核兵器の製造そのものに直結していることはここに改めて確認するまでもあるまい。軍事利用と平和利用の境界は，その始点（製造）にあっても終点（爆発）にあっても，あまりにあいまいというしかない[15]。

　　ことには帰結せず，むしろ，戦略的というより戦術的で，限定的なものにとどまるだろうという見解である。Fidler, *supra* note 7, p. 473. なお，国際法における災害の定義をめぐる議論について，*Second report, supra* note 3, paras. 31-49.「災害時における人の保護に関する条文草案」第 3 条において ILC が暫定的に採択した災害の定義は次のとおりである。「災害とは，広範な人命の喪失，甚大な人間の苦痛および苦悩または大規模な物的もしくは環境損害をもたらすことで社会の機能を深刻に損なう悲惨な出来事または一連の出来事」（UN Doc. A/67/10, para. 81）。

(13)　本文でも触れる 1986 年の原子力事故援助条約は，災害という概念を用いる代わりに「原子力事故又は放射線緊急事態」という，より具体的な定式をもって原子力災害の内実を表現している。原子力災害という語の使用にあたり，本稿もこれを念頭におく。

(14)　*Legality of the Threat or Use of Nuclear Weapons, Advisory Opinion, I.C.J. Reports 1996*, p. 226, para. 35.

(15)　「この二つの利用方法を分かつのは，基本的には用いられる技術の性格ではなく，それを用いる人間の意図である」（松井芳郎「原子力平和利用と国際法——日米原子力平和

ICJ は上記勧告的意見において強力な放射線が長期にわたって放出されることにも言及しているが[16]，平和利用に供された原子力施設で生じる災害であっても，その規模・度合いが大きいほど放射能汚染は長期化せざるをえない。原子力災害と他の災害との決定的なまでの違いの1つがそこにある。

一般に，災害によって常居所からの避難を強いられた者は，まずは，避難所に身を寄せ，さらにそこから仮設住宅で時を過ごし，最終的には恒久住宅へと身を移す。一連の過程を迅速に成し遂げることが，被災者の人権保障の観点からなにより望ましいことはいうまでもない[17]。そして，恒久住宅として通例想定されるのは常居所への帰還である。つまり，災害で一時的に離れざるをえなかった元の住処に戻り日常生活を再開することこそが災害対応の——とりわけ居住の観点からの——とりあえずの帰結点といってよい。ところが，原子力災害の場合には，常居所の土壌が放射性物質により深刻にかつ長期的に汚染されるため，こうした「解決」への道をたどることが著しく困難になる。不可能といわざるを得ない場合もあることは，チェルノブイル事故の顛末に明らかである[18]。

原子力災害についてもう1つ特徴的なのは，被害の広域化である。「原爆による放射線の残存量と原発から放出されたものの放射線の残存量は，1年たって原爆が千分の一程度に低下するのに対して，原発からの放射性汚染物は十分の一程度にしかならない」[19]という。原子力災害は，核兵器よりもはるかに多くの放射線汚染物質を残存させる。このため，迅速かつ有効な除染作業がなされないと，汚染された粒子が天候の影響も受けながらきわめて広範囲にかつ予測困難な方向性をもって飛散していくことになる。放射性物質が広域に降下するということである。放射性降下物がもたらす残留放射線は，呼吸や飲食によって体内に取り込まれることにより，内部被曝を引き起こす。そうして生ず

利用協定を中心に」法律時報50巻7号（1978年）46頁）。

[16] *Supra* note 14.

[17] Gould, *supra* note 4, p. 186.

[18] Jon Van Dyke, "Liability and Compensation for Harm Caused by Nuclear Activities", *Denver Journal of International Law and Policy*, Vol. 35 (2006), pp. 27-33. 今中哲二・原子力資料情報室編著『「チェルノブイリ」を見つめなおす——20年後のメッセージ』（原子力資料情報室，2011年）参照。

[19] 衆議院厚生労働委員会会議録平成23年7月27日（児玉龍彦参考人の発言）。http://www.shugiin.go.jp/index.nsf/html/index_kaigiroku.htm.

る放射線障害の危険性は、細胞分裂の盛んな乳幼児、子どもについていっそう大きなものになることが知られている[20]。

　国際原子力機関（IAE）と経済協力開発機構原子力機関（OECD/NEA）は、原子力事故・故障の度合いを見極める基準して、国際原子力事象評価尺度 international nuclear and radiological event scale を策定し、日本でも1992年からこの尺度が採用されている。レベル4から7が事故 accident、レベル3以下が事象 incident として区別されるこの尺度が適用された事例は、世界的にけっして少なくない。ロシアのキシュテムで1957年に起きたレベル6の事故から始まり、2011年の福島第一原子力発電所でのレベル7の事故まで、事故・事象が断続的に生起している[21]。

　人や環境への被害という点では1986年のチェルノブイリ原子力発電所事故（レベル7）が最もよく知られているだろうが、1957年の英国ウィンズケール原子炉火災事故（同5）や1999年の東海村JOC臨界事故（同4）も深刻な事態を引き起こした点においては同様である。1979年の米国スリーマイル島原子力発電所事故（同5）の衝撃はいうまでもなく、英国やフランスの原子力施設でもこうした事故が・事象が1980年（同4）、1993年（同2）、2005年（同3）と引き続き生じている。総じて、1980年頃からはほぼ10年刻みで大きな原子力事故が起きていることがわかる。

　こうして見ると、福島第一原子力発電所が示す長期化し広域化する原子力災害の実態は、チェルノブイリ事故の直接の舞台となったロシア・ウクライナ、ベラルーシはいうまでもなく、原子力施設の点在する現代世界が背中合わせに抱え込んだ現実の危険というべきものであろう。

(2) IAEAの安全規制と人権

原子力発電に代表される核の平和利用という考えを世界的に広める直接の契

---

[20] 東京電力福島原子力発電所事故調査委員会編『国会事故調 報告書』（2012年9月30日）401-406頁。また、内部被曝の実情とその研究の遅れを指摘するものに、沢田昭二「放射線被曝と平和」日本平和学会編『平和を再定義する［平和研究第39号］』（早稲田大学出版部、2012年）40-44頁。

[21] IAEA Information Series, 08-26941/E, http://www.iaea.org/Publications/Factsheets/English/ines.pdf. 詳しくは「世界に広がる核汚染」（中国新聞特集・被曝と人間）http://www.chugoku-np.co.jp/abom/00abom/ningen/toku_2.html.

機になったのは，1953年12月に国連総会でアイゼンハワー米国大統領が行った「アトムズ・フォー・ピース」演説であることはいうまでもない。米国の軍事戦略を体現したその演説の中で強調された核の平和利用，核兵器の不拡散，核軍縮という3つの原則[22]が，1957年に設立された国際原子力機関（IAEA）と1968年に採択された核兵器不拡散条約（NPT）の基礎をなしていることは周知のとおりである[23]。

IAEAは，核兵器の拡散防止のために多くの先進的試みを実施してきているが，その一方で，公衆の健康や環境の保護にかかる安全規制，つまりは一般市民の生命や身体・健康の保護については必ずしも同水準の関心を示してこなかった。現に，国際民間航空機関（ICAO）や国際海事機関（IMO）が航空機，船舶の設計・運用・事故報告等に関して厳格な基準を法的拘束力をもって示してきたのに対して，IAEAは原子力の安全規制につき非拘束的な基準を提示するにとどまってきた[24]。そもそも原子力発電の危険性そのものを過小評価する傾向も見られた。ブルントラント委員会の示した懸念に対する消極的対応にその一端がうかがえるが[25]，チェルノブイリ事故直後に示されたブリックス事務局長（当時）の次のような認識にもその様相がはっきりと現われ出ている——「事故は大したことはない。死者もわずか31名，そのうち2名は消化の際の火傷で死んだもので，放射線障害による死者は29名，これ以上増えることはない」，「原子力の平和利用の歴史でこれ以前に死者が出たことはない」[26]。

---

(22) Daniel Joyner, *Interpreting the Nuclear Non-Proliferation Treaty* (Oxford University Press, 2011), p. 12.

(23) 松井・前掲注(15) 51頁。Joseph Pilat, "Introduction", in Joseph Pilat (ed.), *Atoms for Peace: A Future after Fifty Years?* (Woodrow Wilson Center Press, 2007), pp. 3-4.

(24) Menno Kamminga, "The IAEA Convention on Nuclear Safety", *International and Comparative Law Quarterly*, Vol. 44 (1995), pp. 873, 881. 非拘束的な基準を国家が採用することがあったにしても，「各国は自らの裁量によりこれを行っていたのであり，国際義務に拘束されていたわけではない。……原子力の安全に関して拘束力ある国際文書の作成をもたらしうるような討議はまったくなされなかった」(Norbertr Pelzer, "Learning the Hard Way: Did the Lessons Taught by the Chernobyl Nuclear Accident Contribute to Improving Nuclear Law", in *International Nuclear Law in the Post-Chernobyl Period*, (A Joint Report by the OECD Nuclear Energy Agency and the International Atomic Energy Agency, 2006), pp. 86, 87)。

(25) Kamminga *supra* note 24, p. 873.

(26) 吉田康彦『国連広報官——国際機関からの証言』（中央公論社，1991年）137頁。

第 1 部　国際法の言説構成

　前述のとおり，自然災害が 1 国内で生起する短期的な出来事として国際秩序における関心を集めてこなかったとしても，原子力災害は国境を超えて長期にわたる影響を生じさせかねない。それだけに，安全規制は航空機や船舶と同様に初手から国際義務の対象になってもおかしくないように思える。だが，航空機などとは違って「原子力発電所は，固着性を有し，1 国の国内管轄権下に確固としてとどまるもの」とされ，安全規制の問題も基本的に国内的関心の枠を本格的に踏み出して行くことはなかった[27]。

　安全保障に関わる政策への国際的関与を避けようとする力学がその背後にあって強く働いていたことはいうまでもない[28]が，ただそうとしても，チェルノブイリ事故が国境を超える大規模な被害を引き起こし，核の平和利用への信頼が大きく損なわれたことで，図らずして従前の認識の転換が迫られたことは紛れもない。こうして IAEA は特別会期を招集してただちに原子力事故通報条約と原子力事故援助条約の採択・発効を実現させたのだが，それらの文書はいずれも事故後の対応に焦点をあてるもので，原子力施設の安全自体にかかる拘束力ある法文書（原子力安全条約）の作成には，さらに 8 年の月日が必要とされた[29]。

　1994 年に至り，ようやく原子力安全条約が締結されたことで安全規制の透明性等が高まった[30]ことはむろんたしかである。しかし，同条約にあっても市民の生命・身体・健康への関心は副次的な次元にとどめられたままであった。この点は，施設の安全面に瑕疵があってもなお原子力の推進に重きをおいた主

---

[27]　Johan Rautenbach, Wolfram Tonhauser and Anthony Wetherall, "Overview of the International Legal Framework Governing the Safe and Peaceful Uses of Nuclear Energy－Some Practical Steps－", in *International Nuclear Law in the Post-Chernobyl Period, supra* note 24, p. 8. また，原子力施設が多様であることを理由に拘束力ある国際的規制が困難であるという議論があったことについて，Kamminga, *supra* note 24, p. 873.

[28]　Pelzer, *supra* note 24, p. 87.

[29]　原子力産業への国際的監視を回避しようとする核保有国の消極的な姿勢があってのこととされる。カミンガによれば，同様の原子炉を有する中・東欧諸国において同種の事故が生ずる危険性への認識が深まったことによって条約の制定がもたらされたという。Kamminga, *supra* note 24, pp. 875, 877-878. この条約については，Odette Jankowitsch-Prevor, "The Convention on Nuclear Safety", in *International Nuclear Law in the Post-Chernobyl Period, supra* note 24, pp. 155-168.

[30]　Rautenbach *et. al., supra* note 27, p. 15.

権的決定を許容する第6条の文言[31]から容易に推認できようが，第10条でも，原子力の安全について締約国は「最優先」ではなく「妥当な優先順位を与える」ことをもってよしとされている。その他，この条約には精細な安全基準を定めた附属書もなく，議定書を通して規制内容を事後的に具体化・最新化していく手法も導入されることはなかった。

　他方で，チェルノブイリ事故は原子力事故に伴う損害賠償制度の不適切さも浮き彫りにした。被害諸国によるソ連への損害賠償請求が——政治的判断により——差し控えられる一方で，原子力損害賠償レジームへの普遍的参加と越境損害への適切な対応を実現するためIAEA・OECDの下で締結されていた諸条約を統合・強化する新たな条約が断続的に採択されることになる[32]。だが，それによって「1950年代後半に成立して以来，平和的な原子力産業（原子力法）の礎になってきた法制度自体が国際的性格を有する人権の要素に関心を寄せてこなかった」[33]事態に抜本的な変化が生じたわけではない。「原子力の平和利用に参加する自国政府の作為または不作為によってその生命および尊厳が危険

---

(31) 同条の規定内容は次のとおり。「締約国は，この条約が自国について効力を生じた時に既に存在している原子力施設の安全について可能な限り速やかに検討が行われることを確保するため，適当な措置をとる。締約国は，この条約により必要な場合には，原子力施設の安全性を向上させるためにすべての合理的に実行可能な改善のための措置が緊急にとられることを確保するため，適当な措置をとる。当該施設の安全性を向上させることができない場合には，その使用を停止するための計画が実行可能な限り速やかに実施されるべきである。使用の停止の時期を決定するに当たっては，総合的なエネルギー事情，可能な代替エネルギー並びに社会上，環境上及び経済上の影響を考慮に入れることができる。」

(32) Rautenbach *et. al.*, *supra* note 27, pp. 25-28; Duncan Currie, "The Problems and Gaps in the Nuclear Liability Conventions and an Analysis of How an Actual Claim Would be Brought under the Current Existing Treaty Regime in the Event of a Nuclear Accident", *Denver. Journal of International Law and Policy*, *supra* note 18, pp. 85-127. 道垣内正人「国境を越える原子力損害についての国際私法上の問題」早稲田法学87巻3号（2012年）146-151頁も参照。国連国際法委員会（ILC）で作成された国家責任条文（2001年），危険な活動から生じる越境損害の防止に関する条文案（2001年），危険な活動から生じる越境損害の場合の損害の分配に関する原則案（2006年）も原子力災害に直接の関連性をもつ法文書であることはいうまでもない。Donald Anton and Dinah Shelton, *Environmental Protection and Human Rights* (Cambridge University Press, 2011), pp. 739-740.

(33) Luis Rodriguez-Rivera, "The Human Right to Environment and the Peaceful Use of Nuclear Energy", *Denver Journal of International Law and Policy*, *supra* note 18, p. 181.

第 1 部　国際法の言説構成

にさらされる個人の人権は，今日にあってもなお無視されたままである。原子力の平和利用に対する国際刑法アプローチもなされていない」[34]というロドリゲス・リベラの評価には，原子力の安全規制・損害賠償にかかる国際レジームが人権への視座を制度的に十分に反映させられないままにあることへの強い批判が込められている。

　IAEA は，その設立文書第 2 条において「全世界における平和，保健及び繁栄に対する原子力の貢献を促進し，及び増大するように努力」することを機構の目的として明記し，第 3 条では「全世界における平和的利用のための原子力の研究，開発及び実用化を奨励しかつ援助」することを任務の 1 つと定める。原子力という危険性が際立って高い技術を世界的に広めていくことにこの機構の存在理由がかけられていることがわかる。もとより安全規制に対する期待値が高まるのは当然であり，実際に安全原則，安全要件，安全指針にかかる IAEA の安全基準は漸次拡充されてきている[35]。だがそうではあっても，機構の上記目的・任務に照らしてみれば，原子力の推進それ自体を妨げるような基準の提示は本来的に困難というしかない[36]。そこに，IAEA による安全規制を限界づける構造的制約があることに留意しておかなくてはならない。

---

(34)　*Id.*

(35)　See *e.g.*, Fundamental Safety Principles: Safety Standard Series No. SF-1（2006）（翻訳は，http://www.jnes.go.jp/content/000013228.pdf）. このほか，1997 年には放射性廃棄物等安全条約も採択されている。

(36)　Greenpeace International, *Lessons from Fukushima*（February, 2012), p. 43. しかも「しばしば，その安全基準は加盟国にとって受入れ可能な最小公分母におかれている」(*id.*)。また，2011 年 6 月に開催された原子力安全に関する IAEA 閣僚会議の宣言および同年 9 月に採択された世界の原子力発電所の安全性向上を目指す行動計画が，いずれも「強制性」を薄め各国の「自発性」に安全規制を委ねたことを踏まえ，次のような指摘もなされている。「既存の原子力供給国で，なおかつ今後も原子力利用を維持ないし拡大していきたい国々の中には，レビューの定期的な実施や，調査の無作為抽出と抜き打ちの実施など，IAEA の強制的な権限行使を拡大しようとする動きへの根強い抵抗がある。……そのためこうした国際レジームの強化は容易でない」（福島原発事故独立検証委員会『調査・検証報告書』(2012 年 3 月 11 日) 360-361 頁）。日本の文脈では，原子力安全委員会委員長が次のように発言していることが想起される。「一番低い安全基準か何かを電力会社が提案すると何となくそれを規制当局としては飲んでしまう。今度はそれが出されると，国が既にここでお墨付きを与えているんだから安全ですよといって，安全性を向上させる努力というのを事業者の方ではやらなくなってしまう」（『国会事故調　報告書』前掲注(20) 462 頁）。

Ⅲ　原子力災害への人権アプローチ

(1)　国際人権機関における放射能汚染の取扱い

　奇妙というべきか，放射線の脅威が知られていたにもかかわらず，原子力災害への関心は国際人権機関にあってもほとんど示されることがなかった。現に，生命権を扱った自由権規約（市民的及び政治的権利に関する国際規約）委員会の一般的意見 14（1984 年）は，核の軍事利用についてその製造，実験，保有，配備および使用を人道に対する罪と等視し，きわめて強い言葉をもって非難しているのに対して，核の平和利用が孕む危険性に関しては一言の言及もない[37]。ちなみに，1980 年に放射性廃棄物の投棄により現在および将来世代の生命への権利が脅かされることを訴える個人通報が提出されたが，同委員会は規約第 6 条 1 項にかかわる重大な問題が提起されていることを認めながら，国内救済措置不消尽を理由にこれを却下している[38]。

　もっとも，チェルノブイリ事故を経ることで放射線被害への関心はいくばくか広まったのかもしれず，社会権規約（経済的，社会的及び文化的権利に関する国際規約）委員会が採択した到達可能な最高水準の健康に対する権利に関する一般的意見 14（2000 年）には，健康的な自然および職場環境への権利（同規約第 12 条 2 項(b)）との関連で，「環境および産業衛生のあらゆる側面の改善」のなかに「放射線……その他人間の健康に直接または間接に影響を与える有害な環境条件に住民がさらされることの防止および低減」が特記され，水への権利に関する一般的意見 15（2002 年）でも，個人の利用に供される水が「人間の健康を脅かす……放射性危険物質のないものでなければならない」と明記されるように

---

[37]　一般的意見の原文および日本語訳については，国連人権高等弁務官事務所および日本弁護士連合会の関連 HP を参照。http://www.ohchr.org/EN/HRBodies/Pages/HumanRightsBodies.aspx; http://www.nichibenren.or.jp/activity/international/library/human_rights.html#society.

[38]　Communication No. 67/1980, *EHP v. Canada*. 宮崎繁樹編集・翻訳代表『国際人権規約先例集――規約人権委員会精選決定集　第 2 集』（東信堂，1995 年）55-60 頁［荒牧重人執筆担当］。フランス領ポリネシアでの核実験による生命権と私生活・家族生活への権利の侵害を訴えた通報についても，「被害者」要件を欠くこと等を理由に不受理の判断を下している。Communication No. 645/1995, *Bordes and Temeharo v. France*, CCPR/C/57/D/645/1995, 30 July 1996.

第1部　国際法の言説構成

なっている。

　チェルノブイリ事故の影響は，定期報告審査の際に問題とされた。たとえば，社会権規約委員会はベラルーシに対して，事故後にとられた医療・福祉措置に留意しつつ，汚染地域に残された子どもたちへの懸念を表明している[39]。子どもの権利委員会も同国に対して，癌・免疫不全・貧血など子どもの疾病の増加と，被災者への長期的政策に基づく支援の欠如等に懸念を表明し，疾病の早期発見・予防の強化・長期的な健康管理計画を勧告した[40]。同委員会はウクライナについても，大気・食糧の高濃度汚染と長期的な健康・社会心理的影響への関心が不足していることに懸念を表明し，健康管理の改善・疾病の早期発見・予防を勧告している[41]。他方で女性差別撤廃委員会も，ウクライナについてチェルノブイリ事故等がもたらす生態学的危機が条約の実施を危うくしていることに留意し[42]，ベラルーシについては汚染地域における女性の健康への悪影響（乳がんの増加等）を懸念するとともに，さらなる影響調査を勧告した[43]。

　日本との関連でも，東海村JOC臨界事故後に行われた2001年の社会権規約委員会における定期報告審査の際に，原子力施設の安全にかかわる必要な情報の透明性・公開性の欠如と，原子力事故の予防および事故が起きた際の迅速な対応のための準備計画の不足について懸念が表明され，事態を是正する措置をとるよう勧告が出されていたことは周知のとおりである[44]。

---

(39) UN Doc. E /C. 12/1/Add. 7/Rev. 1, 2 December 1996, paras. 5, 15.

(40) UN Doc. CRC/C/15/Add. 180, 13 June 2002, paras. 45, 46; CRC/C/BLR/CO/3-4, 8 April 2011, paras. 57, 58.

(41) UN Doc. CRC/C/15/Add. 191, 9 October 2002, paras. 55, 56.

(42) http://www2.ohchr.org/english/bodies/cedaw/docs/UkraineCO15_en.pdf, para.273.

(43) UN Doc. A/59/38 (Supp.) (CEDAW, 2004), paras. 355, 356; CEDAW/C/BLR/CO/7, 6 April 2011, paras. 37, 38.

(44) UN Doc. E/C. 12/1/Add. 67, 24 September 2001, paras. 22, 49. 第3回定期報告審査後の2013年5月17日にも，社会権規約委員会は日本に対して再度「原子力施設の安全性に関する問題の透明性を増すこと及び原子力事故に対する準備を強化するよう勧告」している（UN Doc. E/C. 12/JPN/c0/3, 17 May 2013, para. 25)。また，2012年10月31日に実施された日本の第2回国連人権理事会普遍的定期審査（UPR）に際しても，福島住民の健康・生命権の保護を求める勧告が出された。*Report of the Working Group on the Universal Periodic Review: Japan*, UN Doc. A/HRC/22 /14, 12 December 2012, para. 147. 155.

このように，原子力事故の発生を機に国際人権機関が事前・事後の対処や健康権の観点等から核の平和利用について関心を示しつつある様が見て取れる。もっともその対応は総じて微温的なものにとどまっており，放射線がもたらす人体・環境への破壊的影響についてこれを正面から問題視する認識の深まりはいまだ感知できない。

(2) 実体的権利としての環境権

放射能は，大気・土壌・水・食品等を汚染することにより人体に影響を生じさせる。清浄な環境が損なわれることにより人間の生命・健康等の人権が危険にさらされるということであり，この意味において，原子力災害からの人権の保護は「環境」の側面と切り離しがたくある。

原子力の特異性を国際人権法の観点から究究する議論がほとんどなされていない一方で，人権と環境一般については少なからぬ研究が積み重ねられてきた[45]。これまでのところ，理論的な課題として大きくは2つのテーマへの取り組みがなされている[46]。1つは，両者の関係をどのように捉えるかという課題であり，次の3つのアプローチの所在を見て取れる。第1は，清浄な環境を人権享受の前提条件とするもの。第2は，人権を清浄な環境を実現するための実体的・手続的道具とするもの。第3は，人権と環境を「持続可能な開発」という概念の下に統合するもの，である。これらは相互に連動しあいながら各国の政策決定過程に影響を与えてきている。

2つ目のテーマは，清浄な環境への権利を新しい人権として認めるべきかどうかに関わる。アフリカ人権憲章（24条）や米州サンサルバドル議定書（11条）といった地域人権諸条約にはすでに明文の環境権規定が置かれており，国連人権機関でも環境権を独立した権利として認める文書が構想されたことがある[47]。だが，少なくとも現在までのところは，規範内容の不明確性や政治的・

---

(45) *E.g.*, Joint UNEP-OHCHR Expert Seminar on Human Rights and the Environment 14-16 January 2002, Geneva: Background Paper Nos. 1-6; Alan Boyle, *Human Rights and the Environment: A Reassessment* (First Preparatory Meeting of the World Congress on Justice, Governance and Law for Environmental Sustainability, 12-13 October 2011), 松井芳郎『国際環境法の基本原則』（東信堂，2010年）第8章。

(46) *Analytical study on the relationship between human rights and the environment*, UN Doc. A/HRC/19/34, 16 December 2011, paras. 6-14.

第1部　国際法の言説構成

技術的困難さ等のゆえに，実体的権利としての環境権は普遍的な支持を受けるには至っていないといわざるをえない[48]。

　ただし，既存の実体的権利の中に間接的に環境権を読みこんでいく方途は開かれている。環境と人権の関係を議論する規範的端緒になったのが1972年のストックホルム宣言（原則1）であったため，それ以前に採択されていた国際人権規約には環境への関心が必ずしも意識的には織り込まれていなかった。それでも，安全かつ健康的な作業条件を求める社会権規約7条(b)，子ども・年少者に対する有害な労働を禁ずる同10条3項，環境衛生及び産業衛生のあらゆる状態の改善を求める同12条2項の規定等が環境保護に関わる重要な側面を構成することはいうまでもない。1989年に採択された子どもの権利条約には，「環境汚染の危険を考慮に入れて」健康及び医療に関する権利の実現が図られるべき旨が明定されている（24条2項(b)）。

　国連人権理事会では，有害物質の不正投棄等にかかる諸決議において環境劣化が生命や健康への権利に重大な脅威になることが何度となく確認されており[49]，他方で，女性差別撤廃委員会や社会権規約委員会，自由権規約委員会など普遍的な人権条約機関も，一般的意見や定期報告審査後の総括所見において，環境劣化が及ぼす人権（健康権等）への影響について頻繁に懸念を表明してきている[50]。自由権規約委員会には，環境汚染が生命権や私生活への権利の侵

---

(47) 環境と開発に関する国連人権小委員会特別報告者により作成された「人権と環境に関する原則宣言案 Draft Declaration of Principles on Human Rights and the Environment」(1994年)。UN Doc. E/CN. 4/Sub. 2/1994/9 (6 July 1994).

(48) 「個人の実体的権利としての環境権……の主張はほとんど四面楚歌の立場にある」（松井・前掲注(45), 231頁)。See also, Malgosia Fitzmaurice, "Environmental Degradation", in Daniel Moeckli, Sangeeta Shah and Sandesh Sivakumaran (eds.), *International Human Rights Law* (Oxford University Press, 2010), pp. 624-627. 1972年のストックホルム宣言の関心が人権と環境にあったのに対して，その20年後に採択された環境と開発に関するリオ宣言の関心は環境と経済の調和におかれ，人権の理念は明確に後退した。90年代に入って本格化した市場原理主義が人権としての環境権の形成に重大な障害となってきたことがうかがい知れる。Francesco Francioni, "International Human Rights in an Environmental Horizon", *European Journal of International Law*, Vol. 21 (2010), p. 45. ただし，2012年4月に国連人権理事会で人権と環境に関する独立専門家が任命されたことで，新たな議論の次元が生み出されつつある。A/HRC/RES/19/10, 19 April 2012.

(49) 関係諸決議について，同上決議前文第2パラグラフ参照。

(50) See Anton *et al.*, (eds.), *supra* note 32, p. 439. なお，社会権規約委員会は，適切な食

50

害にあたる旨を訴える個人通報も提出されている。被害者要件の不充足等により却下決定を受けることが多いものの、実体的権利侵害の可能性そのものが排斥されているわけではない[51]。

　環境と人権に関する規範面の精緻化がいっそう進んでいるのは欧州であり、とくに欧州人権裁判所には注目すべき判例が蓄積されている[52]。環境保全への権利の不在を理由に申立を却下していた欧州人権委員会の初期の判断[53]とは異なり、同裁判所は欧州人権条約の実体規定の解釈を通じて環境権の実質化に寄与する判断を、多少の揺らぎを伴いながら示してきている[54]。

　判例を瞥見するに、申立の多くが私生活・家族生活の保護に関する第8条に基軸をおいて構成されており、主たる争点となっているのは国家の積極的義務の内容とその履行の如何である。同裁判所によれば、環境汚染が同条の問題となるには、当該汚染が申立人の生活等に直接に影響を与えるものであること、および、有害な影響が一定のレベルに達していることを必要とする[55]。後者についての判断は相対的なものであり、生活妨害の強さ・継続期間、身体的・精神的影響の度合い、周囲の環境状態等を総合的に勘案して決せられる。その際、規制の手段・方法等については相当の裁量（評価の余地）が締約国に認められている。

　欧州人権裁判所では、生命権を定める第2条との関連で環境問題が取扱われることもある[56]。危険な活動からの生命の保護について、同裁判所は締約国

　　糧への権利に関する一般的意見12（1999年）において、有害物質に汚染されていない糧食の入手が食糧への権利の中核部分をなすという解釈を示している。また、一般的意見4（1991年）では、適切な居住権の実現にも良好な環境が不可欠であることが明記されている。

(51)　注(38)所掲の事例以外に、Communication No. 1453/2006, *Brun v. France*, CCPR/C/88/D/1453/2006, 23 November 2006 等。このほか、本案に進んだ少数者（先住民族）の権利関連の事例について、松井・前掲注(45) 212-214 頁参照。

(52)　松井・前掲注(45) 207-211 頁参照。See *also*, Daniel García San José, *Environmental protection and the European Convention on Human Rights*（Council of Europe, 2005）.

(53)　*Id.*, p. 7.

(54)　欧州人権条約には、環境それ自体を一般的に保護する規定も、環境への権利を明文で謳う規定も存しないことが同裁判所により確認されている。E. g., Case of *Kyrtatos v. Greece*（Application no. 41666/98）, Judgment, 22 May 2003, para. 52; Case of *Hatton v. UK*（Application no. 36022/97）, Judgment, 8 July 2003, para. 96.

(55)　Case of *Fadeyeva v. Russia*（Application no. 55723/00）, Judgment, 9 June 2005.

に高度の規制義務（公衆の情報への権利の保障を含む）を課しているが，当該義務の範囲は第8条の場合と概ね重なりあわされており，また，環境災害がどのような理由で生じたか，その危険性を減ずることがどの程度可能であったかといった事情なども勘案して義務違反の認定がなされている。なお裁判所は，生命権等の侵害が意図的に引き起こされた場合を除き，公正な民事・行政救済等が用意されているのであれば，必ずしも刑事手続きをとる義務までが国家に課せられるわけではないという認識も示している[57]。

国連や欧州等の人権機関におけるこれまでの実務に照らしてみれば[58]，原子力災害は，放射能による重大な環境汚染ゆえに，あらゆる実体的人権規範，なかでも生命権，私生活・家族生活の権利，健康権，相当の生活水準への権利（食糧権，水への権利，居住権を含む），さらに労働権の保障にかかる問題を，おそらくは他の災害以上に深刻に引き起こすものとして定式化されてしかるべきものであろう。国家の義務の観点からすると，普遍的人権条約の文脈では，確保義務あるいは（3層義務構造に引きつけていえば）保護義務の在り方がとりわけ重要になることはいうまでもないが，原子力関連の活動には，その危険性からして最高度の規制義務が課せられるというべきである。

(3) 国家の義務，環境権の手続的保障

環境汚染にかかる国家の義務に関して注目されるのは，2011年9月に人権法専門家・NGOにより作成された「経済的，社会的および文化的権利の領域における国家の域外義務に関するマーストリヒト原則」[59]である。特に，その

---

[56] E.g., Case of *Oneryildiz v. Turkey* (Application no. 48389/99), Judgment, 30 November 2004; Case of Budayeva and Others (Application no. 5339/02, 21166/02, 20058/02, 15343/02), Judgment, 20 March 2008.

[57] *Budayeva and Others, supra* note 56, para. 139.

[58] 米州およびアフリカの人権保障システム，さらに各国憲法上の法実務については，Boyle, *supra* note 45, pp. 3-10.

[59] http://www.ciel.org/Publications/Maastricht_ETO_Principles_21Oct11.pdf. この原則を採択した専門家会議は，マーストリヒト大学と国際法律家委員会によって招集された。社会権の域外義務について現行国際法を明確化するために作成された同原則の注釈として，Olivier De Schutter *et al.*, "Commentary to the Maastricht Principles on Extraterritorial Obligations of States in the area of Economic, Social and Cultural Rights", *Human Rights Quarterly*, Vol. 34 (2012), pp. 1084-1169.

原則13は、社会権の享有を無効にしまたは毀損する「現実の危険」を生じさせる作為・不作為を国家が控えなければならず、権利侵害が国家の行動の「予見可能な結果」としてもたらされた場合には国家責任が生じると明記している。予見可能性とは、国家が権利侵害の危険性を了知していた場合のみならず、了知してしかるべきであった場合も含む。同原則はさらに続けて、生じ得る影響が不確実であることをもって国家の行動は正当化されないと定め、「予防原則」の導入も宣言している。リオ原則15の定式に鋳直せば、社会権への深刻なまたは回復し難い危険性が存在する場合には、完全な科学的確実性の欠如を予防措置等をとらない理由として用いてはならない、ということである[60]。

　もっとも、そうとしても、国家がどのような規制措置を具体的にとるべきかはただちに明らかになるわけではない。それゆえことのほか重要になるのが影響評価の実施である。必要な情報を開示し、人権への影響を事前に評価することで、現実の危険を回避する国家の義務の効果的な履行が促されていく。評価の公正さと正統性を確保するうえで、公衆あるいは利害関係者の参加と評価結果の公表を欠かすことはできず、マーストリヒト原則14にはその旨も明文で記されている。環境法の領域で発展してきたこうした影響評価の手法は人権法の領域にあっても徐々に広がりつつあるが[61]、とりわけ原子力との関連では必須のものと位置付けられてしかるべきであろう。

　ところで、環境汚染・環境保全手続きにかかる情報へのアクセスと参加は、生命権、私生活への権利等に内包される権利であるとの認識が欧州人権裁判所によって示されてきている。同裁判所は、「第8条は手続的要件への言及を明示的には含んでいないものの、干渉措置につながる意思決定過程は公正でなければならず、同条により保護される個人の利益に相当の尊重を払うものでなければならない」として、環境劣化により影響を受ける者の情報へのアクセスと意思決定過程への参加が同条の遵守に欠かせないことを示唆する[62]。同裁

---

(60) マーストリヒト原則は「域外義務」に焦点を当てたものだが、高度に危険な活動が社会権の享有にもたらす影響を語る場合には、領域の内と外とで議論を分かつ必然性はないであろう。

(61) 「貿易および投資協定の人権影響評価に関する指導原則 Guiding Principles on human rights impact assessments of trade and investments」（UN Doc. A/HRC/19/59/Add. 5, 19 December 2011）の策定はその一例である。

(62) Case of *Taskin and Others v. Turkey*（Application no. 46117/99）, Judgment, 10

第1部　国際法の言説構成

判所はまた、適切な影響評価の不実施と評価結果の非公開が私生活等への権利の侵害にあたる旨の判断も導いている[63]。環境汚染にかかる「本質的情報 essential information」については、国家の側がこれを積極的に提供する義務を負っていると判示している[64]ことも特筆すべきところである。

欧州人権裁判所のこうした規範認識は、普遍的な射程を有する上記マーストリヒト原則にそのままに投影されているものでもある[65]。国際人権法システム内における相互浸透性の実情を踏まえるに、（生命や私生活等にかかる）実体的人権規範が情報へのアクセスと意思決定過程への参加を権利として内在させているという認識は、グローバルなレベルで確実に深化していくであろう[66]。「すべての者は、自己の権利に影響を与える決定に十分な情報を与えられて参加する権利を有する」というマーストリヒト原則7は、高度に危険な活動の影響を受ける者との関係においてとりわけ重要性を帯びるのであり、人権影響評価はそうした手続的権利を実現するための必須の手段というべきものである。

周知のように、リオ宣言は第10原則において、環境権の手続的保障が3つの柱から成るとして、情報への権利、参加の権利、司法その他の救済手続きへのアクセスの権利に言及している。上述したことに加え、人権諸条約が効果的な救済への権利を明文で保障していることも鑑みるに、こうした「手続的権利としての環境権」は現行国際人権法において相応に保障されるに至っているといって過言でないが、この3つの柱をさらに深化させた、1998年のオーフス条約（環境問題における情報へのアクセス、意思決定への参加および司法へのアクセスに関する条約）[67]の先端的意義についても、ここで改めて確認しておく必要があろう。

November 2004, para. 118. Francioni, *supra* note 48, p. 50.
(63) Affair *Tatar c. Roumanie*（Requete n 67021/01）, Arret, 27 janvier 2009, paras. 111-113.
(64) Case of *Guerra and Others v. Italy*, 116/1996735/932, Judgment, 19 February 1998, para. 60.
(65) 特に、原則第7および14と、その注釈を参照のこと・前掲注(59)。
(66) Boyle, *supra* note 45, p. 30. 2001年に日本が社会権実体規範との関連で、原子力施設の安全にかかわる必要な情報の透明性・公開性の欠如と、原子力事故の予防および事故が起きた際の迅速な対応のための準備計画の不足について懸念を表明されたのも、こうした規範認識の典型的な現われである。前掲注(44)参照。
(67) http://www.unece.org/fileadmin/DAM/env/pp/documents/cep43e.pdf. この条約の実施状況については、http://www.unece.org/env/pp/treatytext.html.

2　原子力災害と人権

　オーフス条約にあって，環境情報はとても広く定義されている。締約国は公衆にそうした幅広い環境情報へのアクセスを保障するとともに，環境に関連する計画・政策，行政規則・拘束力ある規範文書の策定にあたり効果的な参画機会を公衆に提供するよう努める義務も負う。また，環境についての意思決定に影響を受けるかあるいは利害関係を有する公衆は，その過程への広範な参加権を保障されている[68]。行政の過誤を正す司法へのアクセスについても，当然ながら原告適格が広く構想されている。

　国際人権条約が情報へのアクセス権を「被害者」に限定するのが一般的なのに対して，オーフス条約では特別の利害をもたぬ公衆にもそれを保障しているところが特徴的である。意思決定過程への参加についても，人権条約の枠内ではすべての者にその機会が保障されるわけではなく，また，環境に関する意思決定一般について参加機会が開かれているわけでもない。あくまで特定の環境活動により個別具体的に影響を受ける者がその機会を保障されるのを原則とする。この点でも，利害を有する者すべて（NGOを含む）に参加の機会を開くオーフス条約の射程の広さを看取することができよう。オーフス条約には条約の履行を監視する準司法的な遵守審査委員会も備わっているが，この委員会に対して環境NGOが通報を提出し，条約の実施が促進されてもいる[69]。

　環境にかかる手続的保障を拡充するオーフス条約は普遍的な参加を得ているわけではないものの，関連規定の解釈を通して人権条約にも積極的に組み入れられてしかるべき要素を多く有している。ただし，「手続的権利のみでは，開発と経済利益に有利な支配的推定を覆すことはほとんどできない」[70]ことは念頭においておくべきだろう。参加の権利主体を限定している現在の人権条約の枠内にあっては，とりわけそうである。より本質的な謂いとしては，松井の次の説示に留意しておかなくてはならない。「［参加］の権利を行使して公衆が表明した意見は，政策決定に当たって「考慮」されるべきものではあるが，これが尊重されることは保障されていない。他方では，参加は行われた政策決定の

---

(68)　意思決定への参画について焦点があてられた事業活動のリストには，原子力発電所その他の核施設が明文で含まれている。オーフス条約附属書Ⅰ参照。

(69)　See Anton *et al.* (eds.), *supra* note 32, pp. 418-429; Fitzmarurice, *supra* note 48, pp. 639-640.

(70)　Tim Hayward, *Constitutional Environmental Rights* (Oxford University Press, 2005), p. 180.

正統性を増大させ，翻って正統性は決定の遵守を強化する。つまり参加は，行われた政策決定の遵守を確保するためのイデオロギーとしても機能するのである」[71]。

しかも，「公衆の参加は，環境に優しい政策決定を必ずしも保障するものではない」。公衆が常に人権に有利な判断を下すとの保証はなく，むしろそこには，現実世界の力関係が相似形をもって投影されることもありうる。手続的保障は，それを通して実現すべき実体的価値へのコミットメントを欠くときには，環境の劣化を正統化するメカニズムとして機能する危険性すら有している。だからこそ，「形の上では「参加の権利」をふまえて民主的に決定された政策によって，環境が破壊され個人の権利が損なわれることに対して，人権——実体的権利としての環境権であれ，既存の人権諸条約が保障する人権であれ——は最後の砦となりうる」という松井の指摘[72]がいっそう重要性を増す。環境権を語る際には，手続的保障が構造的に随伴する「ステークホルダー・ポリティクス」の陥穽にもつとめて敏感でなくてはならない。

IV フクシマと人権

(1) 不正義の断層

IAEA基本安全原則の定めるとおり，日本でも原子力施設の安全確保の第一義的な責任は事業者（福島事故の場合には東京電力）にあり，同時にその監督責任が国の規制機関に託されている。国際人権法の観点からすれば，原子力事業に起因する生命・身体・健康権の侵害から市民を保護する義務が国に課せられていることはいうまでもない。

だが，IAEAの体制がそうであるように，日本の原子力法制も，原子力基本法第1条が象徴的に示すとおり，原子力の研究・開発・利用の促進の利用に主目的をおき，安全の規制あるいは人権の保障は第二義的な関心にとどめられてきた。国会事故調査報告書も，「日本の原子力安全に関する法律は，戦後，原子力利用の促進を第一義的な目的として，原子力の利用に伴う危険性，特に，重大な原子力事故によって国内外に深刻かつ長期にわたる被害が及ぶリスクを

---

[71] 松井・前掲注(45) 234 頁。
[72] 同上。

2 原子力災害と人権

明確な課題として認識することなく制定された。また、その後の法改正・法制定においても……国民の生命・身体の安全の確保を第一義的な目的とした抜本的な法改正等は行われなかった」[73]と記している。福島第一原子力発電所で生じた未曾有の事故を覆う多くの不正義の淵源もそこにある。

　前述したように、東海村JOC臨界事故後に行われた2001年の社会権規約委員会定期報告審査に際して、同規約委員会は、日本における原子力事故の予防および事故が起きた際の迅速な対応のための準備計画の不足について懸念を表明していた。福島にあっても、巨大地震と大津波という自然の脅威に対する準備計画が不足していたことは明らかだが、それは「想定外」の不運などではなく、歴然たる不正義というべきことが事後の検証によって確認されている。国会事故調は、こう述べる。「今回の事故の原因は、何度も地震・津波のリスクに警鐘が鳴らされ、対応する機会があったにもかかわらず、東京電力……が対策をおろそかにしてきた点にある。東電は……たとえ警鐘が鳴らされていたとしても、発生可能性の科学的根拠を理由として対策を先送りしてきた。……こうした姿勢を許してきた規制当局…に看過できない不作為があったものと評せざるを得ない。……今回の事故は決して「想定外」とはいえず、対策の不備について責任を免れることはできない」[74]。

　具体的には、耐震バックチェックの遅れと津波対策の先送りが致命的な事態を引き起こすことになった。1〜3号機が炉心損傷に至ったのは全交流電源喪失の状態が長時間続いたためだが、これは、すでに1993年の時点でその可能性が指摘されながら、発生確率の低さと原子力施設の耐久性を高く評価する原子力安全委員会によって安全設計審査指針が変更されなかったことに起因している[75]。なにより、シビア・アクシデント対策が地震・津波という外部事象を想定せずに行われてきたことは、日本の国土のあり方に照らし、重大な過失

---

(73) 『国会事故調 報告書』前掲注(20) 536頁。
(74) 同上書451頁。もっとも、東京電力は「今回の津波は当社の想定を大きく超えるもの」という評価である。東京電力株式会社『福島原子力事故調査報告書』(2012年6月20日) 19頁。http://www.tepco.co.jp/cc/press/betu12_j/images/120620j0303.pdf。
(75) 「事故の際の東京電力の手順書(事故時運転操作手順書)は、全電源喪失を想定していない。……オペレーターたちは誰一人として、それまでIC［非常用復水器］を実際に動かした経験はなかった。彼らは全電源喪失への対処の教育、訓練を受けないままマニュアルもなく、計器も読めない、真っ暗闇の危機のただなかに放り込まれた」(『調査・検証報告書』前掲注(36) 385頁)。

といわざるを得ない[76]。原子力については，人権保障の観点から最も高度な規制義務，さらには予防原則を組み入れての対応が国に求められているというべきは既に述べたとおりである。

　経済産業省原子力安全・保安院の試算によれば，1～3号機から大気中に放出された放射性物質のうちセシウム137の量は広島に投下された原爆の約168個分であったという[77]。また，ヨウ素換算ではチェルノブイリ原発事故の約6分の1の放射性物質が放出されたという。いまだ収束からほど遠いこの惨劇により，避難区域の指定は福島県内12市町村に及び，避難者数も2011年8月29日の時点で14万6,500人余に達した。チェルノブイリ事故後1年以内に避難した人たちの総数（推計11万6,000人）を上回っている。

　住民は，避難区域の拡大に伴って発せられた避難指示のたびに長時間の移動を余儀なくされ，しかもそれによって逆に高線量汚染区域に避難してしまった人たちがおり，さらに，過酷な状況下での移動の結果として，近傍の病院・介護老人保健施設に入院・入所していた少なくとも60人もの生命が2011年3月末までに失われてしまった。緊急時対策支援システム（ERSS）が電源喪失により機能不全に陥ったことを理由に，緊急時迅速放射能影響予測ネットワーク（SPEEDI）が最も危機的な状況下において活用されることもなかった。そもそも，「SPEEDIは……立地地域に浸透していたわけではなかった。ましてや，SPEEDIの予測データに基づいて，立地自治体や，住民が自発的に原子力災害への備えをしておくような状況もなかった」[78]。つまりは，原子力災害時における避難計画は形骸化の貌を呈しており，社会権規約委員会が懸念していた「原子力事故の予防および事故が起きた際の迅速な対応のための準備計画の不足」がそのまま現実になってしまったということでもある。

　原子力災害を真に想定した準備計画が用意されていなかったことから当然というべきか，事故発生後における情報の提供もきわめて不十分なものとなった。政府は，「すべて公開することで国民がパニックになることを懸念し」てSPEEDIによる情報の公開を2011年5月2日まで控える[79]一方で，同年3月

---

(76) 本稿では，福島第一原子力発電所の事故にかかる事実について，出典を別途明記していない場合，原則として『国会事故調 報告書』前掲注(20)に拠っている。
(77) http://www.enecho.meti.go.jp/radi_qa/45.pdf.
(78) 『調査・検証報告書』前掲注(36) 186頁。

25日には屋内退避指示区域の住民に対して，判断に必要な情報を提供しないまま「自主避難」するよう勧告を発している。避難区域の設定・解除も含め，真に必要な情報へのアクセスと意思決定過程への参加を保障しようとする姿勢を政府の対応に見て取ることは難しい。「着の身着のまま」で自宅を離れ，数度にわたり避難先の変更を強いられ，結果的に長期的な避難を強いられることになった住民からすれば，事業者・国による規制義務の重大な懈怠に加えて，情報へのアクセス・参加の保障にかかる不適切な対応により，私生活への権利，生命権，健康権，労働権をはじめ，生活の根幹を支える人権諸規範が深刻かつ重層的に脅かされることになってしまった[80]。

(2) 被災者の位置

2011年4月22日に設定された「警戒区域」・「計画的避難区域」・「緊急時避難準備区域」は，同年9月30日に緊急時避難準備区域が解除された後，2012年3月末から，放射線の年間積算線量に応じて「帰還困難区域」(50 mSv 超)，「居住制限区域」(20 mSv 超50 mSv 以下)，「避難指示解除準備区域」(20 mSv 以下)の3区域に再編されることになった。

自主避難者も含め，原発事故により常居所地を追われている者は，世界各地で強制避難の状態にある多くの人々と同様の「喪失の危機」に直面している。それらを名指すなら，土地の喪失，職の喪失，住居の喪失，健康・生命の喪失，食の安全の喪失，共有資源へのアクセスの喪失，コミュニティの喪失，といえようか。これに付言するに，周縁化・差別の危機にさらされる点もまた同様である。被災者自身が社会的に脆弱な立場におかれるうえに，被災者集団の内にあってもジェンダーや障害，国籍等を理由にさらなる脆弱性の階層が顕現しや

---

(79) 外岡秀俊『3・11複合被災』(岩波書店，2012年) 174頁。
(80) なお，地震発生直後に内閣総理大臣が発した「[原子力]緊急事態宣言は我が国の原子力災害対策特別措置法15条1項に基づくものであり，これを自由権規約4条1項の定める緊急事態宣言であると解することは困難であろう」(植木・前掲注(6) 109頁)。実際に日本政府は同条3項に基づく通知の手続きもとっていない。もとより，社会権規約には緊急事態におけるデロゲーション規定そのものが存せず，同規約委員会は，一般的意見等を通じて社会権規範の中核義務については効力停止が許容されないことを明言している。See Christine Chinkin, *The Protection of Economic, Social and Cultural Rights Post-Conflict* (2009), p. 27. http://www2.ohchr.org/english/issues/women/docs/Paper_Protection_ESCR.pdf.'

すいことはいうまでもない。

　それゆえ，被災者支援には平等を基盤に据えた人権アプローチの採用が不可避というべきだが，この点で看過してならないのは，原発事故による避難者たちが国際法上の「国内避難民 internally displaced persons」に該当するということである。1998年に国内避難民担当国連事務総長が作成した「国内避難民に関する指導原則」は，同原則の適用される者を次のように定義している。「特に武力紛争，一般化した暴力の状況，人権侵害もしくは自然もしくは人為災害の結果として，またはこれらの影響を避けるため，自らの住居もしくは常居所地から逃れもしくは離れることを強いられまたは余儀なくされた者またはこれらの集団であって，国際的に承認された国境を越えていないもの」[81]。この定義に原発事故避難者が該当することは，文言上疑いない。この原則は普遍的適用を企図されており，先進工業国だからといってその適用が排除されるべきものではない[82]。むろん，避難している人たちを「国内避難民」という名称によって表記する義務までがあるわけではないものの，少なくとも当該定義に該当する者との関係では，「指導原則」に沿った対応が国際法上要請されていることには留意しておく必要がある。

　「指導原則」には，上述した「喪失の危機」にある人々に特に必要とされる人権面での配慮が詳記されている。それらは，新たな義務を国家に課すものではなく，既存の国際法上の義務を国内避難という特殊な状況にある人々との関係で鋳直したものにほかならない。福島の文脈にあっても「指導原則」が有意な政策指針として機能することには違いないが，なかでも，家族生活を尊重される権利（原則17），適切な生活水準への権利（原則18），障害者・女性の健康上の必要に対する特別の配慮（原則19），財産・所有権の保障（原則21）はことのほか重要であり，さらに，原子力災害であるだけに「国内の他の場所に安全を求める権利」（原則15）の実現がとりわけて強く求められることは改めて強調

---

(81) 翻訳は，『国内強制移動に関する指導原則 日本語版』（GPID 日本語版作成委員会，2010年10月）による。国内避難民に関する代表的な研究として，島田征夫編著『国内避難民と国際法』（信山社，2005年）。

(82) 「福島原子力発電所事故による放射能汚染の影響で自宅からの避難を余儀なくされた人々などは，この定義による「国内避難民」に該当するものと解することができよう」（植木・前掲注(6) 110頁）。墓田桂「「国内強制移動に関する指導原則」の意義と東日本大震災への適用可能性」法律時報83巻7号（2011年）58-64頁参照。

するまでもない。

　原則15の権利は，避難の権利と言い換えることができる。避難の権利は国内避難民の定義に該当するすべての者に保障されるべきものではあるが，しかし実際のところ，避難を「強いられまたは余儀なくされた」かどうかを判断するのは容易なことではない。国によって設定された避難指示区域からの避難であれば格別，「ただちには健康に影響があるわけではない」という低線量被曝を憂慮して指示区域外から自主避難する者も国内避難民といえるのか。

　2012年3月30日に成立した福島復興再生特別措置法は，「基本理念」において人権への考慮を相応に示す一方で，「復興再生」の重心を避難ではなく除染においている。低線量被曝による健康への影響は科学的に十分解明されてはいないものの，放射線防護の観点からは被曝量を可能な限り小さくすることが望ましく，そのためにとりうる方法は避難か除染しかない。だが除染は，校庭・公園・住宅地において線量低減の効果がある一方で，表土の剥ぎ取りが困難な農地や森林には限界があるとされている。表土剥ぎ取りによる放射性廃棄物の処分場も確保されないままである。生活基盤も除染が完了すれば回復するというものではなく，住民の中には除染に対する疑問の声も少なくない。国家事故調は，こうした現状を踏まえて，「住民が，帰宅又は移転，補償を自分で判断し，選択できるような，地域の実情や住民の意思をくんだ，総合的な被ばく低減策を講ずる必要がある」[83]と結論づけている。

　科学的知見が定まっておらず閾値がない中で，日本における公衆被曝許容限度についての社会的合意は年1mSvであった。米英独仏各国においても年1mSvという数字が共通に採用されている[84]。また，ウクライナでも，1991年の「チェルノブイリ原子力発電所事故により放射性物質で汚染された地域の法制度に関するウクライナ国家法」が第1条で「住民に年1.0ミリシーベルト（0.1レム）超の被曝をもたらし」た地域を「汚染された地域」と定義し[85]，同地域をさらに4つに区分したうえで，国の対応を詳細に定めている[86]。チェ

---

(83) 『国会事故調　報告書』前掲注(20) 447頁。
(84) 「諸外国で安全審査に適用されている基準等における放射線防護に係る記載について」http://www.nsr.go.jp/archive/nsc/senmon/shidai/bougoWG/5/siryo7.pdf.
(85) 同法の日本語訳は，『衆議院チェルノブイリ原子力発電所事故等調査議員団報告書』に収録されている。http://www.shugiin.go.jp/itdb_annai.nsf/html/statics/shiryo/cherno15.pdf/$File/cherno15.pdf.

ルノブイリ事故により直接の被害を受けた諸国は，汚染地域のなかに自主的避難区域を設定して住民に避難権を保障し，その実質化のために積極的な措置をとり，避難せず滞在を続けた人たちにも補償金の支払いや医療費免除等の措置が講じられている[87]。

こうした実情を踏まえ，福島の事態にあっても，生命・健康権等の保障を十分に考慮した基準に基づいて，避難の権利の実質化と人的範囲の確定が「指導原則」により求められているというべきである。「権利の実質化」とは，権利の行使を可能にする条件整備を含意するが，改めて確認するまでもなく，その実質は個々の被災者が現実の生を営む経済的・社会的・文化的文脈に沿って設定されなくてはならない。避難を選択せず滞在を続ける者にも同等の支援が確保されるべきことは，チェルノブイリの先例が説示するとおりである[88]。また，「指導原則」（28 および 29）が定めるとおり，国には，避難した被災者が尊厳をもって元の居住地に戻ることができる条件を整備し，その財産の回復と補償支援を行う義務が課せられていることも忘れてはならない。

(3) 放射能の拡散

原子力事故による放射性物質の飛散は，既に述べたように，長期にわたり広域の被害をもたらさずにはいない。だが日本では，放射線にかかる環境基準は

---

(86) 関連法令等について，同上報告書参照。
(87) 河崎健一郎ほか『避難する権利，それぞれの選択——被曝の時代を生きる』（岩波書店，2012 年）50-51 頁。尾松亮「『チェルノブイリ・テリトリー』の経験を活かすために——原発事故被災地区分とその矛盾」http://www.gen-ken.co.jp/report/report.files/report_2011.09_omastu.pdf.
(88) 原子力損害賠償紛争審査会「東京電力株式会社福島第一，第二原子力発電所事故による原子力損害の範囲の判定等に関する中間指針追補（自主的避難等に係る損害について）」（2011 年 12 月 6 日）は，避難指示等対象区域の周辺に自主的避難対象区域を設定し，事故時に同区域に居住していた者については，避難した者であっても避難しなかった者であっても同額の賠償を認めるものとした。これは，「避難する権利を実現するための大きな一歩」には違いないだろうが，人的・場所的範囲や賠償額を含め，避難する権利の実質化という意味では不十分との評価を免れない。河崎ほか・前掲注(87)42 頁。また特定非営利活動法人ヒューマンライツ・ナウ「いわゆる「自主避難者」への賠償責任のあり方について」（2011 年 12 月 1 日）http://hrn.or.jp/activity/area/cat147/post-127/，河崎健一郎「原発事故に伴う自主避難と「避難する権利」」秋山靖浩ほか編『3・11 大震災暮らしの再生と法律家の仕事［別冊法学セミナー］』（日本評論社，2012 年）141-152 頁も参照。

2 原子力災害と人権

市民一般との関係ではまったく整備されてこなかった。「放射線あるいは放射性物質は，原子力事業者など限られた者しか取り扱わないから，取り扱いに関係する人に関してのみ一定の被曝限度を定めてこれを雇用主等に遵守させることとし，一般人の放射線被曝に関しては原子力事業者に放射線や放射性物質の外部への放出限度さえ定めておけばよいとされていた」[89]わけである。そもそも大規模な原子力事故は起こらないものと想定されていたため，福島第一原子力発電所の事態が引き起こした市民の被曝に対しては法令上対処のしようがなかった。

食品汚染に関する基準を定めているのは食品衛生法だが，同法にも放射能に関する基準が設けられていなかった。このため，厚生労働省は 2011 年に 3 月 17 日に暫定基準を定めたが，同基準は食品による内部被曝を年間 5 mSv 以内に収める指標の下に作成されたものであった。当然のごとく，年間被曝許容限度の 5 倍にあたる数値の設定と，外部被曝・内部被曝を同じ次元で扱っていることに疑義が呈され[90]，2012 年 4 月 1 日からは，基準が 1 mSv に引き下げられることになった。「食品の国際規格を作成しているコーデックス委員会の指標も，「1 ミリシーベルト」を超えないように設定されていることから，新たな基準値は，国際規格にも準拠したものになります」との解説が政府広報に付されている[91]。

廃棄物の処理を定める「廃棄物の処理及び清掃に関する法律」もまた「放射性物質及びこれによって汚染された物」を廃棄物の範疇から除いてきた（第 2 条）。放射能に汚染された物は原子力施設外には出回らないことが前提にされていたからである。2012 年 1 月 1 日に全面施行された放射性物質環境汚染対処特措法等により，今般の事態への対処が法令上可能にはなっているのだろうが，大量に生じた汚染廃棄物が最終的にどうなるのかはまったく不分明なままである。そもそも，仮置き場，中間貯蔵施設の設置・保管自体が「ロードマップ」どおりに進むのかすら判然としない[92]。

---

(89) 日置雅晴『拡大する放射能汚染と法規制――穴だらけの制度の現状』（早稲田大学出版部，2011 年）48 頁。職業被曝の許容限度は 5 年間で 100 mSv かつ 1 年間で 50 mSv を超えてはならず，一般人の場合は 1 年間で 1 mSv が許容限度とされてきた。具体的な数値は，労働安全衛生法および原子炉等規制法等に基づく規則・告示等による。

(90) 日置・前掲注(89) 77-78 頁。

(91) http://www.gov-online.go.jp/useful/article/201204/3.html#2.

第 1 部　国際法の言説構成

　1993 年に公布施行された環境基本法は「公害」を次のように定義している。「環境の保全上の支障のうち，事業活動その他の人の活動に伴って生ずる相当範囲にわたる大気の汚染，水質の汚濁……，土壌の汚染，騒音，振動，地盤の沈下……及び悪臭によって，人の健康又は生活環境……に係る被害が生ずること」。同法は第 13 条において「放射性物質による大気の汚染，水質の汚濁及び土壌の汚染の防止のための措置」についてはこれを原子力基本法等に委ねると定め，その適用外においた。このため，同法の下に制定された個別法はすべて放射能汚染を除外し，「人の健康に係る公害犯罪の処罰の法律」も放射能汚染には適用されることがなかった。だが既に述べたように，他方にあって原子力行政は巨大事故の発生をそもそも想定していない。その結果として，市民を放射能汚染から防護する法制が整えられる契機は生まれ出なかった。

　前述社会権規約委員会一般的意見 14 が明記するように，同規約 12 条 2 項(b)は，放射線のような人間の健康に直接または間接に影響を与える有害な環境条件に住民がさらされることを防止しおよび低減するよう締約国に義務付けるものである。同一般的意見は，こうした認識を基礎づけているのが，「人は，その生活において尊厳と福利を保つことができる環境で，自由，平等および十分な生活水準を享受する基本的権利を有する」と謳うストックホルム宣言第 1 原則であると注記している。

　当該権利は私たちすべてがもつものであるにもかかわらず，国際社会にあって核をめぐる問題は IAEA 中心のレジームの下に処理され，人権分野からの働きかけはきわめて弱かった。日本にあっても環境基本法がその典型を示すとおり原子力関連の諸問題は長く，別扱いの対象となってきた[93]。だが別扱いを支える「安全神話」が崩壊した福島の惨状は，人権保障という視点を原子力行政に本格的に組み入れていくべき必要性を浮き彫りにしている。

　その際，放射性物質・放射線がかかわる以上，人権規範にあって健康への権利が中心軸をなすべきことはいうまでもないが，上記一般的意見にも示唆され

---

(92) 廃棄物処理をめぐる法的諸問題について，小寺正一［国立国会図書館調査及び立法考査局］「放射性物質の除染と汚染廃棄物処理の課題——福島第一原発事故とその影響・対策」調査と情報—— Issue Brief 第 743 号（2012 年 3 月 29 日）1-13 頁。

(93) 2012 年 6 月 20 日に環境基本法 13 条の削除法案が国会で可決されたことから，今後は関連法の取扱いが焦点になろう。

ているように，すべての人権は一体であり相互に関連しあうものである。非差別，生命権，非人道的取扱いの禁止，私生活への権利，相当の生活水準への権利といった，人間の生存・生活を支えるすべての人権規範の保障・侵害防止を予防原則をもって確保すべきことが原子力活動との関係ではまずもって求められていることを銘記すべきである。原子力施設の安全にかかわる必要な情報へのアクセスや原子力事故防止・対応計画の策定への住民参加が，それを現実化するために不可欠の要素にほかならないことは先述したとおりである。

V　原子力と国際人権保障

(1)　国際法における核の平和利用・再考

核不拡散条約は4条1項で，締約国が「平和的目的のための原子力の研究，生産及び利用を発展させることについての奪い得ない権利 inalienable right」を有すると定める。この条約は，1995年5月11日の締約国会議の決定[94]により，無期限に効力を有するものとなっている。もとより，国際法の一体性の観点からすれば，「奪い得ない」権利であるにしても，原子力の利用が国際人権・環境法等の要請に違背するものであってはならないことは当然であるが[95]，しかしそうではあっても，原子力の利用そのものが条約上肯認されていることには違いない。

IAEA も憲章2条において「原子力の貢献を促進し，及び増大するように努力」するよう義務づけられていることについては既に述べたとおりである。国際原子力レジームの中心的利益が原子力の推進にあることは紛れもない。IAEA は 2007 年 6 月に「日本に対する総合原子力安全規制評価サービス」ミッションを実施しているが，その報告書でも「日本は，原子力安全のための総合的な法令上及び行政上の枠組みを備えている。現行の規制の枠組み最近になって修正されており，発展し続けている」ことが強調される一方で，「重

---

[94] 「核兵器の不拡散に関する条約の延長（決定3）」奥脇直也・小寺彰編集代表『国際条約集 2012 年版』（有斐閣，2012年）782頁．

[95] Bernhard Hofstotter, *Nuclear power plants and the rights of neighbouring States: A case study on the management of the dispute between the Republic of Austria and the Czech Republic concerning the nuclear power plant in Temelin*, (Cahiers fribourgeois de droit europeen no 11, 2010), pp. 8-9.

第1部　国際法の言説構成

要な事象に関する運転経験は徹底的に調査されており，適切な対策をとるよう原子炉設置者に対して命じられている」ことが「最も重要な良好事例」の1つとして紹介されている[96]。福島第一原子力発電所の事故の際にも，IAEAは2011年5月24日から6月2日にかけて専門家調査団を派遣し，現地調査を行った。基本安全原則等に照らして，津波対策の不十分さ等について詳細な分析結果が示されたものの，いうまでもなく，その基本姿勢は，安全規制を高めることにより原子力の促進を確保するという一線を逸脱することはなかった。

ちなみに，6月1日に公表された同調査の「暫定要旨」[97]には「避難を含め，公衆を保護するための日本政府の長期的な対応は見事であり，非常に良く組織されている」という評価が示されていた。6月16日に発行された最終報告書[98]にも，結論6において「日本は，良く組織された緊急時準備対応計画を有しており，それは福島の事故対応で示された」と記されており，結論7では「献身的な職員および作業員とよく組織されかつ柔軟性に富んだ組織が，予期せぬ状況で効果的な対応を可能にし，公衆および施設で働く者の健康に対し，より大きな事故の影響を防ぐことを可能にした」という評価が示されている。だが，こうした評価とは裏腹に，実際には，準備対応計画は機能不全に陥り，被災者たちは「混乱を極めた避難の状況」を強いられていた[99]。後述するように，施設で働く作業員の健康も著しい危険にさらされている。IAEAの認識には，構造的必然というべきか，人権の考慮そのものは希薄といわざるをえない。

よく知られているように，核の軍事利用は，不拡散や実験禁止の義務付け，

---

[96] IAEA, International Regulatory Review Service (IRRS), Report to the government of Japan, 25-30 June 2007. 和訳（仮訳）は，http://www.nsr.go.jp/archive/nisa/genshiryoku/files/report2.pdf.

[97] *IAEA International Fact Finding Expert Mission of the Fukushima Dai-Ichi NPP Accident Following the Great East Japan Earthquake and Tsunami, 24 May-2 June 2 2011, Preliminary Summary.* 和訳（仮訳）は，http://www.kantei.go.jp/jp/topics/2011/20110601iaea_tyousa.pdf.

[98] *Report, IAEA International Fact Finding Expert Mission of the Fukushima Dai-Ichi NPP Accident Following the Great East Japan Earthquake and Tsunami, 24 May- 2 June 2 2011.* 和訳（仮訳）は，http://www.nsr.go.jp/archive/nisa/oshirase/2011/08/230805-5-1.pdf.

[99] 『国会事故調 報告書』前掲注(20) 335頁。

非核地帯の設定，ICJ の勧告的意見等を通じて規範的な封じ込めが一貫して図られてきた。その一方にあって，核の平和利用については，「推進」という立場が関連条約・国際機関を通して鮮明に示されている。同じ「核」でありながら，利用の仕方によってその規範的処遇には決定的な違いがある。むろん福島の事態に現われ出ているように，核の平和利用にも巨大な危険が伴うことはいうまでもない。だが，これまでの国際法の基本姿勢は，必要な安全規制を施すことを前提に原子力の推進を図るというものであり，その最前線に IAEA が屹立してきた。

　人権の保障を求める国際人権機関も，この点では，IAEA と本質的に変わらぬ認識の下にあったというべきなのだろう。たとえば，チェルノブイル事故後の社会権規約委員会，子どもの権利委員会および女性差別撤廃委員会の懸念・勧告にしても，東海村 JOC 臨界事故を受けての社会権規約委員会の懸念・勧告さらには日本政府に対する 2012 年の事前質問事項にしても，あるいは社会権規約委員会の一般的意見 14・15 にしても，主要な関心は「規制」に置かれているのであって，核の平和利用，より直截的には，広域放射能汚染をもたらす原子力発電そのものを問題視する視座は見受けられない。自由権規約委員会が生命権にかかる一般的意見において核の平和利用に関心を示さなかったことも先に確認したとおりである[100]。

　むろん，現に存する原子力発電所（あるいはその事故）を前に，生命権・私生活・健康権等の観点から高度の規制を求めていくことが国際人権保障システムの実務的対応として当然の所為であることはいうまでもない。既に示唆したようにこうした対応すらけっして十分ではなかったように見受けられるが，これにさらに言葉を継ぐのなら，原子力発電には，規制水準の厳格化もさりながら，次に示すように，構造それ自体の中に人権の理念にそぐわぬ相が少なからず見

---

[100] ただし，本文で記したとおり，自由権規約委員会は，個人通報事例を処理した際に放射性廃棄物処理が生命権にかかわる重大な問題を提起することを認め，しかも通報者による将来世代への言及にも好意的な配慮を払っていた（前掲注(38)参照）。荒牧重人は，「規約第 6 条 1 項（生命に対する固有の権利，およびこの権利の法律による保護）のカバーする領域が本件のような放射性廃棄物の汚染による生命に対する脅威に及ぶという解釈は，日本における原子力発電所をめぐる訴訟等の争点および裁判所の判決後の救済措置の追求にとっても重要である」と的確な評釈を加えている（宮崎・前掲注(38) 60 頁）。もっとも，同委員会のこうした意欲的な解釈はその後必ずしも深められてきたわけではない。

67

(2) 「犠牲のシステム」と「開発」

哲学者の高橋哲哉は原子力発電を「犠牲のシステム」と評し[101]，それを次のように定式化する。「或る者（たち）の利益が，他のもの（たち）の生活（生命，健康，日常，財産，尊厳，希望等々）を犠牲にして生み出され，維持される。犠牲にする者の利益は，犠牲にされるものの犠牲なしには生み出されないし，維持されない。この犠牲は，通常，隠されているか，共同体（国家，国民，社会，企業等々）にとっての『尊い犠牲』として美化され，正当化されている」[102]。高橋は，このシステムの下で生み出される犠牲を分類し，それらの起点を原発立地，原発作業，ウラン採掘，放射性廃棄物の4つに見出している。

原子力発電所はけっして都市部には建設されない。現に「原子炉立地審査指針及びその適用に関する判断のめやすについて」(1964年原子力委員会決定) も，重大事故が想定されるからこそ人口密集地帯から離れて原発が立地されることを明らかにしている。原発事故が発生した場合に周辺住民に重大な被害が降りかかることはいうまでもないが，同様に，事態を収束させるために原発作業員が引き受ける危険もきわめて深刻なものになる。福島の事態にあっては，「労働安全衛生法に基づく電離放射線障害防止規則」が改正され（2011年3月15日），急性障害が発症しない上限値とされる 250 mSv までの被曝が許容されることになった。「平時」にあっても（とりわけ定期点検時），原子力発電所は作業員に高度の危険を強いることなく稼動しえない構造になっており，しかも日本では下請け労働者への危険の移譲が常態化している。「原発における労働で被曝は避けられず，癌や白血病などの罹病率は浴びる放射線量の増加にほぼ比例して上昇する。……構造的に不可避である被曝のために，癌や白血病などの発症を必然とする産業は原発をおいては存在しない。……しかもほぼ全ての犠牲を立場の弱い［下請け］労働者に押しつけながら原発は運転されて」[103]いる。

---

(101) 高橋哲哉『犠牲のシステム　福島・沖縄』（集英社，2012年）第2章。原発を問う民衆法廷実行委員会編『原発民衆法廷①』（三一書房，2012年）78-90頁も参照。

(102) 高橋・前掲注(101) 42頁。

(103) 萬井隆令「原発被曝労働の何が問題か──それでも原子力発電を続けるのか」世界第827号（2012年2月）100頁。藤田裕幸『知られざる原発被曝労働──ある青年の死を追って──』（岩波書店，1996年）も参照。もとより，被曝労働は他の原子力産業関

2 原子力災害と人権

　放射性廃棄物すなわち核のゴミの処分に関しては，特に高レベル廃棄物について日本ではガラスに固めて地下 300 m 以上の地層に埋める地層処分がなされることになっていたものの，処分地の選定が難航し，日本学術会議からもその抜本的な見直しが提言されるにいたっている[104]。仮に地層処分をなしうるにしても，紛れもなくそれは，処分地住民と未来への巨大な危険の移譲にほかならない。ウラン採掘に伴う労働者・周辺住民の不可避的な被曝も想起するに，原子力発電とは重層的な犠牲（危険の移譲）を強いることによって初めて成立するシステムであるということを改めて実感する。その構造は，人間の尊厳と平等を基幹に据えた人権の理念に背馳する相貌を呈しているといわなくてはなるまい。

　他の災害には見られぬ被曝という特異な危険性を有し，人権の理念に違背する構造を有するものでありながら，しかし，国際人権法言説は原子力発電の生み出す事態に微温的な懸念を示すにとどまってきたきらいがある。原子力の利用自体が国際法上適法とされていることに加えて，高度の専門性と安全保障の機微にかかわる原子力の問題は IAEA 等の機関にその扱いを委ねるべきという意識がその誘因になってきたことは否めまいが，同時に，原子力が発電に結び付き，電力こそが経済成長（開発）の支柱とされてきた事情もまた，核の平和利用への根源的批判を抑制する大きな要因になってきたのではないか[105]。

　　連施設においても日常的に生じている。「原子力作業員の被曝」中国新聞特集・前掲注(21)。

(104) 日本学術会議「回答・高レベル放射性廃棄物の処分について」（2012 年 9 月 11 日）。http://www.scj.go.jp/ja/info/kohyo/pdf/kohyo-22-k159-1.pdf. ちなみに，船橋晴俊・長谷川公一・飯島伸子『核燃料サイクル施設の社会学――青森県六ヶ所村』（有斐閣，2012 年）には，「放射性廃棄物半島化する下北半島」（72 頁）の実相が実証的かつ批判的に描写されている。

(105) 吉見俊哉『夢の原子力―― Atoms for Dream』（筑摩書房，2012 年）では，ヒロシマ・ナガサキ・第 5 福竜丸事件を経験した日本において原子力を受容する言説がいかに構築されたのかが克明に分析されているが，「経済発展と豊かな生活は原子力によってもたらされる」という命題は，日本のみならず経済成長を図る諸国にとって同様の訴求力をもつものに違いあるまい。核兵器不拡散条約 2015 年再検討会議に向けた準備委員会が 2012 年 4 月 30 日から 5 月 11 日にかけてウィーンで開催されたが，同委員会に出席した川崎哲は「福島の大惨事にもかかわらず，原子力平和利用に関する国際的議論に［は］変化の兆しが見えない」という。「多くの途上国にとって原子力は経済発展のための重要なオプションである。西側先進国が核の技術を独占し，後進開発国に技術上の制約を課そうというのは許し難い，というわけだ」。川崎哲「核廃絶と

第 1 部　国際法の言説構成

　国際法は，人権法も含めて，開発（発展）と「キャッチ・アップ」の思想を基に推進されてきた。伝統的な制度を近代の制度に置換するのが開発であり，開発は「南」が経済的に「北」に追いつくことを意味する[106]。そして，その過程を正統化する政治的機能が国際法に託されてきた。人権の水準も，自由権であれ社会権であれ，基本的には西洋の「先進的」制度を採用し拡充することによって向上するとの了解が共有されてきたといってよい[107]。こうした認識枠組みにあっては，開発そのものへの批判的な視座は容易に涵養されず，なにより経済成長に随伴する暴力を人権侵害として構成する言説の構築もことのほか困難であった[108]。開発は一方にあっては国際人権法の死角であり，他方では国際人権法を支えるイデオロギーそのものでもあった。高度な危険性を有し，大規模な人権問題を引き起こす原子力発電への微温的な態度には，開発あるいは経済成長に向けられた国際人権法の温容が象徴的に透写されてもいるのだろう。

　イヴァン・イリイチがいうように，制度化・開発は，官僚化された「専門家的権力」によって推進されてきている。原子力発電はその典型というべきものであり，増幅されるその専門家的権力システムの中に人間の生存がまるごと絡め取られつつある。この事象と対極に位置するものとして，イリイチは「人々が日常の必要を満足させるような自立的で非市場的な行為」を意味するヴァナキュラー vernacular な価値の重要性を説く[109]。土地土地に根差した人間の

　　脱原発をどうつなぐか」世界第 833 号（2012 年）109, 110 頁。同準備委員会については，次のサイトを参照。http://www.un.org/disarmament/WMD/Nuclear/NPT2015/PrepCom2012/．また，インドにおける原子力エネルギー開発を人権の観点から批判的に分析したものに，Subramanian Ramanurthy, "Toward a human rights compatible nuclear liability regime: some human rights reflections from India", *International Journal of Human Rights*, Vol. 15 (2011), pp. 1234-1248.
(106)　Balakrishnan Rajagopal, "Counter-hegemonic International Law: rethinking human rights and development as a Third World strategy", in Richard Falk, Balakrishnan Rajagopal and Jacqueline Stevens (eds.), *International Law and the Third World: Reshaping Justice* (Routledge・Cavendish, 2008), pp. 71-72.
(107)　Makau Mutua, "Human Rights in Africa: The Limited Promise of Liberalism", *African Studies Review*, Vol. 51 (2008), pp. 22-28.
(108)　阿部浩己『国際法の暴力を超えて』（岩波書店，2010 年）73 頁。
(109)　I. イリイチ［玉野井芳郎・栗原彬訳］『シャドウ・ワーク――生活のあり方を問う』（岩波書店，2006 年）129 頁。

2 原子力災害と人権

生活は千差万別ということの謂いでもある。世界各地に棲まう無数の人々・民衆が体現するそうしたヴァナキュラーな価値への想像力を巡らすことは，専門家的権力の帰結というべき3・11を経験した今日にあって，ますます有意性を増しているのではないか。必要な情報といっそう高水準の「安全規制」を確保することは当然として，人権に対するこれほどの脅威とリスクを抱えた「核の平和利用」（原子力発電）の存在そのものにどのように向き合うかを根源的な次元で考究することも，いまやグローバルな人権保障に取り組むうえで避けて通れぬ営みというべきである[110]。

---

[110] 有害廃棄物に関する国連人権理事会特別報告者は，2011年5月にポーランドの現地調査を行った後，同国で進行中の原子力発電所建設計画に関して次のような見解を表明した。「私はまた，原子力がいまもこれからも論争的なテーマであること，そして，原子力エネルギーの使用および安全性について現在進行中の論争について私自身の立場を示すことが適切でないことを承知している。原子力の推進者は石炭……から原子力への移行がポーランドによる二酸化炭素排出を削減することに貢献すると主張する。その一方で反対論者は，福島の原発事故に見られるように，原子力が人間の健康と環境に及ぼす脅威を強調する。この点に関するいずれの決定も，国内での広範な協議をもとになされることが決定的に重要である。原子力発電所の建設に関する意思決定過程への公衆の意味ある参加を確保するために，公の当局は公衆に適切な情報を提供すべきである。その情報には……原子力エネルギーの使用に伴って生じ得るリスク，および，原子力発電によって生み出される核廃棄物の安全な貯蔵と環境上適正な処分についての情報も含まれるべきである」。*Special Rapporteur on Toxic Waste concludes his visit to the Poland*, 31 May 2011, http://www.ohchr.org/en/NewsEvents/Pages/DisplayNews.aspx?NewsID=11089&LangID=E. 原子力発電所の建設に対して，警戒心を示しつつ十全な手続的保障が求められており，現行の国際人権法に適合した見解とはいえる。また，2012年11月15-26日に実施された健康への権利特別報告者の日本での現地調査は，原子力災害そのものを人権の観点から検討するものであり，国際人権法における原子力の位置づけについてさらに認識を深めていく好個の機会を提供している。*Report of the Special Rapporteur on the right of everyone to the enjoyment of the highest attainable standard of physical and mental health, Anand Grover*, Addendum, Mission to Japan (15-16 November 2012), UN Doc. A/HRC/23/41/Add. 3, 31 July 2013.

◆第2部◆
グローバリゼーションの中で

3 グローバリゼーションと国際人権法

I グローバリゼーションの時代風景

　国境をまたぐ資本の自由な移動と貿易障壁の撤廃を希求するグローバリゼーションの潮流が，国家の形姿，社会の風景，さらには個人の心性を奥深く揺さぶり続けている。新自由主義経済モデルを投影するこの巨大な潮流は，むろん自然発生的に生じたものなどではなく，特定の世界秩序の実現に向けた明確な政治的営みにほかならない[1]。「市場」あるいは「民営化」という言辞によって集約的に表現されるこの営みは，国境をまたぎ越すものである以上，当然のごとく国際法の関与を伴っている。といっても，国際法は，国家の変貌と国際社会の変容に善意の第三者のごとく受動的・機能主義的に対応してきたわけではない。そうではなく，むしろ，法のもつ強力な正統化機能を通じ，その積極的な推進と「自然化」に主導的に携わってきたというべきだろう[2]。

　抵触・矛盾の契機を胚胎させながら，総体として抗しがたいほど圧倒的なグローバリゼーションの勢いを生み出してきた源は，「グローバリゼーションの最大のエンジン」[3]と称される世界貿易機関（WTO）であり，双頭のブレトンウッズ機構（国際通貨基金（IMF），世界銀行），自由貿易協定，投資協定など一連の国際機構／条約である。国際法学が自ら設けた境界線に沿っていえば，これらの事象は第一義的には国際経済法上の出来事と認識されることはいうまでもない。グローバリゼーションの枢要な側面を先行的に投射した北米自由貿易協

---

[1] 歴史的スパンを拡張すれば，これは，すでに 500 年以上前から一貫して見られる植民地主義的営みにほかならない。See *generally*, Kirkpatrick Sale, *The Conquest of Paradise: Christopher Columbus and the Columban Legacy* (1990).

[2] Judy Fudge and Brenda Cossman, "Introduction", in *Privatization, Law, and the Challenge to Feminism* (Brenda Cossman & Judy Fudge eds. 2002), p. 5.

[3] Eleanor M. Fox, "Globalization and Human Rights: Looking Out For the Welfare of the Worst Off", *New York University Journal of International Law and Politics*, Vol. 35 (2002), p. 210.

定（NAFTA）について，ホセ・アルバレスはかつて「NAFTA の起草者たちも，その論者たちも，この条約を……『国際経済法』の分野のものと見がちである」と述べていたが，この指摘は NAFTA についてのみあてはまるわけではない。そして，「現実には，だが，この条約［NAFTA］は様々な人々の市民的，政治的，経済的および社会的権利に影響を与えている」とアルバレスが喝破したように[4]，上記諸機構／条約にしても，実際には国際経済法の境界をはるかに越え，世界各地で営々と刻まれる人間生活の細部にまで深甚な影響を及ぼすようになっている。

　もちろん，その影響をどう評価するのかは各人の拠って立つ位置によって違うだろう。グローバリゼーションが雇用の創出と生活水準の向上につながったことで多大な利益を得た人たちも少なくあるまい。ここで想定しているのは投資家や「移動の自由」を謳歌する技能労働者たちである。だがその一方で，多くの分析結果から明らかなように，「市場」や「民営化」の浸透によってもたらされた顕著な帰結が，富のいっそうの偏在であったことも否定できないのではないか。圧倒的な強者と困窮きわまる弱者の，どこまでも広がるコントラスト[5]。「比較優位」を保つため法人税や労働規制が断続的に引き下げられたことにより社会的安全網が劣化し，そのツケは，「個人責任」の名の下に市場の敗者たちが担わなければならなくなった。他方では，「市場」が農村の風景を変え，国境の内外で「周辺」から「中心」へと大規模な人（労働力）の移動が構造的に強いられている[6]。

　奇妙なことに，国際人権法はグローバリゼーションが及ぼす人間への影響に必ずしも敏感に反応してきたわけではなかった。より根本的にいえば，人間生活を有形無形に左右する国際経済法制度のあり方そのものに十分な関心を寄せてきたとはいいがたい。そうした人権法の状況を突き動かす動因の1つとなっ

---

[4]　José E. Alvarez, "Critical Theory and the North American Free Trade Agreement's Chapter Eleven", *U. Mi. Int.-Am. L. Rev.*, Vol. 28（1996-97），p. 307.

[5]　See *e.g.*, Joseph Stiglitz, *Globalization and Its Discontents*（2002），chs. 2, 3, 9.

[6]　Saskia Sassen, *The Mobility of Labor and Capital: A Study in Interational Investment and Labor Flow*（1988），p. 15. 国境を越えた人の移動が強いられる一方で，「北」の国境はますます閉ざされるため，非正規滞在の労働者が大量に生み出され，また，人身取引のスペースが広がっている。See Nandita Sharma, "Travel Agencfy: A Critizue of Anti-Trafficking Campaingns" *Refuge（Canada's Periodical on Refugees)*, Vol. 21, No. 3（2003），p. 53.

3 グローバリゼーションと国際人権法

たのは，グローバリゼーションに激しくあらがう民衆／人間たちの行動であった。「市民社会」の代表として国家エリートに選別された NGO ではない。「もう１つの世界は可能だ」という，マーガレット・サッチャーへの餞の言葉に共振した民衆たちの運動である[7]。OECD 加盟国政府が国際商工会議所とともに推し進めていた多国間投資協定（MAI）構想が頓挫に追い込まれた時，この運動のもつ潜在的威力の一端をまざまざと見せつけられた思いがした。民衆の側にとって，MAI は，多国籍企業の利益を最大化し，意思決定権限を国際的な経済官僚制度の手に移行させかねぬきわめて危険な条約にほかならなかった。MAI の後も，民衆の運動は WTO 閣僚会議などを標的として漸進的に実績を積み重ねていった。こうした運動は無秩序に展開しているように見えるかもしれないが，しかし，MAI に対峙したときには International Forum against Globalization, WTO との関係では People's Global Action といったネットワークが，それぞれに戦略的行動の知的起点あるいは結節点となって運動全体を支える役割を担ってきたことも見落としてはならない[8]。

国際人権法制度のなかにあって，民衆の声に直截に呼応するようになった代表的機関は国連人権小委員会（人権の促進及び保護に関する小委員会）である。同委員会は 1998 年に MAI に対する懸念を公式に表明し（Res. 1998/12），2000 年にはオロカ・オンヤンゴ（J. Oloka-Onyango）らによる強烈なグローバリゼーション批判の文書[9]を公にした。この文書の批判内容は苛烈をきわめ，「人権にとって最大の脅威」と名指しされた WTO が国連人権高等弁務官に異例の抗議を行ったほどであった[10]。こうした一件も手伝って，小委員会では，グ

---

(7) こうした運動が織り成す「世界社会フォーラム」について，北沢洋子「世界社会フォーラムとは何か」法律時報 2005 年 1 月号 52-57 頁参照。

(8) See http:// www.ifg.org; www.pga.org. その一方で，社会運動をコントロールしようとする力も国家の権限を背景に勢いを増している。9/11 がその格好の契機を提供したことはいうまでもない。See Byron Sheldrick, *Perils and Possibilities: Social Activism and the Law*（2004）, ch. 3.

(9) "Globalization and its impact on the full enjoyment of human rights", UN Doc. E/CN. 4/Sub. 2/2000/13（2000）.

(10) Someshwar Singh, "UN Human Rights Commissioner Responds to the WTO"（Third World Network at http://www.twnside.org.sg/title/responds.htm）. このほか，「経済的，社会的及び文化的権利に関する委員会」や国際労働機関（ILO）もグローバリゼーションのもたらす負の影響に対して人権の視点から注目すべき取り組みをみせるようになっている。See *e.g.*, Andras Sajo, "Socioeconomic Rights and the International

ローバリゼーションについて人権の側面から多角的に研究が進められるようになり，民衆運動が炙り出したグローバリゼーションの真の主役ともいうべき多国籍企業の行動を，国際人権規範を用いて直接に規制しようとする法的営みもなされるようになっている[11]。

グローバリゼーションを推進する国際経済諸機構も民衆の声に無視を決め込んでいるわけではない[12]が，ここでは，国際人権法がグローバリゼーション，より根本的には国際経済法のあり方に対してなぜ「沈黙」を保ちがちであったのか，そして，なぜ今，民衆の運動と連なり合いながらこの法／事象と向き合いはじめているのかについて，国際法の依拠する思想／方法論の見地から若干の考察を加えておくことにしたい[13]。

II 国際人権法の〈大きな物語〉

国際人権法は国際法を母体として生を享けたことから，国際法それ自体の担わされた歴史的使命から無縁ではいられなかった。国家間関係の支配する空間に人間の姿を映し出す革命的な契機をもつにしても，なおそこには国際法の背

Economic Order", *New York University Journal of International Law and Politics*, Vol. 35 (2002), pp. 221-61. 国連人権委員会の特別手続きのなかにも，先進国政府の反対を伴うとはいえ，グローバリゼーションの問題を正面から取り上げるものが出てきている。Mayra Gomez and Bret Thiele, "Review of the Sixtieth Session of the United Nations Commission on Human Rights", *Neth. Q. Hum. Rts.*, Vol. 22 (2004), pp. 489-96.

(11) この点については，国連事務総長が呼びかけたグローバル・コンパクトとあわせて，横田洋三「「人権に関する多国籍企業および他の企業の責任に関する規範(案)」の紹介」法律時報 2005 年 1 月号 25-38 頁参照。

(12) といって民衆の声がそのまま制度の「変革」に結びついているわけではない。スティグリッツは，民衆の声を聞き，しかもこれに対応することが「抵抗を拡散させる」ことになり，またそうした「参加型」対応をとることによって，国際金融機関の新たな政策が政治的に持続可能になっていくという社会工学的視点を示している。Joseph Stiglitz, "Participation and Development: Perspectives from the Comprehensive Development Paradigm", Remarks at the *International Conference, Market Economy and Development*, Feb. 27, 1999 (http://www.worldbank.org/participation/extdocs/stiglitzpart.pdf)。

(13) グローバリゼーション／国際経済法制度と人権法の相関関係については，社会権の位置づけの変遷に着目して分析することももちろん可能だが，本稿では，その社会権も含めた人権法言説一般が経済法事象との正対を根本的に阻害してきたことを強調したい。

負う政治的価値が宿命的なまでに色濃く投影されていた。国際人権法を領導する知的集団は、国際法のメインストリームを支える人々とは違い、必ずしも実証主義に支配されてきたわけではない。にもかかわらず、リベラリズムの思考が強く押し出されている点において両者は通底し、そこに政治的使命の同時遂行を可能にする共通の思想的岩盤があった。

　すでに多くの研究が語っているように、国際法は「啓蒙」をグローバルなレベルで具現化するための法体系として拡充されてきたといってよい。国際法は「文明化、中心、近代、未来、普遍的人間主義、進歩の声」であり、「非キリスト教世界、未開で後進的な非欧米の、法なき世界」を啓蒙する道徳的使命を公然と帯びてきたのである[14]。国際人権法もまた欧米の知的エリートを中心にこの啓蒙思想を引き受け、普遍的な人間をつくり出すことに力を注いできた。だが「啓蒙」概念そのものが鮮明に透写するように、普遍的人間という美しき言辞にくるまれた実体とは、いうまでもなく西洋の白人男性にほかならなかった。実に、西洋の白人男性をモデルとする人間像の構築と、そうした人間像を機軸に展開される国家／制度の創出こそが、国際人権法を基底で支える「大きな物語（metanarrative）」[15]にほかならなかった。国際人権法が「北」ではなく「南」の人権状況に前のめりなまでに介入してきたのは、その意味からして、けっして偶然なわけではない。

　この「大きな物語」は、「近代化」（＝西洋化）の物語でもある。剥き出しの植民地支配から「文明の神聖な信託」を経て、「近代化」は、第二次世界大戦後「開発」という語によって表象されることになった。「北」のエリートはもとより、「北」の身体技法をまとった「南」のエリートたちも、「政治的」独立に続く「社会経済的」自立への回路として、「開発」言説を好んで唱導した。現に、1970年代に打ち出された新国際経済秩序（NIEO）は、G7という形で「北」の反発を招いたとはいえ、そこで構想されていたものは「近代化／開発」そのものであった。既存の国際構造を前提に、「アファーマティヴ・アクショ

---

(14) David Kennedy, "When Renewal Repeats: Thinking Against the Box", *N.Y.U. J. Int'l L. & Pol.*, vol. 32 (2000), p. 359.

(15) 「大きな物語」は、もちろんリオタールからの借用である。See Jean-François. Lyotard, *The Postmodern Condition: A Report on Knowledge* (Manchester University Press, 1984).

ン」を用いてキャッチアップをはかること，つまり改良主義的な手法によって「南」の経済成長を推し進め，「遅れた南」を「進んだ北」に近づけること。それこそが NIEO の本質的な目標なのであった。「南」の代表的論客ベジャウィがいみじくも述べていたように，「国家間の真の平等は開発にかかっている」とされたのである(16)。

「開発」を現実世界に投影する制度的役割を請け負ってきたのが国際金融機関であることはいうまでもない。ただ世界銀行にしても IMF にしても，初期の活動は必ずしも「南」に向けられていたわけではなかった。これらの機関が「開発」に携わるようになったのは 1960 年代以降のことであり，特に 60 年にアメリカの肝いりで世銀グループの一翼を担う国際開発協会（IDA）が設立されたことがその決定的な転機となった。こうした政策転換の背景には，「南」の民衆による抵抗運動の封じ込めと共産主義の脅威への対抗という安全保障上の理由があったのだが，いずれにせよ，これにより，「貧困の撲滅」を掲げる国際金融機関の活動が農業や教育，福祉などを通じ「南」の日常生活のなかに深く分け入り，「開発」言説の正統化が促されていくことになるのである(17)。

「開発」は経済成長を通じて成し遂げられるものとされていたが，70 年代に入り民衆の間で環境運動が高揚すると，これに対処するため「持続可能な」という修飾句が「開発」の前に付せられるようになった。だがブルントラント委員会報告書が説示するように，「持続可能な環境」にとって最大の障害は貧困であり，したがって，「持続可能性」を実現するには「第三世界における 1 人あたりの所得を比較的急速に引き上げ」貧困を撲滅すること，すなわち経済成長が不可欠なのであった(18)。こうして「開発」言説は，「持続可能な」という概念によってその生命をさらに維持されることになる。そして冷戦が終わると，国連安全保障理事会をも巻き込みながら，「民主化」というマジックワードによって「開発」言説のいっそうの強化がもたらされていることは周知のとおりである。

---

(16) Mohammed Bedjaoui, *Toward a New International Economic Order* (1979), p. 125.
(17) 「開発」言説に不可欠な「構造調整」あるいは「コンディショナリティ」という言辞が IMF のなかで用いられるようになるのも 1970 年代に入ってからである。See Balakrishnan Rajagopal, *International Law from Below* (2003), ch. 5.
(18) World Commission on Environment and Development, *Our Common Future* (1987), pp. 49-50.

3 グローバリゼーションと国際人権法

　「近代化」の現代的表現である「開発」は，国際人権法にとって盲点であった。より精確にいえば，国際人権法は「開発」を前提にしなくては語りえなかった。もとよりこれまでも，「南」の国ぐにが発言力を増したときや，東アジア諸国が「アジア的人権観」を前景化させたときなど，開発独裁に伴う重大な人権侵害が問われたことは少なくない。しかし，社会的疎外の淵源たる「開発」という近代化の営みそのものが根本的変更を要請されることはなかった。国際人権法が，近代化という「大きな物語」を追求する知の体系として展開されてきたことを想い起こすとき，そのことの意味が理解できるのではないか。

　実際のところ，これまでの国際人権法言説を振り返ってみると，自由権にしても社会権にしても，権利の実現は国家／制度の強化によるものとされ，しかもそこでは西洋型の国家／制度がイメージされてきたことがわかる。身体の自由の保障には警察・行刑制度，紛争の解決には（準）司法制度，教育への権利には学校制度，健康への権利には医療（病院）制度というように，絶えず国家／制度の整備拡充を通じ「北」へのキャッチアップを促す力学が働いてきた。「高次の生活水準」は「北」の生活に近づくことと同義であった。労働権の文脈でも，念頭におかれてきたのはもっぱら公的セクターでの有償労働である。その一方で，リベラリズムが設ける公／私の区分により，私的領域で生じる暴力（たとえば市場による暴力）が直接にとりあげられる認識枠組みは築かれなかった。

　国際人権法は，「人間」（＝西洋の白人男性）の権利の効果的な実施のために欧米型国家／制度の構築を優先的に求め，だからこそ，その目的を達成するには「南」の近代化が――暗黙の――欠かせぬ条件なのであった[19]。そうであっただけに，近代化を請け負う国際金融・貿易機関の営みやそれを支える国際経済法言説には，散発的な問題提起を別として，総じて「沈黙」という応答をせざるをえなかったのである。国際人権法の基底をなす「大きな物語」の存在そのものが，国際経済法制度やグローバリゼーションに臨む人権法のスタンスに深い陰影を落としていたといわなくてはならない。

---

(19) 1986年の発展の権利宣言にしても，その主唱者たる「南」の諸政府は，NIEOと同様に，これを基本的に「北」へのキャッチアップの梃子としかみていなかった。Rajagopol, *supra* n. 17, p. 222.

III　脱構築の営み

　ポスト・モダンの潮流は，こうした国際人権法（あるいは国際法そのものといってもよい）のあり方に深刻な挑戦をつきつけるものとなった。とりわけポスト・モダンの思想が及ぼしはじめた影響は小さくない。この思想は，「大きな物語」そのものに全面的に懐疑の眼差しを向ける。そして，制度のあり方を根幹から問い直す「脱構築（deconstruction）」の営みを展開するところに最大の特徴をもつ。

　そのすべてをポスト・モダンといってしまうわけにはいかないが，それでも，批判法学の台頭は欧米を中心とする国際社会の権力構造を改めて白日の下にさらし，フェミニスト・アプローチは国際法における男性中心主義を告発しながら，公／私の区分に潜むジェンダー構造を鋭く浮き彫りにした。また批判的人種理論は権力構造が人種化されていること，特に国際法がいかに白人／西洋を中心に構成されているのかを実証的に描き出し，さらに第三世界アプローチは国家・エリート・欧米を中心に据えた植民地主義的国際法構造への執拗なまでの異議申立てを行っている[20]。こういった一連の知的営みの集積は，リベラリズムに支配された国際人権法のあり方にも当然に見直しを迫らざるをえない。少なくとも，人権法言説が全身にまとった「大きな物語」の重層的暴力性があらわにされたことにより，その物語をこれからもさらに紡ぎ続けていかなくてはならないのかが批判的に考察されるようになったことは確かなように思える。

　ポスト・モダンは，抽象的・客観的な法言語を通じて構成される国際人権法がその基底においてどのような「大きな物語」に支えられているのかを，「他者（Other）」の視点に立って抉り出す。この作業を通じて目論まれているのは，国際人権法を「相対主義のブラックホール」あるいは「神々の世界」に誘惑することではない。むしろ，「欧米の白人男性」に特化された「普遍的」制度モデルを脱し，多様な現実にもまれる生の人間たちの姿を人権法の世界にいざな

---

[20] See *e.g.*, Barbara Stark, "After/word(s): 'Violations of Human Dignity' and Postmodern International Law", *Yale Journal of International Law*, Vol. 27 (2002), p. 315; Karin Mickelson, "Rhetoric and Rage: Third World Voices in International Legal Discourse", *Wisconsin International Law Journal*, Vo. 16 (1998), p. 353.

うことこそが目指されている。ポスト・モダンは「日々の生活に根差している」[21]。人権法の普遍的・抽象的権利規範をどう適用すればよいかについて演繹的に思考するのではなく，複雑にからまりあった現実を生きる具体的な人間の必要に応えるためにどのように人権法を活用できるのかを動態的に考察するのである。現実が多様で複雑な以上，法の応答も統一されたものにはなりえない。「断片・分断・混沌」といった観念がポスト・モダンの思考には横溢するが，しかしそれは法の「否定・破壊」ではなく，「他者」の視点に寄り添った法の「脱構築」なのである。

　国際人権法に携わる法律家の役割も必然的に変わってくる。「依頼人」の語りを法的主張に置換する特殊技術の練磨がこれまでの法曹には求められてきた。具体から抽象へ，主観から客観へ。これが法の営みの常とされてきた。議論の場として想定されてきたのは（準）司法機関である。人権法学のエリート的位相もこうやって生成された。これに対してポスト・モダンの手法は，抽象・客観が現実の権力関係を隠蔽する機能を帯びていることを踏まえ，具体・主観をそのまま法の場に召喚しようとする。重視されるのは当事者の語りである。「依頼人」に自己の物語を語らせる場を提供すること。これが法律家の重要な役割となる。想定される場も法廷には限られない。様々な場での語りを通じ人々の間に共感を広げ，政治的変革への回路を広げていく。抽象的な法の世界に現実を馴伏させるのではなく，具体的な現実のなかに法を入れ込むのである。

　こうした思考が国際人権法の言説空間に断続的に流入したことにより，グローバリゼーション／国際経済法制度に向けられる眼差しにも大きな変容の契機が生まれ出た。なにより，人権法を支えてきた「近代化／開発」という「大きな物語」そのものが根本的な疑念にさらされることになった。「人間」とは誰なのかについても，絶えざる問いが発せられるようになっている。法の役割を法／外に全開させるポスト構造主義の観点からすれば，こうした言説変容の重要なきっかけが法の境界外で展開される民衆たちの社会運動にあったとしても特段，驚くには値しまい。

　現在の社会運動の多く[22]は，かつての社会運動とは違って国家権力を握る

---

[21] David Harvey, *The Condition of Postmodernity: An Enquiry into the Origins of Cultural Change* (1989), p. 63.

ことを最終目標にしているわけではない。社会変革のエージェントとして国家に絶対的な期待を寄せているわけでもない。追求されているのは，国家／制度あるいは「国際」の拡大によって奪われた政治的スペースの回復である。国際金融・貿易機関の政策決定エリートが主導する「開発」という名の近代化の営みには，徹底して懐疑的な視線が投げかけられる。そもそも「北」へのキャッチアップを「進歩」とみなす考え方それじたいが拒絶されている。国家を脱中心化し，けれども国家と対峙するわけではなく，特定の時点において利用可能な内と外のシステムを暫定的に活用しながら戦略的に自治の空間を広げていく。こうした融通無碍ともいえる運動のやり方は，ポスト・モダンの営みそのものといってよい。国際人権法は，公／私の区分や（西洋）国家／制度への強いこだわりをみせるリベラリズムを超えたこの社会運動の力も媒介にしながら，自らの姿を規定してきた「大きな物語」たる「開発」言説，つまりは国際経済法制度のあり方とようやくにして正面から向き合える思想的枠組みを築きつつあるのである。

IV　闘いのアリーナ

もっとも，こうした思潮の台頭がグローバリゼーションの波に洗われる現状の変革にどれだけつながるのかは別問題である。ポスト構造主義的思想は，国際法はもとより国際人権法のメインストリームにも十分に浸透しているわけではない。それ以上に留意しなくてはならないのは，人権の正統性を簒奪するかのように，国際経済法制度を起点に人権法言説の改変が試みられていることである。「生産，通商，経済市場のグローバル化は，個人の自由，非差別，法の支配，裁判所および民主的政府へのアクセスについての法的・制度的保障のグローバル化を伴わなければ実効性を持ち続けることはできない」。その主唱者ペータースマンは，こうしてWTOのなかで国際人権の「主流化」をはかるべき必要性を説く[23]。憲法秩序に進展した欧州統合過程にその行く末を重ね合

---

(22) See *generally*, F. A. Marglin & S. Marglin (eds.), *Dominating Knowledge: Development, Culture, and Resistance* (1990).

(23) Ernst U. Petersmann, "From" Negative' to 'Positive' Integration into the WTO: Time for 'Mainstreaming Human Rights' into WTO Law?" *Comm. Mkt. L.*, Vol. 37 (2000), p. 1375.

わせながら,「功利主義」を超えた正統性を獲得するためにもWTOは人権言説に全面的に依拠すべきであるとの主張が繰り返し提示される[24]。正統性への強いこだわりは,世界各地の社会運動によってWTOが激しい批判を受けていることに対する応答なのでもあろう[25]。

　ペータースマンの基本的な思考は,国際人権を新自由主義モデルによって編成しなおし,WTOを軸にグローバル市場でのモノ,サービスの取引をいっそう推進することに向けられている。それだけに,通商の権利や契約の権利,所有権,消費者の権利,あるいはこういった経済的諸権利の制度的保障にかかわる議論は幾重にも展開されるのだが,その一方で国際人権文書が営々と積み上げてきた人権規範の多くは,あたかも存在しないかのごとくである。オルストンがいうように,経済的自由と基本的人権との間には本質的な違いがある。前者が経済的エージェトを想定し「道具主義的」理由により正当化されるのに対して,後者は政治的アクターを想定し「人間の尊厳」に基づくものと観念されている[26]。ペータースマンの議論は,この両者を重ね合わせ,人権の主体を経済的エージェントに変容させるものにほかならない。同じ「人権」という言辞を用いてはいても,その内実は人権法上の概念とは大きく異なっている。

　人の移動を制御する国境管理権限の強化もまた,人権の名において行われるようになっている。この事象にも着目しておくべきだろう。人身取引に対する取締りがその典型である。グローバル化の過程で非対称な社会構造が深化し,「北」への移動以外に選択肢がなくなった人々のなかには,人身取引という究極の方法を使って越境するものも少なくない。彼女たちは,一般に組織的犯罪者集団によって欺網され,越境後に性的搾取・虐待を受ける「被害者」として描かれている。そして,凶悪な犯罪者たちの手から「被害者」の人権を保護し,最終的には安全な本国に送り届けることが先進国政府・市民の役割とし

---

[24] ペータースマンの一連の文献については,Philip Alston, "Resisting the Merger and Acquisition of Human Rights by Trade Law", *European Journal of International Law*, Vol. 13 (2002), p. 3, n. 3 (http://www.ejil.org/journal/Vol13/No4/art2.pdf)。なお,ペータースマンの議論については,2004年7月に行った名古屋大学大学院法学研究科での集中講義の際に,佐分晴夫教授をはじめとする参加者の皆様からご教示いただいた。

[25] それと同時に,これは,揺らぎのなかにある国際人権法の「大きな物語」を,国際経済法がそのまま引き取るということでもある。

[26] Alston, *supra*, n. 24, p. 16.

て語られるようになっている。だがこうして構築された被害者言説のベクトルは,「北」の国境管理権限の強化を自然化することに向かっている。不正規に移動してきた「被害者」たちは本来であれば本国にとどまりたかったはずだという「愛国（＝非市民創出）神話」が持ち出される一方で, 移動が本人の自発的な決断に拠っていたかもしれないことや, なぜそこまでして移動しなくてはならないのかなどについての本質的問題は表出の場を封じられがちである。せいぜいが第二義的な位置づけを与えられるにすぎない。取締りの強化は, 移動の本質的要因への対応を欠くかぎり, 連綿たる「被害者」の出現を阻止することにも, また「被害者」の人権を真に保障することにもつながらないように思う[27]。人権の名による営み（取締り）が, 逆に人権侵害の構造的温床を覆い隠すことにもなりかねない。

　グローバリゼーションにかかわる諸事象への異議申立てが増大するほどに, このように人権言説を「ハイジャック」しようとする試みが生じることは必至である[28]。人権そのものに高度の正統性と（言説改変を可能にする）抽象性が付着しているからである。だからこそいっそう重要になるのは, それが誰のために語られているのかを具体的に見極める作業である。誰が, なんのために人権を語っているのかに関心を払うこと。それが現実の人間社会とどうかかわるのかを「日々の生活に根差して」想像すること。当事者自身の声を公的アリーナに反響させること。グローバリゼーションは人権を経済の論理によって塗り換える重大な転機にもなりかねないが, しかしその半面で国際人権法は, 社会運動やポスト・モダンの力も借りながら「大きな物語」の纏をようやく脱し,「解放言説」としての可能性を拡大するチャンスを迎えている。そのことを心に刻み,「他者性」を大切にしながら, そしてなにより法の境界内に思考を閉ざすことなく, このグローバル化時代に臨む国際人権法の「現在」（いま）に真摯に参入していくべきなのだろう。

---

(27) Sharma,, *supra* n. 6, pp. 56-59. See *also*, R. B. Folson (ed.), *Calculated Kindness: Global Restructuring, Immigration and Settlement in Canada* (2004). 人身取引に対する国際的対応の諸形態を法的に分析したものとして, Elizabeth M. Bruch "Models Wanted: The Search for an Effective Response to Human Trafficking", *Stanford Journal of International Law*, Vol. 40 (2004), p. 1.

(28) 冷戦後,「開発」言説に新たな生命を注入している「民主化」もまた「人権」によってその相貌を装飾されている。See Makau Mutua, "The Ideology of Human Rights", *Virginia Journal of International Law*, Vol. 36 (1996), p. 589.

4 カナダに見る拷問禁止規範の揺らぎ

I アラル事件

　シリア生まれのアラル（Maher Arar）は10代の若き日にカナダに移住し，そのまま市民権を取得，モントリオールで妻・2人の子と平穏な日々を過ごしていた。2002年9月25日，家族とともにバカンスを楽しむチュニジアから所用により一人帰国の途についたアラルは，航空機の乗り換えのために立ち寄ったニューヨークJ. F. ケネディ空港でテロ組織アルカーイダとのつながりを理由に身柄を拘束され，数日間にわたり取り調べを受けることになる。10月1日，入国資格を欠くとして米国からの退去を求められたアラルは，ヨルダンを経てシリアに身柄を送致され，それから約1年間にわたって拘禁・虐待を受け続けた。2003年10月，生を永らえたアラルは釈放され，幸運にもカナダへの生還を果たす[1]。

　複数の政府が国境を越えて展開するこうした新手の人権侵害は「非常送致 extraordinary rendition」と名づけられ，強制失踪，恣意的逮捕，拷問，公正な裁判の否認など重層的な人権の蹂躙を引き起こす温床となってきた。強制失踪が恣意的逮捕や超法規的処刑の隠れ蓑とされてきたように，「非常送致は，拷問その他の形態の虐待を尋問テクニックとして使用しているとの国際的非難を回避するための試み」[2]にほかならないとされる。アラルは，秘密裏の連携ネットワークを世界大で広げる米政府が，ヨルダンおよびシリア政府の積極的な参画を得て推し進めた醜悪な不正規移送の標的とされたのである[3]。

---

(1) 事実関係等については主に次の文献を参照。*Human Rights Watch Report to the Canadian Commission of Inquiry into the Actions of Canadian Officials in Relation to Maher Arar: Report submitted by Wendy Patten, U. S. Advocacy Director* (June 7, 2005); *Commission of Inquiry into the Actions of Canadian Officials in Relation to Maher Arar: Report of Professor Stephen J. Toope, Fact Finder* (14 October 2005).

(2) David Weissbrodt and Amy Bergquist, "Extraordinary Rendition: A Human Rights Analysis", *Harvard Human Rights Journal*, Vol. 19 (2006), p. 128.

アラルの帰還後，カナダでは，自国政府がこの一件にかかわっていたのではないかという疑惑が噴出し，2004年2月5日，連邦調査法（Inquiries Act）に基づきオンタリオ州の裁判官であるオコーナー（Dennis R. O'Connor）に真相究明が託されることになった。米政府の協力が得られないハンディがあったとはいえ慎重に作業を重ねたオコーナーたちは2006年9月18日に膨大な調査結果を公表し，アラルの潔白とともに，シリアでの処遇が拷問にあたること，カナダ連邦警察が米国側に提供した不正確な情報によってアラルに深刻な結果がもたらされたおそれが強いことを示し，アラルに対する損害賠償の支払い等を勧告している[4]。カナダ政府は，2005年に行われた拷問禁止委員会と自由権規約委員会による定期報告審査に際しアラル事件への関与について疑念を表明されていた[5]のだが，オコーナーによってまとめあげられた調査結果の刊行は，こうした国際的な懸念への対応という側面を持ちうるものでもあろう。

もっとも，国際的な懸念という点でいえば，拷問禁止委員会と自由権規約委員会が上記報告審査の際にひときわ強い批判を振り向けたのは，カナダ国内における拷問禁止規範の弛緩に対してであった。アラル事件の衝撃もさることながら，カナダにおける人権の揺らぎを本質的レベルで物語るのは，連邦最高裁判所による拷問容認の姿勢にほかなるまい。アラル事件の陰に隠れがちではあったものの，国際人権法の観点からは，9/11の〈恐怖〉によって後押しされた連邦最高裁の動揺を精確に見据えておくことがなにより重要である。

II　恐怖からの自由

(1)　スレシュ事件[6]

1991年に移民・難民審査局（IRB）によって難民と認定されたスリランカ人スレシュは，他の難民が例外なくそうしているように，カナダの永住資格を申請するための手続を開始した。だがこの申請は4年以上にもわたって処理を

---

(3) See Stephen W. Yale-Loehr and Jeffrey C. O'Neill, "The Legality of Maher Arar's Treatment Under U. S. Immigration Law", *Submission to the Commission of Inquiry into the Actions of Canadian Officials in Relation to Maher Arar* (16 May, 2005).

(4) *www.ararcommission.ca/eng*.

(5) CAT/C/CR/34/CAN., 07/07/2005; CCPR/C/CAN/CO/5, 20 April 2006.

(6) *Suresh v. Canada (Minister of Citizenship and Immigration)*, 2002 SCC 1.

4 カナダに見る拷問禁止規範の揺らぎ

先送りにされたあげく，1995 年には，安全保障上の理由により在留資格を欠く（inadmissible）ことを示す「安全保障証（Certificate）」が警察長官と市民権・移民相によって発給されたため，永住者への道は完全に閉ざされることになってしまった。スレシュはカナダ政府がテロ組織とみなす Liberation Tigers of Tamil Eelam（LTTE＝タミール・タイガー）の構成員であり，また同人はカナダで同組織のための資金集めに従事している，という事情が安全保障証発給を正当化する事実として主張された。移民法に従って行われた連邦裁判所（事実審）での司法審査において安全保障証の発給は相当（reasonable）と認められ，スレシュは退去強制のための聴聞に付されることになる。その任にあたった審判官はスレシュがテロ組織の構成員であるため退去されるべきとの判断を示した。その後，市民権・移民相は，帰国後にスリランカで拷問の危険性に直面することを認めながらもスレシュはカナダの安全保障を脅かす存在であるという理由でその退去を命じた（難民条約 33 条 2 項を国内的に実施する移民法 53 条 1(b)による）。

スレシュは拷問禁止条約などを掲げ当該退去命令の司法審査を求めて連邦裁判所に訴え出たところこれを退けられたので，連邦控訴裁判所に上訴する。しかし同裁判所は，カナダの主権的権利が拷問禁止規範を制限できること，難民条約 33 条 2 項は拷問禁止規範からの逸脱を許容していること，拷問はカナダ権利・自由憲章 7 条（基本的正義による以外，自由は制限されないことを定めている規定）には反するものの 1 条（権利の制限について定めている規定）によって正当化されること，カナダは単なる仲介役にとどまるに過ぎないので退去先での拷問は大多数のカナダ人の正義感・良心を損なうものではないこと，などを理由に控訴を退けた[7]。そこでスレシュは連邦最高裁に上告し，その審査を仰ぐこととなった。

この上告を受理した連邦最高裁は，様々な角度から審理を重ね 2002 年 1 月 11 日に最終判断を示したのだが，その中で，「例外的事情においては拷問に直面する退去強制が正当化されうる可能性を私たちは排除しない」[8]という，国際人権法の研究者にとってみれば喫驚すべき認識を開陳した。どのような場合が例外的事情にあたるのかは明示されず，また，そうした例外的事情は稀にしか生起しない旨も注記されている。しかし，カナダ権利・自由憲章 1，7 条に

---

(7) *Suresh v. Canada (Minister of Citizenship and Immigration)*, [2000] F. C. 592（C. A.）.
(8) *Suresh, supra* n. 6, para. 78.

よる比例原則は，拷問を受ける危険性のある国への退去強制を全面的には排除していないという趣旨が肯認された意味は過小評価できまい。拷問は絶対的に禁止されるものではなく，カナダにおいてその禁止は相対的なものにとどまるということである。

「拷問を受ける重大な危険性がある場合に均衡性のバランスが退去強制に有利に傾くことは稀だろうと予測することはできる。しかし，問題は均衡性にかかわるだけに，精確に予測することは困難である。拷問国への退去を強制する例外的な裁量の範囲については，将来の事案を待たなければならない」[9]。連邦最高裁はそう判示した。また同裁判所は，連邦控訴裁判所とは違って，カナダからの追放と拷問との間に十分な因果関係がある場合にはカナダ自身が拷問についての責任を負うと認めている[10]が，これはカナダ自らが意図的に拷問に関与しうることを認めたに等しい。

どう見ても，人権条約機関からの強い批判を避けられぬ判断であったというしかないが，問われるべきは，いかなる論理と認識の下にこうした判断が導出されたのか，ということである。最高裁の判例を振り返りながら，その実相を見定めてみよう。

(2) 連邦最高裁と人権条約

1982年に制定されたカナダ権利・自由憲章は，国際人権法をカナダの国内法秩序にいざなう強力な架け橋となってきた。その推進役を務めてきたのは連邦最高裁判所であり，なかでもディクソン（Brian Dickson）長官の果たした卓抜した役割は特筆に値する。ディクソンは，*Re Public Service Employee Relations Act* において次のような意欲的な認識を明らかにしている。「カナダの負う国際人権法上の義務の内容は『憲章による十分な保護の利益』とは何かを指し示す重要な証印である。憲章は，少なくとも，カナダが批准した国際人権条約の類似の規定が付与する保護と同程度の保護を与えるものと一般に推定されるべきであると考える。憲章を解釈する際に司法府が国際規範に拘束されるとは思わないが，それらの規範は憲章規定の重要なそして説得的な解釈源になる。それらの規範が人権諸条約に基づいてカナダが負う国際義務による場合

---

[9] *Id.*
[10] *Id.*, paras. 54-55.

は特にそうである。」(11)

　権利・自由憲章を人権条約に接合して動態的に解釈する手法は，単なる文理解釈の域を超え，結果志向的あるいは価値志向的な位相を濃厚に装着させている。ただこうした解釈手法は連邦最高裁の判断を通底していたとはいいがたく(12)，とりわけ出入国管理に関わる事案においては行政府への謙抑的な姿勢が採用され続けていた。たとえば1991年，死刑の待つ米国への引渡しが問題となったキンドラー事件判決(13)において連邦最高裁多数意見は次のように述べていた。「むろん行政府の決定は司法審査には服するものの，この領域における行政府の裁量権行使に介入する裁判所の管轄権は「対外関係に関する行政府の優越的な立場と矛盾することなく最大限の慎重さをもって行使されなくてはならない」。……行政府は対外関係の領域において裁判所よりもはるかに専門的な知見を持ち合わせており，上述の諸問題の多くについて，より良く判断できる立場にある」(14)。

　最高裁の謙抑主義は，しかし，カナダで出生した4人の子の親であるジャマイカ人女性への退去強制命令の憲法適合性が争われた1999年のベーカー事件判決(15)を経て，死刑の待つ米国への引渡しが再び問題となった2001年のバーンズ事件判決により抜本的に変更されたかに見えた。「当裁判所は憲章の擁護者であり，死刑は基本的な憲法的価値と比類なきほど密接に結び付いている。……引渡し政策において対立する諸要素の重みを評価するのは一般的には司法相であって当裁判所でないことは認めるが，しかし，死自体と同様に，死刑の可能性は異なる次元を開く。刑法の困難さと時折見られる司法過誤は，

---

(11) [1987] SCR 313, 350.

(12) カナダ連邦最高裁が，権利・自由憲章を解釈する際に人権条約をどのように活用すべきかについて一貫性あるアプローチをとってこなかったことにつき，Mark Freeman & Gibson van Ert, *Essentials of Canadian Law: International Human Rights Law* (2004), p. 189.

(13) *Kindler v. Canada*, [1991] 2 SCR 779.

(14) *Id.*, Reasons for Judgment per LaForest, J., 837.

(15) *Baker v. Canada (Minister of Citizenship and Immigration)*, [1999] 2 SCR 817. この事件を精密に分析したものに，村上正直「カナダの出入国管理行政における子どもの利益の考慮の一端——カナダ連邦最高裁 Baker 判決を中心に」藤田久一・松井芳郎・坂元茂樹編『人権法と人道法の新世紀』竹本正幸先生追悼記念論文集（東信堂，2001年）119-47頁。

「司法制度の擁護者たる司法府の固有の分野」に直截に属する人間の経験の領域に位置づけられるものである。……この視点から，死刑の特異な終局性と回復不能性を認め，司法相の決定の憲法適合性が審査されなくてはならない」[16]。

この事件では，10年前のキンドラー事件判決で強調された「最大限の慎重さ」が排斥されるとともに，「基本的な憲法的価値」と「死刑の特異な終局性と回復不能性」が前景化され，死刑を回避する保証なき引渡しは権利・自由憲章に違背するとの結論が導かれている。いってみればキンドラー事件判決からの決別が宣言されたわけだが，ディクソンがそうしたように，こうした価値志向的判断を正当化するために動員された法的資源は国際人権法にほかならなかった。連邦最高裁は，欧州や米州で陸続と採択される死刑廃止文書，国連人権機関での関連諸決議，カナダの外交姿勢などを注意深く検討し，「これは，カナダが既に国内的に採用している基本的正義の原則，すなわち死刑の廃止の受諾に向けた有意な国際的動向を示すものである」[17]との認識を示し，死刑国への保証なき引渡しを権利・自由憲章違反とみなしたのである。

(3) 再びの司法消極主義

連邦最高裁は，スレシュ事件においても国際人権法への配慮をけっして怠ったわけではない。それどころか，パラグラフ59から75にかけて記された「国際的視座」では，国際人権文書，人権条約機関の実務，NGOの見解，学説，他国の判例などが幅広く検討されている。その検討を踏まえたうえで，連邦最高裁はこう述べる。「よりよい見解は，たとえ国の安全保障がかかっている場合であっても，国際法は拷問国への退去強制を拒絶している，というものである。これが，憲章7条における基本的正義の原則の内容に最もよく参考になる規範である」[18]。

2001年のバーンズ事件判決により堅固な礎を築いたように思われた価値志向的な解釈手法からすれば，これにより議論は終わるはずであった。拷問国への追放は国際法によって禁止されている。したがって，憲章上も同様に解されるべきである，と。ところが最高裁は，そこから議論をまったく別の方向に展

---

(16) *United States of America v. Burns* [2001] 1 SCR 283, paras. 35, 38.
(17) *Id.*, para. 89.
(18) *Suresh, supra* n. 6, para. 75.

開していく。「私たちの関心はカナダの負う国際的義務そのものではなく、[憲章上の]基本的正義の原則についてである。国際法は、当該原則の証拠として見ることはあるが、それ自体が決定的なわけではない」[19]。

　拷問を禁止する広範で一致した国際法務の実態に言及した際に連邦最高裁は、この規範が「容易には逸脱できない」[20]という微妙な表現を用いて、その相対化への道をさりげなく整備している。そして国際条約が厳密にはカナダの裁判所を拘束していない点を想起することにより国内的平面における条約の劣位性を示唆し、そのうえで、国の安全を脅かす「例外的な事情」がある場合には、外国人を拷問国に追放しても権利・自由憲章違反にはあたらないという認識を示し、拷問禁止条約の根幹を破砕してしまうのである。

　この論理展開は、バーンズ事件判決と著しい対比をなす[21]。バーンズ事件判決は死刑廃止に向かう国際的動向の存在をもって死刑国への引渡しは許容できない、という解釈を権利・自由憲章7条の定める基本的正義の中に読み込んでいた。死刑廃止については、全面廃止を目指す国際的動向が見られたにすぎない。にもかかわらず連邦最高裁は、それを権利・自由憲章の定める基本的正義の内実を構成しうるものと解釈した。ところがその一方で、拷問については国際法上一片の揺らぎなく全面禁止が確立しているといってよいのに、その規範的現実は基本的正義の内実にはなりえないとされてしまった。

　倒錯した論理というべきようにも思うが、興味深いことに、スレシュ事件判決では、葬り去ったはずのキンドラー事件判決の所論が再び息を吹き返している。退去先で拷問を受ける危険性があるかどうかの「問題は、主に司法審査を行う裁判所の専門的知見の範囲外にあり、ごくわずかの法的側面しか有していない」[22]。連邦最高裁はこう述べて、キンドラー事件判決に倣い行政府の決定への謙抑を強調し、司法審査基準として最も抑制的な「明らかに不当な」基準（'patently unreasonable' standard）の採用を宣言する。それが、法を制定した議会の意図を体現したものであるという。

---

[19]　*Id.*, para. 60.
[20]　*Id.*, para. 65.
[21]　Michel Coutu and Marie-Helene Giroux, "The Aftermath of 11 September 2001: Liberty vs. Scurity before the Supreme Court of Canada", *International Journal of Refugee Law*, Vol. 18 (2006), pp. 324-25.
[22]　*Suresh, supra* n. 6, para. 39.

「基本的な憲法的価値」や「特異な終局性と回復不能性」を喚起させる意味において死刑と拷問との間に質的な違いはまったくないと考えられるが、しかし連邦最高裁はバーンズ事件判決ではなくキンドラー事件判決を召還し、行政府の判断を最も追認しやすい審査基準の選択を宣言するのである。この基準の下にあって裁判所は、行政府が検討済みの諸要素を再評価することは慎まなければならない。行政府の決定が証拠に基づいていないか、または、適切な手続の下で適切な要因が検討されていない場合でない限り、その決定は裁判所によって是認されることになる。司法府は行政府の判断の実体には立ち入らない。これが「明らかに不当な」という審査基準の意味するところである。「基本的な憲法的価値」といった実体的価値はこの形式的審査基準の前にあって機能する余地はまったくないといってよい。

　国際人権法を用いた価値志向的な司法積極主義を排し、行政府の判断に最大限の敬意を払う司法消極主義あるいは形式主義に連邦最高裁がその姿勢を転換させた背景には、紛れもなく9/11の影響があった。最高裁は謙抑的な審査基準を正当化するために、*Secretary of State for the Home Department v. Rehman*[23]における英国貴族院ホフマン卿の次の「補遺」をわざわざ自らの判決文に織り込んでいる。「私はこの演説をニューヨークとワシントンで起きた最近の事件［9/11］の3か月ほど前に書いた。国の安全保障の場合には過ちのコストが高くつくということを、それらの事件は思い起こさせてくれる。これは、外国におけるテロ活動への支援が国の安全保障に対する脅威になるかどうかの問題について、司法部門は閣僚の決定を尊重する必要があることを強調しているように私には思える。こうした問題については行政府が特別の情報と専門的知見を有しているから、というだけではない。そうした決定は、社会にとって深刻な結果をもたらすおそれがあるだけに、正統性を必要とする。その正統性は、社会に対する責任を有する者に民主的プロセスにより決定を委ねることによってのみ与えられる。人びとが決定の結果を受け入れなければならないのであれば、その決定は人びとが選出し解任できる者によってなされなければならない」[24]。

---

(23) [2001] UKHL 47.
(24) *Suresh, supra* n. 6, para. 33. だが、「人びとが選出し解任できる者」とは議員であって、行政官僚ではあるまい。ホフマン卿の指摘は不正確であり、しかも、憲法上、司法府

移民法の規定によれば，退去を強いることができるのはカナダ自身の安全保障が脅かされる場合に限られる。難民条約33条2項もノン・ルフールマンの例外として特定しているのは，「当該締約国の安全にとって危険であると認めるに足りる相当な理由があるもの」である。漠然とした脅威が追放を正当化できるわけではない。ところが，テロの〈恐怖〉に駆られた連邦最高裁は，発展的解釈を髣髴とさせる文言を駆使してこう述べる。「国際条約は現在の条件に照らして解釈されなければならない。一の国におけるテロ行為は必ずしも他国には影響を及ぼさないということはかつては正しかったのかもしれない。しかし，2001年の後，そのアプローチはもはや通用しない」[25]。

9/11により，テロの連鎖，安全保障の相互依存が世界大で広がっている。こうした状況からカナダも自由ではいられない，という認識が連邦最高裁を覆っていたことがうかがえる。だが，テロの現実を冷静に見極めるまでもなく，脅威はけっして無差別に発生しているわけではない。歴史的に見て，そして現在の世界の状況を見れば，米国などによる国家テロも含め，テロといわれるものは，標的を定め，明らかに差別的に行われている（もとより，暴力的行為が一般市民を巻き込み，それをもって「無差別」と評することはできるが）。実際のところ，タミール・タイガーへの資金供与活動に従事するスレシュが，いったいいかなる回路を経てカナダという国の安全保障を壊滅的なほどに脅かすことになるのか，その説得的な説明は判決文の中にはいささかも見出せない。

脅威は人びとの，そして裁判官の想像の中で肥大し，抑えきれぬ恐怖となって思考を萎縮させる。9/11の一大スペクタクルを前に〈恐怖からの自由〉を求めて疾走した連邦最高裁は，司法判断を実質的に放棄し，行政府に決定を委ねざるをえなかった。「明らかに不当な」という最も謙抑的な審査基準への退行は，司法消極主義あるいは形式主義をかこつ，しかし，連邦最高裁自身の安全保障観を如実に投影した実に価値志向的な判断でもあった。

が民主的プロセスの重要な一端を担っているカナダの文脈には明らかにそぐわないものである。Kent Roach, "Did September 11 Change Everything?: Struggling to Preserve Canadian Values in the Face of Terrorism", *McGill Law Journal*, Vol. 47 (2002), p. 928.

(25) *Suresh, supra* n. 6, para. 87.

Ⅲ　非人間化の実景

(1)　もう一つの真実

1982年の権利・自由憲章制定を機に，連邦最高裁は憲法の擁護者として社会的論争の絶えぬ問題にも果敢に踏み込み，カナダという進歩的な国の姿をつくりあげることに多大な貢献を果たしてきた。積極的な判断の正統性が憲法（権利・自由憲章）それ自体に見出されてきたことはいうまでもない。だがスレシュ事件において連邦最高裁は，安全保障の問題については自らの判断に正統性がないことを宣言した。決定できるのは行政府，そしてそこに実体的な司法審査は及ばない，という。ここに現われ出ているのは「決断主義decisionism」を招き入れる司法府の姿勢である。「主権者とは例外状況にかんして決定をくだす者をいう」[26]とのカール・シュミットの定式を想起すれば，米政府が推し進めてきた「対テロ戦争」に連なる「例外状況」にあって，真の主権者は，国家理由（raison d'etat）を後背に抱える行政府であることを司法府自らが公然と名指したに等しい。

ちなみに，スレシュ事件は，判決文の起案をした裁判官名ではなく，"THE COURT"という主語の下に判決文が示されている。政治的・論争的事案あるいは司法審査基準の正当性が問われる事案などの場合にこうしたやり方が採用されてきている。裁判官の意見が一致していたことを示すことで判決の政治化を避ける効果が期待できるのかもしれないが，スレシュ事件判決については，端的に，リーガリズムからの撤退を集団的・制度的に刻印した証として記憶しておいてよい[27]。

拷問をめぐる法的議論を進めるほどに抜け落ちるのは，安全保障の本質への想像力である。最高裁の安全保障観には，貧困の撲滅や不均衡な政治経済構造の是正を通じ脅威の源泉を枯渇させる活動がカナダの安全を保障する最良の手段になりうるといった発想はまったく見られなかった。それが，絶対的であるはずの拷問禁止規範を相対化の隘路に追い込んでしまったのではないかという

---

[26]　カール・シュミット［田中浩・原田武雄訳］『政治神学』（未来社，1971年）11頁。
[27]　Audrey Macklin, "Mr. Suresh and the Evil Twin", *Refuge*, Vol. 20 (2002), p. 17. あるいは，「自由から安全へ」ということなのだろう（Coutu and Giroux, *supra* n. 21, p. 331）。

4 カナダに見る拷問禁止規範の揺らぎ

指摘[28]に同感である。

　奇妙なことに、これほど深刻な問題を胚胎していたにもかかわらず、スレシュ事件判決に対する批判はカナダ国内ではそれほど大きなものではなかった。おそらくその一因は、スレシュの訴えが結果的に認容されたところにあるのだろう。連邦最高裁は、実のところ、市民権・移民相に結論として審査のやり直しを命じたのである。退去強制手続の過程においてスレシュに十分な情報の開示や反論の機会が与えられなかったという手続的瑕疵を理由としてであった。スリランカのマイノリティとして本国で迫害を受けていたスレシュは、特段の違法行為をはたらいていたわけでもなく、連邦最高裁での審理に際しても、アムネスティ・インターナショナルやUNHCR、カナダ弁護士会などから8名もの訴訟参加を得ていた。スレシュは、1998年以来、厳しい条件付きの仮放免とはいえ、身柄を拘束されていたわけではなく[29]、連邦最高裁の判決後も、退去強制に向けた手続が再開されたわけでもない。拷問国に送り返される危険性すらあったことを想起すれば、彼に訪れたのはハッピーエンドともいってよい事態であった。その現実が、スレシュ事件判決の孕む問題から衆目を遠ざけるよう作用してしまったのかもしれない。

　だが、衆目が遠ざけられたのはそれだけではなかった。スレシュ事件判決が下されたその日、連邦最高裁は実はもう1つの重大な判決を下していた。アハニ事件判決[30]である。アハニはイラン出身で1991年にIRBにより難民として認定されていた。その後、カナダ政府がテロ組織とみなすイラン諜報安全省のために訓練を受けた暗殺者（刺客）であるとして退去が命じられることになった。法廷での争点はスレシュ事件と瓜二つであり、最高裁の示した判断もその多くがスレシュ事件判決の引き写しといってよい。決定的な違いは、アハニにはカナダのイラン人コミュニティの応援も1人の訴訟参加人もなかったことであり、また、スレシュとは異なり、退去強制手続の過程で拷問を受ける一応の証明がアハニ自身によってなされず、重大な手続的瑕疵もなかったとして、

---

(28) Obiora Chinedu Okafor and Pius Lekwuwa Okoronkwo, "Re-configuring *Non-refoulement?*: The Suresh Decision, 'Security Relativism', and the International Human Rights", *International Journal of Refugee Law*, Vol. 15 (2003), pp. 40–43.

(29) *Suresh v. The Minister of Citizenship and Immigration*, 2003 FCT 746.

(30) *Ahani v. Canada (Minister of Citizenship and Immigration)*, [2002] 1 SCR 72.

訴えが棄却されてしまったことである。拷問からの自由という観点からすれば，本来，アハニ事件判決こそが優先的に批判の対象になってしかるべきであったろう。だが，スレシュ事件判決がもたらした一瞬の多幸感に幻惑されてか，あるいはイラン政府の暗殺者という負のレッテルによってか，アハニの帰趨に向けられてしかるべき憂慮は容易に広がっていかなかった[31]。

アハニは代理人を通じ自由権規約委員会に救済を求め個人通報を行った。同委員会はただちに退去強制の執行停止を求める暫定措置を要請したが，カナダ政府によってこれを拒否されたことから，アハニはオンタリオ上級裁判所そして同控訴裁判所に順次，申立を行ったところ，いずれも退けられてしまった。自由権規約委員会による暫定措置の指示は締約国を拘束しない，という認識がオンタリオ控訴裁判所では却下理由として示された。連邦最高裁への抗告も受理されず，こうしてアハニへの退去強制命令は執行された。2004年6月，自由権規約委員会は「見解」を表明し，カナダによる暫定措置要請の拒否を選択議定書違反として非難するとともに，本案審査において規約9条4項および7条との関連で13条違反を認定した[32]。カナダの「敗訴」である。だが，原状回復のかなわぬ通報者個人にとって，こうした判断にどれほどの現実的意味合いがあるのかは別問題であろう[33]。

退去強制を免れたかどうかという点に着目すれば，スレシュの勝利，アハニの敗北，ということになるだろうか。表面的には1勝1敗ともいえようが，しかし双方の事件とも，国際人権法にとっては根源的な意味で敗北であった。拷問は，人間が人間である限り絶対に許されない。これは国際人権法の最も基本的な要請である。カナダ連邦最高裁は，その理念を根底から否定した。換言すれば，拷問国への追放を認めることで，テロリストに区分けされた人びとを人間の範疇から放り出し，人間の中に人間ではない〈非人間〉を作り出したのである。完全な勝利を収めたのはただ1人，例外状況で姿を現わす「決断主義」

---

[31] Macklin, *supra* n. 27.

[32] Communication No. 1051/2002, CCPR/C/80/D/1051/2002. 藤本晃嗣「アファミ対カナダ事件」国際人権17号（2006年）143-44頁参照。

[33] もっとも，フォローアップ措置の下でなされた自由権規約委員会へのカナダ政府の回答（2004年9月3日付け）によれば，2002年10月1日にテヘランにあるカナダ大使館をアハニ自身が訪れた際，虐待を受けているとの苦情は申し立てられなかったという（A/60/40, Vo. II p. 500）。

であった。

(2) 秘密裁判

　拷問国への追放を可能にする政府の権限は,「カナダの薄汚れた小さな秘密」と呼ばれるもう1つの醜悪な部分を併せ持っている。移民法を引き継ぎ2002年に施行された移民・難民保護法 (34条) に基づいて警察長官 (後の公衆安全・緊急事態対応相) と市民権・移民相が発給する「安全保障証」は, 容疑を明らかにすることなく外国人の無期限収容 (国外退去の時まで) を可能にする権限も政府に与えているのである。難民と認定されていることや永住資格を有していることは収容からの免除事由にはならない。永住資格を欠く者は強制的に収容されることになっている。

　安全保障証発給の適法性は連邦裁判所によって審査されるのだが, 審査基準が最も謙抑的なものにとどまっていることは既に触れたとおりである。手続的に特に問題視されてきたのは,「公正な裁判」の欠落である。同証発給を正当化する政府の証拠は, 安全保障を理由に被拘禁者には公開されない (要約のみが示される)。どのような証拠が裁判所に提出されているのかが分からなければ, その信憑性について疑義をさしはさむこともできない。伝聞証拠や (通常であれば許容されない) 拷問等によって得られた自白が証拠として用いられているかどうかも判別できない。証言した者への反対尋問の機会も与えられない。通常の証拠規則の多くが適用停止状態に陥るといってよい。その結果, なぜ証明書が発給されたのか, なぜそれを裁判所が相当と判断したのかについて, 被拘禁者はまったく闇の中におかれてしまう。秘密裁判 (secret trial) と呼称されるゆえんである。

　被拘禁者の収容期間に制限はない。起訴もないまま, 何年にもわたって拘禁が続くことになる。カナダ市民にはこのような取扱いがなされないことから, 英国貴族院が2004年12月に下した判断[34]に従えば, これは国籍・在留資格に基づく差別といえ, さらに収容されてきた者――特に秘密裁判により拘禁されてきた者が5名いたことから彼らは「秘密裁判5人組 (Secret Trial Five)」とも呼ばれてきたのだが――の内訳を見るとエジプト人2名, シリア人, アル

---

(34) *A (FC) and others (FC) v. Secretary of State for the Home Department (Respondent)*, [2004] UKHL 56.

ジェリア人,モロッコ人各1名であり[35],これに既述のスリランカ人スレシュとイラン人アハニを加えるといっそう明らかなように,イスラムの人びとを標的とした人種差別の様相が濃厚に浮かび上がる措置でもある。こうした法実務には,自由権規約委員会や拷問禁止委員会のみならず,米州人権委員会,国連恣意的拘禁作業部会などからも強い批判が寄せられている[36]。

2001年12月には刑法等を改正する反テロリズム法が制定された。この法律は,テロ行為の危険が差し迫っていると判断された場合にあらゆるカナダ市民が令状なき逮捕・拘禁を受けうることに道を開くものである。テロ集団の保有する財産の凍結・押収なども規定されたのだが,この法律により,理屈のうえでは「テロ撲滅」に向けて国籍による異なる取扱いの余地はなくなるのかもしれない。だがそうだとしても,これは人権保障の観点からはけっして歓迎すべき進展とはいえない。むしろ,後退である。こうした法律によって与えられた権限は,特定の人種集団を標的に行使されていくおそれを十分に具有している[37]。

カナダは地政学的事情から戦略的に米国勢力圏の一部に組み込まれ,反テロリズム法にしても米国の安全保障上の脅威に対処することを企図して制定されたものでもある[38]。もっとも,これまでのところカナダでは対テロ対策には刑事手続ではなく出入国管理手続が優先的に用いられてきている。反テロリズム法はほとんど適用されず,No Safe Haven Policyといわれる出入国管理政策が採用されてきた[39]のだが,その基底には,安全な内(=「北」)／危険な外(=「南」)という二分法的な見方が浸潤しているといってよい。国境管理措置

---

[35] 阿部浩己「カナダの移民・難民法制——在外研究覚書2005」神奈川法学37巻2・3合併号（2005年）89頁。

[36] See e.g., E/CN. 4/2006/7/Add. 2, paras. 84-86.

[37] Roach, *supra* n. 24, p .909. 富井幸雄「反テロ法——人権と安全保障」カナダ研究年報25号（2005年）51-52頁。See *also*, Canadian Council for Refugees, "Brief to the House of Commons Subcommittee on Public Safety and National Security of the Standing Committee on Justice, Human Rights, Public safety and Emergency Preparedness", *ANTI-TERRORISM ACT REVIEW*, 8 September 2005, p. 2..

[38] Coutu and Giroux, *supra* n. 21, p. 314.

[39] 洪恵子「カナダにおける「非庇護国」政策（"No Safe Haven" Policy）の意義——国際的刑事裁判所の発展に対する貢献の背景という視点から」カナダ研究年報26号（2006年）23-35頁参照。

4 カナダに見る拷問禁止規範の揺らぎ

により脅威を外（＝「南」）に排出することで内（＝「北」）の安全を守るという認識である。

　だがこの認識は，現状に照らすまでもなく，幻想によって支えられるというしかない。現に，境界の内側では，暴力の標的となった女性たちや貧困のスパイラルを抜け出られない子どもたち，そしてホームレス，先住民族など多くの人間たちが不安全なままにおかれている。境界の内側は日々の生活を営む少なからぬ人々にとってけっして安全なわけではない。その一方で，テロの脅威なるものが常に外側から襲来するという保証もない。なにより，そうした脅威を境界の外に排出すればカナダの安全が保障されるという確証を見出すことは，グローバル化した世界の現況を見るにつけ困難であるといわねばならない。

　スレシュ事件判決において連邦最高裁は，テロリストを追放することはテロリズムを撲滅するという正統な目的に資し，またそれによってカナダがテロリストの避難場所になることを防止できるとしていた。テロリストを排除すればカナダが安全になるということ，別言すれば，国境管理権限の行使によってカナダをテロリストから守ることができる，という認識がはっきり現われ出ていた。連邦最高裁は，たとえ拷問国に向けてであろうと，追放を絶対的に禁止してしまうと，不確定な未来に向けて行政府の手足を縛ることになりかねないという懸念も抱いていたのかもしれない。

　けれども，例えば，カナダで出生しカナダの市民権を取得して幼少時にカナダを離れた者が，成人後カナダ滞在中にきわめて危険なテロリストであることが判明した場合，カナダ政府は同人を追放することはできない。なぜなら，同人は出生時に正当にカナダ市民権を取得したカナダ人だからである。ところがほぼ同年代の兄妹姉妹で同じように危険な活動に従事しているもののカナダの市民権を有していない者がいた場合，連邦最高裁の論理によれば，同人は拷問国に追放することができる。となれば，この場合には，拷問国に追放できるかどうかの分かれ道は，カナダにとってどれほど危険かということではなく，カナダの市民権を有しているかどうかということになる。市民権の存在が脅威の排出に絶対的な縛りをかけているのである。国境管理権限を通してカナダをテロリストから守ることができるという認識は，論理的にも脱臼してしまっている[40]。

第2部　グローバリゼーションの中で

Ⅳ　国際人権の深層へ

　「秘密裁判5人組」の1人として2002年12月10日以来身柄を拘束されていたアルジェリア人ハルカト（Mohamed Harkat）の仮放免が2006年6月21日に認められた。ピューリッツァー賞受賞者（Ron Suskind）の新刊書（*The One Percent Doctrine*）などにより，ハルカト逮捕に結びついたとされる米国CIA提供の情報が拷問によって捏造されたものであることが明るみに出た事情を背景にしてのことであった[41]。拷問という手段は人に何かを語らせる威力はもっているものの，真実を語らせる力まではもっていない[42]。そのことがここでも実証された形となった。2007年2月15日には，2000年6月26日以来拘禁が続いていた，「秘密裁判5人組」のもう1人（Mohammed Zeki Mahjoub）も，80日以上に渡るハンガーストライキを経て仮放免を認められた[43]。

　9/11がマスメディアの力を借りて瞬時に喚起した〈恐怖の文化〉は，時が経ち，人びとが冷静さを取り戻すにつれて，世界各国でその空疎な実態を徐々にではあるが露にしはじめている。恐怖に駆られ急ぎ築かれた法制度・法解釈もまっとうな人びとの異議申立てにその土台を動揺させつつある。元来，進歩的で寛容な政治的土壌を誇るカナダであれば，なおのこと，そうあって不思議はない[44]。

　2006年10月23日に，テロ行為の定義を宗教的・政治的・イデオロギー的動機にかからせる反テロリズム法の規定が権利・自由憲章の定める宗教・思想・結社の自由を損なうとの司法判断がオンタリオ上級裁判所（Superior Court of Justice）で示された[45]が，本稿との関連でより注目すべきは，秘密裁判の違

---

(40) Okafor and Okoronkwo, *supra* n. 28, pp. 40–42.
(41) Ian MacLeod, "Harkat informant called 'insane' Terrorism suspect freed on bail; expert attacks accuser's credibility", *The Ottawa Citizen*, 22 June 2006.
(42) Maureen Ramsay, "Can the Torture of Terrorist Suspects be Justified?", *International Journal of Human Rights*, Vol. 10 (2006), p. 114.
(43) Colin Freeze, "Mahjoub ordered freed pending government review of case", *Globe and Mail*, 15 February 2007.
(44) See Roach, *supra* n. 24, p. 900, n. 22, 23.
(45) "Judge strikes down part of anti-terror law", *Canadian Press*, 24 October 2006. さらに，2007年2月27日，カナダ下院は，予防逮捕と証言の強要を可能とする，反テロリ

憲判断に踏み込んだ2007年2月23日の連邦最高裁判決[46]であろう。連邦最高裁は，安全保障証発給手続において脅威と名指された側にその証拠が開示されないことは「あらゆる関連事実と法」に基づいて結論を導くべき裁判官の能力を毀損し，生命・自由・身体の安全を保障する権利・自由憲章7条に違背すると述べ，この違背は，権利の制約が最小限でなければならぬ比例原則（第1条）の要件を充たさないとして違憲の判断を示した。また，身柄を拘束される者が永住資格をもたぬ外国人である場合には，安全保障証発給後120日を経過しないと拘禁の相当性について司法審査を受けられない点についても，恣意的拘禁を禁じ，身柄拘束について迅速な司法審査を求める権利・自由憲章9，10条(c)に違背し，第1条に定める比例原則を充足しないとして違憲と判示した（ちなみに，永住者の場合には48時間以内の司法審査が法令上，義務づけられている）。

他方で，拷問国への追放の是非についても，2006年10月16日に，連邦裁判所マッケイ（Andrew MacKay）裁判官により重要な判断が下された。「秘密裁判5人組」の1人であるエジプト人ジャバラ（Mahmoud Jaballah）からの申立を扱った同裁判官は，同人が東アフリカの米国在外公館破壊活動に関わっていたテロリストであるとしても，拷問を受けるおそれの強いエジプトに退去強制することは許容できないという認識を示したのである。著しい不正義を引き起こしたアラル事件の顛末を記したオコーナー裁判官の調査報告を引用し，マッケイはこう述べる。「拷問は，いかなる目的のためであれ，人間の尊厳の根本的な侵害であり，けっして法的に正当化することはできない」。市民権・移民相は拷問を受ける実質的な危険性のあるいずれの国にもジャバラを追放する裁量権を行使することはできない。カナダがジャバラを国外に退去したいのであれば，退去先は拷問のないところでなくてはならない，と[47]。

スレシュ事件判決を踏まえながらマッケイは，本件においては拷問国への追放を正当化しうる「例外的事情」がないことを強調しなければならなかったが，こうした一連の司法的チャレンジは，連邦最高裁の説示した「例外的な事情」による拷問の容認を連邦最高裁自身に見直させる契機に発展していく可能性を

ズム法の2つの条項の延長を求める政府案を，124-159という票決結果をもって否決した。
(46) *Charkaoui v. Canada* (Citizenship and Immigration), 2007 SCC 9.
(47) *Re Jaballah*, 2006 FC 1230, paras. 80, 84.

第 2 部　グローバリゼーションの中で

秘めている。世界を覆った狂気の時が後景に退いていること，国際人権機関からの痛烈な批判が重ねられていること，2004 年 10 月に連邦最高裁で 2 名の裁判官の交代があったこと，スレシュ判決の基礎をなしていた移民法を改正した 2002 年の移民・難民保護法が国際人権文書に適合した解釈適用を求める規定を挿入したこと，アラル事件真相調査報告が拷問の絶対的禁止を明瞭に確認していること，などがそうした見通しを支える事情として指摘できる[48]。

　この点に関連してさらに，2006 年 6 月 26 日の国際拷問被害者支援デーに国連人権理事会においてカナダ出身の国連人権高等弁務官アルブール（Louise Arbour）が，各国政府に対して，いかなる事情の下にあっても拷問の危険性のある国への追放は国際的に禁止されていると述べ，拷問禁止の絶対性を改めて強調したことを思い起こすべきである。稀に見る醜悪な事態が世界に広がっている現状を前に，人権高等弁務官であれば誰しも発して当然のメッセージではあったろう。だが看過してはならないことに，その 4 年前の 1 月 11 日，アルブールは，拷問の絶対的禁止の要請を拒絶したカナダ連邦最高裁裁判官の 1 人でもあった。スレシュ判決もアハニ判決も，ともに THE COURT の名の下，最高裁裁判官全員一致の判断を記すものであったが，アルブールの名も，拷問を容認したその「記念碑的」判決文の中にしっかりと刻み込まれているのである[49]。

　拷問の絶対的禁止を，国連人権高等弁務官のときには強調するが，連邦最高裁裁判官のときには否認する。その理由を「立場」の違いに見出すことも形式的には不可能ではあるまい。だがそうした説明にどれほどの説得力が伴うのかは別途，検討を要しよう。ここでは，大いなる揶揄と期待をこめて，アルブールの見解の変遷に，立場の違いではなく時の経過と冷静さの回復を見ておきた

---

[48]　Kirk Makin, "UN rights chief calls for ban, but critics cite her part in 2002 Supreme Court ruling", *Globe and Mail*, 27 June 2006. なお，アラル委員会の勧告を受け，ハーパー（Stephen Harper）首相は 2007 年 1 月 26 日，「2002 年から 2003 年にかけてあなたが強いられた恐ろしい苦難について，あなたとモニア［妻］とあなたの家族に，カナダ政府を代表して心から謝罪します」と述べ，890 万米ドルの損害賠償金の支払いを約束した。もっとも同日オタワで記者会見を開いたアラルは，「賠償金がいくらあっても償い切れるものではない」との心境を吐露している。"Canada apologizes to tortured 'terrorist'", "Man falsely labeled Islamic extremist says Canada's error wrecked his life", Japan Times, 28 January 2007.

[49]　Makin, *supra* n. 48.

い。9/11の重度の狂酔から醒め，人間としてのまっとうな判断力が回復してきたのではないか，ということである。

　しかしまっとうな判断力が回復し拷問の絶対的禁止が粛然と宣言されれば，それですべてめでたしというわけにもいくまい。根本的に問われるべきは，拷問容認によって〈非人間〉が公然と作り出されてしまったことの含意であり，拷問や非常送致の可否に焦点をあてることで他の多くの形態の暴力／人権侵害——たとえば，劣悪な衛生状態のためだけに世界で毎日 4000 人もの 5 歳以下の子どもたちの命が失われ続けているという深刻な事態——への政治的・法的想像力が後退を余儀なくされてしまったことである。20 世紀の偉大な遺産である国際人権法が権利の主体として想定している〈人間〉とは本当のところいったいどこの誰なのか。そして，世界人権会議ウィーン宣言が再確認したはずのすべての人権の相互不可分性はグローバル化の進む今日いったいいかなる意味をもち得るのか。カナダにおける〈拷問禁止規範のゆらぎ〉は，そうした国際人権の深層に改めて向き合うべき必要性を痛感させるものでもある[50]。

---

(50) 権力／知のあり方と連接する国際人権法言説を批評 (critique) するものに，Tony Evans, "International Human Rights Law as Power/Knowledge", *Human Rights Quarterly*, Vol. 27 (2005), pp. 1046-68.

5 〈文明化の使命〉と難民の現在

I 国際難民レジームの系譜学

(1) 難民の構築

　国際法における支配的な言説にあって最も一般的な難民概念は，1951年の「難民の地位に関する条約」（難民条約）1条A(2)を通して構築されている。1967年の「難民の地位に関する議定書」により修正されたその条項は，人種・宗教・政治的意見など5つの事由のいずれかにより迫害を受けるおそれがあるという十分に理由のある恐怖を有するため出身国（国籍国または常居所国）の外にとどまらざるをえない者を「難民」とする。多くの国においてそうであるように，日本においても，1982年に施行された「出入国管理及び難民認定法」（入管法）により難民条約・同議定書上の定義がそのまま国内的に採用されてきている。

　迫害や社会的混乱から逃れ出て来た者に庇護を与える営みは人類の歴史とともにあるとはいえ，現代的な意味での難民は，近代主権国家（国民国家）の形成と，国境を有する領域国家が並存する国際社会の存在を不可欠としている。この国際システムにあって人はいずれかの国に所属して保護を受けることを前提とされるのだが，それは他面において人が国民として国家の支配下におかれることを意味してもいる。難民とは，そうして築かれる国家と国民の絆を一時的にせよ断ち切った（断ち切られた）者とされ，それゆえ国際社会にとってみれば不安定要因にほかならない。難民の規模が大きくなるほどにシステム維持のため国際社会の共同行動が必要とされるのは事理の必然である。

　もっとも，不安定要因とはいっても，難民は国際システムの構造的産物でもあり，さらにいえば，国民にとって他者として立ち現れる難民は，その他者性を通して国民性を逆照射することから，国家・国際システムの存続に資する逆説的機能を帯びた存在と位置づけることもできる[1]。

第2部　グローバリゼーションの中で

　難民をめぐる国際法の支配的ナラティヴは，通例，20世紀の戦間期にその始原を見出す。この時期，国際連盟の下で締結された諸条約において難民は一般的な特質によってではなく，ロシア難民，ドイツ難民というように，特定の集団への帰属と本国による保護の欠如を構成要素として定義されていた。人種・宗教・政治的理由などにより生命・自由を脅かされ出身国を離れざるをえなかった個人が難民と類型化された最初は1943年のことであり，政府間難民委員会（IGCR）の任務改正を通してである。1946年になると国際難民機関（IRO）憲章（A節2項）が「人種，宗教，国籍もしくは政治的意見を理由とする迫害または迫害の恐怖」を有する難民を保護の対象に取り込み，ここにおいて，難民の要件にはじめて迫害またはその恐怖という要素が導入されることになる。

　1951年に採択された難民条約は，IGCRからIROへと引き継がれた難民の定義を踏まえて成立した。その後背を成していたのは紛れもなくナチス・ドイツの蛮行であり，とくに，明文で特定された5つの迫害事由はいずれをとってもナチス政権下で生起した人権の蹂躙を想起させるものにほかならない。そしてもう1つ，難民条約の生誕過程を覆っていた背景として看過してならないのは，東西冷戦による政治的緊張の高まりである。その実相についてここで詳論する余裕はないが，要するに，東側から逃れ出てくる者に保護を与え，社会／共産主義の劣位性を自在に演出できるよう，西側主導の条約作成会議において柔軟な難民の定義が採用されたということにほかならない[2]。

(2)　権力／知のありか

　難民条約上の難民概念については，主権国家が並存する国際社会の存立を前提としながら，特定の権力／知のあり様に連結されていることにも留意しておく必要がある。まず第1に，難民は国外への移動を強いられた者として自発的に移動する者と区分けされ（強制／自発），これにより，難民を保護の対象に取りこむ一方でそれ以外の者の排除を法的に正当化する理路が築かれる。第2に，人が自発的に移動する理由は経済的なものであるのに対して強いられた移動の理由は政治的なもの，というもう1つの二分法（政治／経済）がそこに重ね合

---

[1] Emma Haddad, *The Refugee in International Society: Between Sovereigns* (Cambridge University Press, 2008).
[2] 阿部浩己『人権の国際化』（現代人文社，1998年）第Ⅲ部。

され，政治的理由（自由権侵害）を優先的に処遇することにより，自由権の社会権に対する規範的優越性が刻印される。

　第3に，国際人権条約一般についてそうであるように，難民条約もまた「個人」に中核的な価値をおく規範文書として構成されている[3]。個人とは，西洋の特殊な文化的背景の下に構築された抽象的な存在として出来するが，これを多少とも具象化すれば，自由な意思をもった自律した個人であって公的領域において合理的な判断のできるものこそが難民概念の基底に据えられた個人といってよい（それゆえに，白人の大人の男性が難民モデルに最もよく適合する者ということになるのだが）。

　この自由主義的な個人像にとって，不均衡な社会構造と切り離しがたく結び付いて不利益を被る具体的な個人の姿は特段の有意性をもたない。現実世界における経済的不利益は自由意思をもった当該個人の責に帰すべきものであり，市場の自然の帰結として処理されることになる。だからこそ，貧困をはじめとする経済的（に見える）苦境を逃れて来た者には難民の法的ラベルが簡易に貼付されることはなかったわけでもある。

　この点に関連して，難民条約における難民の定義は，世界各地において避難を余儀なくされた無数の人々の経験を投射するものではなかったことを再確認しておいてもよいだろう。この条約は，もっぱら第二次世界大戦後のヨーロッパの特殊な事情を普遍的な法言語（抽象的な個人像）にくるんで文書化したものであり，構造的暴力や飢餓などを逃れ出る非欧米圏の人々の現実（人間／社会観）がいくばくかでも汲み入れられて定立されたものではなかった。難民の定義を覆っていた時間的・地理的制限を撤廃することを目的に1967年に難民議定書が作成されたときにも，欧米中心観の本質は変わらず，それゆえ，難民の定義にも実質的な変更はなんら加えられていない。圧倒的多数を占める非欧米圏の非自発的移動者たちは，当然というべきか難民条約の恩恵をまったくといってよいほど受けることなく，世界人権宣言第14条1項の定める庇護を求める権利すら否認されたままにおかれてきたのが実情である[4]。

---

(3) Bridget Hayden, "What's in a Name?: The Nature of the Individual in Refugee Studies", *Journal of Refugee Studies*, Vol. 19 (2006), pp. 473-474.

(4) Aristide R. Zolberg, Astri Surhke and Sergio Aguayo, *Escape From Violence: Conflictand the Refugee Crisis in the Developing World* (Oxford University Press,

むろん，アフリカやラテン・アメリカにあってはそれぞれの実情にあわせて地域文書（1969年のアフリカ難民条約，1984年のカルタヘナ宣言）が作成され，構造的暴力を組み入れながら難民の定義が拡張されるという刮目すべき展開があった。国連難民高等弁務官事務所（UNHCR）も国連総会決議などを通して活動対象たる難民の射程を広げてきたこともたしかである。だがそれらはいずれも非欧米圏で生起する事象を対象にしたものであり，欧米先進国（オセアニア，日本を含む）にも等しく適用される難民の「普遍的」定義に変更が求められることはなかった。非欧米圏の経験を汲んで難民概念を広げようとする学術的議論も1990年代初頭には窄んでしまうのだが，その背景に，難民研究の拠点が大学・研究所・国際機関を問わずほぼすべて欧米諸国に所在し，そこで産出される知が欧米の支配的権力と緊密な関係の下におかれてきたことは否定できないところである。知が権力の空白地帯で産出／再配置されるものでないことはここに改めて強調するまでもない[5]。

II　難民ラベルの断片化

(1)　出入国管理と難民

　庇護の問題を出入国管理の文脈に位置づけることについてはとりわけ人権活動家の間から強い異論が呈されてきており，そこに首肯すべき要素が少なからず見られることはたしかだが，しかし庇護の許否が国家領域／共同体への包摂あるいは排除を意味することには違いなく，したがって出入国管理の営みと密接な関係に立っていることは認めざるをえないのではないか。

　きわめて印象深いことに，日本を含む各国の行政・司法機関，政策決定エリートたちは，国境管理権限が国際慣習法上，各国の広範な裁量に委ねられた事項であるとの言説を今日にいたるまで無批判に再生産してきている。当該慣習法規則がどのような権力配置の下に構築され引用されてきたのかを詳らかにすることは学問的にも実践的にも有意なことと思うものの，ここではその作業には立ち入らず国の裁量権限をひとまず所与の前提に論を進めるが，そうとし

1989), p. 33.
(5) B. S. Chimni, "The Birth of a 'Discipline': From Refugee to Forced Migration Studies", *Journal of Refugee Studies*, Vol. 22 (2009), pp. 11-29.

ても，各国がこと難民の受け入れについては例外的ともいえる扱いをしてきたことは歴然としていよう。外国人であっても難民は入国・在留を認めるに値する存在であるとの了解が，各国の法実践を通貫してきたことは紛れもない。実に，難民というラベルは，「高度人材」や家族といった特殊なカテゴリーにあてはまる者を別とすれば，外国（先進国）への入国（上陸）・在留を可能とする唯一の制度的回路として機能してきたといって過言でない。

　その根幹に人道の理念が宿っていることは否定できないだろうが，それ以上に，難民の受け入れは冒頭で述べたとおり国際システムの維持に欠かせぬ営みであり，また何より，冷戦期にあっては西側諸国の政治・経済的利害を効果的に実現する機能を担わされていた。この時期にあって「西」への難民の移動は「東」からのほぼ一方通行であり，「南」の人々はUNHCRの援助等により域内に封じ込められたままにあった。労働力を必要としていた西側諸国にとってみれば，難民の受入れは，文化的同質性の高い人々を共産圏から安価で調達でき，しかもそれが自由主義体制の正統性を刻印していくという，このうえない政策の発現にほかならなかったわけである[6]。

　ところが，1980年代から90年代にかけて，欧米諸国には「南」からの非白人移住者・庇護申請者があまた到来し，ベルリンの壁の崩落と経済状況の悪化もあいまって国境の風景は大きく変容（厳格化）していくことになる（日本が難民条約等への加入（1981年）により国際難民レジームに本格的に参入するようになるのもこの時期である）。2001年の9/11を機に一瀉千里のごとく広まった安全保障言説により〈他者〉（「南」）に対する恐怖が激しくあおられ，厳格化の情景はさらに深まっていくのだが，真っ先にその影響を受けたのは国境管理の例外的存在として立ち現われていた難民にほかならない。といっても，難民という存在を瞬時に削除してしまうことはできず，そのため実際に政策決定エリートたちが依拠する手段は，まずは既存の難民ラベルの断片化・侵食という形で顕現することになった（「南」の諸国が域内でそうしたように，難民の定義そのものを拡張して事態に対処しようとする意思は「北」の先進国政府にはみられない）。

　より一般的にいってしまえば，移動する者のカテゴリーの細分化といってもよい。包摂というよりも排除や選別の力学を発出させるカテゴリーの産出であ

---

[6] Andrew Shaknove, "From Asylum to Containment", *International Journal of Refugee Law*, Vol. 5 (1993), pp. 518-521.

り，そこには，人種・階層・ジェンダーなどによる重層的な差別の位相が抜きがたく装着されている。たとえば，migrant（移住者・移民）という，頻繁に用いられるようになった語についてある論者の言を引用しながらクロスビーがこう指摘するごとくである。「[migrant というカテゴリーは] 中産階級の専門家や第一世界の人々（自国を離れ他国に移動した場合であっても）についてではなく，必ずといっていいほど労働者階級について用いられている。その言葉にはサバルタンの身分の響きがある」[7]。日本に引き付けていえば，たとえば研修生・技能実習生というカテゴリーなどがそれにほかならない。

(2) カテゴリー化のポリティクス

難民条約の解釈・適用を主導してきた法実証主義言説によれば，難民は条約の規定する要件を備えた瞬間に難民になるのであり，難民としての認定は単に難民たる地位の宣言（確認）にすぎないとされてきた[8]。だが，認定までの間に用いられる「庇護（難民認定）申請者 asylum-seeker」というカテゴリーの常態化により，いまや人は認定されてはじめて難民になるかのごとき心象が広まっている。日本においてそうであるように，労働機会や身体の自由を剥奪された庇護申請者の劣悪な処遇の実態は，難民と庇護申請者の区分けを自然化し，難民認定に創設的な効果すら感じさせる効能をもたらしている。のみならず欧米にあっては，超国家的あるいは国家間連携の下に「安全な(第三)国」に指定された国家群から到来した者について庇護申請の機会を大幅に縮減したり，あるいは事実上剥奪する政策も広がっている[9]。まっとうな庇護申請者にすらなれぬ人々のカテゴリーがつくられているということでもある。

また，欧米諸国にほぼ例外なく見られるようになっているのは，難民隣接のカテゴリーの増設である。これらは，「Bステータス」であるとか「一時保護 temporary protection」といった語によって表現されてきた実務慣行に連なる

---

[7] Alison Crosby, "The Boundaries of Belonging: Reflections on Migration Policies into the 21st Century", *Inter Pares Occasional Paper*, No. 7 (2006), p. 3.

[8] 2004 年に採択された EU 理事会指令（Council Directive 2004/83/EC）も，前文(14)において「難民の地位の認定は宣言的行為である」としている。

[9] 庄司克宏「難民庇護政策における『規制間競争』と EU の基準設定」慶應法学 7 号（2007 年），638-648 頁，本岡大和「難民になれない庇護希望者——米加間の『安全な第三国』協定の影響」Core Ethics, Vol. 6 (2010), pp. 425-435.

ものだが，近年では「補充的保護 subsidiary protection」という語を用いたカテゴリー化も制度的に推し進められている[10]。難民と隣接カテゴリーの境界は必ずしも明確とはいえないなかで，後者のスペースが漸次押し広げられてきている。カテゴリー化の様相が著しいのは英国で，庇護申請者がその中でさらに細分化されるだけでなく，難民として認定された後に与えられる在留資格も事情に応じて「無期限」，「例外的」，「人道的」などと区分され，難民ラベルの断片化がはっきりと見てとれる[11]。

　日本においても，現在では入管法上，難民認定申請者がどこからやって来て，いつの時点で申請を行ったのか，などによりその扱いがカテゴリー分けされ，認定された後も，同じ難民ではあっても在留がどう確保されるのかについて別異の取扱いが法定されるようになっている。さらに，「難民」認定手続きと銘打ちながら，この手続きの下では「人道的な理由を配慮して特に在留を認めた者」（人道配慮）が難民と認定された者の数を大幅に上回る状況が続いている。両者を分かつ境界が不分明なままに，難民認定数は低減し，人道配慮がそれを補うかのようにある。いずれであっても庇護を受けることには変わりないという向きもあろうが，日本の難民認定行政全般を通して看取される力学は，あきらかに，難民ラベルの拡幅・強化ではなく，その断片化・侵食に向かっているといわなくてはならない。「人道配慮」の名の下に，難民の射程が切り縮められるにもひとしい事態である。

　そこにさらに覆いかぶさってくるのが「不法滞在者」，「不法入国者」，「不法残留者」，「偽装滞在者」といった世界各地で増殖著しいラベルである。これらのラベルには刑事的規制の契機が随伴しており，非正規性を恐怖・脅威に連結させる安全保障言説との強い共振を見せている。このゆえに，難民といえどもその滞在が正規たるべき要請を容易に免れられなくなっている。ちなみに日本の法務省の HP には「難民認定申請者の申請時の在留状況」という統計も登載されるようになって久しいが，ここにも正規性を求める圧力，つまりは，滞在の正規性を難民の真正性につなぎあわせようとする言説力学が感知できる。

---

(10) 庄司・前掲注(9) 635 頁。
(11) Roger Zetter, "More Labels, Fewer Refugees: Remaking the Refugee Label in an Era of Globalization", *Journal of Refugee Studies*, Vol. 20 (2007), p. 182. 佐久間孝正『移民大国イギリスの実験』（勁草書房，2007 年）190-191 頁。

第2部　グローバリゼーションの中で

　国際法は，どの国からやって来ようと，いつの時点で保護を求めようと，迫害を逃れるすべての者に庇護を求める権利を保障している。避難国への入国の形態も在留資格の有無も問わない（難民条約は非正規入国・滞在を理由に刑事罰を科すことを禁じている）。また，難民認定は宣言的性格のものであり，認定までの間も難民であるとの推定がはたらく。従来の国際法言説に従っていえば，難民というラベルには本来こうした処遇の確保が伴っていたはずである。だが，冷戦が終結して後，安全保障言説と組み合わさって進む先進国の制限的な入管政策は，カテゴリーの細分化により難民ラベルの断片化・侵食を促し，その結果，難民の地位は避難国の設定した諸条件をすべてクリアできた一握りの者のみが獲得できる稀有な特権と化したかのごとき観すらある[12]。そして，難民の受入れは，気がつけば，裁量の差配する入管業務の内に埋没しつつあるようでもある。

III　難民の封じ込め

(1)　域外国境の屹立

　先進国における国境の風景の変容を物語るもう1つは，「難民封じ込め」と呼ぶにふさわしい政策の顕現である。難民条約は欧米諸国の意向を直截に投射するきわめて狭隘な難民の定義を含み持つにすぎないものだが，そうした条約についてすら各国は誠実な遵守のために力を振り向けてきたとはいえない状況にある[13]。とはいえ，この条約は締約国に対して難民認定を求め，非正規入国・滞在を理由とする刑事罰の賦課を禁じ，さらにノン・ルフールマン原則を含む少なからぬ権利の保証を義務づける規範文書であることは紛れもない。

　これに加えて，今日では拷問禁止条約や国際人権規約，子どもの権利条約などに代表される人権諸条約が締約国の管轄の下にあるすべての者の人権保障を求めており，その履行状況は，進歩的な態度をとり続ける人権諸条約機関の監

---

[12] Zetter, *supra* note 11, p. 188.
[13] Guy S. Goodwin-Gill, "Article 31 of the 1951 Convention Relating to the Status of Refugees: non-penalization, detention, and protection", in Erika Feller, Volker Turk and Frances Nicholson (eds.), *Refugee Protection in International Law: UNHCR's Global Consultations on International Protection*（Cambridge University Press, 2003），p. 206.

視の下におかれている。欧州や米州には地域的な人権保障システムも整備され，より高次の人権水準の確保も要求されている。各国の国内を見ても，近年では，難民概念や人権規範の射程を広げるリベラルな司法判断が示されることも少なくない[14]。

そうとすれば，「北」の諸政府にとっては，そもそも先進国の領域にたどりつく前に人の移動を制止できるなら，制限的な政策をより効率的に完遂できるというものかもしれない。「北」に入域できる唯一の制度的回路というべき難民認定手続きが「南」から押し寄せる「経済移民」の御しがたいほどの濫用圧力にさらされている，との脅威にもあおられて，いまや，「北」の領域への到達を妨げる政策が何層にもわたって実施されるまでにいたっている[15]。

その代表的なものをいくつか摘示すると，第1に，難民の到来する地区を自国の領域外に位置づける法実務があげられる。たとえばフランスやデンマークなどは空港の一部を国際区域に指定し，そこにあって難民はいまだ領域内に入っていないと（国内）法的に擬制される。またオーストラリアでは，船舶で到着する者からの庇護申請が多くなされる地帯を実質的に自国領土から切り離す法律が制定されてもいる。

第2は，難民の接近を実力で阻止する海上行動である。公海上でのハイチ難民に対する米国の阻止行動はよく知られているのではないか。1980年代から実施されていたこの措置は，領海の外にはノン・ルフールマンの義務は及ばないとしてボートピープルをただちに本国に押し戻すよう指示した1992年の行政命令によりいっそう直截的なものとなった。驚くことに——そして当然ながら広範な国際的批判を受けることになったのだが——連邦最高裁判所は米国の公海上での阻止行動が難民条約上の義務に抵触するものではないとの判断を示し，これにお墨付きを与えている[16]。2005年2月になるとブッシュ大統領（当時）は「米国の沿岸に近づこうとするいかなる難民も押し返すよう」沿岸警備隊に命じ，阻止行動にあっては難民の利益を保護しないことを公然と認めてい

---

[14] Catherine Dauvergne, *Making People Illegal: What Globalization Means for Migration and Law* (Cambridge University Press, 2008), pp. 103-113.

[15] Matthew E. Price, *Rethinking Asylum: History, Purpose, and Limits* (Cambridge University Press, 2009), pp. 200-244.

[16] Sale v. Haitian Centers Council Inc., 509 U.S. 155 (1993).

第 2 部　グローバリゼーションの中で

る⁽¹⁷⁾。

　欧州においてはカナリア諸島を抱えるスペインが EU 諸国の協力も得ながら西アフリカからのボートピープルの入域を阻止する大掛かりな作戦を展開してきた。自国の領海や公海上に限局されることなく，モーリタニアやセネガルの海域にまで赴いて多くの人々の出国を妨げる措置がとられている。またイタリアも，合意の下に公海上およびアルバニア領海内でイタリアへの移動を阻止する海上行動を展開しており[18]。このほかオーストラリアでも 2001 年 8 月に，439 人のアフガニスタン庇護申請者を乗せたタンパ号がクリスマス島への上陸を阻止されナウルの収容施設に振り向けられたことが想い起こされる。

　第 3 は国境管理業務の域外移設というべきものだが，具体的には難民の入国審査を出身国に所在するうちに行ってしまうというものである。カナダ，米国などともに精力的にこの措置を推進してきている英国の国境管理担当官は，「英国への不法移民［難民申請者］を阻止する最も効果的な方法の 1 つは英国の国境を海外にもっていくことである」と明言する[19]。その一環として英国はロマからの庇護申請を事前に阻止するためチェコ・プラハ空港に係官を常駐させてきたのだが，当該措置と，庇護を求める権利を保障した難民条約との両立性が争われた事件において貴族院は，いまだ出身国内にとどまっている者（チェコのロマ）に難民条約は適用されないと判示するとともに，仮に適用があるにしてもロマは英国以外の国で庇護を求めることができるので特段の問題は生じないという認識を示している[20]。こうした認識は，だが，難民のおかれた現実のなかにあってあまりにも空疎な響きを漂わせている。難民発生国の

---

(17) Stephen H. Legomsky, "The USA and the Caribbean Interdiction Program", *International Journal of Refugee Law*, Vol. 18 (2006), pp. 677.

(18) ちなみに，イタリア・アルバニア間の合意は国を離れる権利を定めた欧州人権条約第 4 議定書第 2 条 2 項に抵触する，との主張を受けて，欧州人権裁判所は，イタリアによる海上行動はアルバニアからの出国を妨げるためのものではなく，イタリア領域に入ることを阻止するためのものと判示した。ただその一方で同裁判所は，自国の管轄下にある者の生命を保護する義務を締約国が負うことを確認している。Xhavara and Others v. Italy and Albania, Eur. Ct. H. R. 39473/98 (2001).

(19) Lori A. Nessel, "Externalized Borders and the Invisible Refugee", *Columbia Human Rights Law Review*, Vol. 40 (2009), p. 647.

(20) もっとも貴族院は，ロマ申請者の処遇が人種差別的であることは認めた。*Regina (European Roma Rights Center) v. Immigration Officer at Prague Airport*, [2005] 2 A. C. 1 [2004] U.K. HL 55.

市民に査証要件を課し，加えて，適切な文書を欠く外国人を乗せてきた運送業者に高額の制裁金を科す到達阻止策がいまでは先進国にあまねくみられるようになっているからである（英国は特定国民を対象に航空便乗り換えにあたり通過査証すら要求してもいる）。1998 年にインドネシア国民に対して査証要件を賦課した際，ニュージーランド移民相は当該措置が同国に到着して難民の地位を求める人々をよりよく管理するためのものであると断じていた[21]。ちなみに日本は 2010 年 4 月現在で 61 の国・地域について査証免除措置を実施していたが，その中に日本で難民認定申請を行っている者の出身国はほとんどない。

　庇護申請を行う者のために難民査証を発給する国など存しない。そのため難民は査証が取得できないとなれば偽造文書に訴えざるをえなくなるが，入国審査の精度がましているため，残された途は密入国（あるいは人身売買）ということにもなってしまう。ハサウェイがいうように，「残念なことではあるが，密入国は，少なくとも，洗練された国境管理制度を有する先進国にあって，ほとんどの難民にとり，難民条約の保護する権利を請求するために必須のもの」となってしまっているのが実情である[22]。

　ところが，残されたその途は，2000 年 11 月に国連総会で採択された「国際的な組織犯罪の防止に関する国際連合条約を補足する陸路，海路及び空路により移民を密入国させることの防止に関する議定書」（密入国議定書）により国際的な鎮圧の対象と化している。この議定書は，密入国を広義に定義（3 条(a)）したうえで，海路による密入国の防止（8 条），締約国間での情報交換（10 条），運送業者への制裁を含む国境措置の強化（11 条），自国の発給する文書の安全管理（12 条），密入国者の渡航・再入国の促進（13 条）などを通し，あきらかに，「北」（先進国）への人の移動を「南」の諸国を巻き込みながらグローバルに管理することに向けられている。「北」への非正規移動は容認しないとのメッセージである。だがいかに管理を強化しようとも，人の（非正規）移動を阻止できると考えるのは非現実的であり，その逢着するところは犯罪組織による密入国手段の高度化と，密入国を求める者へのより過酷な条件の賦課となる

---

[21] James Hathaway, *The Rights of Refugees Under International Law* (Cambridge University Press, 2005), p. 292.
[22] James Hathaway, "The Human Rights Quagmire of 'Human Trafficking'", *Virginia Journal of International Law*, Vol. 49 (2008), p. 39.

は必定であろう(23)。

　難民は先述したようにラベリングのポリティクスの作用を受けながら先進国の領域にあって本来的に受けるべき正当な処遇から遠ざけられつつあるが，それにもまして，幾重にもはりめぐらされた諸措置によって庇護の地に到達する機会自体を削り取られ，いっそう危うい方途へと訴えざるをえなくなっている。

(2) 本国帰還のレトリック

　「難民封じ込め」とは，典型的には出身国を離れられない結果として難民が難民になれない（したがって当人は出身国と結びついたままというフィクションが保たれる。）という事態の別表現でもあるが，これと同様の結果を招来する施策が「本国帰還」という形をとってグローバルに推進されてもいる。

　難民が「問題」なのは国際システムの前提要件に反して国籍国（出身国）との絆を断ち切られた存在として出来ているからなのだが，そうである以上，「解決策」はいずれかの国との絆を回復するということにある。そのために用意されてきた恒久的解決策は3つあり，それらは庇護国定住，第三国定住，（本国）帰還として定式化されている。このなかにあって帰還が最も望ましいとされてきたのだが，そうした言説は80年代半ばになって構築されたものにすぎない。

　現在の国際難民レジームは第二次世界大戦を経て成立した世界人権宣言，難民条約，UNHCRを主柱としている。もっとも，戦後直後にはそのいずれもが存在しておらず，当時欧州で生じていた大量の避難民問題の処理に従事していたのは連合国救済復興機関であった。同機関は事業の実施にあたって個人の権利を尊重することなく，避難民は自らの意思に反してでも本国に戻されていた。その後1946年にIROが発足する頃には，冷戦という政治条件に加えて労働力の確保を図る経済的要請から，難民問題の解決として，帰還に代わり第三国定住策が推奨されるようになる。現に，IROが全活動期間を通して本国に帰還させた者は登録者のうちのわずか5％にすぎなかったとされる(24)。

　IROを継いでUNHCRが活動を開始するのは1951年のことだが，親機関た

---

(23) Hathaway, *supra* note 22, p. 34.
(24) George Stoessinger, *The Refugee and the World Community* (The University of Minnesota Press, 1963), p. 111.

る国連総会の決議をたどると、当初は、庇護国・第三国定住と帰還は対になって記されるのが通例であった。ところが1971年に帰還が別個の解決策として定住から分離され、1983年になって「難民問題の最も望ましい解決策」としての地位を獲得するにいたる[25]。この時期には「南」の難民が「北」の領域に直接に到来するケースが増え、また欧米諸国における労働力不足問題も解消されていたことから、難民をめぐる言説も変容をきたしつつあった。そして冷戦の終結により難民のイデオロギー的価値が消失するや、UNHCRは1990年代を「帰還の10年」と宣言するにいたるのである。

UNHCRの文脈にあって、帰還という術語には「自発的 voluntary」という形容語が備わっていた。ところが90年代に入るとしだいに「安全な safe」という語がこれに代わって用いられるようになる。難民個々人の主観的な意思を投影させる「自発的な」に対して、「安全な」という語はもっぱら客観的な評価に供されるものとされ、そこでは本人の意思は有意性をもたない。難民条約は「迫害を受けるおそれがあるという十分に理由のある恐怖」を有する者を難民とし、この定義にあっては客観的要素と主観的要素が併存するとUNHCRも解説してきたのだが、難民の地位の終止にあたっては客観的な要素のみの判断で足りるとの認識が広まっていった。

もっとも、客観的なるものの内実は評価者の解釈によって充填されるのが常であり、安全であるかどうかは実際には国家の主観的判断によって決せられることになる。安全とされた場合に難民が異議を唱えてもその判断は不合理なものとして退けられた。だが奇妙なことに、これとは反対に安全でなくとも難民自らが帰還を希望する場合には、任意帰国 spontaneous return としてその判断の合理性が歓迎された[26]。帰還への力学を満々と湛えた言説構成であることがよくわかる。

1996年からはさらに進んで「非自発的帰還 involuntary repatriation」、別していえば、帰還の強制がUNHCRによって公式に掲げられるところとなった。

---

[25] Marjoleine Zieck, *UNHCR and Voluntary Repatriation of Refugees: A Legal Analysis* (Martinus Nijhoff Publisher, 1997), p. 82.

[26] B. S. Chimni, "From Resettlement to Involuntary Repatriation: Towards a Critical History of Durable Solutions to Refugee Problems", *Refugee Survey Quarterly*, Vol. 23 (2004), pp. 60-63.

先進国が難民を封じ込め，負担を分担しようとしない中にあって，世界の難民人口のほぼすべてを抱えている「南」の諸国もまたその受け入れを拒み，難民の強制的帰還に着手し始めた現実を受けてのことであった。もとより難民キャンプでの生活の劣悪さに耐えかねて，少しでも劣悪さの度合いが低い本国に戻ろうとする難民たちには帰還の強制は必要ないのかもしれないが，ただ，そうしてなされる帰還はとうてい自由意思の発現とはいえず，それもまた一種の強制の結果であることには違いない[27]。

帰還が強調される背景には，1990年代中葉以降に「難民研究 Refugee Studies」に代わって「強制移動研究 Forced Migration Studies」が台頭し，その中に難民が位置づけられるようになったという知の配置転換も与っている。それまでの支配的な知の体系にあって難民は権利の主体として位置づけられていたところ，強制移動研究における難民はあくまで移動中の過度的事象として，早期に解消されるべきものと認識されている。このためその関心は難民の地位の拡充ではなく，いかに迅速に難民の地位を終えるかという点に移行していく[28]。本国帰還の力学は，こうした知の変容に支えられながら，冷戦終結後の政治状況の中で増幅されていったのである。

IV　難民から強制移動へ——新しい人道主義の相貌

(1)　「文明化の使命」の現在

欧米を拠点に20世紀前半から時代の変化に応じてその姿を変容させてきた難民研究は，「南」からの難民が「北」の国境に到達するようになった1980年代以降，飛躍的な発展を遂げており，難民ラベルの断片化や難民封じ込めはこうした知の変容と結びつきながら「北」の諸政府によって推進されてきた。難民研究は，しかし90年代半ば以降になると，公表される難民数の減少と軌を一にするかのように勢いを失い，しだいに強制移動研究が支配的な知を担うものとして取って代わっていく。

強制移動研究はあらゆるタイプの強制された人の移動（に関わる事象）を対象

---

[27] Chimni, *supra* note 26, pp. 66-67.
[28] James Hathaway, "Forced Migration Studies: Could We Agree Just to 'Date'?", *Journal of Refugee Studies*, Vol. 20 (2007), pp. 363-365.

にしており，重要とはいえ難民はその1つの部類にすぎないものとなる。いつの時代も権力と知の関係は抜きがたくあり，強制移動研究もまた，人の移動に関する新しいレジームを打ち立てようとする政治的意思と密接な関係に立つ。この新しいレジーム構築のために召喚されたのは国内避難民（IDP）という存在である。難民類似の事情により出身地からの移動を余儀なくされながらも国境内にとどまる人々は，国際難民レジームが煌々たる輝きを放っていた冷戦期にあってもかなりの規模で存していたのだろうが，その存在は不可視に等しいものであった。「国際社会」がIDPという名称をもってそうした人々に「気づく」のは90年代に入ってからのことである。

IDPは，実態面の類似性をもって難民の特権的地位を解体し，「南」に対する「北」の介入を正当化する潮流を生み出していった。そもそもIDPは非西洋圏においてのみ公的に認知される集団であることを忘れてはならない。そしてIDPに保護・援助の手を差し伸べる「国際社会」とは「北」の別表現であることもあわせて確認しておく必要がある。「本国帰還」の推進により帰還者への関与を深めていたUNHCRもこうした知の変容のさなかにあって，IDPを活動対象に取り込むことにより，組織の性格をさらに変容させていく。実に，出身国の外に所在する難民のための機関として存続してきたUNHCRは，いまや出身国の内で活動する人道援助機関かと見紛うほどでもある[29]。

こうしたUNHCRの変遷に端的に現われ出ているように，強制移動にかかる新しいレジームは，「国際社会」つまりは「北」が「南」（非西洋圏）のなかに介入していく契機を押し広げている。そして，IDPはいうまでもなく，人身売買，密入国，人道的介入，平和構築，人間の安全保障といった強制移動研究を支える一群の言説はいずれも非西洋圏を「他者」と眼差し，その矯正と改良，つまりは進歩のために人権・民主主義・市場経済・法の支配の導入を強力に唱導するものとして構成されている。「新しい人道主義 new humanitarianism」とも称されるこの新潮流を国際法の観点に立って別言すれば，現代版「文明化の使命 civilizing mission」とでもいうべきものにあたろう。国際法学における第三世界アプローチの主導的存在でもあるチムニは，直截的な表現を用いて次のようにいう。

---

[29] UNHCRは，1996年の国連総会決議50/152などを受け，90年代後半から無国籍者についても活動を深めつつある。

第 2 部　グローバリゼーションの中で

　　　難民の封じ込めは，より大きな問題の一要素に過ぎない。私の中心的関心は，
　　　強制移動の問題がいまや西欧による世界支配プロジェクトの一部となっている
　　　こと，そして強制移動研究がそのことと結びついている点にある[30]。

　もとより，ここでは強制移動から難民に再び焦点を戻せばよい，ということを示唆したいのではない。いうまでもなく難民の権利に関する言説も権力の空白地帯で生成・機能しているわけではない。実際のところ，封じ込めの隘路をぬって先進国に到達した人々の行う庇護（難民認定）申請の成否は，出身国（の文化）をいかに悪魔化できるかにかかっている，といってよい。文明を欠く野蛮な地からの逃避者として申請者を描き出すことができるほどに難民と認められる余地が大きくなっていく，ということである[31]。難民の擁護にあたる実務家としては当然の作業というべきなのだろうが，しかしそうした営みが堆積するほどに，当人の本国たる非西洋圏の他者性はますます深まっていく。そして，遅れた「南」は矯正・改良されなくてはならないという現代版「文明化の使命」がここでも恬然と頭をもたげてくるのである。

　先進国の実務を見るに，難民性の中核をなす「迫害」が認められるには「重大な」危害が必要とされており，重大性の敷居を越えられぬ「単なる」人権侵害は迫害にはあたらないとされている。問題はなにをもって「重大な」といえるのかということになるのだが，この点に関して特に想起しておくべきは女性差別の取扱いであろう。フェミニストからの働きかけを受けて，既存の難民概念にジェンダーによる迫害を読み込んでいく解釈が今日では広く定着しており，私人間の虐待にもその射程を延伸する法実践は歓迎すべきものに相違ないだろうが，しかし女性差別はなにも「南」だけにあるわけではなく，「北」のすべての社会にも例外なく蔓延している。そうした女性差別と迫害との関係性はどうあるのかについて，マックリンは次のような批判的指摘を行っている。

　　　「私たち」が行うのは差別である。申請者の国が私たちの国と違っていればいる
　　　ほど，「彼ら」が行うものが「私たち」には迫害のように見え始める。つまり
　　　……文化的相違が，差別を迫害に転換させる尺度になりうるのである[32]。

---

(30) Chimni, *supra* note 5, p. 20.
(31) Jacqueline Bhabha, "Internationalist Gatekeepers?: The Tension Between Asylum Advocacy and Human Rights", *Harvard Human Rights Journal*, Vol. 15 (2002), pp. 162-166.

5 〈文明化の使命〉と難民の現在

標準は「北」の社会・文化なのであり，そこからどれだけ離れた社会・文化であるかによって差別が迫害に移行していく，という指摘にほかならない。ジェンダーによる差別は文化的他者が実行する場合に可視化されて迫害となる，ということであり，これを換言すれば，「北」の内における女性差別は迫害としては可視化されにくいままにおかれる，ということでもある。「異文化」における深刻な女性差別を迫害と認めることそれ自体は当然にしても，その際に「自文化」を標準＝普遍として無標化してしまうのでは，現代版「文明化の使命」と地続きの意識構造になってしまうであろう。

(2) 難民が照射するもの

難民をとりまくグローバルな知は，西洋を頂点に据えた人種の位階と文明化（進歩）との平行関係を後背に抱えながら構築されているといってよい。その中にあって難民はいまや封じ込めの対象と化し，強制移動の１つの現象とみなされ，さらに難民ラベル自体の断片化も促されて久しい。端的にいって，「南」を他者化し，「北」への非正規移動を抑止する新潮流の中に難民も組み入れられつつあるということなのだが，こうした制限的な流れに抗するにあたり，出入国管理における難民の例外的地位を再定位すべきことを強調する向きがある[33]。たしかに，国際人権基準の孕む西洋中心性に警戒的な姿勢を保ちながら，つまりは抵抗の言説としての国際人権法の側面を意識的に召喚しながら難民の擁護にあたる作業は今後もさらに追求していくべき価値を湛えていることは疑いえまい[34]。また，普遍的な適用に供されている難民条約上の難民概念についても，「南」の実態を視野に入れぬその偏頗性を根元的に問い続けていくことも重要である。

もっとも，そういったことと並んで肝要と思われるのは，配置転換された知の文脈自体を脱構築することなのではないか。難民研究が先進国の政治的利害を濃厚に反映させながらも難民の多様な存在を明るみにし，難民の権利や福祉

---

(32) Audrey Macklin, "Refugee Women and the Imperative of Categories", *Human Rights Quarterly*, Vol. 17 (1995), p. 265.
(33) Hathaway, *supra* note 28.
(34) とくに，難民として保護を求める者が増加している——といっても依然として僅少であることには変わりないのだが——日本にあってはそうである。

をめぐる多彩な議論を誘導する機会にも転じてきたように，強制移動にかかる知も，移動を余儀なくされる者の存在を可視化し，そのエンパワーメントに資する可能性を含み持っている。難民はもとより，難民以外の者をも射程に入れながら，国家ではなく人間中心の越境政策を唱導するスペースを押し広げていくことも不可能ではない。

　安全保障言説を背景に増幅される刑罰化の力学は「不法滞在者」を世界大で構築し，きわめて不安定な生活を多くの移住者たちに強いている。少なからぬ難民（庇護申請者）がその中に含まれていることはいうまでもない。日本にあっては在留資格の絶対性が外国人の人権保障を阻む法壁となって立ちはだかり，非正規滞在者に甚大なる不利益を課していることは周知のとおりである。先進各国で進行する外国人の分断・カテゴリー化は人種の位階の再生産にほかならず，それゆえにこそ人権条約機関は，国際人権保障がすべての人間に及ぶことや在留資格によるカテゴリー化が人種差別にあたってはならないことなどについて繰り返し注意を喚起してきているのである[35]。

　難民ラベルを固守する意義はまったく否定しないものの，こうした状況にあっては，それが他の移住者との境界を画すものとなってはならず，むしろ，難民の権利保障をもってすべての移住者の権利保障を後押しするような議論こそを構築していかねばなるまい。難民の特権性を稀釈し，人間間に分断と管理をもたらす支配的文脈を，難民を含めたすべての移住者を包摂していく文脈に紡ぎ直すということである。そのためにも，移住者たちの具体的な現実・声・姿を照射していくことには格別の意味がある。官僚機構の産出する抽象的なカテゴリーによっては分断されえぬ人間の生の実存を照らし出すのである。この作業に資するために，「国民」ではなくすべての者の人権を差別なく保障する人権条約のラディカルな思想を有効に活用していく途をさらに追究していかなくてはならない。

　現に人種差別撤廃委員会は，「［人種差別撤廃］条約上，市民権または在留資格（immigration status）にもとづく異なる取り扱いは，条約の趣旨および目的に照らして判断した場合に，正当な目的に従って適用されておらず，また，当該目的の達成と比例していないときには，差別にあたる」との認識を示し，「出

---

(35) Tang Lay Lee, *Statelessness, Human Rights and Gender: Irregular Migrant Workers from Burma in Thailand* (Martinus Nijhoff Publisher, 2005), pp. 93-101.

入国管理政策が人種，皮膚の色，世系または国民的もしくは種族的出身にもとづいて人々を差別する効果をもたないことを確保する」よう勧告しており[36]，米州人権裁判所も，非正規滞在者の権利保障について勧告的意見を求められた際に，差別概念を詳細に検討したうえで，次のような結論を導いている。

> 在留資格（migratory status）は，人権（労働関連の性格を有するものを含む。）の享有と行使を剥奪することを正当化できない。……国は，法の前の平等と非差別の原則の遵守を公共政策目標に従属させたり，条件づけることはできない。たとえそれが在留資格にかかわるものを含む場合であっても，である[37]。

同様に，在留資格を欠く人々の人権に敏感に反応してきている社会権規約委員会も，たとえば健康への権利を扱った一般的意見でこう指摘している。

> 国は，とりわけ……少数者，庇護申請者および不法移民（illegal immigrants）を含むすべての者が……健康サービスに平等にアクセスするのを否認しまたは制限することを差し控えることにより，健康への権利を尊重する義務を負う[38]。

このように人権条約は，各国入管行政におけるカテゴリー化の力学を超えて，すべての者に権利を差別なく保障するよう求めてきている。そのことの重要性はどんなに強調しても強調しきれるものではない。もっとも，さらに根源的な次元で思考を展開するのなら，国連において断続的に模索されてきた（外国への）入国の自由の定立可能性についても，いまのような時代であればこそ逆に議論を深めていってもよいのかもしれない[39]。

先に，庇護は出入国管理の文脈と切り離せない問題であると述べた。出入国管理は主に外国人を対象にしているといって誤りでないものの，その営みは外と内とを画すことにより，結局は，内を構成する「私たち」が何者であるのかを映し出す合わせ鏡にも転じていく。国境管理が強化され，難民が消され行く

---

[36] *General Recommendation No. 30: Discrimination Against Non Citizens*, 2004/10/01, Gen. Rec. No. 30 (General Comments). paras. 4, 9.

[37] Inter-American Court of Human Rights, *Re Judicial Condition and Rights of Undocumented Migrants*, Advisory Opinion of 17 September 2003, OC-18/03. para. 173.

[38] *General Comment No. 14: The Right to the Highest Attainable Standard of Health*, UN Doc. E/C. 12/2000/4. para. 34.

[39] Lee, *supre* note 35, pp. 101-107.

情景には，私たちの姿そのものが反転して映し出されていることを忘れてはならない。難民の現在に想到することは，畢竟，私たちが何者であるのかを思念することにもほかならないのである。

6 〈人類の敵〉海賊
——国際法の遠景——

I 境界の揺らぎ

　米政府が人種主義丸出しに〈ジェロニモ〉と名指したウサマ・ビンラディンは，2011年5月1日，米海軍特殊部隊の手によって殺害される運命とあいなった[1]。「標的殺害 targeted killings」[2]の典型例というべきものである。「正義が実現されたとのニュースに個人的にはとても安堵している」という潘基文国連事務総長の声明にもかかわらず，また，「［殺害の適法性に］疑問を抱く人は頭を検査してもらう必要がある」というオバマ米大統領の心優しき忠告にもかかわらず，この一件が，「またしても」というべきか，実定国際法上2つの次元で重大な問いを提起したことは紛れもない。1つはパキスタンという主権国家内で米国は合法裡に軍事力を行使できたのか，もう1つは特定の個人に狙いを定めた殺害行為は許されるのか，という問いである。

　国際法は武力行使を原則として禁止している。このため，国連安保理の発動する強制措置を除けば，いずれの国も，同意を得ているかあるいは自衛権によらなければ他国領域内で軍事力行使をすることはできない。パキスタン政府は，米国による「許可なき一方的行動」に異を唱え，本件が「いずれの国にとっても将来的先例になるものではない」との見解を示していた[3]。米国の行動への同意が与えられていなかったことが端的にうかがえる。となれば，ビンラディン殺害作戦によってパキスタンの主権を侵害しなかったというためには，安保理の許可がない以上，米国としては自衛権の法理を援用するしかない。

---

[1] See *generally*, Luis E. Chiesa and Alexander K. A. Greenawalt, "Beyond War: Bin Laden, Escobar, and the Justification of Targeted Killing", *Washington and Lee Law Review*, Vol. 69 (2012), pp. 1371-1470.
[2] 標的殺害に関する研究として，*Study on Targeted Killings*, UN Doc. A/HRC/14/24/Add.6, 28 May 2010.
[3] "Pakistan denounces 'unilateral' raid by U.S.", *Japan Times*, May 5, 2011.

第2部　グローバリゼーションの中で

　現にブッシュ政権もオバマ政権も，2001年9月11日のアルカーイダによる武力攻撃が米国の自衛権発動の引き金になったという立場である。米政府はアルカーイダとの間で武力紛争状態にあるという認識であり[4]，パキスタンにはビンラディンを鎮圧する意思・能力がないことから同国内での武力行使も自衛権により正当化される，という理屈になるのだろう[5]。

　非国家集団を相手に自衛権が成立するという米政府の理解は現行法に照らして難があろうが[6]，この点との関連で，アルカーイダとの紛争の国際法上の性格付けにも注意しておかなくてはならない。この紛争は国家間のそれではないので「国際的武力紛争」とはいえぬ一方で，紛争当事者としての実質がアルカーイダに備わっているかなどについて疑念があることから，「非国際的武力紛争」ともいいがたい。しかし米連邦最高裁の論理によれば，国際的武力紛争でないすべての武力紛争は非国際的武力紛争なのだという[7]。加えて，米政府によれば，この戦いはトランスナショナルに移りゆくものとされる。米国の軍事力行使が合法化される空間は，アルカーイダの活動に応じてグローバルに広がっていく。そしてその戦いが連邦最高裁のいうように非国際的武力紛争なのだとすれば，まるで世界全域が〈不朽の正義〉を掲げる米国の内に取り込ま

---

(4) Harold Hongju Koh, "Obama Administration and International Law" (March 25, 2010), at http://www.state.gov/s/l/releases/remarks/139119.htm.

(5) Ashley S. Deeks, "Sovereignty and the Killing of Osama Bin Laden", *ASIL INSIGHTS*, Vol. 15, Issue 11 (May 5, 2011). 米軍の作戦行動を武力行使ではなく法執行（警察）活動とみなす場合には，パキスタンの同意を欠いたことにより主権侵害は明白である。

(6) 自衛権は，他国領域内に所在する非国家武装集団の武力攻撃を受けて発動されることもあるとはいえ，国連憲章の定める自衛権は国家間紛争を想定したものであり，国際司法裁判所は，いずれの国にも帰属しない非国家集団の行為に対する自衛権の行使までは認めていない。*Armed Activities on the Territory of the Congo (Democratic Republic of the Congo v. Uganda)*, [2005] I. C. J. Rep., para. 216. また，自衛権は散発的で低強度の攻撃を受けているだけでは行使できないところ，自衛権の行使を正当化できる強度に達しているかどうかは，脅威の累積・総和によるのではなく，攻撃の都度判断されるべきものとされている。この点で，米国が自衛権行使を正当化しうるほどの武力攻撃を受けていたかについても疑問符がつく。

(7) *Hamdan v. Rumsfeld*, 548 U.S. 557 (2006), pp. 629-630. 私見では，アルカーイダとの戦いを「武力紛争」と位置づけること自体に根本的な問題があるように思う。この点につき，新井京「「テロとの戦争」における武力紛争の存在とその性質」同志社法学61巻1号（2009年）38-41頁。

れてしまうかのようである(8)。

　いかにも帝国然とした法解釈というしかないが，ただ国際法は，武力行使の根拠をめぐるこうした議論とは別に，個々の戦闘行為あるいは有形力行使のあり方についても細かな規制を及ぼしている。紛争の性質とともに，ビンラディンの殺害そのものの法的妥当性も改めて吟味されなくてはならない。米国の研究者の中には自衛権による武力行使が認められるのであれば標的殺害の合法性は問題にならないと揚言する向きもある(9)。その傲岸さには驚きを禁じえないものの，国際法はそれほど単線的ではなく，実際には，人道法と人権法の規則が具体的な場面に応じて重層的に適用されることになっている。ビンラディン殺害作戦についても，殺害された者の戦闘員性の確認を含め，均衡性の原則など関連法規の遵守について精細な検討を行うべきはいうまでもない(10)。

　とはいえ，ビンラディン自身の位置づけがそうであるように，「対テロ戦争」をめぐる法的議論にはひどく曖昧なところが多い。歴史を仔細に辿り直すまでもなく，国際法の現代化は概念の明確化とともにあった。法／政治，人権法／人道法（刑事法），戦闘員／非戦闘員，国際武力紛争／非国際武力紛争，武力行使／法執行，戦争／犯罪，敵／犯罪者といったように，概念の区分が国際法の「発展」を彩ってきたといってよい。そしてその根幹には，人間の平等と主権国家平等の理念が据えられていた。ところが，21世紀の現実が国際法にもたらしているのは，そうした展開を反転させる潮流である(11)。概念の境界が曖昧になり，グアンタナモのように，法をむき出しの政治に逆流させるかのよう

---

(8) 「〈帝国〉の戦争は……すべて内戦である」（アントニオ・ネグリ＝マイケル・ハート［水嶋一憲ほか訳］『〈帝国〉』（以文社，2003年）245頁）ことの国際法的謂い──ただし，米国流という修飾句がつくが──ということになるのだろう。

(9) たとえば，Kenneth Anderson, "Targeted Killing in US Counterrorism Strategy and Law", at http://www.brookings.edu/papers/2009/0511_counterterrorism_anderson.aspx.

(10) 米国としては，自衛の場合には法的手続きを経ずして標的を殺害しても違法ではなく，また，そもそも標的の識別や均衡性の原則なども厳格に遵守している，という立場のようではある。Koh, *supra* note 4.

(11) 米政府にとってビンラディンは，武力紛争の「敵」であると同時に，テロ行為の「犯罪者」としてもあった。西平等は，「21世紀の初頭は，「敵」と「犯罪者」の区別が決定的に失われた時代として記憶されるべきであろう」と指摘する。西平等「「敵」と「犯罪者」──近代法の人道性の基礎についての考察」日本平和学会編『グローバルな倫理』（早稲田大学出版部，2011年）21頁。

な事態すら生み出されている。

　法が政治に回帰するのは、いうまでもなく、テロリストが象徴的な意味で法を超え出る存在とされるからでもある。テロリストは、単なる敵でも犯罪者でもなく、時に、〈人類の敵 hostis humanis generis〉と表象される。犯罪者に向けられる刑事法も、敵に向けられる人道法も、ともに、人類の敵という異次元の像を前にその適用を怖気づいているかのように見える。

　よく知られているように、人類の敵の原型は海賊にある。海賊は長きにわたり人類の敵として国際法の世界に君臨してきた[12]。テロリストをめぐる議論の後背を成してきたのも海賊の陰影にほかならない。テロリストが現代の海賊と呼ばれるなかにあって、実在としての海賊は前時代の遺物として現代社会から潰えたかのように語られてもきたが、とはいえ、海賊のメタファーが国際法の変わらぬ基層をなしてきたことは疑いなく、そしてなにより、前世紀の終わりから今世紀が深まるにつれて、海賊の存在それ自体がにわかに「国際社会」の同時代的関心を集めるようにもなっている[13]。その極みというべきことに、日本にも4人の海賊（容疑者）がソマリア沖から遠路移送され、国籍も年齢も職業も不詳という異例づくしのままに司法手続きに付されることとなった。

　元祖・人類の敵たる海賊は、国際法にとって、常に、主権者と非主権者、平和と戦争、さらには戦闘行為と警察行動といった概念の境界を揺さぶる存在としてあった。海賊（のメタファー）が召還されるとき、諸概念の境界はきまって揺れ動く。そして、国際法のあり方そのものも大きく変容していく。この意味において、人類の敵・海賊は国際法の未来を予示する象徴的存在にもほかならない。海賊を語ることは〈われわれ〉が立ちいたる未来を語ることでもある。

II　共同体の構築

　海賊という語を字義どおり解すれば、海の強盗となる。こうした意味での海賊は国際法の歴史とともにあったのだが、大国によってつくりあげられたテロ

---

[12] See Daniel Heller-Roazen, *The Enemy of All: Piracy and the Law of Nations* (Zone Books, 2009).

[13] Lawrence Azubuike, "International Law Regime Against Piracy", *Annual Survey of International & Comparative Law*, Vol. 15, Issue 1, Article 4 (2009), p. 2.

6 〈人類の敵〉海賊

リスト・ビンラディンの描いた航跡は，海賊の来し方をそのままに映し出すものであった。なにより想起すべきは，海賊行為がいつの時代も変わらず処罰すべき悪だったわけではないことである。暴力を駆使して商船を強奪する海賊船は，CIAに支援された〈自由の戦士〉ビンラディンがそうだったように，国家から特許状を得ると「私掠船 privateer」に変貌し，たちまちにして違法性の貌を剝落させた。18～19世紀が最盛期であった私掠船は，だが，行為の実質においては海賊となんら異なるものではない。「唯一の違いは主権者の私掠免許にあった」[14]。つまりは，海の強盗は，主権国家の利害に応じて保護されることもあれば（私掠船），抹殺されることもあった（海賊）。テロリストがそうであるように，海賊もまた，大国の政治的必要に応じてつくりあげられる存在だったということでもある[15]。少なくとも，海賊の手がける行為そのものが「人類の良心」を揺るがすほどの凶悪性を内在させているという命題は，国際法の歴史のなかにあって一度たりとて実証されることはなかった。海賊が人類の敵とされてきたのは，行為の罪質がとびぬけて凶悪重大だったから，というわけではけっしてない。

　個人を国家に埋没させる基盤に立ってきた国際法にとって，海賊は原理的に異質の存在でもあった。海賊は法を逸脱し，国家主権の枠を超え出て行動する。国家と敵対してはいたかもしれないが，かといって必ずしも国家たることを欲してきたわけではない。この意味で，海賊は領域国家を主権者として想定する国際法秩序に，領域をもたぬ，別の形態の主権的存在のあり様を示唆する思想性も帯びていた。それゆえ海賊は，後述するように海上交通・通商への脅威とされるだけでなく，国際法における国家中心思考それ自体にとっても脅威として立ち現れていたといってよい[16]。

　これを別の視角に立って敷衍すれば，海賊はいずれの国家にも埋没しない存在として，個人の国際法主体性の確立に先駆的貢献をなす存在でもあった。国

---

(14) Eugene Kontorovich, "The Piracy Analogy: Modern Universal Jurisdiction's Hollow Foundation", *Harvard International Law Journal*, Vol. 45 (2004), p. 219.

(15) 各国が海賊を私掠船として公認したのは，約していえば，自国の安全保障（海軍力）を下請けさせるためである。CIAがビンラディンを利用したときの事情と重なりあっていよう。

(16) See Marcus Rediker, *Villains of All Nations: Atlantic Pirates in the Golden Age* (Beacon Press, 2004).

際法によって直接に保護されあるいは直接に責任を負う法主体性を備えた個人は，海賊の処遇を通して形成されるようになったといって過言でない。むろん，外交官，外国人といった人間たちが国際法による保護を受けることは古くからあった。しかし，そうした規制は所属国家との結び付きがあってはじめて可能になったのであり，外交官らが個人として国際的平面に出来するわけではなかった。戦時における違法行為についても，国際責任は軍隊構成員の所属国が負うものとされ，兵士の行為は国家のそれに置換されて処理されていた。だが，いずれの国家にもまつろわぬ海賊の行為はいずれの国家にも没入しえない。このため，その存在は独立した形で法認せざるを得ないことになる。個人の国際法主体性は20世紀後半以降に国際人権法・人道法・刑事法の進展を通して明確な形を刻んでいくのだが，海賊は文字通りその端緒を開く存在としてあったといってよい。

　なかでも，国際刑事法／普遍的管轄権（普遍主義）を導き出したことについては，とりわけ心に留めおくべきであろう。主権の証たる管轄権の行使にあたり，国際法は伝統的に，属地主義，能動的属人主義，受動的属人主義，保護主義という4つの根拠を国家に提供してきた。つまり，犯罪が行われた国，容疑者の国籍国，被害者の国籍国，犯罪により重大な被害を受ける国であれば，法律を制定し，裁判を行うことができるというわけである。管轄権とは，このように犯罪行為となんらかのつながりがある国に付与されるのを原則としてきた。それに対して普遍主義は，場所的にも人的にも，さらには被害の面でも直接のつながりがない犯罪に対して管轄権行使を許容するものである。それゆえきわめて例外的なものとして，海賊とのかかわりでのみ認められてきた[17]。第二次世界大戦を経て，ニュルンベルク国際軍事法廷やイスラエルのアイヒマン裁判，さらに米国のフィラルチガ判決や旧ユーゴスラビア国際刑事法廷などを通して普遍的管轄権を拡張する潮流は強まっていくが，いずれの法廷にあっても，その原型として援用されていたのは海賊にほかならない[18]。

---

(17) 海賊と並んで奴隷制についても19世紀以来普遍的管轄権が認められてきたという見解もあるが，実証的根拠が希薄なようである。Kontorovich, *supra* note 14, pp. 192-194.
(18) *Id.*, p. 185. ただし，第二次世界大戦後に普遍的管轄権が拡張される国際犯罪（人道に対する罪やジェノサイド，拷問など）はいずれも人権を著しく踏みにじる凶悪な罪質のものであり，その意味で海賊との類推は必ずしも正確とはいえないのかもしれない。最上敏樹「普遍的管轄権論序説——錯綜と革新の構造」坂元茂樹編『国際立法の最前線』

6 〈人類の敵〉海賊

　管轄権は特定の共同体の存在を前提にするとともに，共同体間の境界を画する効果をもつ。上述した伝統的な国家管轄権は，いずれも，国家という政治共同体を前提とし，その境界を他国との関係で明確化する作用を有してきた。そのなかにあって普遍的管轄権の場合は，対象となる共同体が国家ではなく「国際社会／共同体 international community」であるところに際立った特徴がある。普遍的管轄権は，実に，国際共同体の存在を前提とし，その境界を画するものにもほかならない。もとより国家という政治共同体がそうである以上に，国際共同体もまた「想像の共同体 imagined community」にほかならないが，海賊を通して導入された普遍的管轄権は，その言説効果の必然として，国際共同体の存在を「確認」すると同時に「構築」する作用をもたらす。国際共同体は，そうした言説の積み重ねを通して想像／創造されていくものでもある。普遍的管轄権に依拠した訴追・処罰の実例がほとんどなかったにしても，共同体の構築に資するその行為遂行的 performative な言説効果はなんら減殺されるものではない[19]。

　これを別面から補足するに，〈われわれ〉のアイデンティティが〈かれら＝他者〉なくしてありえないように，共同体のアイデンティティも他者なくして確定しえない。海賊は，人類の敵という究極の他者性を通して〈われわれ＝国際共同体〉のアイデンティティ構築に絶大な貢献を果たしてきている。国際共同体の境界は，実に，人類の敵なくして画しえないといってよい。

　ところで，国内であろうと国際であろうと，共同体の形成を求める動因の1つは，脅威に対する防衛に見出される。現に海賊も，人類の敵というおどろおどろしき名の下に，人類全体に脅威を与える存在として語られてきた。このゆえに国際共同体の形成が要請されるということにもなるのだが，テロリストと名指しされる存在がそうであるように，海賊の与える脅威にしてもけっして万民に等しく及んできたわけではない。普遍的管轄権という語の響きにもかかわらず，その内実に真正な意味での普遍的要請が備わってきたのではない。「普遍」の実相はいつにあっても「特殊」の謂いにほかならないことを想起してお

　　藤田久一先生古稀記念（有信堂，2009年）15頁。
[19] 法制度の動員を，行動様式の変更をもたらすかどうかという観点からだけでなく，共同体のアイデンティティ構築を促す観点から見るべきことを説くものに，Adeno Addis, "Economic Sanctions and the Problem of Evil", *Human Rights Quarterly*, Vol. 25 (2003), pp. 573-623.

かねばなるまい。

　実際のところ，17世紀から20世紀初頭にかけて，つまりは海賊が唯一の人類の敵として指定された時期にあっては，ほかならぬ一群の海洋大国に共同体を名乗る権力が備わっていた。そのため，海洋大国支配エリート層の権益（通商・航海）を脅かす非公認の暴力こそが人類全体への脅威とされえたのであり，そこに普遍的管轄権を導く法的契機もまた生じえたのである。海賊が人類の敵として普遍主義に連接されたのは，そうしたきわめて特殊な歴史的条件があればこそであった[20]。「海賊は，たまたま普遍化されることになった特定の政治プロジェクト，すなわち，帝国，グローバリゼーション，キリスト教，米国，といったものにとっての敵である。そして特殊が普遍化されるとき，特殊の敵が人類の敵となるのである」[21]。人類の敵・海賊とは，この意味で，グローバル権力の支配的価値を全身にまとわされた，きわめて政治的な鏡像にもほかならない。

III　構成要件・瞥見

　今日にいたる海洋法秩序は，海洋自由論を説いたグロティウスと閉鎖海論を説いたセルデンとの間で17世紀前半に繰り広げられた海洋論争を重要な発端として形成されたものである。この論争は，資本主義の浸潤や海外植民地の獲得・経営の必要などからしだいにグロティウスの主張に有利に展開していき，こうして18世紀から19世紀初頭にかけて，海洋法秩序の根幹をなす公海自由の原則が確立することになる。

　いずれの国にも属さず，すべての国の使用のために開放される公海にあって，船舶は旗国（船舶の国籍国）の管轄のみに服するものとされる。このゆえに艦船

---

(20) Adeno Addis, "Imagining the International Community: The Constitutive Dimension of Universal Jurisdiction", *Human Rights Quarterly*, Vol. 31 (2009), p. 149.

(21) Gerry Simpson, *Law, War and Crime* (Polity, 2007), p. 175. もっとも，次のような評価もある。「海賊がいずれの国家の規制にも服さない「海の無法者（outlaw）」であり，それゆえいずれの国もこれを保護する利益をもたないから，公海上で海賊に遭遇したいずれの国の艦船がこれに介入して実力で制圧しても，そのことから国家間で紛争が生じない。海賊が人類の敵だから普遍主義を認めるというよりは，普遍主義を認めても紛争が発生しないから海賊であるとも言える」（奥脇直也「海上テロリズムと海賊」国際問題（電子版）583号（2009年）22頁）。

6 〈人類の敵〉海賊

は他国船舶の活動に介入することを国際法上厳に禁じられているのだが，旗国主義と称されるこの原則の例外をなしてきたのが海賊にほかならない。外国船舶が公海上で行う犯罪の取締りのために，警察権（臨検・拿捕など）のみならず刑事裁判権（訴追・処罰）の行使まで認められてきたのは海賊をおいてほかにない[22]。

　国際法における海賊行為の一般的定義は，海の憲法というべき国連海洋法条約101条に示されている。その要件は大きく4つに分けて把握できる。第1は不法な暴力行為（抑留・略奪行為）であること，第2は私有の船舶の乗組員・乗客が他の船舶内にある人・財産に対して行うものであること，第3は私的目的のために行われるものであること，第4は公海（その他いずれの国の管轄権にも服さない場所）において行われるものであること，である。海賊行為に対する警察権の行使は，軍艦その他政府の公務に従事している船舶だけが行える。また，警察権の行使は義務ではなく，拿捕を行った国には逮捕・財産の押収，科すべき刑罰の決定など広範な裁量が認められている（第105条）。

　上記定義から明らかなように，海賊の要件を満たしているかどうかの判断にあたっては，誰がいかなる目的で暴力行為に従事しているのかを見極めなくてはならない。この点で特に留意すべきは「私的目的のために」という要件である。この文言は強欲に駆られた金品の強奪という海賊の卑俗的イメージにそのまま符合するようにも思えるが，実際には，判例や学説を通して幾分か複雑な意味内容が込められてきている。こうして現在では，「行為者の主観的意図にかかわらず，当該実力行為の外形上の性質や態様を基準に，国際法上認められていない実力行使については私的目的による行為と解する」ものとされている[23]。行為の動機ではなく，国際法上正当な権限のない暴力行為こそが海賊の決定的な徴表というわけである。

---

(22) 公海上での警察権と刑事裁判権について「国際慣習法でみとめられた唯一の例外は，海賊の取締りについてだけである」（山本草二『海洋法』（三省堂，1992年）229頁）。
(23) 酒井啓亘「ソマリア沖における「海賊」の取締りと国連安保理決議」『国際立法の最前線』前掲注(18) 212頁。「この文言はただ単に当該暴力が公的でないということを意味するに過ぎない。つまり，国家による承認のないあらゆる暴力が「私的目的のための」暴力なのである」ともいわれる（Douglas Guilfoyle, "Combatting Piracy: Executive Measures on the High Seas", *Japanese Yearbook of International Law*, Vol. 53 (2010), p. 162）。

このような理解からすると，国家が行う行為は原則として海賊にはなりえず，他方で，非国家主体のなす行為であっても国際法上正当と認められるものであれば海賊には該当しないということにもなる。類型化すれば，私的暴力は凶行として鎮圧の対象になり，公的なそれは法的保護を受けるということなのだが，となれば，問題はいかにして両者の境界が画されるかにある。この問いに1つの回答例を示したのは，ボリビア人叛徒による船舶の襲撃が海賊に該当するかどうかをめぐって英国の裁判所が前世紀初頭に下した判決である。襲撃された船舶にかけられていた保険契約では，海賊行為の損害には保証がある一方で叛徒のそれについては補償がなされないことになっていた。本件において裁判所は，私的動機のありかを認めながらも，叛徒の行為を公的なものとみなした。叛徒の略奪行為は特定の国家当局の転覆に向けられた政治的なものとされ，海賊行為とは裁断されなかった。叛徒はボリビア国家にとっての敵にすぎず，人類の敵ではないと判じられたのである[24]。

　1960年に，ポルトガルの植民地政策に反対する反政府組織が同国の客船サンタ・マリア号を乗っ取った事件に際しても，その行為がサラザール政権のみに向けられていたことをもって公的目的の所在が認められ，海賊性を否認する見解が説かれた[25]。対照的に，パレスチナ解放機構（PLO）の活動家がイタリア客船を乗っ取り米国人を人質にした1986年のアキレ・ラウロ号事件では，これを海賊ととらえる有力な見解が提示されたことを想い起こす。PLOの攻撃対象は米国とイスラエル（と船籍国たるイタリア）に限定されていたにもかかわらず，その行為は世界全体に対する敵対行為とみなされたのである[26]。同

---

[24] *Republic of Bolivia v. Indemnity Mutual Marine Assurance Co.* (1909) 1 KB 785. そもそも，海賊の定義に「「私的目的」という要件が明示的に挿入されるようになったのは……反乱団体による正統政府の船舶の強奪行為を海賊からはずす必要が意識されたからである」（奥脇・前掲注(21) 23頁）。また，森田章夫「海賊行為と反乱団体――ソマリア沖「海賊」の法的性質決定の手がかりとして」海上保安協会『海洋権益の確保に係る国際紛争事例研究』第1号（2009年）44-58頁も参照。

[25] Leslie Green, "The Santa Maria: Rebels or Pirates", *British Yearbook of International Law*, Vol. 37 (1961), p. 496. サンタ・マリア号が乗客の解放と燃料補給のために立ち寄ったブラジルも，政治目的を認め，これを海賊とはみなさなかった。

[26] Malvina Halberstam, "Terrorism on the High Seas: The Achille Lauro, Piracy and the IMO Convention on Maritime Safety", *American Journal of International Law*, Vol. 82 (1988), p. 269. 米政府もこれを海賊と主張していた。

6 〈人類の敵〉海賊

様に 2001 年の 9 / 11 でも，米国に対する攻撃が文明全体に対する挑戦であるとされ，「自由と人権に価値をおくすべての人々」が自衛戦争を強いられることになったと，たぶれ心いちじるしいばかりにアルカーイダへの敵意をあおる声があがった[27]。

　支配的な国際法言説を振り返るに，あきらかに政治的な目的を有している場合であっても，行為の標的が人類全体と重ねあわされた場合には「公」に分類されることはまずもってないことがわかる。当該行為は，国際（文明）秩序そのものへの攻撃として脱政治化され，私欲にまみれた凶行と同じ扱いになる。人類全体とは，海賊に引き付けていえば通商航海への無差別の脅威を通して顕現するとされるのだが，その法益の担い手——あるいはその利益を優先的に享受しうる者，といってもよい——は，実際には，一握りの諸国（の特定層）に限られている。だがそれが，先に引用した一節を再述するのなら「帝国，グローバリゼーション，キリスト教，米国」といった強大な権力であることにより，その政治プロジェクトへの挑戦は，国際秩序そのものを脅かす行為として悪魔視され，かくして普遍主義を背景に殲滅の対象と化すのである[28]。そこに，鏡像たる海賊が逆照射する政治的価値のありかと，それを自然化する国際法の暴力性を端的に見て取れるのではないか。

　21 世紀に入って勢いを増す海賊撲滅に向けた国際協力の一翼を，この国もまた海賊対処法（「海賊行為の処罰及び海賊行為への対処に関する法律」）により担っている[29]。2009 年 6 月に参議院の反対を押し切って成立したこの法律は，「海上における公共の安全と秩序の維持を図る」という，グローバルな政治プロ

---

[27] Michael Reisman, "In Defense of Public Order", *American Journal of International Law*, Vol. 95 (2001), p. 269.

[28] 捕鯨調査船の航行・業務妨害は，形式的には要件を具備しているようには見えるものの，侵害される法益の観点から，これを海賊とみなすのは難しいとされる。日本政府もこれを海賊とは扱ってこなかった（森川幸一「海賊取締りと日本法——海賊対処法制定の意義と背景」国際問題（電子版）583 号（2009 年）63 頁注(35)。その一方で，公海上で有害廃棄物を排出していたベルギー船舶の操業を阻止しようとしたグリーンピースの実力行動を，1986 年にベルギー破毀院は海賊行為と認定している（山本・前掲注(22) 230 頁）。となると，反捕鯨活動は人類の敵ではないが，有害廃棄物排出阻止活動は人類の敵ということにもなる。人類なるものの実相が浮き立ってくるようである。

[29] この法律の解説として，中谷和弘「海賊行為の処罰及び海賊行為への対処に関する法律」ジュリスト 1385 号（2009 年 9 月 15 日）62-68 頁。

ジェクトの実現に資する旨をその目的として明記する。同法は一般法でありかつ恒久法として制定されており、ソマリア沖の海賊だけを睨んで作成されたわけではない。むしろ、2007年4月の海洋基本法を受けて策定された海洋基本計画に沿った法整備ということができる。同計画は、「石油等の主要な輸送海域における海上交通の安全」が経済的利益を含む日本の安全にきわめて重要であることを踏まえ、海賊行為の防止という「国際社会の要請に応える観点から」国際法に則して体制を整備し、適切な措置を講じていくことを明示している。

　グローバルな海洋秩序の安定化に向けた日本の行動は、海賊対処法制定に先立って、自衛隊法82条に基づくソマリア周辺海域への海上自衛隊護衛艦の派遣として具体化していた。ソマリア沖には、北大西洋条約機構（NATO）や欧州連合（EU）、米国などが艦船を派遣して海賊対処にあたっているのだが、その契機を提供したのは国連安全保障理事会の要請である。外務省国際法課長（当時）の言を借りるなら、「ソマリア沖、とりわけアデン湾……の海上交通の安全は、アジアと欧州の間の物品の円滑な流れを確保するうえで死活的な重要性を有している。……高額な保険料の負担は、安価な大量輸送という海上輸送の経済的な比較優位に打撃を与えかねない。また、この地域の海上交通の安全の確保は、多くの国にとってエネルギー安全保障という観点からも重要である」[30]。海賊が、グローバル経済の大動脈を脅かす脅威として位置づけられていることがよく認識できよう[31]。

Ⅳ　国際共同体の構築

　ソマリア沖の海賊に対する安保理の行動を本格化させたのはフランスである。2008年4月にフランス船籍のポナン号が乗っ取られ、身代金支払いにより全30名の人質は解放された。だがサルコジ政権下、強硬な姿勢を見せるフランスはその直後から「海賊」をソマリア領海内まで追跡し、身柄を確保のうえフランス本土で刑事手続きを開始した。この成功体験に勢いを得たフランスは、

---

(30) 岡野正敬「海賊取締りに関する国際的取り組み」国際問題（電子版）583号（2009年）34頁。
(31) ただし、その脅威がどれほどの実質を伴っているのかは別問題である。

6 〈人類の敵〉海賊

米国とともに安保理決議案の作成に入り，2008年6月に決議1816を導き出すと，以後断続的に関連フォローアップ決議が作成されて今日に至っている[32]。海賊・武装強盗事件は平和に対する脅威を構成するソマリアの事態を悪化させるものとされ，国連憲章第7章の枠内で問題に取り組む旨が明言されている。

　海賊の防止・抑止や実行犯の処罰についての協力を求めるこれらの決議の最大の特徴は，海賊・武装強盗の制圧のために，ソマリア領海内への侵入と，同領海内で必要なあらゆる手段を使用することを許可しているところにある。米国の主導により同年12月に採択された決議1851では，これに付加して，ソマリア領土内における海賊制圧活動も許可されるに及んでいる。海賊の取締まりは本来は公海でしかなしえないはずなのに，安保理決議はその場所的範囲を領海内へ，そして領土上へと延伸したわけである。ただしインドネシアなどの異論もあって，これには期限がつけられ，また領海内等への進入にあたってはソマリア暫定連邦政府（TFG）の事前の同意（事務総長への通報）を条件とし，さらに，こうした措置はあくまでソマリアでの事態に限局され慣習国際法を確立するものではないことも確認されている[33]。

　ソマリアは，19世紀後半から西洋列強の支配を受けてきた。独立後ほどなくして政権を奪取した独裁体制も大国の軍事援助によって延命し，90年代に入ると平和強制活動の実験場となり，さらに独裁体制崩壊後に民衆の支持を得て勢力を広げた政治勢力にもテロリストというラベルが貼付されるなど，一貫して外部からの侵入と抑圧に翻弄されてきた。そのソマリアに，大国が安保理の権限を介在させて再びの介入を行っている。米国開拓時代の西部よろしく，アフリカの角は無法地帯とされ，西洋という名の保安官たちが法と秩序を善導しているかのようである。だが，その無法状態は，実効政府なき後，違法操業による乱獲と有害廃棄物の不法投棄によりグローバル世界自らがつくり出したものにもほかならない。

　カール・シュミットにとって，海賊の再来は，戦争ではなく警察行動によって画される国際秩序の始まりを意味していた[34]。平等な主権者間の旧い戦争

---

[32] 2010年11月23日に採択された決議1950など参照。
[33] 酒井・前掲注(23) 217-249頁，Tullio Treves, "Piracy, Law of the Sea, and Use of Force: Developments off the Coast of Somalia", *European Journal of International Law*, Vol. 20 (2009), pp. 399-414.

は廃止され，武力の行使は法執行活動へと移行する。法的正統性を備えた強国の行う警察活動は，その対象となる国家の領域を踏み越え，悪の撲滅に至るまで遂行される。ソマリアの事態を見ていると，シュミットのこうした言がそのまま現前しているようにも思えてしまう。もとより，ソマリア領域内への進入は TFG の同意を得て行われてはいる。だが，TFG は同国を実効支配しているわけではなく，日本も政府承認を控えていたほどである。TFG の同意は国際秩序が平等な国家から成るというウェストファリアの神話をかろうじて支える一線として欠かせぬものなのであろうが，実態をみるに，その同意は究極のフィクションであり，ソマリア自体が警察行動の対象たる海賊国家と同様の扱いになっているというしかない。海賊への対処を通して，主権と非主権の境界が溶解しているようでもある。

　看過できぬのは，たとえソマリアの事態に限局されるという条件付きではあれ，海賊制圧活動が公海から領海・領土へと伸張されていることの含意である。海賊はこれまで，公海という場所的制約をもって定義されてきた。公海なくして海賊はありえなかった。だが，ソマリアの事態が予示しているのは，海賊がそうした場所的制約から解き放たれうる存在でもあるということである。別していえば，公海が海賊を決するのではなく，海賊が公海のありかを決するということでもある。ある論者の表現を用いるのなら，海賊自身が「移動する海洋」または「動く海」にもほかならない[35]。領域によって限界づけられてきた国際法も，その制約を振り払い，「移動する海洋」を追って全地球規模で境界なく適用されていくのかもしれない。

　安保理決議1851を受けて2009年1月以降はコンタクト・グループの会合がもたれ，関係国・国際機関の協力体制が整備されることになった。とはいえ，捕えた海賊の裁きの場をどこに見出すのかは依然として変わらぬ問題としてある。実際には近隣のケニヤに多くの容疑者が移送されてきたのだが，それにより司法制度に過重な負担がかかったことから，各国との協力体制を再考する姿勢が同国政府から示されるようになっている[36]。先進工業国自身はとい

---

(34) Carl Schmitt, *The Concept of the Political* (trans. George Schwab, University of Chicago Press, 1996).

(35) Heller-Roazen, *supra* note 12, p. 180.

(36) Masataka Okano, "Is International Law Effective in the Fight Against Piracy", *Japanese Yearbook of International Law*, Vol. 53 (2010), p. 192.

えば，海賊の創出には熱心であるものの，いざ処罰となると途端に腰がひけてしまうようである。それでも，米国やドイツ，オランダ，スペイン，韓国，日本などで刑事手続きが漸次行われるようになっているが，国際法の観点からすれば，米国から引渡され日本に移送されてきた4名についてそうであるように，拿捕を行った国以外の裁判所で訴追処罰をすることが国連海洋法条約105条に照らして許容されるのかという点や，容疑者の身柄拘束の法律上の根拠，通訳を含む公正な裁判手続きの確保など，少なからぬ問題が問われざるをえない[37]。司法手続き終了後の処遇も懸念されるところである。

　海賊行為の防止・処罰の営みは，実効的な成果を現にあげるかどうかとは別に，紛れもなく国際共同体の想像／創造を促す効果を伴っている。海賊という他者を通して〈われわれ〉が再／構築されているということである。もとより，海賊が悪なのは法を通してそう決めたからであり，人類の敵という称号も国際法言説によって付与されたものにすぎない。その背景に特殊なポリティクスが作用してきたことは既に論じたとおりだが，これにさらに付言すれば，刑事裁判は個人の責任を追及するものであって，犯罪を創り出した構造・背景を裁くものではないことにも留意しておくべきだろう。海賊の訴追処罰は，犯罪に該当する特定の行為をその政治社会的文脈から切り離し，実行者個人に責を帰すことをもって本旨とする。この過程において，構造的な暴力，歴史的不正義，度重なる外部からの介入といった諸要因は個人の有責性に取って代わられる。海賊裁判は，歴史，文脈，政治という，海賊に連なる本源的問題のありか（の多く）を法廷の外に放擲することにより，国際共同体の正統性を刻印する営みともなる。そうして〈われわれ〉が濃縮されていく。それが，刑事化／犯罪化 criminalization 力学のもたらすなによりの効能である。

　各地で多発的に行われている裁判と同じく，遠くソマリア沖で捕捉した人類

---

(37)　もっとも，日本に先行して裁判が行われている韓国やオランダ，米国，スペインなどではすでに（有罪）判決が下されてきている。司法判断は，ケニヤ，イエメン，セーシェル，ソマリア（プントランド）でも示されている。See *e.g.*, "South Korea court sentences 4 Somali pirates", Friday May 27, 2011, JURIST Legal News & Research (University of Pittsburgh School of Law) at http://jurist.org/paperchase/2011/05/south-korea-court-sentences-4-somali-pirates.php; "S Korea jails Somali pirate for 15 years", *The Australian*, June 1, 2011, at http://www.theaustralian.com.au/news/breaking-news/s-korea-jails-somali-pirate-for-15-years/story-fn3dxity-1226067528211.

の敵をこの地に移送して裁く営みは，単なる一刑事裁判ではない。そこには，ほかならぬ国際法と〈われわれ〉の未来が仮託されているからである。それゆえにこそ，美醜に満ちたその実相をしっかりとみつめておくべきはいうまでもないが[38]，これに加えてもう1つだけ言い添えるなら，歴史の進み行く道はけっして一方向的ではないことも忘れてはなるまい。海賊を媒介に国際共同体の編制を推し進める営みも，それが強圧的であるほどにそれに比した抵抗を導くことがあっても不思議はない。歴史はまさしく偶有的であり，そこにこそ，人類の敵の行く末を注視すべき所以があるということでもある。

---

[38] 本件については，東京地方裁判所で3つに分離して審理が行われ，いずれも懲役刑が言い渡された。控訴審でも原審判断が支持された。東京地判平25・2・1 LEX/DB25500936, 東京高判平25・12・18 LEX/DB25502785。

◆第3部◆
ジェンダーの領野

7 国際法におけるフェミニスト・アプローチ

> ただ単に女性がいればいいのではない。沈黙を強いられ，価値を貶められた思考方法を開発し，探求し，再考し，再評価する熱意と能力こそが必要なのだ。そのためには，男性にも中心的役割を担ってもらわなければならない[1]。

I オスカーへのフェアウェル

　ジェンダーの視点を用いて法事象に接近するフェミニスト・アプローチが国際法学において本格的に台頭してきたのは，1990年代に入ってからである。その出現を知らしめたのは，ヒラリー・チャールズワースとクリスチーン・チンキン，シェリィ・ライトという3人の論客がアメリカ国際法雑誌に共同で寄稿した「国際法におけるフェミニスト・アプローチ」であった[2]。国際法学の在り方への名状しがたい違和感を拭い切れずにいた私のようなものにとって，この論文は，沈殿する違和感の実体を見事に言い当てた，胸のすくようなものに感じられた。1行また1行と読み進むにつれて，普遍性や体系性の厚き外套にくるまれた国際法学の男性中心性が前景化し，わくわくするような知的興奮をかきたてられたことを覚えている。

　10年以上の歳月を経てなお輝きを失わぬその論考が刊行された2年後の

---

(1) Carol Cohn, "War, Wimps and Women: Talking Gender and Thinking War," in Miriam Cooke and Angela Woollacott, (eds.), *Gendering War Talk* (Princeton University Press, 1993), p. 239.

(2) Hilary Charlesworth, Christine Chinkin and Shelley Wright, "Feminist Approaches to International Law," *American Journal of International Law*, Vol. 85 (1991), pp. 613-645. なお，日本の国際法関連の学会でフェミニスト・アプローチについての最初の本格的な報告は，世界法学会2002年度研究大会で申惠丰が行っている。申は，その報告を土台に，後日，「国際法とジェンダー――国際法におけるフェミニズム・アプローチの問題提起とその射程」世界法年報22号（2003年）を信頼感溢れる筆致で著した。

第3部　ジェンダーの領野

　1993年，「国際法に女性の経験は反映されているのか」というチャールズワースらの批判的問いかけに呼応し，アメリカ国際法学会は「国際法における女性・分科会」が中心になって1日がかりの研究集会を開催した。学際的で刺激的な議論に彩られたその集会の成果はほどなく同学会から『現実を紡ぎ直す－女性と国際法』となって刊行され世界に広められることになった(3)。その頃カナダでも，レベッカ・クック主導の下，トロント大学法学部で「女性のための国際人権法に関する検討会」が招集され（1992年9月），その会合に向けて準備された諸論文をベースに『女性の人権――国内的および国際的視座』が公刊された(4)。

　ラディカル・フェミニズムの視点を導入し，法の風景を大幅に書き替えたキャサリン・マッキノンに代表されるように，この分野での理論的あるいは実務面での進展は北米を一つの拠点にみられたといってよい。その事実に照らしてみれば，国際法学におけるフェミニスト・アプローチの展開がアメリカやカナダを舞台としていたことに特段の驚きはないように思われるかもしれない。だが，実際のところ，チャールズワースやチンキンらはアメリカ出身の学者ではない。そして国際法におけるフェミニスト・アプローチに関する最初の研究会合もまた，北米ではなくオーストラリアで開かれていた。1990年にオーストラリア国立大学で開催されたその会合には，世界屈指の国際法学者，コロンビア大学のオスカー・シャクターも参加していた。チャールズワースが，その折のシャクターにかかわるとてもおもしろいエピソードを記しているので，紹介しておこう(5)。

　　その会合に先立って開かれていた「国際法における同意の役割」に関する会議に，当代きっての国際法学者が大勢集まっていた。尊敬すべき彼ら男性研究者のなかには，「同意」についての会議が終わった後，フェミニストたちの会合にも顔を出してくれたものがいた。オスカー・シャクター教授もそうだった。彼

---

(3) Dorinda G. Dallmeyer (ed.), *Reconveiving Reality: Women and International Law* (The American Society of International Law, 1993).

(4) Rebecca J. Cook, (ed.), *Human Rights of Women: National and International Perspectives* (University of Pennsylvania Press, 1994).

(5) Hilary Charlesworth, "Alienating Oscar?: Feminist Analysis of International Law," in Dorinda G. Dallmeyer (ed.), *supra* note 3, p. 1.

7 国際法におけるフェミニスト・アプローチ

らは広範なテーマを扱った諸報告に耳を傾けてくれたのだが，報告のなかには，客観的な分析を求める学界のしきたりを無視するものもあった。怒りにあふれ，熱情的で感情的だったのだ。そしてなにより悪いことに，彼女たちの報告は個人的なものであった。あきらかに，会議室にぽつぽつと座っていた男性たちは不安感を覚えていた。いつもと違ってまわりを女性に囲まれ，自分たちの学問を非紳士的なやり方でズケズケと攻撃されたのだから……。翌日，同僚の男性が忠告してくれた——大切なテーマについての学問的論争には全面的に賛成だけれど，会合の進め方はまずかったね。最もまずかったのは，著名なゲストの方々を疎遠にし，困惑させてしまったことだ。なかでも，「オスカーを疎外してしまった」ことだ，と。

「オスカー」とはもちろん，オスカー・シャクターその人であるが，同時にそこには，彼に表象される主流国際法学の在り方も含意されていた。その標的をめがけまったく異質な方法で批判の矢を放つフェミニストたちの報告は，従来の学問的手法からはほど遠く，主流のなかに身をおく研究者にはあたかも「オスカー」の存在を透過するか，そうでなければ「オスカー」からの離別を宣言する破壊的な営みにも映ったのかもしれない。

「オスカーを疎外してしまった」という批判は「国際法学の作法に反する」という批判にも通ずる響きがあるが，そうした主流からの強い圧力を受けながらも，フェミニストたちはその後も国際人権法や国際人道法の在り方をジェンダーの視点に立って照射し，学問的にも実務的にも少なからぬ成果を生み出していった。だが，人権／人道法の分野を超えて国際法を横断的に解析する記念碑的業績となったのは，なんといってもチャールズワースとチンキンという2人の先達が2000年に刊行した『国際法の境界——フェミニスト分析』[6]であろう。

「国際法におけるフェミニスト・アプローチ」，『現実を紡ぎ直す』，『女性の人権』という90年代を彩った代表的なフェミニストの作品は，それぞれ，フェルナンド・テソン，マルティ・コスケニエミ，アンソニー・ダマトといった有力な男性国際法学者により広く紹介されていた[7]。もっとも同じ男性と

---

[6] Hilary Charlesworth and Christine Chinkin, *The Boundaries of International Law: A Feminist Analysis* (Manchester University Press, 2000). ヒラリー・チャールズワース＝クリスチーン・チンキン［阿部浩己監訳］『フェミニズム国際法——国際法の境界を問い直す』（尚学社，2004年）。

147

第3部　ジェンダーの領野

はいっても、テソンはアメリカのリベラリスト、コスケニエミはフィンランドを本拠とする批判法学徒というように、依拠する認識枠組みが異なっていたことから、フェミニストの営みへの評価にも当然にかなりの温度差がみられた。その温度差は今日まで変わることなく引き続いているのかもしれないが、そうだとしても、『国際法の境界』は、フェミニスト・アプローチが「国際法学の主流には関わりのない、風変わりな附随物」[8]ではなくなったことを広範に認知させるに十分な内実をもつものであった。ちなみに、同書の著者はその後ともに世界の国際法学の在り方に大きな影響力をもつアメリカ国際法雑誌の編集委員となり、また、「国際法における方法論に関するシンポジウム」を特集した同雑誌93巻2号（1999年）でも、フェミニスト・アプローチが実証主義などとならび、国際法学の代表的な方法論の1つとして取り上げられるまでになっている[9]。

『国際法の境界』は、コロンビア・ロースクールの気鋭の国際法学者ホセ・アルバレスの犀利な書評により、好意的かつ批判的に評されている[10]が、そこでも述べられているように、「フェミニスト理論……がもたらした進展にもかかわらず、実務あるいは研究に携わるあまりに多くの国際法曹が依然としてフェミニスト分析を一時の流行かそれ以下のものとみなしている」[11]事態は現在でも本質的には変わっていない。こうした事態は、アメリカでもオーストラリアでもヨーロッパでもみられるが、その位相は、私たちの住むこの日本において格段に顕著である。

国際法学においてジェンダーはなぜ有意な分析視角として認められてこな

---

(7) Fernando R. Tesón, "Feminism and International Law: A Reply," *Virginia Journal of International Law*, Vol. 33 (1994), p. 647; Martti Koskenniemi, "Book Review," *American Journal of International Law*, Vol. 89 (1995), pp. 227-230 (reviewing *Reconveiving Reality: Women and International Law, supra* note 3); Al D'Amato, "Book Review,"*Id.*, Vol. 89 (1995), pp. 840-844 (reviewing H*uman Rights of Women: National and International Perspectives, supra* note 4).

(8) Charlesworth and Chinkin, *supra* note 6, p. 19.

(9) See Steven R. Ratner and Anne M. Slaughter, (eds.), "Symposium on Method in International Law," *American Journal of International Law*, Vol. 93 (1999), pp. 291-423.

(10) José E. Alvarez, "Book Review," *Id.*,Vol. 95 (2001), pp. 459-464 (reviewing *The Boundaries of International Law: A Feminist Analysis, supra* note 6).

(11) *Id.*, p. 459.

かったのか[12]。この問いに対する定型化された解は用意されていないものの，おそらくその1つは，国際法学における女性研究者の絶対的な不足にあったのではないか。あるいは，抽象的な国際法の諸概念・原則が女性の実生活には関わりのないものと考えられてきたためなのかもしれない。女性の問題を語ることを揶揄するアカデミック・セクシズムの存在が，フェミニズムの発現を阻む重要な要因として機能してきたことも間違いないところだろう。だが日本の国

---

[12] むろん，この問いは，国際法学だけでなく，法律学一般に向けられることでもある（紙谷雅子「ジェンダーとフェミニスト法理論」『岩波講座 現代の法11 ジェンダーと法』(岩波書店，1997年) 45頁)。こうした状況にある「日本の法律学において，女性の視点から再検討することをいろいろな機会に主張したのは金城清子が恐らく最初であり，金城清子『法女性学のすすめ』が最初のまとまった著作であると思われる」(同上)。『法女性学のすすめ』は1983年に有斐閣から出版されたものだが，金城はその後も法女性学の研究を深め，その成果を発表し続ける。興味深いことに，2002年に出版した書物に，金城は法女性学ではなく『ジェンダーの法律学』(有斐閣) というタイトルを冠している。その事情を同書 (2, 4頁) は次のように述べる。「法律学は，女性の参画を排除し，女性の視点を欠落させたものであり，法男性学にすぎないとして，女性の視点からの法律学の再検討をめざした法女性学を提唱し，『法女性学のすすめ』(有斐閣，第4版まで刊行) を出版したのは，1983年のことだった。その後，女性の視点からの法律学研究は，広く行われるようになり，国の女性政策に大きな影響を与えてきた。……男性にとっても，性別分業は，非人間的，自己拘束的で，さまざまな不利益をもたらしていると意識されるようになってきた。このように女性の問題提起から始まった性別分業への異議申し立ては男性にも共有されるようになってきたのである。ジェンダーの法律学は，歴史的，文化的に形成されてきたジェンダーによって，女性ばかりでなく，男性も，その人としての尊厳や幸福追求権などの人権を奪われてきていることを明らかにする。そしてその変革の方向を法律学の分野で探り，ジェンダーにとらわれない，ジェンダー・フリーな法や制度のあり方を考察するものである。したがってジェンダーの法律学は，男女の共同参画によって追究されなければならない」。男女共同参画という表現は，性差別撤廃という過程を踏まずに一足飛びにジェンダー・フリーな社会が到来するかのような響きも漂わせ，その使用にはためらいを覚えぬでもないが (「男女共同参画」の陥穽については，「男女共同参画の資格と誤算」の特集を組んでいる『インパクション』131号 (2002年7月) が詳しい。また，牟田和恵「男女共同参画時代の＜女帝＞論とフェミニズム」現代思想2003年1月号115-129頁も参照)，金城のこの指摘は，男性も国際法におけるフェミニスト・アプローチに参入すべきことを奨励するものとして，とても勇気づけられる。なお，国際法の分野において理論・実践両面で「女性の人権」を追究してきた代表的存在が山下泰子であることはここに改めて確認するまでもないが (彼女の代表的な著作として，『女性差別撤廃撤廃条約の研究』(尚学社，1996年))，フェミニスト・アプローチは，山下がこれまで扱ってこなかった国際法の分野にもジェンダーの視座を用いて分析を及ぼしていく。その意味で，これまでの蓄積を踏まえつつ，研究の射程は格段に広がっていくことになろう。

第3部　ジェンダーの領野

際法学についていえば、それらとならび、いやそれら以上に、強力な「同調圧力」の存在を無視するわけにはいかない。端的にいえば、方法論や法の政治性などについての議論を歓迎せぬ実証主義＝実定法主義の潮流が——少なくともこの20年余の間——あまりに強く[13]、しかもその潮流からの逸脱を許さぬ有形無形の圧力があまりに強くはたらいてきたということである。

　むろん日本にも、自然法、法社会学、第三世界アプローチなどに親和性を見出す傑出した国際法学者も少なくない。だが、主流への強い同調圧力がはたらくなかで、そうした魅力的な研究手法は必ずしも大きな求心力を生み出してこなかった。北米やオーストラリアなどでフェミニスト・アプローチが台頭しえた背景には、グロチウス学派、法政策学派、批判法学派、自然法主義といった様々な学問的潮流が、支配的な国際法学の在り方を批判的に問い続けていた事情があった。そのように様々な方法論が可能である、という包摂的な雰囲気がなければ、新しい方法論への挑戦はもとより、新たな方法論への共感を表明することすら容易でない[14]。

　国際法の研究に携わる者は、国際法学の専門家集団のなかで生き残るために必要な身体技法を戦略的に身につけるのが常である。それは、その集団のなかで正統と見られる見方を高く評価する知覚・評価図式の構築をもたらす[15]。憲法学に携わる安念潤司は、日本では憲法学者の大部分が、「研究者になった当初から専業憲法学者であり、かつ一生そうであり続けるところに特異性がある。しかも……憲法学者の大部分は、学者としての全キャリアばかりでなく、社会人としての全キャリアを専業憲法学者として過ごすのである。……日本の法律学界は、専門学科ごとに構成された一種のギルドないしカルテルであって、

---

(13) この点につき、たとえば、大沼保昭「国際社会における法と政治——国際法学の「実定法主義」と国際政治学の「現実主義」の呪縛を超えて」国際法学会編『日本と国際法の100年　第1巻　国際社会の法と政治』（三省堂、2001年）2, 6頁注(13)参照。

(14) これとは対照的に、コスケニエミは、批判的な観点からではあるが、フィンランドの法律学界が自由で多元的な伝統のもとにあることを指摘している（Martti Koskenniemi, "Letter to the Editors of the Symposium," *American Journal of International Law*, Vol. 93 (1999), p. 353）。

(15) ピエール・ブリュドゥーのいう「ハビタス」（知覚に組み込まれた慣習）ということだが、この「構造化する構造」のメカニズムについては、ピエール・ブリュドゥー［石井洋二郎訳］『ディスタンクシオン』（藤原書店、1990年）参照。また、江原由美子『ジェンダー秩序』（勁草書房、2001年）第3章も参照した。

学問の自由は，対文部［科学］省との関係では声高に叫ばれても，仲間うちでの適用は慎重に回避されてきた。日本の憲法学者は……一般の新卒者が何々株式会社に入社するのと同じように，憲法学界に『入社』するのである」[16]というが，ここにある「憲法」という言葉はそのまま「国際法」に入れ替えることができる。知覚に埋め込まれた身体技法に抗うことは，ただでさえ極度の緊張をもたらす。ましてそこが閉鎖的な「会社」となれば，緊張の度合いは何倍にも倍加しよう。

　ただそうはいっても，身体技法は，当人がまったくコントロールできないものではない。極度の緊張に立ち向かう勇気と努力さえあれば変革は可能である。フェミニストたちは，男（女？）性研究者の前でフェミニズムやジェンダーという言葉をもち出した瞬間にどれほど冷淡な視線を受け，したがってどれほど強い緊張を強いられるかを体験上知っているだけに，連帯やネットワークの意義にことのほか敏感である。私たちは，国際法学界に「入社」したのかもしれない。しかし，私たちと関わりがあるのはなにも同じ「会社」の同僚だけではあるまい。「ジェンダーについてほぼ完全な沈黙が続く限り，ジェンダーに関心を抱く者は，その関心を深める作業を挫かれるか，または，学問の外であるいはもっと受容性のある他の学問領域でその関心を深めるしかない」[17]。そうした認識が，フェミニストたちを，学問横断的な，あるいは国境を越える連帯・ネットワークの構築に駆り立てている。フェミニズム国際法学もまた，そうした連帯・ネットワークに支えられてはじめて可能になっているように思う。

II　2つの目標に向けた発掘作業

(1)　アイデンティティの所在

　フェミニスト・アプローチが拠り所とする分析道具＝ジェンダーは，性差が生物学的に決定づけられているのではなく，社会的に構築されたものであることを指し示す。もっとも，社会的・文化的性差の射程がどこまで広がるのかについては議論があり，生物学的性差（セックス）までもがジェンダーに含まれ

---

(16)　樋口陽一編『ホーンブック憲法［改訂版］』（北樹出版，2000年）66, 67頁。

(17)　Fred Halliday, "Hidden From International Relations: Women and the International Arena," *Millenium*, Vol. 17 (1988), p. 419.

る，つまり社会的に構築されたものであると説く論者も少なくない。ここでその議論に立ち入るつもりはないが，ただジェンダーにより明らかにされる性差が，竹村和子の知見を借りるなら，＜２つの差異＞ではなく＜１つの差別＞を意味しているということには留意しておきたい[18]。

> ボーヴォワールも指摘しているように，社会には２つの性があるように見えるが，じつは１つの性しか存在しておらず，それは「男」という性である。逆説的なことだが，社会に１つしか性がない——男という性しかない——ということは，男は弁別されるために性を持ち出さなくてもよいということである。だから男は性によってしるしづけられることはなく，「普遍的な人間主体」になりうるが，他方，女は，普遍ではない「特殊」，主体にはなりえない「他者」，性によってしるしづけられている存在だとみなされる。女はその特殊な性であることが強調されて，「ジェンダー化された存在」と解釈されるのである。

　国際法にかかわる知を生産し，その体系化をはかってきたのは男性である。国際法の２大法源とされる条約と慣習法の定立にかかわる圧倒的多数は今でも男性だろうし，「法則決定の補助手段としての……諸国の最も優秀な国際法学者の学説」（国際司法裁判所規程 38 条 1 (d)）もまた，男性の手によるものであった。先に述べたシャクターはいうまでもなく，ローターパクトにしてもジェサップにしても，マックネアにしてもフィッツモーリスにしても，あるいは田畑茂二郎にしても山本草二にしても，いずれも男性の学者である。彼らのつくり出した知が，つまりは男性知が，客観的で普遍的な，したがって正統な国際法学＝人間知として承認されてきた。むろんそれは，彼らの卓抜した能力ゆえのことではあるが，同時に彼らが皆，しるしづけのない「普遍的な人間主体」であったことも見落としてはならない。

　公の場において，男は，男として名乗り出る必要はない。男は「自然」なのだから。しかし女は名乗り出なくてはならない。いや，名乗り出なくても，特殊な存在としての位置を与えられることになる。99 年のアメリカ国際法雑誌でフェミニスト・アプローチの相貌を論じたチャールズワースはこういっている。「いつもいつもフェミニストと位置づけられる日が終わり，一人前の国際法学者として認められる日がやってくるのを望んでいる」[19]。

---

(18) 竹村和子『フェミニズム』（岩波書店，2000 年）19 頁。

むろん，彼女は敗北主義的な諦観の境地を表明したわけではない。フェミニズムは，みずからが特殊な存在であることをはばかることなく認めながら，その一方で，普遍的なるものもじつは特殊なものにすぎないことを喝破する。フェミニズム批評の言説分析を歴史学に取り入れたジョージ・スコットがいうように，「偏りを自認することは，普遍的な説明の追求において敗北したと認めることではない……。むしろそれは，普遍的な説明はこれまでも可能ではなかったし，いまも可能ではない［ことを］示唆している」[20]。スコットは「自らの偏りを認めることで，返す刀で正史を僭称するものに対して，『おまえはただの男性史にすぎない』と宣告した」[21]のである。チャールズワースもまたチンキン，ライトと共に著した先駆的な業績のなかで，スコットと同じような指摘をしていた。「私たちが主張したいのは，国際法の立法構造も国際法規の内容も，ともに男性に特権を与えるものであるということである。女性の利益が認められる場合があっても，それは周縁に追いやられてしまっている。国際法は，徹底的にジェンダー化されたシステムなのだ」[22]。

普遍的な知が男性知の別表現であるように，普遍性という外套にくるまれた国際法も男性化された法制度にすぎない。フェミニスト・アプローチはまずそのことを学術的／理論的に明らかにすることに力を注ぐ。国際法における知の生産・受容過程が男性によって支配されてきたことに起因する不均衡な法（学）の実態を，ジェンダーという分析道具を用いて抉り出すのである。だが，フェミニストの営みはそれだけにとどまらない。国際社会の現実を変革するという政治的闘いに貢献することがもう1つの重要な目標として掲げられる。キャサリン・マッキノンがいうように，「フェミニズムとは多様な現実にコミットしていくための手法で，経験的な側面と分析的な側面とをもち，現実について語るだけでなく現実の問題を解明しようと願い，理論の上だけでなく実際に何かを成し遂げようとするもの」[23]なのだ。

---

(19) Hilary Charlesworth, "Feminist Methods in International Law," *American Journal of International Law* (*supra* note 9), p. 379.
(20) ジョーン・スコット［荻野美穂訳］『ジェンダーと歴史学』（平凡社，1992年）29頁。
(21) 上野千鶴子『差異の政治学』（岩波書店，2002年）22頁。
(22) Charlesworth, Chinkin and Wright, *supra* note 2, pp. 614-615.
(23) キャサリン・マッキノン［上野直子訳］「フェミニズムが法学教育を変える——根本原理への問い直し」世界706号（2002年）260頁。

第3部　ジェンダーの領野

「フェミニズムの視点から眺めれば，世界はまったく違って見えてきて，ほとんどすべてのことを別のアングルから捉えられるようになります」というマッキノンの指摘[24]は，フェミニスト・アプローチの面白みを言葉巧みに伝えていると思うが，ただ，自らのアイデンティティをはっきりさせ，政治的な闘いへの参画を公言してはばからぬフェミニストの姿勢は，中立的な立場から客観的真理・正義への接近をはかる従来の学問のあり方とは大きく異なっている。それだけに激しい非難と反発を受けることになる。あるいは，「アイデンティティを捨象した，人間理性の行使主体として思考を展開するという作法」にはずれているとして，無視ないしは軽視の対象と化す[25]。だが，フェミニストの側からすれば，これまでの国際法（学）もまた，男性中心主義という特定の立場を――客観性の外套のもとに――再生産する政治的営みであり，したがってフェミニスト・アプローチのひそみにならっていうなら，マスキュリニスト・アプローチとでも命名されてしかるべきものなのである。

(2)　沈黙を聞く

　第2波フェミニズムの流れのなかで，フェミニスト理論は多彩な展開をみせた。1人1派といってもいいほどであるが，一般には，リベラル，文化派，ラディカル，ポスト・モダン，ポスト・コロニアル，などといった名称のもとに分類されている[26]。国際法におけるフェミニスト・アプローチは，こういったフェミニスト理論のいずれかに連結されているわけではない。「平等」をキーワードとするリベラル・フェミニズムであれ，「責任・ケアの倫理」に能動的意味を付与する文化派フェミニズムであれ，「個人的なことは政治的なこと」という標語によって最もよく知られるラディカル・フェミニズムであれ，

---

(24)　同上。
(25)　寺尾美子「ジェンダー法学が切り拓く地平」ジュリスト1237号（2003年）17頁。
(26)　こうしたフェミニスト理論については，さしあたり，江原由美子・金井淑子編『フェミニズム』（新曜社，1997年）参照。また，フェミニスト理論と法のかかわりについて簡潔に分析を加えたものに，紙谷・前掲注(12)。さらに，フェミニスト理論がカナダの憲法判例にいかに影響を与えたのかを分析するものとして，Kathleen Mahoney, "Theoretical Perspectives on Women's Human Rights and Strategies for their Implementation,"*Brooklyn Journal of International Law*, Vol. 21 (1996), pp. 799-856. この論文は，国際法における女性の人権についても，フェミニスト理論を用いて分析を加えており，実に有用である。

国際社会の現実を読み解き，変革するのに好適であれば状況に応じて採用する。

その手法は，「考古学的な発掘作業」にもなぞらえられる[27]。規範・制度が幾重にも折り重なった国際法の各層に潜むジェンダーの位相を，多様な理論的成果を駆使しながら掘り起こしていくのである。国際機関における女性の不在，女性を不可視化する国際法原則・規則の実態，さらに国際法の根幹を成す国家や紛争，安全保障といった諸概念に組み込まれたジェンダー。それらを順次，丹念に発掘していく。

その際とくに重視するのは，国際法という壮大な制度的知のなかで一貫して強いられてきた「沈黙」の意味である。国際法の実相は，現前するものをみつめるだけでは明らかにならない。存在しないもの，葬られてきたもの，軽視されてきたものを発掘することにこそ重要な意味がある。そして，国際法の発掘作業を進めていくとあらゆる段階でつきあたるのが女性の沈黙なのである。チャールズワースはいう。「この現象は，国際法の躯体を弱める単なる隙間あるいは窪みとして急いで修繕すれば修復されるようなものではない。女性の沈黙はむしろ，国際法秩序の構造上不可欠の一部，つまり国際法秩序の安定にとって決定的な要素なのだ」[28]。

他の学問分野がそうであるように，国際法学もまた，二項対立あるいは二元論的な思考枠組みを前提として組み立てられてきた。法的／政治的，合理／不合理，客観／主観，理性（論理）／情緒，冷静／感情，秩序／アナキー，文明／自然，能動的／受動的，明瞭／曖昧，抽象的／具体的（個人的），公／私……といった具合に。見落としてならないのは，フランシス・オルセンも指摘するように，こうした思考の構造が明瞭にジェンダー化されていることである[29]。

> 二元論には……3つの特徴がある。第1に，これらの二元論は，性的に構築されている。すなわち，それぞれの二元論各要素の一方は男性的，そして他方は女性的であると認識されている。第2に，それぞれの二元論の各要素は互いに対等ではなく，上下の関係にある。すなわち，それぞれの対において，男性的と考えられている方の要素は望ましく優れたものとされるのに対し，もう一方

---

(27) Charlesworth and Chinkin, *supra* note 6, p. 49.
(28) Charlesworth, *supra* note 19, p. 381.
(29) Frances Olsen, "The Sex of Law," in David Kairys, (ed.), Politics of Law (3rd ed. 1998), p. 691. 翻訳は，寺尾・前掲注(25) 15 頁によった。

の方の要素は，劣った，駄目な要素として否定的に捉えられるのである。そして第3に，法は，この二元論の，男性の側とされる諸要素からなるものと捉えられている。

男性的要素，女性的要素が人間に生まれながらに備わっているというつもりはない。ただ，ジェンダー化された社会のなかで構築される男性性，女性性が，上で指摘された要素によって表象されることはたしかであろう。となれば，国際法（学）が構造上，男性的要素によって支えられていることは疑いなく，そうである以上，女性が国際法から排除され沈黙を強いられてきたのは当然の成り行きであったということにもなる。

フェミニスト・アプローチは，二分法思考のなかで否定的に処せられてきた主観，情緒，感情，受動，曖昧，具体（個人），私，といった諸要素を議論の場に意図的に召喚することにより，国際法がいかにジェンダー化された論理の下にあるのかを浮き上がらせる。先に，オスカー・シャクターの出席したフェミニストの会議における研究報告が怒りにあふれ，熱情的で感情的で，おまけに個人的なものであったということをチャールズワースの言を引用して紹介したが，それはけっして否定的にとるべき事態ではなく，むしろそれこそがフェミニズムの本旨であったといってよい。国際法においてジェンダーを前面に出したはじめての本格的会合であっただけに，なおのことそういえよう。アメリカ国際法学会の会合において，私的で主観的で個人的で，あたかも体系を無視したかのように論を展開するフェミニストの報告を聞いた後，不快な表情を浮かべ，いささかのためらいもなく否定的な評価を下す有力な国際法学者に私も出くわしたことがあるが，そのためらいのなさこそが，ほかならぬジェンダーの発現だったのだと，いまさらながら思っている[30]。

フェミニズムは女性の全的解放という明確な目標をもっている[31]。フェミ

---

(30) 女性的なものとして劣位におかれてきた価値を召喚することによって，フェミニスト・アプローチは二分法の再構成をはかろうとしているのではなく，むしろ，そうした二分法自体の脱構築を目指している。

(31) なお，フェミニズムが女性の全的解放を目指すというとき，そこで念頭におかれている解放とは，性差別からの解放だけではない。そこには，女性をとりまくあらゆる抑圧，すなわち階級差別，人種差別，不均衡な国際経済構造といったものからの解放も含意されている。抑圧構造は，「これは性差別，これは人種差別」などときれいに分解できるものではなく，むしろ相互に連動し強化しあって存在している。先進国の一握りの

ニスト・アプローチは，国際法のジェンダー構造を明るみに出し，その変革を追求することで，フェミニズム運動の政治的闘争に積極的に関わっていく。だが，フェミニズムが解放しようとしている女性とはどのような女性なのだろう。国際法におけるフェミニスト・アプローチがモデルとする女性はいったいどこにいるのだろうか。

　ポスト構造主義の段階を迎え，女性もフェミニズムも一枚岩でないことがますます鮮明になってきている。ポストモダン・フェミニズムあるいは第三世界フェミニズムの言説は，「女性の共同体」(=シスターフッド)の構築が著しく困難になっていることを雄弁に物語っている。チャンドラ・モハンティが的確に表現するように，「女性は，階級，文化，宗教その他のイデオロギー的諸制度・枠組みの複雑な相互連関を通じて女性として構成されている」[32]。「北」の女性と「南」の女性とを，女性というだけで一括りにするのではあまりに大雑把だろうし，「北」の女性であっても，階級や人種などが違えば共通の言語を流通させることは必ずしも容易でない。「『同じ女』だからと言って，それぞれが立っている地平は決して地続きなのではない」[33]。

　とはいえ，政治的主張としてのフェミニズムの有効性を保とうとするのなら，「女性」というカテゴリーを放棄するわけにはいくまい。女性間の「内なる差異」の過度の強調は，フェミニズムの脱政治化を促進し，結局は現行制度(=特権的な男性の立場)をさらに強化するだけに終わってしまうかもしれない。ポスト・モダンの現在にあっても，特定の問題に立ち向かうために，「女性」という想像の共同体を暫定的・戦略的に立ち上げることはなお可能である。「前

　　　恵まれた女性であればいざ知らず，おそらく世界の圧倒的多数の女性にとって，性差別の側面だけを切り取ることは不可能だろうし，仮にそれができたところで抑圧からの解放が実現するわけではない。抑圧構造すべてが取り除かれなくてはならない。国際法におけるフェミニスト・アプローチも，抑圧構造全体の解体を視野に入れて挑戦的な議論を続けていかなくてはならないだろう。その際，先進工業国の市民という「位置」にある日本のフェミニストには，自らが被る抑圧だけでなく，自らが加担する抑圧構造の解体にむけて自覚的に関わっていくことがとくに求められている。こうした視点の重要性を執拗なまでに訴えるものとして，岡真理『彼女の「正しい」名前とは何か——第三世界フェミニズムの思想』(青土社，2000年)。また，鄭暎惠「フェミニズムのなかのレイシズム——フェミニズムは誰のものか」江原・金井編・前掲注(26) 89-113頁も参照。
(32) Chandra Mohanty, "Under Western Eyes: Feminist Scholarship and Colonial Discourse," *Feminist Review*, Vol. 30 (1988), p. 74.
(33) 鄭・前掲注(31) 111頁。

第 3 部　ジェンダーの領野

進を続けるため，ある立場をとることを可能にするため，そういう定義は必要だと感じている。……私は女として自らの定義を構築するが，それは，女がもっているとされる本質によってではなく，広く一般に使われている言葉によって行われる」とガヤトリ・スピヴァクはいう[34]。またポスト構造主義の最先端を走るジュディス・バトラーも，「ある種の政治実践は，目のまえの目標を達成するためにつくられる偶発的な基盤にしたがって，アイデンティティを設定していく」[35]と述べている。国際法におけるフェミニスト・アプローチも，同質の普遍的な女性（それは往々にして北の中産階級の女性となるのだが）を無批判に範型とするのではなく，世界の多様な女性の存在を前提としたうえで実践的・暫定的に「女」というカテゴリーを創り／直していくことを念頭におくなのべきだろう[36]。

---

[34]　ガヤトリ・スピヴァク［鈴木聡・大野雅子ほか訳］『文化としての他者』（紀伊国屋書店，1990 年）68 頁。

[35]　ジュディス・バトラー［竹村和子訳］『ジェンダートラブル──フェミニズムとアイデンティティの撹乱』（青土社，1999 年）44 頁。

[36]　9・11 以後アメリカでは，アメリカによる軍事行動を正当化する口実としてタリバン政権下における女性の抑圧を利用する「国家フェミニズム」が台頭した。フェミニズムが「他者を軍事的に攻撃するために破壊的な論理として用いられ……た」のである。にもかかわらず，そうした「現実から目を遠ざけ，争点の抽象化に逃げ，さらにそれに疑問を感じないフェミニズム団体……，行動につなげられないフェミニストたち」（前田眞理子「「テロ後」とフェミニズムの論理──誰のための，何のための解放か」法律時報 74 巻 6 号（2002 年）46 頁）。「第三世界」フェミニストたちはこれまで，先進国のフェミニストに向けて，南の女性の解放を考えるなら，まずなすべきは，支援の手を差し伸べることではなくて，南の人々を搾取する国際的な抑圧構造の解体に向けて自国（北の国家）の在り方・政策を変えることではないか，という正当な批判を加えてきた。だが 9・11 以後のアメリカのフェミニズムをみると，自らが加担する抑圧構造に無頓着などころか，アフガニスタン女性による解放運動の存在をまったく視野にいれず，「南」の人々の破壊に進んで加わっているとしか思えない。これでは，抑圧からの解放どころか，単なる覇権志向にすぎなくなってしまう。他方で日本については，91 年 8 月にはじめて日本軍性奴隷制の被害者（サバイバー）が名乗りをあげて以来，「慰安婦」問題にコミットし，日本国の法政策の転換を求めて行動する国際法研究者が皆無にも等しかった事実を想起しないわけにはいかない。この事実は，女性の全的解放というフェミニズムの理念と，旧植民地保有国の市民として果たすべき連帯行動の意義（＝支援の手を直接差し伸べるよりも，彼女たちに抑圧を強いる日本国の在り方・政策を変えるようはたらきかけること）がまったくといっていいほど国際法学のなかで共有されていなかったことを意味している。アメリカ・日本とアフガニスタン・朝鮮半島との関係性はあきらかに非対称なものである。帝国主義あるいは植民地主義といった言葉で表象され

フェミニスト・アプローチには，現行の国際法制度をジェンダーの視点から批判するだけで，体系化された代替案を示していないという批判が向けられるかもしれない。いきあたりばったりの批判を重ねるだけでなく，フェミニズムの思想を投射した国際法を，体系性・普遍性・一貫性をもって示してみよ，という批判である[37]。男性知によって培われてきた学問観を前提にしたこの種の批判は，日本でも，フェミニスト・アプローチの拡大にともなって多くなっていくのではないか。

こうした批判に対する1つの回答は，文化派フェミニズムに括られるキャロル・ギリガンの「もうひとつの声」を国際法の根幹に据えて法規範・制度を再構築していくことであろう[38]。他者への共感や分かち合いを重視する，「責任」と「ケアの倫理 (ethics of care)」に依拠した法制度の構築ということである。教育心理学者ギリガンは，マッキノンとともに，フェミニズムの展開に大きな影響を与えたが，彼女によれば，男性は，他者から切り離された平等な個人が「権利」や「正義の倫理」の下に共存する社会を志向する。それに対して女性は，他者とつながり，「ケアの倫理」を大切にしながら生を営んでいるという。

先に述べたように二分法思考に支配された国際法(学)において重視されてきたのは，いうまでもなく，共感や思いやりではなく，権利であり正義であった。権利や正義の法制化が追求されることはあっても，ケアの倫理にもとづく国際法の在り方が自覚的に追求されることはなかったといってよい。そもそも思いやりには国際法上の価値がないとされてきたのだから，当然ではあったのだが。けれどもギリガンが示したように，劣位におかれた「女性の声」に積極的な意味づけを与えられるなら，そうした価値を前景化させたうえで国際法制度を全面的に再構築することも可能かもしれない。フェミニスト・アプローチは，そうした知的営みを重ねながら，「もうひとつの国際法」を体系化していくことができるかもしれない。

うるその不均衡な力関係が生み出す抑圧構造に，私たちはできる限り敏感でありたいものだ。国際社会全体に射程を伸ばすフェミニズム国際法学の担い手にはそれが強く求められる。

(37) See Aaron Fellmeh, "Feminism and International Law: Theory, Methodology, and Substantive Reform," *Human Rights Quarterly*, Vol. 22 (2000), pp. 681-682.
(38) Carol Gilligan, *In a Different Voice* (Harvard University Press, 1982), 岩男寿美子監訳『もうひとつの声』(川島書店，1986年)。

第3部　ジェンダーの領野

だがマッキノンの疑念を持ち出すまでもなく,「もうひとつの声」が女性の本当の声なのか, それが本当に女性の解放につながるのか, ということについてフェミニズムは明快な答えを出せずにいる。「フェミニズムである限り,『女性的な価値』を賞揚することなしに, 未来を構想することは不可能である。しかし, 現在の男根中心主義社会の現実は,『真の』女性的な価値を見いだすことを妨げている」(39)。「女性の声」にもとづく法言説は, 後に述べるように, 膠着した事態を打開し, 国際法の境界を押し広げる豊かな可能性をもっている。そのことは間違いない。しかし, その声に基づいて築かれる「もうひとつの秩序」は, 果たして女性の全的解放につながるものなのだろうか。少なくとも, それが新たな抑圧につながらないという保証はないのではないか(40)。

「女」というカテゴリーを立ち上げることが困難になっていることはすでに述べた。そうした現状が示唆しているのは, 女性の解放に向けた, 普遍的通用力をもつグランド・セオリーの構築がますます困難になっているということである。1つの体系を示せ, という抑圧的な批判に応答することは, 解放言説たるフェミニズムにとってかえって有害な結果を生み出すことになってしまうかもしれない。それが,「もうひとつの声」を押し出したものであったとしても, である。フェミニスト・アプローチは, 他の法理論を駆逐するような一貫性ある法体系の構築をめざすのではなく(その営為自体が新たな抑圧への加担になっ

---

(39) 岡野八代「境界のフェミニズム」現代思想31巻1号(2003年)149頁。
(40) フェルメスは, 他者とのつながりを大切にするギリガンの倫理を前面に立ててフェミニズム国際法学を構築する可能性を示唆する (Aaron Fellmeth, *supra* note 37, pp. 684-686)。そのこと自体にただちに異議を申し立てるつもりはないが, ただ彼がいうように集団安全保障, 世界貿易機関(WTO), 欧州連合などが「ケアの倫理」の可能性を指し示していると解する見方には賛同しかねる。確かに, 他者とのつながりを大切にする「ケアの倫理」がウェストファリア体制を体現する2国間主義よりも, 国連体制に代表される多国間主義に同調性があることは間違いないだろうが, だからといって, かんじんの多国間主義の実態が男性支配エリート間の談合的繋がりにすぎないのであれば, その帰結は女性にとってけっして福音にはなりえない。たとえば, 世界貿易機関は, 疑いなく多国間主義の発現ではあるけれど, この機関の主導のもとに推進される世界大の自由貿易／市場原理は, 女性の人権にとって最大の脅威となって立ちあらわれている (See *e.g.*, Anne Orford, "Contesting Globalizatin: A Feminist Perspective on the Future of Human Rights," *Transnational Law and Contemporary Problems*, Vol. 8 (1998), pp. 171-198)。「ケアの倫理」を彼のように説く場合には, フェミニスト理論の名のもとに新たな抑圧を正当化することになりかねない。

160

てしまうおそれがあるから……)、ジェンダーの視点に基づいて客観性と中立性を装う国際法（学）の限界を問い、国際法をより包摂的な法へといざなうところに最大の存在意義があるのではないだろうか。「あらゆるフェミニスト理論は破壊的な戦略をとる。『ゲリラ戦の形で、家父長制の最大の弱点を撃つ』。家父長的言説が、『普遍的でも代表的でもなく、一面的で党派的にすぎない』ことを明るみに出すのである。……フェミニストは、永遠に局外者、過激な反逆者の位置にある」(41)。体系的一貫性の追求ではなく、多様な女性の経験によって国際法の限界を浮き彫りにし、その境界を押し広げていくこと。問いかけること、聞くこと、対話すること。そこにフェミニスト・アプローチの妙味があるのだろう(42)。そして、そうした営みの蓄積のなかから、新たな国際社会の姿が徐々にみえてくるのかもしれない。

III　ドメスティック・イデオロギー

(1)　法を支える人間の経験

「近代国家においては、性は、市民（国民）を、資本主義が要請する人格／身体に、また国民国家の体制に合致する人格／身体に仕立てあげるために動員された主要な装置だった。それは、人をはっきりと男か女に弁別し、そして男には公的領域、女には私的領域（ドメスティックな領域）を振りあて……るものであ［った］」(43)。中産階級が階級的卓越性を作りあげるために捏造した男性性と女性性の神話にもとづく近代家父長制が、中産層の拡大につれ、公私による男女の振り分けを自然化し普遍化していったとされる。公は男、私は女。こうした二元構造は、国際法の在り方にもそのまま投影されている(44)。

フェミニスト・アプローチは、考古学的な発掘作業の手法により、沈黙を強

---

(41) Charlesworth, *supra* note 5, p. 3.
(42) Charlesworth, *supra* note 19, p. 379.
(43) 竹村・前掲注(18) 11-12頁。
(44) ただし、公私の境界は1つの国家においても流動的であり、世界的にみれば、境界確定にあたっての相違はいっそう顕著である（たとえば、アフリカの状況については次の文献を参照。Rachel Murray, *The African Commission on Human and People's Rights* (Hart Publishing, 2000), pp. 33-47）。しかし女性が私的領域に周縁化されて配置されていることについては、いずれの国／社会であっても変わらない（Charlesworth and Chinkin, *supra* note 6, p. 59）。

いられてきた要素・価値を掘り起こし（つまり議論の場に召喚し），国際法のジェンダー性＝男性中心性を炙り出す。発掘作業の対象は，国際機関の実態から国際法規則・原則，基本概念へと拡張していくのだが，そのすべての段階で女性の沈黙がみられるということについてはすでに触れた。その理由を多少とも単純化していえば，女性が私的領域に割り振られているのに，国際法が公的領域にしか関心を示してこなかったからにほかならない。

第2波フェミニズムのなかでマルクス主義フェミニストが発見したように，公的領域で行う男性の生産労働は有償労働として評価されるのに対し，家事・育児・介護といった再生産労働は無償労働として，同じ労働であっても社会的に低く評価される。後者の労働の主たる担い手が女性なのだが，女性は生産労働に従事している場合であっても後者の労働に従事することを要求される[45]。そうなれば，毎年10週間余りもジュネーブに滞在することを要求される国連国際法委員会の委員が長らく男性のみによって占められてきたのは，偶然というより構造的な帰結ということになるのではないか。この点は，人権諸条約機関の委員などについても少なからずあてはまろうし，国際法過程の重要な担い手である外交官たちの世界が女性の沈黙によって彩られている背景についても同じことがいえよう[46]。

国際法の定立と適用にかかわる国際的な場に，女性の姿は依然として少ない。法的／政治的に重要なポストであればあるほどそうである。私的領域での負担が少ない者あるいは無償労働を担わないでよい者でなければ充足できないような条件が－暗黙裡であっても－有資格の基準となっている事情が大きく与っている。事は，女性と男性を入れ替えればすむわけではない。男性と同じ生活パターンを送ることのできる女性が増えればよいわけではまったくない。問題は，特定の生活パターンを送ることのできる者，つまり公的領域における仕事に専念できる者のみの参加を得て法の定立と適用がなされてきたところにある。そのどこが悪いのか。マッキノンはいう[47]。

---

[45] 1995年の北京女性会議で採択された行動綱領でさえ女性に2重の役割を求めるものであったことにつき，see Dianne Otto, "Holding up Half the Sky, But for Whose Benefit? A Critical Analysis of the Fourth World Conference on Women," *Australian Feminist Law Journal*, Vol. 6 (1996), p. 21.

[46] Karen Knop, "Re/Statements: Feminism and State Sovereignty in International Law," *Transnational Law and Contemporary Problems*, Vol. 3 (1993), pp. 312-313.

7 国際法におけるフェミニスト・アプローチ

法の生命は経験であって，論理ではないという事実はコモン・ローに限ったことではありません。すべての法の陰には人間の，もしあなたが注意深く読めば，その血が行間に流れていることがわかる人間の物語が隠されています。条文が条文を生むのではありません。人間の生活が条文を生むのです。問題の核心は──政治と歴史の問題，つまり法の問題の核心は──誰の経験がどの法のもととなっているかにあります。

　国際法も人間の経験によって創られる。その人間が特定の者に限られるなら，法を支える人間の経験もまた限られたものにならざるをえない。国際法を創り運用してきた人々は，公的領域での仕事に心おきなく専念できる者であり，その圧倒的多数が男性であった。ジェンダー化された社会に生きる女性たちは，国際法の影響を直接に受けているにもかかわらず，公的領域から排除され，自分たちの声を国際法過程につなぐ回路を与えられてこなかったのである。それは，いかに男性が「善意」であっても，女性の経験が法過程から排除される事態をもたらす。そこが問題なのだ。国際法規則・原則を検討することで，その実相に迫ってみよう。

(2) 人権／人道の仮面

　法規に刻み込まれたジェンダーの発掘が最も進んでいるのは人権法と人道法の分野においてである。まず人権法についてみてみる。国際人権規範が男性の経験にもとづいていることを示す典型的な例が拷問禁止規範である。1984年に採択された拷問等禁止条約は，拷問の成立のために公務員の直接または間接の関与を求めている。いいかえれば，公的領域での重大な暴力行為が拷問として鎮圧の対象とされているのである。その理由を，国連人権委員会第2代拷問特別報告者ナイジェル・ロドリーは次のように説明していた。「私的な行為は通常の犯罪行為なので国内法の執行により鎮圧を期待できる。拷問について国際的関心が生じるのは，国家自身が市民の保護機能を放棄し，法執行官による犯罪行為を承認する場合だけである」[48]。

---

(47) キャサリン・マッキノン「戦時の犯罪, 平時の犯罪」S. シュート・S. ハーリー編［中島吉弘・松田まゆみ訳］『人権について』（みすず書房, 1998年）103-104頁.
(48) Nigel S. Rodley "The Evolution of the International Protection of Torture," in Amnesty International (ed.), *The Universal Declaration of Human Rights 1948-1988: Human Rights, The United Nations and Amnesty International* (1988), p. 63.

公的領域にあって，公務員による重大な暴力の被害を受ける女性ももちろん少なくない。しかし，この定義では，家庭や地域といった私的領域において圧倒的多数の女性が夫などから受け続ける暴力は，いかに「激しい苦痛」を伴うものであろうと，カバーされないことになってしまう。国内法による形式的な規制の有無にかかわらず，女性に対する暴力が放置され蔓延する事態は，「国家自身が市民の保護機能を放棄し」ているに等しいといえないのか。フェミストたちは，私的領域での女性に対する暴力が単なる個人的な逸脱行為でも文化的な因習でもなく，男女間の不均衡な権力関係の発現として，男性の支配／女性の従属を構造化する政治的な営みであることを理論化した[49]。そしてそれを，1993年12月，国連総会において「女性に対する暴力の撤廃に関する宣言」として結晶化させたのである。しかしその画期的な宣言は，女性への暴力を国際人権法一般の問題であると明言することは注意深く避けた。国際法の関心を公的領域に限定しようとするジェンダー力学が政府代表レベルで最後まで強くはたらいていたためである[50]。

自由権規約（「市民的及び政治的権利に関する国際規約」）6条の定める生命に対する権利は自由権規範の中核を占める規範といっていいが，そこでも念頭におかれてきたのは公的領域における恣意的な生命の剥奪であった。女性たちが私的領域で被る様々な生命への危機（女児殺害，妊産婦の死亡，名誉殺人，ダウリ殺人，栄養失調など）は同条の射程外に放り出されてきたといってよい。その一方，社会権の分野でも，たとえば労働条件の保障は，フォーマル・セクターでの有償労働のみを視野に入れ，無償の再生産労働あるいはインフォーマル・セクターにおける非正規労働には関連法規の適用が排除されてきた。それはとりもなおさず，多くの女性たちの労働が保護の対象から除かれるということを意味する。

「その政治的地位を自由に決定し並びにその経済的，社会的及び文化的発展を自由に追求する」ことをすべての人民に保障する自決権は，自由権と社会権の礎に位置づけられる重要なものだが，「決定し」，「追求する」人民内での力関係への関心が稀薄なため，政治的，経済的，社会的に不利な条件を強いられた女性の意思は，この権利の行使にあたってほぼ例外なく脇に追いやられてき

---

(49) See *e.g.*, Charlotte Bunch, "Women's Rights as Human Rights: Toward a Re-vision of Human Rights," *Human Rights Quarterly*, Vol. 12 (1990), pp. 490-491.

(50) Charlesworth and Chinkin, *supra* note 6, pp. 235-236.

た。人民は同質の人間から成っているわけではないのに，あたかも1つの「自(self)」があるかのように装われてきた。集団内での力関係が温存されたまま人民の権利が行使されるなら，その帰結は社会的資源を欠いている女性の2級市民化にいきつくことは必定である。女性たちにとってみれば，外国の支配の次にやってくるのは男性の支配ということになり，その意味で，自決権の行使は彼女たちになんらの解放ももたらさないということにもなってしまう[51]。

女性の権利・地位について論ずる際に最も強調されるのは「平等」規範であろう。実際のところ，男女の平等という理念自体にはなんの瑕疵もないようにみえる。だが，人権規範全般が男性規範として顕現しているなかで平等を求めることは，女性に「男性になれ」というにも等しい。社会構造が変わらなければ女性の男性化は不可能であり，そうなれば，女性たちは平等でないという理由で別異の扱いを正当化され，その結果，男女間の不均衡な力関係はますます深まっていくことになる。平等の追求は，規範全体がジェンダー化しているなかにあっては，逆の効果をもたらしかねない[52]。

次いで，人道法についてみてみよう。国際人道法は武力紛争下における犠牲者の保護を意図しているものとされる。しかし実際には，「人道」という言葉とは裏腹に，この法体系は，あきらかに軍事的利益を優先的に保護してきた。「戦争法は，意図的に，人道的価値を犠牲にして軍事的必要性に特権を与えるものであった」[53]。人道法の有力な作り手になってきたのは軍人（とその周辺にいる人々）である。フェミニストの立場から人道法を分析する数少ない研究者の1人アデレード大学のジュディス・ガーダムがいうように，「戦闘行為の規制範囲と規則の内容を主に決めているのは軍人たちである。既得権益をもつ集団の影響がこれほど強い国際法の分野はほかにないだろう。彼らの目的を達成する原理は，「軍事的必要」なのだ」[54]。

1949年のジュネーブ4条約のうち，戦闘員の保護に向けられたものは3つ，文民の保護に向けられたものはわずか1つである。捕虜の待遇に関する第3条

---

[51] 以上につき，see id., pp. 231-244.
[52] 阿部浩己『国際人権の地平』（現代人文社，2003年）106-108頁。
[53] Chris Jochnick and Roger Normand, "The Legitimation of Violence: A Critical History of the Laws of War," *Harvard International Law Journal*, Vol. 35 (1994), p. 50.
[54] Judith G. Gardam, "Women and the Law of Armed Conflict: Why the Silence?" *International and Comparative Law Quarterly*, Vol. 46 (1997), p. 62.

約は，143カ条もの詳細な規定からなるだけでなく，これに5つの附属文書を加えて，武器を置いた戦闘員に実に手厚い処遇を保障するものとなっている。だが1995年の国連開発計画の年次報告によれば，女性は正規軍を構成する戦闘員のわずか2％にすぎず[55]，圧倒的多数の女性は文民たる住民として紛争地域にとどまっている。難民化している女性も少なくない。人道法もまた，公的領域で戦闘員として行動する者＝男性の保護を優先し，私的領域にとどまる女性には，副次的な関心しか示してこなかったということになるのではないか。この点は，1977年の第1追加議定書（「国際的武力紛争の犠牲者の保護に関し，1949年8月12日のジュネーブ諸条約に追加される議定書」）により文民の保護の範囲が拡大された後であっても依然として妥当する[56]。

人道法のジェンダー構造は，武力紛争に関わる最も基本的な原則である「均衡性の原則」をみるといっそう明らかになる。慣習法化しているとみられるこの原則は，1977年の第1追加議定書51条5(b)に明文で規定されている。同条項は，禁止される無差別攻撃を，「予期される具体的かつ直接的な軍事的利益との比較において，過度に，巻き添えによる文民の死亡，文民の傷害，民用物の損壊，又はこれらの複合した事態を引き起こすことが予測される攻撃」と定義する。このなかでとくに重要なのは「過度に」あるいは「巻き添えによる」という文言だが，主観的判断に開かれたこの文言の解釈を専管的に所掌してきたのは男性の軍人たちである。当然ながら，彼らは軍事的利益の実現に最優先価値をおく。そのため，イラクにおいてあれほど大規模に文民（その多くは女性と子ども）の被害を引き起こした1991年の湾岸戦争においてさえ，米国政府は人道法を遵守したという見解である[57]。2001年10月に始まった米英のアフガニスタン空爆が引き起こしたとてつもない文民への被害も，軍事的利益の前に不可視化を強いられたままであった。

本質的な問題は，均衡性の判断に際して考慮するよう求められてきたのが，攻撃によって生じる直接的な被害に限定されてきたことである。攻撃を受けた

---

(55) United Nations Development Program, *Human Development Report* (1995), p. 45.
(56) この議定書の締結を，最大の軍事大国である米国は一貫して拒んできており，日本も未締結のままである。
(57) *United States: Department of Defense Report to Congress on the Conduct of the Persian Gulf War-Appendix on the Role of the Law of War*, reprintd in *International Legal Materials*, Vol. 31 (1992), p. 612.

ことにより生命や身体，精神への深刻な被害が中長期的に生じても，それは均衡性の原則を左右するものとは考えられてきていない。攻撃によって大量の住民が難民化し（その多くが女性である），その生活が激変してしまうことも考慮の対象外である[58]。フォト・ジャーナリストの広河隆一は，マスメディアが報じぬ空爆後のアフガニスタンの実態を丁寧な取材を通じて私たちに知らせてくれる。彼の撮影した一群の写真には，「爆撃のショックで言葉を失ってしまった子ども」，「爆撃のショックで精神障害になった子ども」，「飛行機の音を聞くとパニックになる子ども」たちの姿がおさめられている[59]。すべて，米英の空爆が引き起こした非人道的な被害である。しかしこの子たちを襲った条理のかけらもない惨劇，そしてこの子たちに生涯付き添わねばならぬ女性たちの過重な負担は，均衡性の原則にとってつゆほどの意味もなさないとされているのが実情である。均衡性の原則は，戦闘員（男性）の体現する軍事的必要性を優先してきており，そこには，攻撃の影響を長きにわたって被り続ける女性たちの姿は，まったく投影されていない。

ところで，1949年の4つの条約と1977年の2つの追加議定書は，合計43カ条において武力紛争下における女性の処遇を規定している。しかし，ガーダムは，それらすべての条項が，個人としての女性ではなく，他者との関係のなかにおかれた女性の保護に向けられていることに注意を喚起する。実に19カ条は，母体あるいは母親を保護するものであり，実質的には子どもを守ることに向けられているといってよい[60]。

人道法において，女性は男性の眼差しの下にその存在態様を規定されている。そのことを最も浮き立たせているのがレイプの取扱いであろう[61]。文民の保護に関するジュネーブ第4条約27条は，女性がレイプその他の性暴力から「特別に保護しなければならない」存在である旨を規定する。レイプを禁止するというのではなく，レイプから女性を保護するというのだから，女性は保

---

(58) Judith G. Gardam and Hilary Charlesworth, "Protection of Women in Armed Conflict," *Human Rights Quarterly*, Vol. 22 (2000), pp. 161-162.
(59) 広河隆一「アフガニスタン空爆の犠牲者」週刊金曜日11巻4号（2003年1月31日）32-39頁．
(60) Gardam, *supra* note 54, p. 57.
(61) See Christine Chinkin, "Rape and Sexual Abuse of Women in International Law," *European Journal of International Law*, Vol. 5 (1994), pp. 326-341.

護の手を差し伸べられるか弱き存在とみなされていることがわかる[62]。それだけでなく，同条は，性暴力から女性を保護するのは，女性自身の身体の自由を守るためなのではなく，その「名誉」が侵害されるからなのだという。「そのようなアプローチは，男性のレイプ観を大いに映し出したものであり，女性がレイプをどうみているかについてはほとんど関わりがない」[63]。

文民条約は，紛争当事国（占領国）の国民，共同交戦国の国民，中立国の国民を保護の対象から除いている。したがって少なからぬ女性は，武力紛争下において，規定上，レイプからの保護を受けられないままにおかれていた。そうした事態を是正したのが1977年の第1追加議定書なのだが，レイプからの保護について規定する同議定書76条でも，女性は依然として「特別の尊重の対象」とされている。女性が特別に尊重されねばならないのは，出産と育児を担う存在だからのようだ[64]。また，レイプはジュネーブ条約に対する「重大な違反」とはされておらず，内戦に適用されるジュネーブ条約共通3条もレイプについては言及していない。なにより，戦場においてレイプの事例は枚挙にいとまがないのに，実行者の処罰はほとんどなされてこなかった[65]。武力紛争下における性暴力は，男性による私的な逸脱行為とみなされてきたこと，あるいは，そもそも，文民条約などの規定にもかかわらず，女性をレイプすることが軍事的に有効な戦略と認められてきたことがその背景にあるのであろう[66]。

90年代に入って「過去の克服のグローバル化」が進み，歴史の闇に葬られていた日本軍「慰安婦（性奴隷制）問題がクローズアップされることになった。ちょうど時期を同じくして，旧ユーゴスラビアとルワンダにおける比類なき蛮行が国際的な関心を集めるようになった。女性たちの国境を越える強力な連帯

---

(62) こうした女性の見方は，赤十字国際委員会の注釈書にもみられる。See Jean Pictet, (ed.), Commentary on Geneva Convention II for the Amelioration of the Condition of Wounded, Sick and Shipwrecked Members of Armed Forces at Sea (1960), p. 92.
(63) Gardam, *supra* note 54, p. 74.
(64) Charlesworth, *supra* note 19, p. 386.
(65) Judith G. Gardam, "The Law of Armed Conflict: A Gendered Regime?" in Dallmeyer (ed.), *supra* note 3, pp. 184-185.
(66) 長谷川博子「儀礼としての性暴力──戦争期のレイプの意味について」小森陽一・高橋哲哉編『ナショナル・ヒストリーを超えて』（東京大学出版会，1998年）287-304頁。See also, Susan Brownmiller, *Against our Will: Men, Women and Rape* (Simon and Schuster, 1975).

があってのことだが，そうして国際的に台頭したフェミニズム運動は，武力紛争下における性暴力を女性の視点から捉え直す機運を醸成し，旧ユーゴスラビア，ルワンダ国際刑事法廷や常設・国際刑事裁判所の営みのなかに明瞭な足跡を残すことになった。

　フェミニズム運動の誇るべき成果は，国際社会の最も重大な犯罪として処罰されるべき人道に対する罪，戦争犯罪のなかにレイプをはじめとする性暴力を明記させたところに端的にあらわれている。このほか，ルワンダ国際刑事法廷で審理されたアカイェス事件では，レイプがジェノサイド罪を構成することが認められるまでになった[67]。だが，この顕著な成果をそのまま手放しで喜ぶわけにはいかない。国際刑事法廷が関心を寄せるのは，広範な，組織的な，または大規模な攻撃の一部として実行された性暴力に限定されていることを忘れてはならない。つまり，女性個人の身体の自由は副次的なことであり，真に重視されているのは，その女性が属する集団の利益なのである。ジェノサイドとしてのレイプも，特定の集団を破壊する意図をもって行われたものでなければそもそも成立しない。

　ここにも，「公」＝集団の利益と，「私」＝女性個人の利益とを区分し，前者のみに法の適用を及ぼそうとする二分法思考がみてとれるのではないか。チャールズワースが述べるように，「一定のレイプを国際法上公的なものと定義する結果，私的なレイプは深刻でないかのようになってしまう。この区分は，女性の経験を参照してなされたものではない。男性が支配する公的領域への影響に鑑みてなされたものである」[68]。

　人道法については，もう１点，武力紛争を国際的なものと非国際的なものとに分類している点にもジェンダーが潜んでいることを指摘しておきたい。これまで人道法は，国際的な武力紛争の事態を優先的に規制し，国内での紛争についてはほとんど関心を寄せてこなかった。しかしこの区分が，武力紛争の被害を一方的に受ける女性の経験にもとづくものでないことは明らかだろう。生命や身体，生活への甚大な影響を被る一般住民たる女性にとって，紛争が国際的な性質をもつものなのか非国際的なものなのかは，本質的に重要なことではな

---

[67] Prosecutor v. Akayesu, *Judgment*, No. 96-4-T (Sep. 2, 1998) available at <http//www.un.org/ictr>. 前田朗『戦争犯罪論』（青木書店，2000 年）76-109 頁。

[68] Charlesworth, *supra* note 19, p. 388.

第3部　ジェンダーの領野

い。

　さらにいえば，人道法は武力紛争あるいは攻撃の終結を契機に適用を停止するわけだが，米軍基地の集中する沖縄の女性たちをみればわかるように，紛争の終結が暴力の終息を意味するわけではまったくない。基地と軍隊あるところには必ずといっていいほど性暴力がある。それは，紛争当事者間に停戦の合意が成立し，国連平和維持軍が展開する場合であっても同様である。紛争が終わり「平時」に戻ると，人道法は役割を終えて去っていく。しかしすぐ隣に軍隊が駐留している女性たちにとってみれば，状況が本質的に変わるわけではない[69]。

　また，武力紛争や占領が終結しても，日常生活を担う女性たちは，紛争時にまして過酷な状況におかれることが少なくない。10年以上にもわたって非軍事的強制措置の適用を受けていたイラクでは，「平時」であるにもかかわらず，大量の人間が日々命を失い，健康を損ない続けていた。アフガニスタンでも，米英の絨毯爆撃が終了し「平時」にもどったはずなのに，飢餓や傷病でさらに多くの人々が死に絶えている。そしてイラクでもアフガニスタンでも，その影響を最も強く受けているのが女性たちである。

　国際／国内という区分はもとより，紛争の有無に法適用の決定的な基準をおく人道法の存在形態そのものがジェンダー化されているといわなくてはならない。それは，公領域でこの法体系の形成と発展に携わってきた男性たちの偏った経験（しかしこれが「人間知」と呼ばれる！）そのもののあらわれなのである。

Ⅳ　境界を引き直す

(1)　国家と平和をみつめる

　ジェンダーの発掘作業を，国際法の基層を構成する諸概念に進めてみよう。ここでは「国家」と「安全保障」をめぐる風景がフェミニズムの視座に立つとどのように映るのかについて，その一端を示してみようと思う。

　マルティ・コスケニエミは，国際法における国家の概念が特定の声に特権を与え，他の声に沈黙を強いるものであることを的確に指摘している[70]。これ

---

(69) Cynthia Enloe, *The Morning After: Sexual Politics at the End of the Cold War*（University of Calitornia Press, 1993), pp. 118-120.

にフェミニズムの視点を上乗せしていえば，国際法における国家の概念は，男性の声に特権を与え，女性の声に沈黙を強いるよう構築されたもの，ということになる。

国際法における国家の要件を定式化しているのは，1933年の「国の権利及び義務に関するモンテビデオ条約」1条である。同条によれば，国家は，永続的住民，確定した領域，政府，他国と関係を取り結ぶ能力（独立）という4つの要件を備えているものとされる[71]。

第1にあげられている住民は「永続的」であればよいとされるが，かつてアパルトヘイト体制下にあった南アフリカが人種隔離政策を徹底するために独立させたバンツスタンが国際法上の国家として認められなかった例が示唆するように，人種差別的な住民の構成は国家の成立に支障をきたすおそれがあると了解されている。

ところがこれに対して，バチカンのように住民のほぼすべてが男性であっても，国家の成立にはまったく疑問が投げかけられていない。男児を優遇する人口政策を採用している国や性差別的な国籍法によって国民をつくり上げている国であっても，国家の要件の充足には問題がないとされる。「永続的住民」という要件は，住民の構成に反映されている男女間の不均衡な関係性を隠蔽するだけでなく，それを「客観的・中立的」に容認する機能すらもってきた。

---

[70] Martti Koskenniemi, *From Apology to Utopia: The Structures of International Legal Argument* (Cambridge University Press, 1989), p. 499.

[71] 国家については，承認の法的効果をめぐり，創設的効果説と宣言的効果説が対立してきたことがよく知られているが，いずれの学説を採用するにせよ，国際法上の国家であるためにはこの4つの要件を備えていることが最低限必要なことには変わりない。だが，なぜ国家として認知されるにはこの4つの要件が必要なのか。それは，国際法の言説実践のなかで，そう決められたからである。つまり，国家は国際法という法言説によって構築されるのであって，その逆ではない。国際法に先立って国家が存在しているわけではないのである。「女」というカテゴリーが言説実践によって産出されている（バトラー・前掲注(35) 21頁）のとまったく同じことである。この点に関連して，国家の要件をこのように設定することにより，国家以外の存在を非正統化する効果が生ずることに留意すべきだろう。たとえば，先住民族のように，領域がないかあるいは自治を認められた土地があっても独立を欠く存在は，国家でないとして，一人前の法主体性を否定される。それは，国際法における国家の優位性を法言説を用いて（再）刻印することであり，さらにいえば，先進工業国の植民地支配という清算しきれぬ負の歴史をまるごと忘却させる国際法の暴力性をあらわしてもいる。

第3部　ジェンダーの領野

「確定した領域」はどうかといえば、この要件も、「政府」、「独立」と一体になって、国家の男性性を指し示すものとなっている。これらの要件が構築する国家のイメージは、侵入を許さぬ境界内に実効的な支配を及ぼす政府が存在し、その政府の率いる国家が自律した存在として他国と関係を取り結ぶというものである。そして、他国と截然と分離された平等な国家が自由な意思に基づいて他国と権利義務関係を築くことで国際社会が構成される、というわけなのだが、このリベラリズムに基く認識枠組みは、ギリガンが分析する男性の論理そのものである(72)。男性は、他者から切り離された平等な個人が「権利」や「正義の倫理」の下に共存する社会を志向する、というギリガンの分析である。他者とのつながりや思いやりといった要素により国際社会が構想されるなら、国家の要件にしても、確定した領域・独立など、孤高性・自律性を要求するものには必ずしもならないはずである。「人類の共同遺産」といった概念に代表される国際「公」領域が、国家領域の中枢にかぶさってくることがあってもよい。

確定した領域を表象する「不可侵の国境」が侵犯されたとき、国家はときに自衛権を行使して反撃する。あるいは、平和の破壊などとして国連の強制措置が発動されることもある。重要なことは、いずれの場合にも、国境が侵犯される前の状態に戻すこと、つまり確定した領域・実効的政府・独立からなる「原状」を回復することが安全保障にとって最も重要な課題とされてきたことである。2001年の9/11事件の後、安全保障を脅かす主体がこれまでのように国家ではなく非国家主体に変わりつつある旨が強調されるようになった。その言説に潜む政治性についてここで論及するつもりはないが、仮にそれが正しい主張だとしても、安全保障にかかわる国際法学の基本認識に本質的変化があったわけではない。脅威を国境の外に排除し――または封じ込めもしくは殲滅し――安全が脅かされる前の状態に国家を戻すことが肝要という認識である。脅威の淵源は外部にあり、国境の内側は安全（なはず）だ、ということである。

湾岸戦争における米国を中心とした軍事行動は、取り返しのつかぬ甚大な被害をイラクの一般市民に強いているにもかかわらず、国際法学においては、成功例として称揚されることが多い。そうした評価をもたらすポイントは、安保理の授権を得て、国境を侵犯したイラクを押し返し、クウェートを元の状態に

---

(72) 男性の論理が本質主義的に規定されているのか、社会的に構築されているのかはここでは問わない。

戻したというところにある。9/11への対応として米国がアフガニスタンに攻撃を加えたときも、米国の国境の内側は安全だったのに、外部のアフガニスタンから脅威がやってきた、したがってそこを叩き、米国内の安全を取り戻さなければならない、という認識が示された。

　安全な「内」と危険な「外」という二元論的思考。それは、安全保障論議において軍事力へのさらなら信奉を煽るもとでもあった。だが、国境の内側は本当に安全なのだろうか。そもそも、領域が確定していることは、いったい誰にとって好ましいのだろう。元どおりの不可侵の国境を回復することは、いったい誰にとっての成功なのだろうか。クウェートの場合、その「解放」は、確定した領域・実効的政府・独立を取り戻しはしたけれど、国境の内側で、女性の解放をもたらしたわけではなかった。女性の参政権は否定されたままだし、女性への暴力は、イラクの占領があろうとなかろうとまったく同じように続いた。いやそれどころか、イラク人とのつながりをもった女性移住労働者への性暴力は、占領終了後にその度合いをましたとの報告もある[73]。「原状」の回復は、彼女たちにとって、いっそうの不安定をもたらすものにほかならなかった。そのどこが「成功」なのか。安全保障について刺激的な論考を発表し続けるアン・オーフォードは次のようにいう[74]。

> 強固な国境の内側における安全・一体性、外側における無秩序・相違、というモデルは、多くの人たちにとって、けっして現実を表象するものではなかった。この支配的なモデルは、女性や先住民族、精神病者、ゲイ、レズビアン、民族的・人種的または宗教的少数者など、西欧諸国内の多くの集団の存在を規定する不安定な実情から注意をそらすものである。そうした集団の構成員にとって、強固な国境の存在は、安全どころか自らの生存すら保証してくれるものではない。

　確定した領域をもつ自律した国家が相互に権利義務関係を結び、安定した秩序の下に共存していくという、支配的な国際社会観は、そうした秩序に利益を見出す人々＝エリート男性によって投射され、「自然化」されてきた。いわゆる民族紛争など、国民国家解体への力学を生み出すポスト・モダンの潮流は、安定した秩序を乱す危険な事象として「国際社会」による封じ込めの対象

---

[73] See Charlesworth and Chinkin, *supra* note 6, p. 262.
[74] Anne Orford, "The Politics of Collective Security," *Michigan Journal of International Law*, Vol. 17 (1996), p. 397.

第3部　ジェンダーの領野

になってきた[75]。だが世界の多くの女性たちの具体的経験に照らすなら，これまでの「国際の平和及び安全」は，けっして平和でも安全でもなく，むしろ，国境の内側における女性たちの脆弱で被傷性の強い状況を覆い隠すきわめて政治的な機能を営んできたといってよい。国家，安全保障といった国際法の根幹を担う基本概念にも，ジェンダーの位相は確然と見て取れるのである[76]。

(2)　フェミニスト・アプローチが切り拓くもの

　国際法におけるフェミニスト・アプローチは，国際法のジェンダー構造を明るみに出すことによって，この法体系をより包摂的なものに変革する契機を提供するものである。本稿では，人権法や人道法，国家・安全保障概念などをとりあげ，その実相を批判的に分析したわけだが，こうした営みは，なにも国際法の諸規則・諸概念の放棄を勧めるものではない。そうではなくて，そこに潜む男性中心性を浮き彫りにすることによって，国際法の境界を押し広げていくことを希求しているのである。国際法の否定ではなくて，国際法への大きな期待の現われといってもよい[77]。拷問禁止・生命権・労働権・自決権，国家の要件，安全保障概念などを，女性の経験を組み入れた，より包摂的なものに変革することで，国際法の普遍的通用力を高めることを求めているといってもよい[78]。

　むろん，その手法はまさにゲリラ的といってよく，ときに狂気の沙汰のように映ることもあるかもしれない。しかし，マリ・マツダの言を引用して岡野八代が想い起こさせてくれるように，「不在を探すこと，沈黙を聞くこと，正常

---

(75) *Id.*, pp. 399-400.
(76) このほか，同じように女性を不可視化する国家責任の法理や国際経済法の現状にも高度のジェンダー性があらわれているが，その分析は別の機会に行いたい。
(77) アルバレスは，チャールズワースとチンキンが登場してから10年以上たった今日，彼女たちが国際法の「破壊者」ではなく「改革者」であることに同意することは「驚くほど容易である」ことを認める（Alvarez, *supra* note 10, p. 461）。
(78) フェミニストの営みは，国際刑事分野のみならず，人権法の分野でも漸進的に法制度の変革をもたらしつつある。女性差別撤廃条約選択議定書の作成はその顕著な例である。こうした展開については，山下泰子の次の2つの論考を参照。「国際人権保障における「女性の人権」――フェミニズム国際法学の視座」国際法学会編『日本と国際法の100年　第4巻　人権』（三省堂，2001年）68-100頁，「女性差別撤廃条約採択後の国際人権の展開」ジュリスト1237号（2003年）31-47頁。

さというどっしりとした重荷によって，ある問いが狂気じみていると言われるときに，そうした問いを問うこと」[79]こそがフェミニストの営みであることは，どんなに強調しても強調し切れるものではない。

　本章を閉じるにあたり，再び安全保障の問題に立ち戻り，フェミニスト・アプローチのもつ可能性について一言しておきたい。9/11の事件を受けて，アメリカでもヨーロッパでも日本でも，国際法にかかわる議論が活発に展開されたことはよく知られている。ただ，それらの議論ほぼすべてに「女性の沈黙」という事象への目配りが欠けていたことはあまり知られていないかもしれない。そのことのもつ意味を明確に指摘したのが，チャールズワースとチンキンであった。彼女たちが9/11について著した論考は，平和の実現に向けたフェミニスト・アプローチの可能性を示唆していて興味深い。1国主義と先制攻撃ドクトリンをはばかることなく打ち出す米国政府のマスキュリニスト・アプローチによって世界が窒息状態に陥りつつある今，異なる声を発するフェミニスト・アプローチの意義はますます大きくなっている。彼女たちが指し示した分析の跡をたどることで，そのことを再確認しておこう[80]。

　9/11とその後のアメリカの対応は，そのほぼすべての過程を男性によって支配されていた。航空機を不法に奪取したとされる「テロリスト」のなかにも，かれらの支援者と目された者のなかにも，女性の姿はなかった。「テロリスト」たちが描いていた唯一の女性の役割は，英雄的なはたらきをした男性たちに性的な褒賞を与えるバージンとしてのそれであった。9/11の後，米国で英雄的な存在としてスポットライトがあたった人々──ニューヨーク市長，消防隊員たち──もまた男性であった。米国政府も英国政府も，タリバン政権もウサマ・ビン・ラディンをはじめとするアルカイダの人々も皆，男性。マス・メディアで意見表明した者も圧倒的に男性であったとされる。つまりは，事件を引き起

---

(79)　岡野・前掲注(39) 148頁。

(80)　Hilary Charlesworth and Christine Chinkin, "Sex, Gender, and September 11," *American Journal of International Law*, Vol. 96 (2002), pp. 600-605. ここでの分析は，2003年3〜4月にかけて行われた米英によるイラク攻撃とその後の占領についても基本的に妥当する。米英のイラク攻撃と占領をめぐる国際法上の問題に関する小論として，阿部浩己「帝国の「法」に対抗する」季刊ピープルズ・プラン22号（2003年），「国際法からみた「イラク復興支援」」世界717号（2003年），「帝国と，まっとうさを求める人間たちの声」神奈川大学評論45号（2003年），「派兵は「不正義」への加担である」世界721号（2003年）参照。

175

こしたのも，反撃したのも，救出活動にあたったのも，それらを報道したのも，すべて男性ということになる。

　この事実には，国際法学ではまったくといっていいほど関心が払われてこなかった。公的アリーナを仕切っているのが男性である事態はあまりに自然であり，彼らは男性としてではなく人間として顕現してきたからである。しかしこれが逆であったらどうだろう。たとえば，事件を引き起こしたのがすべて女性となれば，おそらく，事件の異常さは女性の激情性や不安定さに帰結させられるのがオチだろう。女性は，公的な場では，女性という特殊な存在を離れられず，けっして人間にはなれない。

　きわめて特徴的なことに，一連の流れのなかで，女性はしだいにタリバンによる人権抑圧の「被害者」として描かれるようになった。アフガニスタンの女性を解放することが，米国の軍事介入を正当化する理由の1つとしてあげられていった。だがそれはきわめて政治的に動機づけられたものにすぎず，米国政府の支援した北部同盟による女性の劣悪な処遇や米国の同盟国サウジアラビア，クウェートなどにおける女性の人権の抑圧は文字通り等閑に付された。なにより，アフガニスタンにおける女性を救うためのキャンペーンを割当てられたのは，公職にないローラ・ブッシュであった。つまり，女性の問題は私的領域の問題なので，公職をもたぬ女性が担うほうがよいということである。国連での議論においても，女性は復興を担う「主体」ではなく「被害者」として描かれた。むろん，アフガニスタンにも，アフガニスタン女性革命協会（RAWA）など最前線で主体的に活動を展開する一群の女性たちがいた。だが，彼女たちの存在は露骨なまでに忘却の対象と化されてしまった。

　男性的論理が支配した情景を最も典型的に示したのが，米国議会におけるブッシュ大統領の次の発言である——「私たちの側につくのか，テロリストの側につくのか」。英国のブレア首相もまたこういっている——「私たちは何かをしなくてはならない。そうでなければ何もしないことになってしまう」。二分法思考の極みともいうべきこうした発言，とりわけブッシュの一言に，マスメディアを含め，公的領域を埋め尽くした男性たちは過敏に反応し，「私たち」つまりブッシュの側にいることを進んで証明しようとした。それが，事態をいっそう緊張させ，激烈な武力行使以外の選択肢がないかのごとき状況へと国際社会を追い立てていった。

176

7　国際法におけるフェミニスト・アプローチ

　フェミニスト・アプローチは，政策決定に携わる者が誰なのかということに関心を払う。なぜなら，抽象的な論理（そんなものは，もともと存在しないのだが）ではなく，具体的な人間の経験こそが法や政策をつくっているからだ。だからそこに男性しかいない事態を意図的に前景化し，その歪みを批判的に照射する。またそれとともに，二分法思考が胚胎する危険性にも注意を喚起する。「なにかをするのか，しないのか」といった形で提示される2項のうち，きまって後者が劣位におかれ，前者の選択を迫る社会的圧力がはたらいてきた。しかしフェミニストは，後者を価値的に劣位におくことが必然ではないことを指し示すとともに，根本的には，二分法思考が思考の枠組みを狭め，私たちを隘路に追い込むこと（たとえば，武力行使しか選択肢はありえないという判断にいたること）を指摘する。実際のところ，複雑な現実を二分法思考で対処することほど非現実的なことはあるまい。

　フェミニスト・アプローチは，思考の射程を広げることで，持続可能な解決に向けた選択肢の構築を奨励する。チャールズワースとチンキンはいう。「大きな悲劇の分析の際にセックスとジェンダーをきちんと取り入れれば，私たちの解釈と対応がいかに制約されたものであったかがわかる。国際法と国際政治の暗黙裏にジェンダー化された前提を見定め，それを揺さぶっていけば，眼前にあるきわめて差し迫った問題について，より幅のある，そして，より持続的な解決策を想像しはじめることができるであろう」[81]。

　限界づけられているかのようにみえる現実を，想像力を使って揺さぶり，新たな可能性を切り拓くこと。そして法の境界を創造的に押し広げていくこと。フェミニスト・アプローチは，その動力を発出するダイナミックな知的源泉である[82]。

---

(81)　Charlesworth and Chinkin, *supra* note 80 p. 605.
(82)　日本軍性奴隷制問題に新たな視角を提供した女性国際戦犯法廷の営みとその最終判決は，国際法の境界を創造的に押し広げようとするフェミニストたちがもたらした歴史的な成果である。その詳細について，VAWW-NET Japan 編『女性国際戦犯法廷の全記録I』（緑風出版，2002年）参照。また，申・前掲注(2)も，この法廷の営みに高い評価を与えている。

8 国際法とジェンダー
——国家，権力，平和への視座——

I はじめに

　国際法の分野にジェンダーという概念が本格的に導入されたのは1990年代に入ってからのことである。1991年にフェミニスト・アプローチの手法を前面に押し出すチャールズワースらの先駆的論文[1]が公刊されて以降，人権法，人道法，刑事法，経済法，環境法，武力行使，安全保障，さらには国家概念のあり方をジェンダーの視座に立って問い直す学術的成果が陸続と発表されていく。20世紀最後の年には，記念碑的業績として知られることになる一書[2]が再びチャールズワースらの手によって世に送り出され，こうしてフェミニスト・アプローチ／ジェンダーの視座は国際法学の専門家集団にあって——好悪は別として——相応の「座席」を与えられる段階を迎える。

　国際法は「国際社会」の法とされながら，その知的・実務的基盤の多くを「西洋」に拠ってきた。この学問領域へのジェンダーの導入も欧米の研究者によって主導されてきたことは否めない。とはいえ，その基本思想は西洋の専売特許というわけではなく，フェミニスト・アプローチの内実は，非欧米的視点にも支えられて，きわめて多彩な相貌を呈するものとなっている。法に内在する価値的要素を捨象し，実定国際法／制度の論理的分析にいそしむ傾向が強い日本の国際法学にあっても，ジェンダーを基軸に据えた研究は徐々にではあるが蓄積されてきている[3]。

---

(1) Hilary Charlesworth, Christine Chinkin and Shelley Wright, "Feminist Approaches to International Law", *American Journal of International Law*, Vol. 85 (1991), pp. 613-645.

(2) Hilary Charlesworth and Christine Chinkin, *The Boundaries of International Law: A Feminist Approach* (Manchester University Press, 2000). ヒラリー・チャールズワース＝クリスチーン・チンキン［阿部浩己監訳］『フェミニズム国際法——国際法の境界を問い直す』（尚学社，2004年）。

フェミニスト・アプローチは国際法学を彩る数多の方法論に取って代わり，ただ一つの真理を主張するものではない。そうではなくて，重視されるのは国際法の在り方をめぐっての会話であり対話である。各所における女性の不在＝沈黙についての問いを発しながら，客観・中立を装う国際法のジェンダー化された実相を明るみに出し，より公正な法体系を構築することが企図されている。知の営みを通して国際法の現実を変革するという明確な政治目的がそこにある。

法外要素を用いて法構造の偏頗性を浮き彫りにする点において「国際法の新潮流」を代表する批判法学ときわめて親和的な関係にあることは確かだが，大きな違いは価値的コミットメントの有無にある。フェミニスト国際法学者は，社会を変革し，男女の平等を達成するという明確な目標を共有しており，そのために国際法の言語を学び，使用する。なかには法の有用性に否定的な向きもあるが，多くは，国際法が規制的な機能だけでなく象徴的な機能，すなわち，政治的な力の源泉となる正統性をもつことを認識したうえで議論を展開してきている[4]。

以下ではまず，国際法におけるフェミニスト・アプローチの相貌を概観し，次いで，国家・権力・平和／安全保障といった国際法の主要テーマがジェンダーのプリズムを通してどのような変容過程にあるのかを考察する。

Ⅱ　フェミニスト・アプローチの相貌

(1)　リベラル・アプローチと構造変革アプローチ

長きにわたる女性たちの働きかけが巨大な波動に昇華したことを強く印象づけたのは1975年に始まる一連の世界女性会議であろうが，20世紀最後の10年に至るまでの間，性差別撤廃・平等を求める国際社会の声はリベラル・アプローチの枠組みの中で反響していたといってよい。女性は男性と同じ法主体で

---

[3] 申惠丰「国際法とジェンダー——国際法におけるフェミニズム・アプローチの問題提起とその射程」世界法年報22号（2003年），136-163頁，山下泰子・植野妙実子編『フェミニズム国際法学の構築』（中央大学出版部，2004年），植木俊哉・土佐弘之編『国際法・国際関係とジェンダー』（東北大学出版会，2007年），近江美保『貿易自由化と女性——WTOシステムに関するフェミニスト分析』（尚学社，2013年）。

[4] Hilary Charlesworth, "Feminist Methods in International Law", *American Journal of International Law*, Vol. 93 (1999), p. 393.

あり，国際法は適切に解釈適用されることで女性の関心を正しく組み入れることができる，というわけである。

　国際人道法・国際人権法は武力紛争下におけるレイプやDVなどの性暴力から女性を現に保護しており，健康への権利を始めとする社会権も女性に対して男性と同様に保障されている。不十分なところがあるとすれば，それは法の執行なのであって国際法そのものではない。国際法の構造を変えずとも，正しい人々が法を正しく運用すれば，女性の関心は正しく考慮される，というのがリベラル・アプローチの要諦である。この思想は，世界人権宣言・国際人権規約から成る国際権利章典の掲げるアプローチでもあり，平等実現への具体的な方策として，主流国際機関における女性の数を増やすことを提唱する向きも少なくない。

　これに対して，1990年前後から顕在化するアプローチは，ラディカル・フェミニズムの思想を受けて，国際法そのものがジェンダー化されていることを強調し，その基本構造を変えないことには，女性の関心が適切に包摂されることはないと説く。武力紛争下での性暴力を違法とする国際法規則はたしかに存在してきたが，その関心は名誉（家＝男性の名誉）や集団の保護に向けられており，女性個人の身体の自由が保護法益とされていたわけではない。女性は，国際法の平面に登場することがあっても，被害者や母親といった特別の保護を必要とする存在に過ぎなかったのであり，ジェンダー化されたその構造こそが問題とされなくてはならない。求められるのは，「女性を加えてかき混ぜる（Add women and stir）」ことではなく，「女性を加えて変える（Add women and alter）」ことにある。リベラル・アプローチが改良主義の発想に立つのに対して，このアプローチは変革を希求するラディカルな思想に依拠している。言説としての訴求力やチャールズワースらの指導力もあって，国際法におけるフェミニスト・アプローチの支配的潮流を担っていくことになるのがこの構造変革アプローチにほかならない[5]。

　知の体系は，特定の価値・声を真理として優先し，別の価値・声を劣位におくことで成立する。国際法という知の体系もまた，男性的価値を優先し，女性

---

(5) Karen Engle, "International Human Rights and Feminisms: When Discourses Keep Meeting", in Doris Buss and Ambreena Manji (eds.), *International Law: Modern Feminist Approaches* (Hart Publishing, 2005), pp. 52-53.

的価値を劣位におくことで成り立ってきた。その実相を炙り出すべく，構造変革アプローチは二分法の手法を積極的に召喚する。そして，国際法の言語とイメージがジェンダー化されたカテゴリーに依存していることを示して次のようにいう。「国際法は，合理性，客観性，抽象性といった伝統的に西洋の男性性と関連づけられてきた特徴を標榜しており，感情，主観性，文脈にそった思考などと対立するものとして定義されてい[る]。国際法が主張する普遍性は，そのジェンダー化された性格を隠蔽するもので[ある]」[6]。

　構造変革アプローチがとりわけ重視するのは公私の二分である[7]。拷問の禁止や労働権など国際人権・人道法諸規範は男性の領域というべき公的領域での事象に焦点を当てて定式化され，その反面として，多くの女性の生活の起点となっている私的領域は法的規制の外におかれてきた。そこに，国際法のジェンダー化された位相が如実に表出している。この点との関連で特に注意が喚起されるのは「文化」の取扱いであり，女性の抑圧を正当化するために各国で支配的文化が切り札のように援用されてきた実情に強い批判が向けられる。どの社会にあっても「支配的な文化は往々にして保守的であり，女性の参加を奨励するものはほとんどない」[8]ことはいうまでもない。文化をもって人種差別が正当化されえないこととはあまりに対照的な規範的現実が広められてきていることに注意が向けられる。

(2)　第三世界アプローチ

　構造変革を求める主張に対しては，主流国際法学を担う実証主義論者から，「きわめて主観的な分析のため中立性と客観性が損なわれており」，人間の行動についての一般的規準を定立する意思決定者との対話が困難になる，との批判が呈されている[9]。実証主義の伝統からすればいわば当然の批判というべき

---

[6]　ヒラリー・チャールズワース［近江美保訳］「内側／外側：女性と国際法──フェミニスト国際法学と女性差別撤廃条約の30年」神奈川ロージャーナル3号（2010年）30頁。

[7]　ただし，公私二分法に焦点を当てた議論には，公的領域における女性の活動を無視し，私的領域における解放の可能性を見えにくくする弊害があるとして，批判もある。Karen Engle, "After the Collapse of the Public/Private Distinction: Strategizing Women's Rights", in Dorinda G. Dallmeyer (ed.), *Reconceiving Reality: Women and International Law* (The American Society of International Law, 1993), p. 143.

[8]　チャールズワース・前掲注(6) 31頁。

であろうが，構造変革アプローチにとっては一般的規準それ自体が女性の声を排除した主観的なものにほかならず，男性の謂いというべき中立・客観の枠組みを無批判に受容するわけにはいかないことはいうまでもない。

　アメリカの著名な国際法学者であるアンソニー・ダマトもまたフェミニストの挑戦に強い疑念を呈してきた1人である[10]。ダマトは，中立・客観の鎧を纏う国際法学者には珍しく己の情動をあらわにして，現行国際法秩序の有効性に疑問を投げかけるチャールズワースの手法を激しく論難する。ダマトによれば，国際法の役割とは女性の身体的脆弱性を補償する（compensate）ことにより「文明化」の営みに資することにある。弱肉強食の動物のような振る舞いから距離をおくことが文明の証であり，この点で昨今，長足の進歩を遂げた「高度に工業化された諸国」にアジア，ラテンアメリカ，アフリカ，イスラム諸国を近づけることが国際法／学者の役割でなくてはならない。フェミニスト国際法学者も，ジャングルの法から女性を救い出そうとしている現行制度の解体を求めるのではなく，国際法に託された文明化の使命に積極的にコミットすべきであると説く。

　20世紀の終わりにこれほど人種主義的でジェンダー化された論評が国際法の専門誌で公にされたことに私は少なからぬ驚きを覚えたが，ただ，逆説的ではあるものの，ダマトの指摘には国際法学における西洋と第三世界との関係性を前景化させるという意味において一定の意義があったともいえる。実際のところ，「あらゆる世界のフェミニストたちは，男性による支配を中心的な関心として共有している」[11]と述べるチャールズワースらの姿勢に対しては，女性の多様性とりわけ第三世界の女性たちがおかれた状況についての認識が不十分なのではないかという批判が寄せられてもきた。

　現に，第三世界アプローチに親和的なフェミニストたちは，女性のおかれた状況を分析する際に，狭義のジェンダーのみならず人種，階級，文化などを複

---

(9) Bruno Simma and Andreas L. Paulus, "The Responsibility of Individuals for Human Rights Abuses in Internal Conflicts: A Positivist View", *American Journal of International Law*, Vol. 93 (1999), p. 306.

(10) Anthony D'Amato "Book Review: Rebecca J. Cook, (ed.), *Human Rights of Women: National and International Perspectives*", *American Journal of International Law*, Vol. 89 (1995), p. 840.

(11) Charlesworth, Chinkin and Wright, *supra* note 1, p. 621.

第3部　ジェンダーの領野

合させた視点の重要性を説く一方で、第一世界と第三世界の女性の利害を一括りにする見方に重大な疑義を呈している。抑圧があるにしても、その発現形態は社会により異なっている。特定の（＝西洋の）文化的文脈のもとで導かれた「解」を異なる文化的文脈にあてはめることは、効果的でないだけでなく暴力的ですらある。それは、第三世界の女性たちが西洋の女性たちに教え導かれる犠牲者（victim）にすぎず、独自のビジョンを描く行為主体（agency）たりえないという表象の問題を伴ってもいる。ヴァス・ネシアの表現を借りるなら、「抑圧の経験についての言説は、往々にして「第三世界」の女性たちを抑圧の犠牲者に限定する帝国主義的なアジェンダに参画するものとなる」ということである[12]。

構造変革アプローチはまた、「文化」を女性抑圧の場と設定することで、第三世界の女性たちのおかれたより大きな文脈への関心を希薄化する効果をもたらしていることも批判の対象となる。たとえば第三世界女性労働者の抑圧はたしかに家父長的な男性主導の伝統文化によってもたらされている面もあるが、それ以上に注視されるべきは、南における安価な女性労働から利益を得ようとしているグローバル資本の営みであり、それこそが真っ先に変革の対象にならなくてはならない。貧困ではなく文化を抑圧の主因と見るのでは、経済（市場）が女性のアイデンティティの形成に重大な役割を果たしている様を見落とすことになってしまう[13]。不均衡な国際政治経済構造という大きな文脈を女性抑圧の問題に連動させて把握する必要があるわけである。

グローバル化が深化する現状にあって、第三世界アプローチの問題意識は、途上国における人権状況を読み解くだけでなく先進工業国内に広がる状況を分析する際にも有用な視座を与えるものである。もとより、国際法学における様々なアプローチは相互に優劣を競いあうものではなく、論者が状況に合わせて最良の手法を採用すればそれでよい。上記分類の仕方も論述の便宜に沿った暫定的なものにすぎず、それぞれの類型の内にあってさらに多彩な知的営為が展開されているのが実情である。ただ、国際法の妥当する国際社会はいずれの国内社会と比べてもあらゆる面で多様性に富んでおり、したがって、発話者の

---

[12] Vasuki Nesiah, "Toward a Feminist Internationality: A Critique of U.S. Feminist Legal Scholarship", *Harvard Women's Law Journal*, Vol. 16 (1993), p. 197.

[13] Engle, *supra* note 5, p. 62.

歴史的・文化的位置を相対化する視点は特に大切である。また，ジェンダーが人種や階級・階層，国籍，年齢などと交差・複合化して顕現するという認識も，国際社会を射程とする場合にはいっそう重要になることにも留意しておくべきであろう[14]。

III　国家と権力

(1)　国家の「性」

国際法学は，国際法を国家中心の法として構成してきた。国家の「性」について国際法学が関心を払うことはまずもってなかったなかで，フェミニスト国際法学者たちは，男性と女性の身体タイプを対置させる過程を通して国家の性が構築されていることに意識を寄せる[15]。

法と人間の関係がそうであるように，国際法における国家も国際法言説によって構築されたものであるにもかかわらず，あたかも国際法に先立って存在していたかのように擬制されているのだが，そうした出自は等閑に付されたまま，1933年の「国の権利及び義務に関するモンテヴィデオ条約」第1条は，国際法における国家が次の4要件から成る実体であると規定する――永続的住民，確定した領域，政府，他国と関係を取り結ぶ能力（独立）。この4つの要件を具備する国家は国内社会における個人になぞらえられて，次のように描き出されてきた[16]。

　　国家は自然状態における個人のように見られる。あらゆる男性（と女性）がそう

---

(14) 辻村みよ子『憲法とジェンダー――男女共同参画と多文化共生への展望』（有斐閣，2009年）5-6頁参照。

(15) 国際法学における批判アプローチの泰斗マルティ・コスケニエミは，国家の「形式的・官僚的合理性」によって，特定の価値を強要する全体主義から人々が守られているとして，国家であることの「素晴らしき人為性」を祝福する（Martti Koskenniemi, "The Future of Statehood", *Harvard International Law Journal*, Vol. 32 (1991), p. 407）。だが，現実において国家は中立的な構築物ではなく，内に埋め込まれたジェンダーという特定の価値が住民に強いられているという意味で，コスケニエミのいう全体主義の陥穽を免れてはいない（チャールズワース＝チンキン・前掲注(2) 209頁）。

(16) Louis Henkin, "The Methodology of Sovereignty", in *State Sovereignty: The Challenge of a Changing World* (Proceedings of the 21st Annual Conference of the Canadian Council of International Law, October, 1992), pp. 15, 18.

であるように，あらゆる国家は地位と権利（と義務）において平等である。個人がそうであるように，国家は「人格性」を有する。その中には……決定し，合意し，道徳的コミットメントを提供し受諾する能力が含まれる。あらゆる国家は権利を有し，相互的な義務を負う。国家の権利は生命権すなわち存続する権利を含む。国家は自由への権利，内的自治への権利，さらに，時に政治的独立と称される，放っておかれる権利を有する。国家は幸福を追求する権利を有する。国家は財産権も持つが，その中には領土保全を意味する領域が含まれる。……個人が社会を形成するように，国家は互いに関係を結び，社会契約を反映した政治システムを創設する。

そうした政治システムの発出点として物語られる1648年のウェストファリア条約は，「一定の領域に対して無制約の主権を行使する国家を基礎とする世界秩序を打ち立てようとしたものである」。国際法はこの後，領域の枠内での国家の排他的権能を基礎として発展していくことになる。このゆえに領域こそが国際法の基礎概念とされ，かくして「領域の安定と領域の変更についての法秩序は，国際社会の法秩序全体の中心に位置するもの」と評されていく[17]。

領域の性格についてはいくつかの考え方が提示されてきたが，カレン・ノップに倣うなら，これを身体説と所有物説という表記をもって大別することができよう[18]。領域が国家の身体そのものであるという前者に対して，後者は領域を処分可能な客体とみなす。実際にはそのいずれによっても領域の全貌を説明し切るのはむずかしいとはいえ，領域であるかぎり国家の排他的な支配が及んでいるとみなされることには相違ない。そこに主権国家を主権国家たらしめるゆえんがあるといってもよい。

国家の排他的な支配が及ぶ空間は国境という名の境界によって囲われている。他国との分離・独立を表象する国境は，明確に確定された状態が正常とされ，透過・侵入可能性が縮減されるほどにその価値を高める。国家は，厳重な国境をもって外部からの危険を遮断し，その内側に実効的政府を樹立して，秩序立った政治空間を構築する。そうして，自らを国民の保護者・養育者としてもイメージづけていく。自律あるいは強さといった男性性のシンボルが国家の

---

(17) 広部和也「国際「公領域」の拡張」岩村正彦ほか編『岩波講座 現代の法2 国際社会と法』（岩波書店，1997年）64頁。

(18) Karen Knop, "Re/Statements: Feminism and State Sovereignty in International Law", *Transnational Law & Contemporary Problems*, Vol. 3 (1993), p. 322.

姿に投影されていることがうかがえるのではないか。

　国境を侵犯する強制的な侵入は，領土保全の重大な侵害として厳に戒められる。その禁を犯して攻撃が加えられたとき，国家はこれに自衛権をもって反撃する。その様は「男性」の姿そのものともいえるが，しかし他面において，侵略を受け保護・支援を必要とする国はしばしばレイプの被害者という暗喩をもって表象される。独立を守る強き国家は男性として屹立するのに対して，侵入を受けたか弱き国家は女性となる。国家についての標準（常態）は男性であり，女性は依存を要する逸脱状態に結びつけて連想されてきたわけである。加えていえば，国家の性は境界の有無を随伴して，植民地支配の文脈にあっても明瞭に表出していた。明確な境界を欠く——それゆえ国際法主体性を欠く——先住民族の地が，男性たる西洋諸国によって侵入される女性の身体としてエロティックに描き出されていたことが想起される[19]。国際法における国家の標準形——つまりは西洋諸国ということだが——は，かつても今も，（西洋の）男性という性を付着された存在として出来しているといってよい。

　国家の核心というべき領域とは，このように，境界によって囲われて，他者の侵入を許さぬ国家の強さ・独立を確保するものとされてきた。国家は自律した個人（＝男性）になぞらえられ，個人に基本的人権が保障されるように，国家には基本的権利（政治的独立等）が保障される。そして，個人（＝男性）の身体と同様に国家の領域も不可侵とされ，国境の内側では国民が安全な生活を送るものとされてきたのである。

　もっとも，実際には，他者の侵入がなくとも，国境の内側が人々にとって安全であったわけではない。現に，国際法における永続的住民の概念は，難民や無国籍者，先住民族，ゲイ，レズビアン，精神病者，宗教的少数者，野宿者といった「粗野，無秩序，破壊的，原始的あるいは不合理などと表現される者」を制度的に排除する力学を帯びてきたし[20]，また，国境の内側で性暴力が制度的に容認されているのであれば，領土保全が確保されたところで女性たちに

---

[19] J. アン・ティックナー［進藤久美子・進藤栄一訳］『国際関係論とジェンダー——安全保障のフェミニズムの見方』（岩波書店，2005 年）57-58 頁，落合一泰「征服に和解はありうるのか——メキシコ人の過去と現在」平和と和解の研究センター，足羽與志子・濱谷正晴・吉田裕編著『平和と和解の思想をたずねて』（大月書店，2010 年）282-292 頁。

[20] Anne Orford, "The Uss of Sovereignty in the New Imperial Order", *Australian Feminist Law Journal*, Vol. 6 (1996), p. 72.

第3部　ジェンダーの領野

とってそこが安全な場所というわけではあるまい。武力紛争終了後も周囲に軍隊が駐留し続けるような場合には，なおのことそうである。確定した領域・境界の存在が危険の侵入を阻む盾になるとしても，それは「合理的な人間」として想定される健常な男性の国民にとって，という条件付きのことであろう。

　フェミニスト国際法学はジェンダー化された国際法の廃棄を訴えているのではなく，国際法概念に潜むジェンダーを明らかにして，その文脈を紡ぎなおすこと，つまり脱構築の作業こそを求めている。国家の要件，とりわけ国家の性・ジェンダーを体現する領域概念についても，別の視座をもってこれを編みなおす重要性が示唆される。なかでも重視されるのは国境（境界）の位置づけであり，ことに主流国際法学が境界を「分離」の象徴としてきたことが問題となる。国家と国家は明確な国境をもって分けられるのが常態とされ，交わり・交差は「侵入」という性的なメタファーを湛える用語によって表現されてきた。明確な分離状態が崩れ，交わりが増すことは不可侵であるべき領土保全を毀損するものともされている。

　境界は，だが，分離の象徴である以上に，実際には出会い・交流の場でもある。陸地や海，河川は，国家を分ける境界となる以上に，国家・人間間のコミュニケーションを促進するところでもある。なにより，交わり・交差を侵入という観念に直結させるのでは，性的イメージがあまりに貧弱すぎる。国家・人々が交わる境界こそ，協力・協働といった悦びを創造しうる場ともなりえよう。国家領域を論ずるにあたり，内と外を分け隔てる思考を前提とするのではなく，内と外を透過させる認識枠組を醸成することがジェンダー化された国家の位相を創りかえる理路を提供する[21]。境界を，分断ではなく相互性・依存性を強める結び目ととらえるということである。それはまた，先住民族や無国籍者のように国民国家にまつろわぬ人々の地位・権利を保障し，さらに，隣国との長期化する領土問題を解きほぐすうえでも有意な思考法にほかなるまい。

---

(21)　国際社会の現実がすでに境界を越えた浸透を明瞭に推し進めるものとなっていることはいうまでもないが，支配的な国際法学の思潮において領域・国境は依然として閉鎖的なイメージをもって描かれることが多い。（Anne Orford, "The Politics of Collective Security", *Michigan Journal of International Law*, Vol. 17 (1996), p. 373.）

(2) 権力の位相

　国際法学は，欠損なき主権国家に男性性を付着させながら，公的領域における国家の行為に焦点を当てて議論を展開してきた。それは，一面において国家の行動の自由の幅を確保しながら，他面においては国家の行動をいかに制御するかという関心に根ざすものでもあった。留意しておくべきは，こうした議論を根底において支えてきた特殊な権力（パワー）観である。フェミニスト国際法学にとっては，その権力観もまた批判と脱構築の対象になる。

　国際法は，法という名辞を伴っているにもかかわらず，その法的性格を絶えず疑問視されてきた歴史をもつ。法は主権者の命令であるとして，それを欠く国際法の法的性格に否定的な言説を提示した19世紀の英国・法思想家ジョン・オースチン[22]こそが国際法学にとっての長年の「宿敵」であった。20世紀の戦間期以降になると，国際法の無力性を指摘するリアリスト国際関係論者たちへの応答が国際法学にとっての重要な課題の1つに付け加わることになる。

　国際法の法的性格を弁明するにあたって国際法学者たちが最も心を砕いてきたのは，主権国家とりわけ大国の力の行使をいかに国際法を通して制御できるか，ということにあった。国際法は大国の放恣によって一片の紙切れ然の存在に貶められるものではなく，その権力行使を抑え，無化する力すら有していることをいかに実証するかに英知が注がれてきた。国際法を裁判規範ととらえ，その実現の場である国際的な司法機関の増加を歓迎する思考には，権力の行使を「法の支配」によって封ずる国際法の頼もしき姿が重ね合わせられているといってよい[23]。

　そうした国際法学者の言説に通底しているのは，権力が特定の行為体（国家以外にも，場合によっては国際機構あるいは多国籍企業など）によって保持されるもの，という認識である。権力は強者によって持たれ，他の者によっては持たれない，という古典的な権力観がそこにある。強者の公的行為を制御すること，すなわち権力の制御にほかならなかった。ジェンダーの視座の導入は，こうした狭隘

---

[22] John Austin, *The Province of Jurisprudence Determined and the Uses of the Study of Jurisprudence* (Weidenfeld and Nicolson, Noonday Press, 1954), p. 301.

[23] 国際法を裁判規範ととらえる見方を省察し，国際法・秩序観の批判的再構成を説くものに，最上敏樹「国際法における行為規範と裁判規範──国際法システムの脱仮想化のために」国際法学会編『日本と国際法の100年 第1巻 国際社会の法と政治』（三省堂，2001年）91頁。また，大沼保昭『国際法』東信堂，2005年，第2章も参照。

189

第3部　ジェンダーの領野

な権力観の転換を強く促すものでもある。「個人的なことは政治的である」というラディカル・フェミニズムの思想を集約的に表現した一節に連なるミシェル・フーコーの「規律権力（disciplinary power）」という概念が，国際法学においても重要な意義を有することになる。

フーコーによれば，権力は強大な主権者によって占有され，抑圧のために上から下に向けて作用するものではなく，人々の間にあって，いたるところで作用しているものとされる。国家や国際機構は権力の源泉なのではなく，むしろ権力のもたらす最終的な効果（帰結）とみなされる。それゆえ発すべき問いは，権力をもつ行為体が何を欲し，どう行動するのかというところにではなく，そうした行為体に服従する主体がいかにして産出されるかという過程に向けられる[24]。これを国際法の文脈に置き換えるなら，いかにして国家や国際機構に服従する主体が構築されるのか，という問いこそが肝要になる。そして，問いをそう立てた場合には，ほかならぬ国際法文書や国際法学（者）こそが権力の作用する磁場として機能している情景が浮かび上がってくる。

たとえば，国際法の基本原則の1つである武力行使禁止原則は，1999年の北大西洋条約機構（NATO）軍による旧ユーゴスラビア空爆や2001年の米国によるアフガニスタン侵攻，さらに2003年からの米英等によるイラク攻撃・占領などにより激しい動揺をきたすが，その際，国連安全保障理事会（安保理）や有力な国際法学者たちは，「国際社会」による介入を是認しあるいは唱導するテキスト／ナラティヴ（語り）を次々に公にした。こうしたテキスト／ナラティヴは，国家間秩序にあって「国際社会」による介入の正統性を強く刻印するだけでなく，介入を担う国家や国際機構に自らを一体化させる主体（服従する主体）を世界大で産出することに絶大な効果を発揮した[25]。安保理は，また，米国による「対テロ戦争」を引き受ける形で制裁委員会（Sanctions Committee）とテロ対策委員会（Counter-Terrorism Committee）を設置し，特定の人間・組織を念頭において，テロ撲滅のために英雄となって闘う米国など西洋諸国・国際機構の姿を創出した[26]が，そのテキストもまた，国際法学者たちの権威あ

---

[24] Michel Foucault, "Two Lectures", in Power/Knowledge: *Selected Interviews and Other Writings 1972-1977* (Gordon, Colin ed., Pantheon Books, 1980), p. 97.

[25] Anne Orford, *Reading Humanitarian Intervention: Human Rights and the Use of Force in International Law* (Cambridge University Press, 2003), pp. 76-77.

るナラティヴと相まって，服従する主体を広範に産出する効果を促した典型例にほかならない。

　経済の分野においても例をあげるなら，投資条約をはじめとする国際経済法文書は，対外投資を，発展途上国の人民に対して搾取・支配ではなく富と繁栄をもたらすものとして構成し[27]，その一方で国際法学者は，開発援助や法整備支援に専門家としてかかわり，対外投資環境の整備に向けたナラティヴの構築という重要な役回りを演じている。（特に先進工業国の）人々は，投資家と第三世界との関係を，そうして導入されるテキスト／ナラティヴに沿って脳裏に刻印し，さらに，そのイメージに従って自らの行動を律するよう誘導されている。軍事介入がそうであるように，経済介入を推し進める国家・国際機構，あるいはグローバル市場は，断続的に行使されるこうした規律権力の結果として立ち上げられているものでもある。国家（大国）・国際機構，多国籍企業等が当初から強大な権力をもって人々を従わせているのではなく，服従する主体が構築されることを通して，そうした行為体が権力の主体たる外観をもって現れ出るということである。

　もとより，古典的な権力観が有用性をすべからく失ったといいたいのではない。ただ，フーコーの提示する言説を踏まえれば，国家や国際機構などが公的領域にあって行使する力をいかに制御するかという視点だけで権力を捉えるのでは，規律的な形式で作用する権力の実相を覆い隠してしまいかねないことは知っておいてよい。日常の微視的レベルにおいても権力が作用していること，その中にあって，服従する主体の構築に国際法文書や国際法学が直截にかかわっていることにも十分な配慮が払われる必要がある。なかでも，国際法学者が大学においてあるいは研究論文，調査研究などにおいて描き出す国際法の姿は，権力作用から無縁の非政治的な営みなのではなく，それ自体が，人々を訓育する規律権力の磁場となっていることに留意しておかなくてはならない。西洋／男性主導のジェンダー化された国際法・秩序を真理として受容し，その他の認識枠組を非正統化する態度はそうして日々，各地で涵養されているのである。

---

(26) José Alvarez, "Hegemonic International Law Revisited", *American Journal of International Law*, Vol. 97 (2003), pp. 874-878.
(27) Orford, *supra.* note 25, pp. 77-78.

第3部　ジェンダーの領域

　国際法学は国際法の在り方を中立的に伝えてきたのではなく，それ自体が，価値的に偏りにある国際法の構築と受容に直接に加担するものとしてあった。まさしく，政治的なことは個人的なこと，個人的なことは政治的なのであり，だからこそ，国際法のジェンダー化された在り方を転換させるためにも，日常レベルにおいて発動される権力関係にまずもって敏感であることが求められる。この要請は，国際法学のもつ政治性への関心がことのほか希薄な（ように見える）日本にあって，特に強く妥当することではないのか。

IV　国際の平和と安全

(1)　女性の表象

　ジェンダー平等を目指す女性たちの知的・実践的活動は，国際法学の在り方を批判的に捉え直す契機を拡充するだけでなく，国際機関において「ジェンダー主流化」をもたらし，制度的変革を引き出すまでになっていることは周知のとおりである[28]。国際人権機関や国際刑事法廷，難民認定手続きにおける実相については論じられる機会も少なくないが[29]，ジェンダーから最も遠いと思われてきた国連安全保障理事会（安保理）も例外ではなくなっている。
　その分水嶺を画したのは，2000年に採択された安保理決議1325（S/RES/1325

---

[28]　「ジェンダーの視座の主流化とは，あらゆる分野およびあらゆるレベルにおいて，計画されたいかなる行動（立法，政策またはプログラムを含む。）についても女性および男性への影響を評価するプロセスをいう。それは，あらゆる政治的，経済的および社会活動領域において，男性のみならず女性の関心および経験を政策およびプログラムの企画，実施，監視および評価に際して不可分のものとして組み入れる戦略である。それによって女性および男性が平等に利益を得て，不平等は永続化しない。究極の目標はジェンダー平等を達成することである」（*Report of the Economic and Social Council for the Year 1997*,UN GAOR, 52nd Sess. Supp. No. 3, p. 24）。中島淨美「国連憲章におけるジェンダー規範」植木・土佐編・前掲注(3) 137頁，尾崎久仁子「国連におけるジェンダーの主流化について」『同上書』167頁参照。

[29]　たとえば，山下泰子『女性差別撤廃条約と日本』（尚学社，2010年），軽部恵子「国際法におけるジェンダー」ジェンダー法学会編『国際人権法とジェンダー［ジェンダーと法　No. 6］』（日本加除出版，2009年）74-82頁，長島美紀『FGM（女性性器損傷）とジェンダーに基づく迫害概念をめぐる諸課題──フェミニズム国際法の視点からの一考察［早稲田大学モノグラフ29号］』（早稲田大学出版部，2010年），南茂由利子「女性難民を巡るジェンダー論争についての一考察」人間社会学研究集録（大阪府立大学）創刊号（2005年）95-115頁。

192

(2000))である。それまでにも，文民や子ども（兵士）などを扱った少なからぬ安保理決議が女性に言及してはいたが，いずれにあっても女性は保護を要する犠牲者として描写されていた。決議1325は，そうした実情を転換しようとする「女性，平和，安全保障に関するNGO作業グループ（NGO Working Group on Women, Peace and Security）」[30]などからの精力的な働きかけを受けて作成された。

同決議の最大の意義は，女性の表象を転換させたところにある。この決議はまず前文（第5パラグラフ）において，紛争の防止・解決と平和構築における女性の重要な役割を再確認するとともに，平和および安全の維持・促進に向けたあらゆる営みへの「女性の平等な参加と完全な関与」の重要性を強調し，本文（第1－3パラグラフ）では，紛争の防止・管理・解決にかかるあらゆる意思決定レベルに女性をより多く参画させるよう加盟国と国連事務総長に要請・奨励している。ここでは，女性が受動的な犠牲者としてではなく，平和を回復・構築する能動的な主体とみなされていることがわかる。国際法の実施に主導的にかかわる完全なる主体としての位置付けを与えられているわけである。決議の本文には，軍事オブザーバーや文民警察，人権・人道要員，平和を発議する者，和平協定の実施者，人権の主体などとして女性が平和の構築に積極的に貢献しうることが縷々列記されている。

この決議が起点となって，国連諸機関，加盟国，さらには市民社会において平和／安全保障活動へのジェンダーの視座の導入，女性の参画が制度的に推進されていく[31]。その中にあって，安保理における市民社会とりわけ女性NGOの存在感が著しく高まったことは特筆に値しよう。決議の実施を求めるNGOからの継続的な働きかけは，安保理においてジェンダーへの関心を可視化させることに疑いなく貢献したといってよい[32]。

安保理は2008年にも，ジェンダーの観点からは見落とすことができない決

---

(30) NGOの連合体であるこの作業グループについては，<http//www.womenpeacesecurity.org>.
(31) この決議が採択されてから10年間の実績をまとめた国連事務総長の文書に，その様が要約されている。*Women and peace and security: Report of the Secretary-General*, UN Doc. S/2010/498, 28 September 2010.
(32) 次の文献を参照。Working Group on Women, Peace and Security, *Mapping Women, Peace and Security in the UN Security Council: Report of the NGOWG Monthly Action Points tor 2009-2010*（October 2010），http://womenpeacesecurity.org/media/pdf-NGOWG_MAPReport_2009-2010.pdf.

第3部　ジェンダーの領野

議1820（S/RES/1820（2008））を採択している。武力紛争下にあって特に「戦術」として用いられるレイプなど性暴力の問題に焦点を絞ったものであったが、当該決議では女性が再び無力な犠牲者というステレオタイプを投影したものになってしまった。女性は保護の対象に圧縮されてしまい、行為主体としての表象が極端に希薄化され、女性の被る人権侵害は、あたかも生物学的に女性に内在した脆弱性の現われであるかのような心象が生み出されている。さらに、ダイアン・オットーが指摘するように、この決議は女性の被る性暴力を「最悪の」（本文第3パラグラフ）危害ととらえることで、他の暴力によって生命を脅かされる人々への関心を劣位におき、男性の受ける性暴力についても関心を広げるものとなっていない。なにより、軍事規律や訓練の強化を通して男性軍事要員の行動を変えることで問題の解決をはかろうとする姿勢により、被傷性の強い存在としての女性の表象が再び刻印されることになってしまった感がある[33]。

こうした評価はやや厳しすぎるのかもしれないが、ただ幸いなことに、決議1820は、事務総長に対して決議の実施状況を報告するよう求めるものでもあった。この要請に応じて翌年に提出された報告書[34]は、当該決議の枠組みに批判的な姿勢を漂わせながら、性暴力が女性・女児に対する「差別」にあたり、経済的・社会的権利を含む広範な権利の享受に影響を及ぼすことに懸念を表明した。端的にいって、事務総長報告書は、女性の主体性を打ち出した決議1325の理念との連接の必要性を示唆するものであったといえる。

事務総長報告書に加え、NGOからの絶えざる働きかけも受けた安保理は、2009年に採択した2つの決議（S/RES/1888, 1889（2009））を通じ、決議1325に託されていた理念に全面的に回帰し、これをさらに拡充する姿勢を明確にすることとなった[35]。性暴力は被害者の脆弱性に由来するのではなく不均衡な構

---

(33) Dianne Otto, "The Exile of Inclusion: Reflections on Gender Issues in International Law over the Last Decade", *Melbourne Journal of International Law*, Vol. 10 (2009), p. 8.

(34) *Report of the Secretary-General pursuant to Security Council resolution 1820*, UN Doc. S/2009/362, 20 August 2009.

(35) 決議1820と1888はともに米国の支持を得ていたのだが、この2つの決議が採択される間に同国では政権の交代があり、オバマ新政権は、女性についての新たな外交政策を打ち出すことによりブッシュ政権との違いを際立たせようとしていたとされる。両決議の相違は、そうした米国の政策的配慮の影響も受けていたようである。Dianne Otto, "Power and Danger: Feminist Engagement with International Law through the UN Security Council" *Australian Feminist Law Journal*, Vol. 32 (2010), pp. 110-111.

造の問題であるとの認識が基調を成す一方で，持続可能な平和を実現する礎として「不処罰」を終わらせる必要性が強調されている。性暴力は武力紛争につきものとしてこれを容認してきた旧弊を根本から打破する姿勢の現われといってよい。女性を劣位におく構造的問題と平和を創る主体としての女性の位置づけは，決議1889においていっそう顕著になっている。

　2009年の2つの決議は，実施状況を監視するメカニズムの設置を求めている点でも特徴的である。特に決議1889は，決議1325の実施を促すためにグローバルな次元で共通の指標を策定するよう事務総長に求め，これに応じて2010年9月に提出された事務総長報告書[36]は「予防」，「参加」，「保護」，「救援・復興」という4つの野における18の目標と26の指標を設定するものであった。安保理は，この指標を土台に包括的枠組みを策定するよう事務総長に求め，当該枠組みのもとに今後10年間にわたって決議1325の実現をはかっていくことを明らかにしている[37]。

　画期的と評するにふさわしい事態の展開ではあるが，ただ，決議1325が採択されて以降の10年を冷徹に振り返るまでもなく，国連にあっては，女性の主体性が強調される場合であっても，その内実は，女性の参画機会を増やすということ以上に出てこなかったのが実情なのではないか。より直截的にいえば，安全保障領域におけるジェンダーとは，つまるところ，統計上で示された女性の地位に切り縮められて処理されるという域を脱し切れていないようにも見受けられる。むろん，そのこと自体がただちに不当だというのではない。ただ，ジェンダーの視座とは，本来，女性の過少代表の問題だけにとどめられて終わるはずのものではあるまい。

　ジェンダーの主流化を受けて女性の主体的参画を促す決議が安保理で採択されるようになったことは疑いなく女性運動の成果ではある。しかし，女性の参画を妨げ，無力な女性という表象を自然化してきたジェンダー構造を根底から変容させないかぎり，安全保障を担う完全なる主体として女性が位置付けられることには重大な困難が伴うことは重ねて想起しておいてもよいだろう[38]。

---

(36) *Women and peace and security, op. cit.,* Annex.
(37) 安保理の動向を精緻に分析したものに，三輪敦子「女性と平和・安全保障をめぐって——国連安全保障理事会決議1325号の意義と課題」研究紀要（世界人権問題研究センター）16号（2011年）。
(38) ティックナー・前掲注(19) 170頁。

(2) 覇権主義との共存？

　国際社会の不均衡な政治構造を象徴する場でもある安保理は，軍事主義つまりは覇権的男性主義に基づく安全保障観を湛えた場でもある。男性性の象徴というべき「力」を優先的価値に据える安保理は，世界各地に頑強にはびこる不均衡なジェンダー構造の写し鏡といってもよい。それだけに，ジェンダーの視座を安保理に持ち込むからには，軍事主義そのものを変容させる切り口を提示することが重要になってこよう。となれば，なんといっても紛争の防止とともに軍縮への言及を欠かすことはできないはずである。国際的なフェミニズム運動が生み出した結晶ともいえる女性差別撤廃条約（CEDAW）も，前文において「全面的かつ完全な軍備縮小を達成し，特に，厳重かつ効果的な国際管理の下で核軍備の縮小を達成」することが「社会の進歩及び発展を促進し，ひいては，男女の完全な平等の達成に貢献することを確認し」ている。

　CEDAWの前文は，続けて，「世界の福祉及び理想とする平和は，あらゆる分野において女性が男性と平等の条件で最大限参加することを必要としている」と規定する。ただし，女性を統合することだけで平和への道のりが築かれる保証があるわけではない。軍事主義の緩和・除去をともなわなければ，女性の平等な参画は，既存のジェンダー化された秩序かえって補強することになってしまいかねない。だからこそCEDAWは軍縮の達成に明文で言及しているのでもある。

　実際のところ，女性運動は1975年の国連女性年以降，平等・開発とならび平和の実現をグローバルなレベルで追求してきており[39]，「戦争自体が人権侵害であるという観点を明確にして，男女共同参画の課題が人権保障のための反戦・軍縮・平和のための意思決定参加と一致する」[40]よう求めてきた。この観点をさらに敷衍して，1980年代以降，国際政治状況の変化を受けて沈黙を余儀なくされてきた「平和への権利（right of peoples to peace）」を安保理の議論枠組の中に直接に組み入れ，「国際法の焦点を武力から平和へと転換する」[41]契機を押し広げていくことも本格的に構想されてよい。

---

[39] 羽後静子「フェミニスト戦略としての「人間の安全保障」」植木・土佐編・前掲注(3) 245頁。
[40] 辻村・前掲注(14) 268頁。
[41] チャールズワース＝チンキン・前掲注(2) 333頁。

8 国際法とジェンダー

　ちなみに，平和への権利は，スペインの NGO（Asociacion Espanola para el Derecho Internacional de los Derechos Humano）の主導により，2008 年以来，国連人権理事会において改めて議論の俎上に載せられるようになっている。2009 年の同理事会決議（A/HRC/RES/11/4）は，すべての人民が平和への神聖な権利を有し，その実施はすべての国家の基本的義務であるとし，さらに，諸人民による平和への権利の行使を確保するため，各国の政策が戦争，特に核戦争の脅威を除去し，国際関係における武力の行使または武力行使の威嚇を放棄することに向けられるよう要求している。2010 年の決議（A/HRC/RES/14/3）も同趣旨のものであった。こうした議論こそ，ジェンダーの視座を基層に据えて，安保理に持ち込まれてしかるべきではないのか[42]。

　むろん，安保理は現在の国際関係にあって，いわば最強の力が制度化されているところである。そこにあって女性の参画と保護の必要性を認知させることはこれまではおよそありえなかった展開であり，軍事主義の問題性への追及がないことも，当面は払うに値する代償といってもよいのかもしれない。とはいえ，21 世紀に入っていささかも衰えることのない安保理[43]の強権的枠組をそのままに女性の参画・保護を推進することには，少なからぬ違和が残ることを改めて告白しておかなくてはならない[44]。

　安保理は，民主主義的原理を体現する総会とは異なり，拒否権を有する 5 常任理事国を中心とした非民主的な機関であり，その決定にはすべての国連加盟国を法的に拘束する強大な権限が与えられている。冷戦が終わり 21 世紀に入ると，安保理は，既存の条約や慣習国際法との抵触を意識的に無視するかのような「立法」・「法執行活動」に従事するようになった。その時期は，決議 1325 が採択されたときと，ぴたりと重なりあっている。前述した制裁委員会とテロ対策委員会の設置に関する決議は 1999 年と 2001 年に採択されたものであり[45]，決議 1325 を挟み込むような形になっている。

---

[42] 平和への権利については，次の文献を参照。笹本潤・前田朗編著『平和への権利を世界に──国連宣言実現の動向と運動』（かもがわ出版，2011 年），反差別国際運動日本委員会（IMADR-JC）『平和は人権──普遍的実現を目指して』（解放出版社，2011 年）。

[43] Nico Krisch, "International Law in Times of Hegemony: Unequal Power and the Shaping of the International Legal Order", *European Journal of International Law*, Vol. 16 (2005), p. 369.

[44] Otto, *supra* note 33, pp. 1-2, 16.

第 3 部　ジェンダーの領野

テロ対策委員会などの設置は，安保理の拘束力ある決定権限を背景に，米国の愛国者法（Patriot Act）をグローバルに輸出することを企図したものとされ，多数国間条約として定立された「テロリズムに対する資金供与の防止に関する国際条約」をまたぎ越し，さらに，国際人権保障の要請（適正手続きなど）に対テロ対策の要請を優先させるきわめて問題含みのものであった。にもかかわらず，国連憲章 7 章に基づくその決定は，国際的な司法審査の対象になることもなく，各国に対して国内法を通じた決議内容の履行を義務づけるものとして採択されて今日に至っている。テロリストとして資金的制裁などの対象となる個人・団体を指定する制裁委員会もまた，米国や英国といった強国の利害に片面的に資するグローバルな覇権主義的国際法（global hegemonic international law）の一手段として明瞭に位置づけられるものである[46]。

決議 1325 が採択された時期は，米国による強圧的な武力行使が顕在化しつつあるときでもあったが，安保理は結果的に同国の行動を是認する行動をとり，既述のように，武力行使禁止原則の動揺（あるいは，新たな規則の生成の契機？）を生み出す潮流をつくり出した。アフガニスタンへの武力侵攻はまだしもとして，明白な侵略に等しいイラク侵攻についても，その後に引き続く占領を容認

---

(45)　S/RES. 1267（1999）; S/RES. 1373（2001）.

(46)　Alvarez, *supra* note 26, p. 876. 安保理決議 1267（1999）により設置された制裁委員会は，当初はタリバンに対する安保理の制裁を監視する任務を与えられていたが，2002 年に採択された決議（S/RES. 1390（2002））により，任務の対象をアル・カーイダと関連する個人・団体にも拡大された。なお，制裁委員会のリストに登載された個人・団体については，すべての加盟国が資産の凍結や入国等の阻止を行わなければならないことになっているのだが，いったん登載されると，リストからの削除は容易でなく，人権侵害をもたらすおそれがきわめて強い。その危険性が現実化した一件が自由権規約委員会（市民的及び政治的権利に関する国際規約）に個人通報され，同委員会は，当該事案について，移動の自由を定めた同規約第 12 条と，名誉・信用に対する不法な攻撃を定めた第 17 条の違反を認定した。Communication No.1472/2006, UN Doc. CCPR/C/94/D/1472/2006, 29 December 2008. 水島朋則「対テロ安保理決議の実施における自由権規約違反の可能性――（自由権規約委員会 2008（平成 20）年 10 月 22 日見解）」国際人権 20 号（2009 年）115-116 頁。欧州連合（EU）の司法機関においても，安保理決議を受けて EU のとった措置が基本権を含む共同体法の一般原則に抵触するという判断が導かれている。*Kadi & Al Barakast v. Council & Commission*, Joint Cases C-40205P & C-41505, Judgment of 3 September 2008（Grand Chamber）. 小畑郁「個人に対する国連安保理の強制措置と人権法によるその統制――アルカイダ・タリバン制裁をめぐる最近の動向」国際問題 592 号（2010 年）13 頁。

することで，大国の行為を事後的に正当化したかのような心象を拡散させている[47]。安保理の一連の行動は，制度的必然といえばそれまでだが，大国の覇権的な力の行使に合法性と正統性の外套をあてがう，それ自体が覇権主義的な営みであったともいえる。

　決議1325やその後に続くジェンダー関連決議を生み出した安保理は，本質において現在も変わることなく，こうした性格を湛えたままに国連内に佇立している。漫々たる男性性に全身を覆われたその覇権主義のうえに推進されるジェンダーの主流化がもたらす安全保障の相貌を，国際法にとっての真の福音というには，ためらいを覚えずにはいないところである。

　冷戦が終わり，21世紀が深まる中にあって，安保理もまた正統性への模索を続けている。武力紛争下において保護を受けるべき集団として女性を名指しする決議を安保理が採択することは，おそらく揺らぐ自らの制度的正統性を補修することにも向けられているのだろう[48]。そこにジェンダーの主流化という巨大な潮流の影響をはっきりと見て取れることがたしかだとしても，より本質的な問いは，ジェンダーの視座の導入によって安全保障にかかる言説構造や法実践にどれだけ根源的な変化がもたらされるかでなくてはなるまい。この意味での議論が，安全保障理事会を取り巻くより大きな文脈を精確に見据えながら，いっそう批判的に深められていく必要がある。

V　おわりに

　ジェンダー主流化は，国連における制度改革を推進する原動力となり，2011年1月には，4つの女性機関を統合して新しいジェンダー平等機構・国連女性 (United Nations Entity for Gender Equality and the Empowerment of Women)[49]が設置されている。国際社会におけるジェンダー平等への期待を大きく膨らませる出来事ではあるが，こうした組織改編は「女性問題」を特殊化・周縁化する危険性をはらんでいることから，十分な予算措置を含め，高次の政治的意思によって支えられていくべきことはいうまでもない。

---

(47) SC/RES.1483 (2003).
(48) *Id.*, p. 10.
(49) http://www.unwomen.org/.

第 3 部　ジェンダーの領野

　国際法・国際機関のジェンダー構造の変革を推し進めるには，国際法学の学術的営為をいっそう深化させていくことも，むろん欠かせない。フェミニスト・アプローチは国際法の実務にフェミニスト的語彙を挿入させることに貢献してきており，国連女性の設立はその成果の 1 つでもある。フェミニスト・アプローチが国際法学のなかにあって一定の認知を受けるようになっていることは冒頭で触れたとおりである。だがその主導的存在ともいうべきチャールズワースは，学界における現況についてむしろ悲観的であり，次のような言葉を紡いでいる。「フェミニスト国際法学の研究は，一般に，自らを主流の国際法との対話として提示します。……この対話は，しかし，ほとんど完全に一方的です。対話というよりはモノローグです。主流派からフェミニストの疑問や批評に対する回答を得ることは著しく困難です。フェミニスト研究とは何か余計なもので，学問分野のふちを飾るフリルのようなものなのです。……フェミニスト理論は，国際法学研究における学術的ゲットーなのです」[50]。

　こうした焦燥にも似た懸念は，安保理や人権条約機関など，国連システム内における女性・ジェンダーに対する関心の不十分さに対しても振り向けられるのだが，「フェミニズム人権論」を超える「ジェンダー人権論」の確立を強く訴える辻村みよ子の論にならうなら，チャールズワースが慨嘆する現状は，議論の視座を「フェミニズム」の枠組みに基づかせているところに起因する事態ともいえるのかもしれない[51]。フェミニズムの名の下に，女性の解放のみに思考を閉ざしている限界性への批判である。

　もっとも，国際社会にあってフェミニズム理論／運動はジェンダーの主流化を生み出し，それによって，平等を女性のみの関心から男性と女性の関心事に移行させ，女性のみならず他の性の在り方を脱自然化する認識枠組みを前景化させてもいる。それだけに，辻村の批判が果たしてそのままに妥当するものなのかはにわかには判然としないが，ともあれ，この先，ジェンダーの主流化がいっそう推進され，さらに学問的にもジェンダー学への「発展」が成し遂げられるなら，フェミニスト国際法学はやがていつの日か「モノローグ」の域を抜け出られる可能性を得ることになるのだろうか。

　そうとすれば，なにをおいても歓迎すべき事態に違いないようにも思える

(50)　チャールズワース・前掲注(6) 31, 32 頁。
(51)　辻村・前掲注(14) 第 2 章。

が，ただ，主流化の進行に伴い，不均衡な階層性・権力関係を告発するジェンダーの政治性が薄められていくことに懸念を表明するフェミニストは少なくない[52]。チャールズワースがかつて述べていたように，「あらゆるフェミニスト理論は破壊的な戦略をとる。『ゲリラ戦の形で家父長制の最大の弱点を撃つ』。……フェミニストは，永遠に局外者，過激な反逆者の位置にある」[53]とするのなら，主流への合流は単純に祝福して事足りる事態というわけにはいかないのだろう。フェミニストのメッセージが，既存の偏頗な構造の変革につながることなく，ただ単に表面的に横領されて終わるにすぎないのであれば，なおのことそうである。

　国際法学においてフェミニズムあるいはフェミニスト・アプローチ／分析（研究）という表記が選好される背景には，「女性を対象として問題設定をしてきた」国連機関等の在り方がたしかに関わってはいるだろうが[54]，同時にそこには，「性中立的な問題の立て方」[55]によってフェミニズムの政治性・実践性が制度的に回収されていくことへの抵抗・警戒の意も託されている。国際法のジェンダー構造を変革する鋭利な牙を保ち続けためには，「周縁」という位置に宿された戦略的有効性に，引き続き十分な配慮を払っておくこともまた重要なのではないかと考えるゆえんである。

---

(52) たとえば，Sari Kouvo, "The United Nations and Gender Mainstreaming: Limits and Possibilities", in *International Law: Modern Feminist Approaches, supra* note 5, p. 247.
(53) Hilary Charlesworth, "Alienating Oscar?: Feminist Analysis of International Law", in Reconceiving Reality: *Women and International Law, supra* note 7, p. 3.
(54) 辻村・前掲注(14) 43頁。
(55) 同上。

9 国際法／暴力／ジェンダー

I 暴力の諸相

　あらゆる法は成立の構造そのもののうちに自らを正当化できない暴力すなわち「力の一撃（coup de force）」を含んでいる、とジャック・デリダはいう[1]。「ある法は〈法の支配〉（rule of law）のもとで合法的であるけれども……〈法の支配〉はその「起源」において、先行するいかなる法もないところで力によって樹立される」[2]。
　国家間の関係を規律してきた国際法は、この言に倣っていえば、二重の原暴力によって措定されていることになる。1つは国際法の生成時に行使される暴力、もう1つはそうした暴力を行使する国家自体を基礎づける暴力である。国際法の支配的ナラティヴによれば、1648年のウェストファリア条約に国際法の近代的起源が見出され、1945年の国連憲章にその現代的展開の礎がおかれるが、いずれにあっても、新しい秩序を導きいれる暴力がその前段をなしていたことはいうまでもない。
　ヴァルター・ベンヤミンのが説くように[3]、法と暴力の関係は、法を措定する局面においてだけでなく、法を維持する文脈においても顕現する。国際法にあっても、秩序維持のため集団安全保障にもとづく強制措置の発動が予定されていることは周知のとおりである。こうした法維持暴力は重大な逸脱行為すなわち法違背暴力を受けて発動されるものであり、それゆえ、どのような暴力が法違背的とみなされるかによって法維持暴力の射程にも変動が生ずることに

---

(1) Jacques Derrida, "Force of Law: The 'Mystical' Foundation of Authority", *Cardozo Law Review*, Vol. 11 (1990). p. 941.
(2) 高橋哲哉『デリダ 脱構築』（講談社、2003年）194頁。
(3) ヴァルター・ベンヤミン［野村修編訳］『暴力批判論他十篇』（岩波書店、1994年）27-65頁。

なる。国際法においては、武力行使が原則として禁止される一方で、自衛権や対抗措置、人道的介入／干渉、民族自決権といった（武力行使を例外的に正当化する）諸法理との関係を通して法違背暴力の射程が画されてきた実情がある。

国際法と暴力の関係に関するこうした議論にジェンダーの視座を導入してみると、そこに広がって見えるのは、いつものように女性不在の風景である。法を措定する「力の一撃」であれ、法を維持する暴力であれ、あるいは法に違背する暴力であれ、それらの過程のほぼすべてを支配してきたのは男性といってよい。実に、17世紀中葉のウェストファリアの講和から21世紀初頭の「対テロ戦争」に至るまで、国際法と暴力の関係に圧倒的影響を与えてきたのは男性にほかならない。その反面として女性（その他の性）の不在が常態化したことで、国際法における暴力言説は、著しくジェンダー化された位相を呈するものとなった[4]。既存の社会秩序にあって、男性と女性は異なる規範や知識、経験等の身体化を強いられている。このため、法の形成と運用を男性が主導するのであれば、男性性を「標準」に据えた法制度が構築されるのは、神ならぬ人間の仕業が逢着する必然の帰結でもある。国際法であろうとその普遍の真理に変わりはない。

国家の公的暴力（武力行使）の規制を優先事としてきた国際法は、長く、2つのドメスティック（国内／私的）・バイオレンスを不可視の領域に封じ込めるものでもあった。その第1は、国家が国内で市民に対して行使する暴力である。現に、市民の取扱いは「国内管轄事項」として各国の主権的裁量下におかれ、国際法の規制をほぼ全面的に免れていた。だが、第二次世界大戦期に欧州の深処で生じた巨大な野蛮（ナチス・ドイツによるユダヤ人等の虐殺）を機に伝統的な慣行は修正を余儀なくされ、1948年の世界人権宣言を礎にして陸続と人権保障の国際化が進んでいくことになる。こうして市民の処遇は、いまとなっては国際法の最重要テーマとなるに至っている。

しかしそうではあっても、第2に、リベラリズムを思想的基盤とする国際人権保障が規制対象に取り込んだのは国家による市民への暴力に限局され、私人

---

[4] 女性の不在が国際法に及ぼす影響を自覚的に問題視するものに、Hilary Charlesworth and Christine Chinkin, *The Bonndaries of International Law* (Manchester University Press, 2000), Ch. 1.: A Feminist Analysis ヒラリー・チャールズワース＝クリスチーン・チンキン［阿部浩己監訳］『フェミニズム国際法——国際法の境界を問い直す』（尚学社、2004年）第1章。

9 国際法／暴力／ジェンダー

間とりわけ親密圏で生じる暴力は国際法の関心の及ばぬものとされた。フェミニズムからの精力的な働きかけも受けて，ようやく1990年代にこうした暴力にも国際法の関心が及ぶことになるのだが，国家の公的暴力に焦点をおく基本構造に変化はなく，私人間の暴力は，あくまで「相当の注意 due diligence」という概念を通して間接的に国際法の関心となるにすぎないものとされた。別していえば，女性に対する暴力がその典型をなす私人間暴力は，21世紀が深まる今日にあっても国際法の直接の関心となるには至っていない[5]。国家の不作為というプリズムを通過することなくして，国際法上の暴力としての認知はないままである。強固なまでの国家中心性に覆われたその法認識は，女性への関心が希薄なジェンダー構造の上に定礎されたものにほかならない[6]。

国際法／暴力／ジェンダーの関係性は，このように特定の暴力を不可視化する形で明瞭に現われ出てもいる。もっとも，そうした暴力についてはすでに多くの分析が著されてきていることもあり[7]，本稿では屋上屋を重ねることはしない。以下では，国際法にあって暴力の行使を正当化する自衛権と強制措置の実相に焦点をあてて，ジェンダーと暴力の関係性を考察する[8]。

II　自衛のための暴力

国際法において国家の公的暴力を規制する行為規範は，国連憲章2条4項に具現化されている。同条項は次のように定める。「すべての加盟国は，その国際関係において，武力による威嚇又は武力の行使を，いかなる国の領土保全又は政治的独立に対するものも，また，国際連合の目的と両立しない他のいかなる方法によるものも慎まなければならない」。強行規範（*jus cogens*）としての性格づけすら与えられる[9]この要請の例外事由をなすのが自衛権である。国

---

(5) Alice Edwards, *Violence against Women under International Law* (Cambridge University Press, 2011) p. 315.
(6) Hilary Charlesworth, Christine Chinkin and Shelley Wright, "Feminist Approaches to International Law", *American Journal of International Law*, Vol. 85 (1991), p. 622.
(7) Edwards・前掲注(5)。
(8) See *generally*, Gina Heathcote, *The Law on the Use of Force: A Feminist Analysis* (Routledge, 2012).
(9) Christine Gray, *International Law and the Use of Force* (Oxford University Press, 3rd ed., 2008), p. 30.

連憲章は51条で「この憲章のいかなる規定も……加盟国に対して武力攻撃が発生した場合には……個別的又は集団的自衛の固有の権利を害するものではない」と規定する。

　国家の自衛権は，自然人の正当防衛と相似形をなすものとして概念構成されてきた[10]。正当防衛が人格の固有の側面とみなされるように，自衛権もまた国家の「固有の権利（inherent right）」とされている。国連憲章51条のフランス語正文は，固有の権利と邦訳される語に droit naturel（自然権）というより直截的な言葉をあてている。もっとも，国内法にあって自然人が男性として具体化されてきたように，国際法における国家（典型としての西洋諸国）もまた男性性を濃厚に帯びており[11]，自衛権の要件にもそれがそのままに投射されている。

　日本の刑法にあって正当防衛とは，「急迫不正の侵害に対して，自己又は他人の権利を防衛するため，やむを得ずにした行為」とされる。急迫不正の侵害を排除するのに必要でかつ相当な行為について違法性の阻却が認められることになっている。国際法においても，自衛権が成立するには，武力攻撃を排除するのに必要でかつ均衡がとれたものであることが求められる（必要性の原則と均衡性の原則）。総じて，国内でも国際でも，襲い来る暴力とこれに反撃する暴力という図式が想定され，しかも，両当事者が対等な力を行使できることが暗黙の前提とされている。強壮たる男性間の決闘，というイメージが浮かび上がるのではないか。

　自衛権の発動要件は，1837年のカロライン号事件に際して示されたウェブスター・フォーミュラ[12]に由来する。この定式にあって必要性の原則は，代替不能性（とりうる平和的手段がないこと）と即時性の要素に分節化される。後者は武力攻撃が発生した場合に即時に反撃することを求めるものだが，両当事者が対等であれば格別，力関係に圧倒的な違いがある場合には，劣位にある国がこの要素を充足するのは難しい。保持する軍事力が違えば，反撃それ自体が困難ともなる。事後になんらかの反撃をなしえても，必要性の原則を満たさぬ力

---

(10) David Rodin, *War and Self-Defense*（Oxford University Press, 2002）p. 110.
(11) 本書第9章参照。
(12) 根本和幸「自衛権における必要性・均衡性原則」村瀬信也編『自衛権の現代的展開』（東信堂，2007年）61-62頁。

の行使として違法との烙印を押されかねない。もとより，強国からの恒常的な政治・経済的圧力に抗う暴力の行使が自衛権の法理によって正当化されることもない。

　こうした様は，女性の反撃を非正統化してきた正当防衛のあり方を想い起こさせずにはいまい。現に，パートナーから受ける暴力（DV）に抗する女性の行為を法的に正当化することの難しさが刑法学において指摘されてきている[13]。持続的な抑圧にさらされたDV被害者が平静期に殺害行為に及んだとき，急迫性を欠くとして正当防衛の成立を否定される情景には，法主体モデルにまとわりついたジェンダーの位相が透写されて見える。暴力に対する有効な反撃は，強固な身体をもたぬ者には容易になしえない。自衛権の法理に内蔵された国家モデルにも，それが映し絵のように投影されているといってよい。

　必要性の原則は反撃の始期においてその充足が判断されるのに対して，均衡性の原則は紛争期間中にとられる軍事行動全体に照らして判断される[14]。ただし，なにをもって均衡がとれていると判ずるかについては各国に相当の裁量が認められており[15]，軍事目標主義がその規範的尺度たりうることが示唆されてもいる。しかし，軍事力の行使は，軍事目標への攻撃の際に生ずる巻き添えにとどまらず，住民の生存・生活一般に甚大な影響を与え，難民・国内避難民の大量発生をもたらすことも少なくない。生活環境を破壊されて長期化する日常生活の苦難，食糧・水・電力等の不足による生活水準の劣化，子ども・高齢者・障害者への健康被害，教育機会の剥奪，性暴力の増加，コミュニティの解体など，武力行使の影響はきわめて広範囲にわたって生ずるのが常である。

　こうした広義の被害は，だが，均衡性の判断枠組に組み入れられてきたわけではない[16]。本稿との関連で留意すべきは，紛争被害の多くを負担するのが女性であるという現実である。均衡性の判断にあたって視野に入れられるのは

---

[13] 岡田久美子「DV殺人と正当防衛」浅倉むつ子＝角田由紀子編『比較判例ジェンダー法』（不磨書房，2007年）49-73頁．

[14] なお，武力行使の合法性にかかる均衡性の原則とは別に，個々の戦闘行為についても均衡性の原則は合法性審査の基準となっている．

[15] Christopher Greenwood, "Self-defence and the Conduct of International Armed Conflict", in Yoram Dinstein ed., *International Law at a Time of Perplexity* (Martinus Nijhoff Publishers, 1989) p. 273.

[16] Heathcote・前掲注(8) p. 90.

第3部　ジェンダーの領野

軍事力がもたらす直接的な危害にとどまるといってよいが、一般市民への被害は長期にわたって継続し、その負担を不釣合いに背負うのはいずれの国にあっても女性たちである。軍事力の行使を当事者間の決闘として認識する現行の法認識にあって、均衡性の原則はきわめて限定された現実しか切り取っておらず、とりわけ社会生活において女性その他のマイノリティが被る負の影響への適切な関心を欠いたままにある。この原則が武力行使を制御する有意な効果を発揮できずにいる[17]ことと、ジェンダーの視座を欠いていることとの間には、密接な連関があるといってよいのではないか。

国連憲章51条は、個別的自衛権だけでなく集団的自衛権についても定めている。自衛権の要件は、個別的であろうと集団的であろうと、武力攻撃の発生と必要性・均衡性の原則を柱としていることに変わりはないが、集団的自衛権の場合には、被害国が自ら武力攻撃を受けたと宣言し、支援の要請を行うことが付加的に求められている。

集団的自衛権の援用例の1つとして語られてきたのは、1991年の湾岸戦争である。イラクの侵攻を受けたクウェート支援のためアメリカを中心にした多国籍軍が軍事的介入を行い、国連の「お墨つき」も得て、その駆逐に成功した事例である[18]。この一件は、集団的自衛権にまつわるジェンダー構造を明瞭に描き出している。第1に、救世主たる多国籍軍が悪を成敗する英雄／救世主とみなされる一方で、クウェートはイラクによって身体（領域）への侵入を受けた、か弱き女性被害者としてイメージされていた。国際法上、国家領域は閉ざされた男性身体に擬して定位されているのだが、身体への同意なき侵入（武力攻撃）を受けた国家はその瞬間に男性性を剥落させ、保護を受けるべき女性へと「性」を転換させる。そして、英雄による助けを待つ身となる。集団的自衛権のナラティヴには、こうした濃密なジェンダー・ポリティクスが内包され

---

[17] Judith Gardam, *Necessity, Proportionality and the Use of Force* (Cambridge University Press, 2004) p. 187.

[18] 中谷和弘「集団的自衛権と国際法」村瀬・前掲注(12) 48-49頁。もっとも、本件においては、安保理が早々に強制措置（経済制裁）を発動させていたことから、米国を中心とする多国籍軍の行動を集団的自衛権によって説明することには重大な疑義が呈されている（松井芳郎『湾岸戦争と国際連合』（日本評論社、1993年）80頁）。本章では、集団的自衛権を「援用」して武力行使がなされる場合に形成される国家間の関係性に着目して論を進める。

てもいる。

　第2に，多国籍軍によって救い出されたクウェートは再び閉ざされた身体すなわち男性性を回復し，これをもって正義が実現されたと称揚されたのだが，本来の姿に立ち戻ったはずのクウェートの内部では，以前にもまして女性の地位（権利保障）の劣化が進んだとの報告がなされている。被害者を救う英雄と悪の対決をプロットに据えた集団的自衛権のナラティヴが，戦闘舞台を彩るエリート男性の行動に関心を集中させることで，現実世界に広がる重大な不正義を不可視化してしまう力学を湛えている。ジェンダーの視座を欠く法制度の限界性が，ここにも恬然と顔をのぞかせている[19]。

III　集団安全保障という暴力

　国際社会の主権的市民たる国家の安全は，最終的には集団安全保障の力によって守られることが予定されている。自衛権の行使も，それまでの間，暫定的に許されるにすぎない。

　グローバルな集団安全保障体制は，国連憲章7章に法的基礎をおく。武力行使禁止原則が侵犯されたとき，秩序維持のために動員される〈超暴力〉がその要となるのだが，ただ，憲章7章が鎮圧の対象にしているのは「平和に対する脅威，平和の破壊又は侵略行為」であって，違法な武力に限られてはいない[20]。国連の歴史を振り返るに，平和に対する脅威は国内的な暴力状況の場合にも認められてきており，冷戦が終結した1990年代以降は人道・金融危機等に際してもその認定がなされている。さらに21世紀になってアメリカ主導の「対テロ戦争」の時代に入ると，非国家主体や特定の個人が平和に対する脅威の前面に踊り出てくるようにもなった[21]。

　これに対して，平和の破壊と侵略行為については認定例がほとんどない。認

---

[19] 本書170-174頁参照。
[20] 平和に対する脅威から侵略行為まで，重大さの度合いに応じて3段階が設定されているが，これらの境界は明確でなく，いずれによっても憲章7章にもとづく強制措置をとることができる。なお，本稿で用いる〈超暴力〉という語については，最上敏樹『国連システムを超えて』（岩波書店，1995年）86頁参照。
[21] 古谷修一「国際テロリズムに対する国連安保理の対応」村瀬信也編『国連安保理の機能変化』（東信堂，2009年）41-55頁。

定された数少ない事例[22]はいずれも国家間暴力に関するものであり，国家の公的暴力に焦点がおかれていることがわかる。平和に対する脅威をめぐる展開は，これとは対照的に脱国家的な特徴を有しているといえるのかもしれないが，しかしジェンダーの視座を導入すると，そこにも看過できぬ問題性が潜んでいることがわかる。なにより，いかに概念が拡充されているとはいえ，世界各地の女性たちにとって最大の脅威というべき極度の貧困が国際の平和・安全を脅かす事態と認定されることは依然としてない。金融危機や自然災害は脅威とみなされているのに，貧困はいまだその機会を与えられないままである。

また，政治，教育，保健サービス等の場から女性を制度的に締め出す性的アパルトヘイトも，国際の平和・安全への脅威とはみなされていない。ある論者が的確に指摘するように[23]，南アフリカで実施された人種隔離政策が侵略行為と直接に結びつけられたのに対して，アフガニスタンのタリバン政権が実施した女性隔離政策は，同政権が関わったとされるテロ行為に関連づけて語られることはなかった。人種差別の撲滅が平和につながるとされる一方で，性差別の撲滅は安保理にあって平和とは希薄な関係しか構築しえてこなかった。女性の不在が自然化されてしまった構造的な帰結というべき情景である。

とはいえ，そうした安保理にあっても，2000年の決議1325を手始めに，2010年までに安全保障とジェンダーの関係を扱う決議が断続的に採択されるという瞠目すべき事態の展開がみられる[24]。ジェンダーの主流化を背景に採択されたこれらの決議（とくに1820，1888，1960）では武力紛争下における性暴力から女性を保護することの重要性が強調され，決議1820と1888では武力紛争下における広範な性暴力が国際の平和・安全への脅威となる可能性が示されている。

安保理は，具体的な行動の一環として，2008年の決議1807においてコンゴ

---

(22) 平和の破壊は，1950年の朝鮮戦争，1980年代のイラン・イラク戦争，1982年のフォークランド紛争，1990年の湾岸戦争において認定され，侵略行為は1976・1985年に南アフリカ（対アンゴラ），1979年に南ローデシア（対ザンビア），1985・88年にイスラエル（対チュニジア）について認定されたにすぎない。See Gray・前掲注(9) p. 256.

(23) Heathcote・前掲注(8) pp. 45-46.

(24) その詳細については，川眞田嘉子「平和・安全保障とジェンダーの主流化──安全保障理事会決議1325とその実施措置を題材として」『講座 ジェンダーと法 第1巻 ジェンダー法学のインパクト』（日本加除出版，2012年）155-170頁参照。

民主共和国（DRC）の事態を国際の平和および安全に対する脅威と認定し，性暴力に関与した個人を含む有責者の資産凍結を各国に命ずるに及んでいる。その一方で，旧ユーゴスラビアやルワンダなど重大な人権侵害に襲われた諸国における移行期正義実現のためにアドホックあるいは混合裁判所の設置を促進し，処罰すべき重大な犯罪のなかにレイプなど性暴力を明示的に含めてきていることもよく知られていよう。

　事態のこうした進展は言祝ぐべきことのように思われようが，しかし，その奥底にはなお思惟を巡らすべき問題が潜んでいる。第1は，鎮圧すべき犯罪として性暴力が特別視されることの含意である[25]。武力紛争下にあって女性が被る多岐にわたる危害のなかで性暴力に格別の力点をおくことは，他の深刻な危害への関心を遮断する効果をもたらしかねない。むろん，女性の被る人権侵害にあって性暴力は生命の剥奪にも等しい特別の扱いに相当するという価値判断が基底にあるのだろうが，その判断に過誤がないとしてもさらに問われるのは，「被害者」として一律に規格化されることにより，女性個々人の有する主体的な能力が極小化され，パターナリスティックな女性像が再生産されてしまう危険性である。実際のところ，性暴力に関わる安保理諸決議は，軍事主義を煽る「対テロ戦争」を後背に採択されてきている。安保理の展開は，こうした世界的文脈と共振し，女性の弱者性あるいは要保護性を再刻印する言説力学を増幅させているようにも思われる。

　第2に，より根源的に問えば，安保理の発動する〈超暴力〉はそもそも性暴力の鎮圧にふさわしい手段といえるのだろうか。再びDRCについて見るに，同国には1999年から国連平和維持活動（MONUC）が展開されていたが，2004年の決議1565等によりその規模が飛躍的に拡大し，任務も憲章7章のそれへと変容した[26]。平和の維持と平和の強制が融合して実施される近年の特徴[27]

---

[25]　See Vasuki Nesiah, "Missionary Zeal for a Secular Mission: Bridging Gender to Transitional Justice and Redemption to Feminism", in Sari Kouvo and Zoe Pearson eds., *Feminist Perspectives on Contemporary International Law* (Hart Publishing, 2011) pp. 137-157.

[26]　Gray・前掲注(9) p. 318.

[27]　国連PKO局が2006年に打ち出した「キャップストーン・ドクトリン」にその特徴がはっきりと見て取れる。酒井啓亘「国連安保理の機能変化と平和維持活動の展開」村瀬・前掲注(21) 114-118頁参照。

を象徴的に示す事態だが，国際社会に広く浸透している言説にあって，性暴力は武力紛争当事者たちの逸脱行為とみなされ，国連要員はそれを抑止し鎮圧すべき存在と位置づけられている。だが，MONUCについてそうであるように，性暴力は国連の要員自身によっても絶えることなく行われてきているのが実態である[28]。

日本軍「慰安婦」問題や沖縄駐留米軍兵士によって繰り返される性犯罪が指し示すとおり，軍隊の行動・存在には性暴力が構造的にまとわりついている[29]。国連の旗を掲げることにより，その宿痾が魔法のように消えてしまうわけではあるまい。暴力をもって敵を殲滅する軍事的思考は強度の男性性を体現するものにほかならず，性暴力の温床そのものといってもよい。そうした軍事主義に支えられた活動をもって性暴力を鎮圧する営みには，拭い切れぬ背理が随伴しているというべきではないか。

Ⅳ　脱暴力へ

21世紀初頭を覆ってきた「対テロ戦争」の時代状況は，危機を煽ることで暴力を容認し推進する法的スペースを広げている。国連憲章2条4項に規定された武力行使禁止原則が依然として国際法の基本原則であることには変わりないとはいえ，しかし，これまで以上にこの原則への挑戦が強まっている。その実情は自衛権言説の変容に顕著に現れ出ているといってよい。

国連憲章51条は自衛権の行使を「武力攻撃が発生した場合」に限定しており，国際司法裁判所もこの法的敷居の存在を再三確認してきている。「対テロ戦争」以前にあっては，武力攻撃発生前の暴力を自衛権によって正当化することは困難であった。「先制自衛 anticipatory self-defence」が問題になることは

---

(28) Anna Shotton, "A Strategy to Address Sexual Explitaition and Abuse by United Nations Peacekeeping Personnel", *Cornell International Law Journal,* Vol. 39 (2006), pp. 97-107.

(29) 国連平和維持活動それ自体は〈超暴力〉の原理に依拠しているわけではないものの，平和の強制との融合例が増えていることに加えて，2012年1月末現在展開中の15のPKOを見るに，11万8,756人の国連要員のうち9万8,653人がいわゆる制服組で，そのうち8万2,187人が兵士であるという軍事的実装に留意する必要がある。http://www.un.org/en/peacekeeping/resources/statistics/factsheet.shtml（last visited March 1, 2012）.

何度となくあったが，その場合も，基本的には武力攻撃の発生という要件をめぐって議論が交わされており，必要性・均衡性の原則にも相応の配慮が払われていた。

ところが，「対テロ戦争」の時代に入ると，先制自衛を飛び越えた（あるいは拡張した）「予防的自衛 preventive self-defence」の概念が急速に広まり，将来的な攻撃の危険があれば自衛権の行使が認められるという見解が支持を集めていく。具体的な攻撃ではなく，国家への茫漠たる脅威をもって必要性・均衡性の原則も充足されるという認識が示される。「予防的自衛」は非国家主体（テロリスト／組織）との関係で主張されており，したがって自衛権の脱国家化が図られているともいえるが，ただそうはいっても，推進されているのは，国家（大国）による暴力の正当化であり，男性性の制度的深化であることはいうまでもない[30]。

自衛権が暴力行使の機会を押し広げる法的契機を提供する一方で，人道的介入という名の暴力行使の可能性も，「保護する責任 Responsibility to Protect」という概念の創出を通して拡充の方向にある。総じて，国際法と暴力の関係はいっそう緊密になり，国際法の男性性がさらに強化されるという循環が生み出されている。

こうした潮流を転換させるには，暴力を受ける側，すなわち現行制度の下で沈黙を強いられている国際法の「他者」というべき者たちの声を召還することが肝要である。本稿との関連でいえば，女性であり第三世界であり非国家主体である。国内における DV 言説の展開は，女性を無力な被害者として保護の対象に囲い込むのではなく，主体的な力をもったサバイバーとして再定位し，その生活再建等を支援することの重要性を伝えている。暴力が行使される国際的状況を縮減していくうえでも，こうした認識転換は欠かせまい。

---

(30) 非国家主体との関係での自衛権行使は決して新しい事象ではないが，従前は，非国家主体の行動に「実質的に関与」している国家を対象にした武力行使という言説構成がとられ，その意味で自衛権は国家間の枠内でのものであった。これに対して予防的自衛の場合には，非国家主体への直接の攻撃という治安維持的側面が強い。国家（「南」の諸国）は，領域内に所在する非国家主体の行動を規制していないというだけで，領域侵犯（大国による武力行使）を受忍しなければならないものとされる。Mary Ellen O' Connnell, "The Choice of Law Against Terrorism", *Journal of National Security Law and Policy*, Vol. 4 (2010), p. 343.

第3部　ジェンダーの領野

　暴力の正当化・制度化は，悪に対する反撃・懲罰の賦課という発想に支えられている。そのなかにあって女性は保護すべき弱者としての位置づけを与えられるのだが，湾岸戦争後のクウェートがそうであるように，暴力を行使して悪を排除したところで女性たちの日常に持続的な安全がもたらされる保証はない。DRCへの国連の介入にしても，女性の地位の向上をもたらしているという実情にはない。現実の経験に照らしてみれば，持続的な平和にとってより重要なのは，懲罰の賦課というよりも社会的被傷性の強い人々の主体性の確立であり，当事者性の尊重であろう。貧困の除去に代表される社会権的側面の拡充や国際社会の連帯の強化が，そのためにもなにより求められるのではないか。

　認識転換の要となるのは関係性の変革である。男性と女性の関係性がそうであり，その相似形というべき国際社会における「北」と「南」(第三世界)の関係性がそうである。とくに，「北」に住む人々(私たち)が身体に奥深く刻んできた「南」の人々に対する帝国主義的なまなざしを相対化し，暴力に関わる国際法のテキストを紡ぎ直していくことが求められる。「安全保障について論ずる多くの［北の］国際法学者たちはお互いの間で「かれら」［南の人々］のことを語り合っている。「かれらの」安全保障上の利害について「かれら」がなんといおうとしているのかを聴こうともせずに。国際法の多くは，おそらく，会話や対話ではなくゴシップと理解したほうが正しいのかもしれない」[31]。アン・オーフォードのこの指摘が示唆するように，自衛権であれ集団安全保障であれ，「暴力を行使される側」を客体視し，その主体的な判断を非正統化／周縁化してしまう国際法制度の片面的なあり方を根底から変容させていかなくてはならない。

　国際法学はこれまで，国連憲章2条4項について論ずる際に，武力不行使原則をいかに拡充するかという視点を後景に退けて，例外事由の正当化をめぐる議論に精力を傾注してきたといってよい。「危機」の精錬にいそしむそうした知・実務のあり方を，「日常」に焦点を当てた脱暴力(平和)の方向に転換していくことが，国際法を覆う強度のジェンダー構造を変換させる契機に転じてもいこう。国連では，「南」の視点を包摂しながら「平和への権利」概念の精緻化に向けた作業が——多くの障害に直面しながらも——進められているが，人

---

(31) Anne Orford, "The Politics of Collective Security", *Michigan Journal of International Law*, Vol. 17 (1996), p. 406.

権理事会諮問委員会中間報告書[32]が示唆するように，軍縮や良心的兵役拒否，平和の文化の創造といった，武力不行使原則を実質化しうる諸要素の現実的意義を強調していくことがなにより大切なように思う。もとより，武力行使に関する国際法規（たとえば均衡性の原則）の解釈の中に，人間たちの多様な経験・声を適切に織り込んでいくべき重要性はいうまでもない。

これを別言すれば，暴力（危機）の正当化ではなく例外化を基幹に据えて，世界の人々（民衆）の当事者性を尊重する公正な秩序の構築に向けた国際法言説を鍛えあげていくということである。〈超暴力〉による性暴力の規制を称揚するのではなく，男性性を投射する暴力そのものを非正統化する認識を徹底的に深めていくことが，ジェンダー化された国際社会の権力構造を変革していく要諦となるに違いあるまい。

---

(32) *Progress Report of the Human Rights Council Advisory Committee on the right of peoples to peace*, UN Doc. A/HRC/17/39, 1 April 2011.

10 「慰安婦」訴訟・再考
──国際法の歴史／歴史の中の国際法──

I 歴史の再審と過去の克服

(1) 歴史と司法

　1991年12月6日に金学順らによって提起された韓国太平洋戦争犠牲者遺族会訴訟を皮切りとして，10件の「慰安婦」＝日本軍性奴隷／戦時性暴力訴訟が裁判所を舞台に闘われてきた[1]。日本の司法史を彩る戦後補償裁判の象徴ともいうべき「慰安婦」訴訟は，しかし，海南島戦時性暴力被害訴訟の上告受理申立が2010年3月2日に最高裁によって不受理とされたことで，そのすべてが終幕を迎えるにいたった（むろん新たな訴えが提起される可能性は排除されないし，司法的終幕をもって問題が終わりになるわけではないことはもとよりである）。判決のなかには，釜山「従軍慰安婦」女子挺身隊公式謝罪・補償請求訴訟（関釜裁判）のように原告の請求を一部認容するものもあった[2]とはいえ，元「慰安婦」らの請求はほぼすべてを退けられて終わっている。

　日本における裁判は民事手続か刑事手続の形式をとる。「慰安婦」訴訟は，犯罪行為を実行した者の刑事責任を追及する刑事裁判ではなく，違法行為によって被害を受けたと主張する者が国を相手に謝罪や損害賠償などを求める民事裁判の形式をもって提起されてきた。もっとも民事裁判とはいっても，この訴訟は種々の局面において際立って困難な法廷活動を当事者たちに強いるものとなった。まずなにより，適用されるべき法規の特定とその解釈が訴訟上，最大の争点とされたことはよく知られていよう。審理の場となった裁判所は日本の法廷なので日本の国内法が裁定の規準として援用されることは当然にしても，それ以外に，国際私法の規則を駆使して不法行為地（たとえば中国）法の適用

---

(1) 大川正彦「「日本軍戦時性暴力被害」訴訟から見えてくること──裁判はどこまで「慰安婦」問題を裁けているのか」金富子・中野敏男編『歴史と責任──「慰安婦」問題と1990年代』（青弓社，2008年）71-75頁。

(2) 山口地裁下関支部判決1998年4月27日。立法不作為を認め，「慰安婦」1人あたり30万円の支払いを命じるものであった。

可能性が争われることもあり，また，条約や慣習法といった国際法の存在が前面に躍り出ることも少なからずあった。つまりは，いかなる法が裁判規準となるのかという初発の問いからして大論争になったわけである。

　裁判は，当・不当ではなく，合法・違法について判断するのを原則とするが，その判断は，基本的に，問題となる行為が実行された時点において有効な規準にもとづいてなされなければならない。そのため裁判では，「慰安婦」問題が生じた半世紀前に日本を拘束していた法規を同定したうえで，その当時に生起した事実の認定作業が行われた（現在に引き続く侵害行為を問題とする場合には現在の法の適用可能性が問われる）。時の流れを遡る営みであっただけに，そこには通常の司法作用を超え出る趣が濃厚に漂っていた。実際のところ，各裁判所の手掛けた作業には，単に法律要件に該当する事実の認定にとどまらず，より広い歴史認識とでもいうべき知見が映し出されることも稀ではなかった。法律効果を発生させる要件事実の認否にあたり，歴史学的知見の動員が不可欠であったということである。「慰安婦」訴訟は，このように歴史と司法とを膚接させる稀な場としても出来した。

(2) 〈大きな物語〉の解体と謝罪の時代

　「慰安婦」訴訟は，他の戦後補償裁判がおしなべてそうであるように，「勝者による免責」と政策決定エリート間の合意（談合）によって封印されてきた〈不正義〉を司法の場に召喚する営みでもある。「勝者の免責」とは植民地主義，ジェンダー差別，人種主義などを抱え込んだ極東国際軍事裁判が特定の犯罪行為を放免したことを含意し，政策決定エリート間の合意とは具体的にはサンフランシスコ平和条約と一連の賠償・請求権協定を指す。そうした法的枠組みを通して構築された戦後アジア太平洋秩序の中で，性奴隷制・性暴力の被害は沈黙と忘却を余儀なくされた典型であった。「慰安婦」訴訟は「補償要求という形をとってはいるが，裁かれなかった戦争犯罪に対する被害者側からの追及」にもほかならず，それゆえに極東国際軍事裁判の実質的な〈再審〉という位相を濃厚に帯びて立ち現れたのである[3]。

---

(3) 内海愛子「戦争犯罪――日本は何を裁かれたのか」内海・山脇啓造編『歴史の壁を超えて――和解と共生の平和学』（法律文化社，2004年）119頁。「勝者による免責」という表現については，米山リサ『暴力・戦争・リドレス――多文化主義のポリティクス』

その後背に広がっていたのは，過去の克服をめざす〈謝罪の時代〉という国際的文脈である。この時代は，ポスト構造主義の思潮により知の体系が変容し，下からの視点によって〈大きな物語〉の相対化が押し進められた時代であった。なかでも，〈大きな物語〉と共謀関係にあった男性中心主義に向けられたフェミニストからの知的・実践的挑戦が及ぼした影響は甚大であった。「慰安婦」問題に対する国境を超えた関心の高まりにもその影響がはっきりと見てとれる。

国際的関心の嚆矢となったのは国際法律家委員会（International Commission of Jurists）が現地調査を踏まえ1994年に公表した包括的な報告書[4]である。精緻に構成されたその文書の中で日本の法的責任の所在が説示されて以降，「慰安婦」問題はこの国の抱える最大の人権問題の1つとして国際的な場で連綿たる非難を受けていくことになる[5]。たとえば，人権NGOとしてはアムネスティ・インターナショナルも精細な報告書を刊行し，2000年にはアジア太平洋地域の女性たちの力を結集して東京で女性国際戦犯法廷も開催されている。国連にあっては人権委員会の女性に対する暴力特別報告者や人権小委員会の戦時性暴力特別報告者も敏感に反応し，さらに，人権理事会における普遍的定期審査の折にもいくつかの国から厳しい批判がなされたことも周知のとおりである。

注目に値するのは，女性差別撤廃委員会はもとより社会権規約委員会，拷問禁止委員会，自由権規約委員会といった人権諸条約機関が定期報告審査の機会を捉え，日本に是正勧告を繰り返し発してきていることである。勧告の内容は時を閲するほどに明確さと鋭利さを増している。ちなみに自由権規約委員会が2008年の第5回定期報告審査の後に公にした総括所見（パラグラフ22・外務省訳）は次のようなものであった。

> 委員会は，締約国が未だに，第二次世界大戦中における「慰安婦」制度に対してその責任を認めていないこと，加害者が訴追されていないこと，被害者に提

　（岩波書店，2003年）170頁。
(4) 日本語訳として，国際法律家委員会（ICJ）編『国際法からみた「従軍慰安婦」問題』（明石書店，1995年）。
(5) 有光健「世界の潮「慰安婦」問題解決求める国際社会の勧告続く」世界786号（2009年）25-28頁，川田文子・大森典子「「慰安婦」問題・何が問われているのか」世界779号（2008年）250-257頁。

供されている補償金が公的資金よりむしろ個人的な寄付によって提供されていること及びそれが不十分であること,「慰安婦」問題への言及を含む歴史教科書がほとんどないこと,及び一部の政治家及び報道機関が被害者の中傷あるいは出来事の否定を続けていることに懸念をもって留意する。

締約国は,被害者の大半が受け入れ可能で彼らの尊厳を回復させるような方法で「慰安婦」制度に対する法的な責任を認め,率直に謝罪し,生存している加害者を訴追し,全ての生存者の権利として適切な補償を行うために迅速で効果的な立法府及び行政府による措置をとり,本問題について生徒及び一般の公衆を教育し,及び被害者を中傷しあるいは出来事を否定するあらゆる企てに反論し及び制裁措置をとるべきである。

条約機関としてはこのほかにも国際労働機関(ILO)条約勧告適用委員会の持続的貢献も見落とすことができない。その一方で国家レベルに関心を転ずるに,アメリカ下院,オランダ下院,カナダ下院,韓国国会,台湾立法院などからも懸念表明・勧告がなされ,この隊列には超国家機構を構成する欧州議会も加わることになった[6]。

こうした一連の国際的反応の基調をなしているのは,「慰安婦」問題を女性に対する暴力,人身売買・奴隷制の問題ととらえる視点である。国家中心主義に覆われた〈大きな物語〉の中にあって不可視のものとされていた女性に対する暴力の問題が知の体系の変容とともに国際制度の前面に躍り出たことにより,「慰安婦」問題を可視化する法的・政治的文脈が作り上げられたといってよい。別して言えば,第二次大戦期における性奴隷制は,現在から未来にかけて構築しようとする女性に対する暴力(人身売買・性奴隷制)なき世界のために,優先的に対峙すべき事項(あるいは,想起すべき過去)としての位置づけを与えられたのであり,そうした認識が深く共有されるがゆえに国際的な是正勧告が絶えざるものとなっているわけである。

〈謝罪の時代〉の意味についても一言すれば,2001年の反人種主義世界会議において採択されたダーバン宣言に現われているように,過去の克服を求める潮流は特定地域に閉ざされることなく,いまやグローバルな位相をもって顕現

---

[6] 梶村太一郎「歴史認識の不作為と正義の実現——欧州議会対日「慰安婦」決議を読む」世界799号(2008年)258-265頁。

するようになっている。植民地支配，奴隷制という2つの巨悪に対する先進諸国の責任が激しく問われた同会議の画期的な意義は，「力こそ正義なり」の思考を蘇生しかねぬ9／11のあおりを受けて適切な評価を受けないままに現在に至っているところもある[7]が，マイノリティや先住民族の権利の回復を謳う国際規範文書の成立を見るまでもなく，歴史的不正義に正対すべき要請それ自体は国際法の世界にあって確実に規範的重みを増している。実に，過去の克服は21世紀の国際秩序の在り方を左右する根源的な課題として現前しているといってよく，「慰安婦」訴訟（をはじめとする戦後補償裁判）は，そうしたグローバルな潮流に連なりながら，その牽引役として〈謝罪の時代〉を彩ってきたといってよい。この訴訟には，単なる一国内の裁判というにとどまらず，より大きな国際的・歴史的機制が与っていることを確認しておかなくてはなるまい。

II　法廷に提示された国際法史観

(1) 国際法の歴史

「慰安婦」訴訟にあっては，被害を受けた者が国を相手に損害賠償を請求できる法的根拠がどこにあるのかが大きな争点となった。フィリピンや中国といった占領地におけるケースにおいて原告側がその規準たるべきものとして法廷に投入したのが1907年の「陸戦の法規慣例に関する条約」（ハーグ条約）3条である。同条は次のように規定する。「陸戦ノ法規慣例ニ関スル規則ノ条項ニ違反シタル交戦当事者ハ，損害アルトキハ，之カ賠償ノ責メヲ負フヘキモノトス。交戦当事者ハ，其ノ軍隊ヲ組成スル人員ノ一切ノ行為ニ付責任ヲ負フ。」

つまり，自国の軍隊構成員の国際違法行為によって損害を生じさせた国は金銭賠償の責任を負う，というわけである。問題は，責任を負うのは誰に対してなのか，換言すれば，誰がそうした賠償を請求する権利を有しているのか，という点が規定上，不分明だったところにある。それを明らかにするために行われる営為が法解釈であり，ハーグ条約3条は，実に，法解釈という営みによってその内容を明確化されてはじめて請求の根拠たりうるかが定まることになっ

---

(7) 2009年に開催されたダーバン再検討会議の経緯も含め，Corinne Lennox, "Reviewing Durban: Examining the Outputs and Review of the 2001 World Conference Against Racism", *Netherlands Quarterly of Human Rights*, Vol. 27 (2009), pp. 191-235.

たのである。

　条約をどう解釈するのかは国際法自体（慣習法）が指示している。要するに，条約の趣旨・目的に従って与えられる用語の通常の意味こそが解釈の帰趨を決定づけるのであり，その際，事後の慣行や起草過程における議論（準備作業）なども考慮すべき重要な要素とされる。原告も被告も国際法の定めるそうした解釈規則を踏まえながら弁論活動を展開したのだが，知ってのとおり，法解釈という営為に解釈者の価値判断が織り込まれるのは不可避であり，それゆえ当然というべきか，原告は請求権が被害者個人にあるという論理を構成し，被告はそれが個人ではなく国家にあること，したがって被害者個人がハーグ条約を根拠に賠償請求をすることは適法でないとの結論に資する解釈を開陳した。

　解釈の相違が生ずることは法の営みとしては常態的な現象であり，なんらおかしなことではない。異なる解釈のうちいずれを採用するのかは裁判所が決するのだが，客観的にみて優れた解釈だから採用されるというわけではない。むしろ，裁判所を支配する特定の価値的枠組みにどれほど親和的であるのかが決定因として作用しているというのが実相に近いだろう。裁判もまた政治闘争なのである。

　ハーグ条約が作成されたのは1907年のことであり，申し立てられた事実が発生したとされるのは1930年代から40年代にかけてのことである。法廷では，まずは20世紀前半において同条約3条が個人に権利を与えるものであったのかが争われることになった。見落としてならないのは，解釈の相違をもたらした背景に垣間見えた国際法史観である。公然と論じられたわけではなく，また当事者たちもけっしてその意味を自覚していたのではないだろうが，被告・国は，ハーグ条約3条の解釈にあたり国際法の正統な歴史は1つしかない，つまり，the history of international law という認識を暗黙の前提にしていたといってよい。それに対して原告は国際法史の叙述は複数ありうるというhistoriographies of international law の立場に沿った思考態度をみせていたといえる。

　被告・国の主張と親和する国際法史観は別言すれば線型的進歩史論というべきものであり，〈大きな物語〉たる国際法の進歩の足跡をたどるものである。国際法は法システムとして内的に統合されているとの前提に立ち，継続・前進・包摂によって常に進化と拡充を続けていくものとされる。奴隷制の廃止や

武力行使の禁止，脱植民地化，国際社会の組織化などはまさにその代表的な徴表といえる。こうした進歩史観によれば，個人が国際法の次元にあって権利の主体として登場するのは20世紀中盤以降のことであり，「慰安婦」問題が生じたとされる時点においてハーグ条約3条が個人を権利主体とすることはおよそありえない物語の展開になる。20世紀初頭の国際法は国家のみを法主体としていたのであり，個人を包摂する進歩の段階にはいまだ至っていなかったということである。

その一方で，原告の主張と共鳴する国際法史観はミシェル・フーコーのいう系譜学的 (genealogical) 手法になじむものといってよい。この認識枠組みにあって国際法は内的統合を前提とするものではなく，多元的で偶有性に支配された規範的混交物とされる。そして，前進や進歩ではなく，変化・後退・排除といった事象こそが法の歴史を彩ることになる。現代的形態の奴隷制，大国による暴力の正統化，新植民地主義の現前といった事象にその位相が鮮明に現われ出ているといえる。

進歩史観からすれば，系譜学的叙述は国際法の存在を不安定化するものにほかならないのかもしれないが，しかし，多元的で偶有的な規範的混交物として国際法がある，ということは，けっして不安や絶望をいざなうのではなく，逆にそこには希望の芽と可能性が見出されることにもなる。内的統合を前提に段階的に進歩する法システムとして国際法を物語るのであれば，個人はたしかに20世紀前半の時点では権利主体としては想定しがたいということになろう。しかし，そうではなくて，投企によって訪れる偶然の可能性（偶有性）を排除しないのなら，そして，さまざまな国際法規が同時に並存しうるのであれば，国家中心主義が今以上に強かったとされる当時であっても，こと交戦法規の領域において個人が権利の主体として認められていたと説く議論はけっして不合理なものではなくなる。系譜学的な史観は，国際法の不安定化をもたらすというよりも，むしろ法の混交性を通して不正義の治癒を促す希望の回路を開くものとしてもあるわけである[8]。

---

(8) 国際法と歴史の関係性について，Matt Craven, "Introduction: International Law and Its Histories", in Craven, Malgosia Fitrzmaurice and Maria Vogiatzi (eds.), *Time, History and International Law* (Martinus Nijhoff Publishers, 2007), pp. 8-15. See also, Matthew Craven, "What Happened to Unequal Treaties?: The Continuities of Informal Empire", *Nordic Journal of International Law*, Vol. 74 (2005), pp. 335-382.

対照的に，線型的進歩史観の物語は，法廷にあっては，過去／個人の声を進歩という名の下に封殺する言説として機能してきている。過去よりも現在，現在よりも未来に輝きと進歩があるとする〈近代主義的衝動〉[9]に全身を覆われて，過去への眼差しを遮断する力学を生み出さずにはいない。

ハーグ条約3条の解釈をめぐる論争は，このように単なる条文の解釈である以上に国際法の歴史認識を直接・間接に投射する闘いでもあったのだが，現実をみやるなら，日本にあっては線型的進歩史観が大方の国際法学者によって（暗黙裡であれ）支持されており[10]，そうした圧倒的な知の在り様に想到すればなおのこと，日本の裁判官が個人の権利性を否認する見解を支持する側に回ったことは驚くに値しまい。もとより，この点は他の国際法規の解釈についても妥当する。とくに強制労働条約が個人に権利を与えているのか，あるいは国家間における権利義務関係を規定しているにすぎないのかについての争いは，ハーグ条約3条の後背を成した歴史認識の相違をそのまま映し出すものであった。

(2) 国際法における歴史

国際法史観についての議論は「国際法の歴史（history of international law）」をめぐる争いといってよいが，「慰安婦」訴訟における国際法と歴史の接合はそれだけにとどまらず，「国際法における歴史（history within international law）」という別の次元の問題を付着させてもいた。「国際法における歴史」は，「国際法の歴史」による枠組み的規制を受けながらも「国際法の歴史」それ自体をつくり出す原動力ともなる。

ハーグ条約3条は，「国際法における歴史」をめぐる議論の典型的舞台ともなった。原告・被告ともに同条約起草過程における各国代表の発言を抽出することで自らの解釈を正当化する作業に力を注ぎこんだ。当然の条約解釈手法といえばそれまでだが，1世紀近く前の条約作成過程を現存する資料の解読によって明らかにする営みは，国際法の内において生起する事象の歴史的意義を

---

[9] Patrick Macklem, "Rybna 9, Praha 1: Restitution and Memory in International Human Rights Law", *European Journal of International Law*, Vol. 16 (2005), p. 20.
[10] 教科書に限らず，研究論文においても，系譜学的手法に沿って国際法史を描出するものは日本では皆無に等しい。

物語る作業にもほかならない。

　こうした営みは何世紀も遡行しての判断を避けられぬ領域画定その他の国家間紛争の場合にしばしば見られるものである。歴史的資料に対する国際法学からのアプローチは，一般に，今日の規範環境にどのように関連するのかという視点を前面に押し出し，当時の社会的・文化的文脈を圧搾・単純化して遂行される。複雑であいまいであったはずの事柄があたかも最初から明晰な意味を有していたかのように読み直されることも少なくない。条約や主権，戦争，領域といった術語が今日と同じ意味をもって用いられていたとは限らないにもかかわらずその点について問うことを差し控え，同一の意味をもった使用が継続してきているという前提のもとに物語を構成する営みは，端的にいってしまえば，歴史修正主義の批判すら招きかねぬ危険性を胚胎している。

　ハーグ条約起草過程において第3条が被害者個人に請求権を付与するものと想定されていたのかに関して，行政府も裁判所もこれに否定的な見解を関連資料（準備作業）から導いた。しかし，原告や内外の少なからぬ国際法学者は同じ資料から反対の見解を引き出している。法解釈というもののもつ価値投射機能が先鋭的に現われているところでもあるのだが，しかし，実際のところ，起草過程に参画した各国の代表者たちは個人に権利を付与するのかどうかについていったいどれほど規範的な意識をもって語っていたのであろうか。

　裁判では，ハーグ条約3条の内容を明確化するために起草過程での議論が決定的ともいえる役割を果たした。被害者個人が権利の主体になりうるかどうかについて判断を下さぬことには判決（の重要な部分）を書くことができないという重大な事情もあり，条約の起草過程をたどりなおすことは裁判所にとって避けられぬ作業と化した。国の主張を容れて，起草者たちは個人を請求権の主体にするとは考えていなかったと裁判所は結論づけたのだが，その判断には，どれほど歴史を精確に叙述したものなのかという疑問が残る。規範的な意味合いが十分に意識されていたかどうかが定かでない発言をあたかもそうであったかのように読み直すのでは，歴史の修正にも等しいことになってしまうのではないか。

　だから原告の主張のほうが正しかった，などとナイーブに断じたいのではない。ハーグ条約起草過程における議論は今日からみればあいまいなところを少なからず抱えて進行し，実はそうしたあいまいさこそがほかならぬ歴史の真実

第3部　ジェンダーの領野

であったかもしれないなかにあっては，原告・被告いずれの主張を採用したところで国際法の歴史の一断面を不精確に叙述する難を免れないのではないか，ということを確認しておきたいだけである。

　訴訟は，原則として，適用される法規を裁判所が予め知っているとの前提に立って進められる。事実の問題については立証責任の所在がはっきりしており，証明が不十分に終わったときは立証責任を負っている側がその不利益を甘受することになっている。民事訴訟において原告の提示する主張が証拠等によって立証されないとき，裁判所はその不利益を原告に負わせて裁判を終えることができる。だが，適用される法規の解釈がどうあるのかについては，原告・被告いずれにも立証責任が課せられているわけではない。この点は，憲法 98 条 2 項を通じ日本の国内法としての効力を有する国際法についても妥当する。

　ハーグ条約 3 条が個人を権利主体にしていないという裁判所の判断は，原告の主張立証が不十分だったことの効果として導かれたのではなく，裁判所自身がそうした解釈を選びとった結果としてある。しかし現存する歴史的資料はそうした判断に疑問をさしはさむあいまいさを抱え込んでもいる。裁判は二分法思考によって構成されており，あいまいさをあいまいなままにとどめおくことは許されない。そうした枠組みの下にあいまいさを剥ぎ取って語り直された条約起草過程は，結論の是非は別としても，法廷において「国際法における歴史」を叙述することのあやうさを改めて想い起こさせるものに相違あるまい[11]。

III　過去との対話に果たす国際法の役割

(1)　trans-temporal な正義の実現へ[12]

　線型的進歩史観（＝近代主義的衝動）に支えられた主張は，過去をいつにあっても姿形を変えぬ記念碑的建造物ととらえ，現在を，過去を礎として成り立つ別個の時制とみなす。過去と現在とは分断され，過去にいかに多くの不正義があったとしても，現在の規準によって裁断することはあってはならず，せいぜ

---

(11) こうした問題関心を喚起させるものとして，David Kennedy, "The Disciplines of International Law", *Leiden Journal of International Law*, Vol. 12 (1999), pp. 88-99.

(12) 阿部浩己『国際法の暴力を超えて』（岩波書店，2010 年）233-263 頁，金昌禄「1910 年韓日条約に関する法史学的再検討」季刊戦争責任研究 67 号（2010 年）14-17 頁参照。

い不当・遺憾とはいえても，そうした不正義に違法という評価を下すことは許されない。極東国際軍事裁判とサンフランシスコ平和条約によって導かれた〈大きな物語〉の土台を揺るがすような「慰安婦」訴訟の場にあって，その点はとくに強調された。

　法は過去に遡及しないという不遡及原則は，刑事手続きにあっては自明といえようが，実は民事の領域では自明とまではいえないところがある。ただ法秩序の安定という目的に資する観点から，法的評価は行為がなされた時点に有効であった規準によって行うべきとの了解は広く見られるところであり，現行法を遡及させて「慰安婦」問題を解決せよという直截的な主張はいずれの当事者も行っていない。

　もっとも，原告側の主張は行政府のそれとは違って，現在と過去とを分断された二元的なものととらえてはいない。むしろ，法のあり方を支配する現在中心主義 (presentism) の下で不可視の〈他者〉とされてきた過去を法廷の場に召喚し，正義のコンテクストを編み直すことによって過去と現在の接続を図る営みを展開してきたといってよい。過去と現在は，時際 (inter-temporal) という術語が示唆するような2つの異なる時の次元なのではなく，時を超えた trans-temporal な認識枠組みによって接合されるべきものと認識されている，といってよいだろうか。

　これは法を遡及させることではない。法の遡及とは，それが存在していなかった時に法を遡らせて適用することであるが，trans-temporal な正義追求の精髄は，再構成・再発見された過去のなかに再精錬された法規の適用可能性を見出すところにある。別言すれば，沈黙を余儀なくされていた過去の声に呼応し，支配的な力によって封じ込められていた法／解釈の存在を再照射するということである。存在しなかった過去を捏造したり，現在の規準を過去に遡らせることではなく，すでにそこに存在していた法の現実を trans-temporal な正義の視点に立って認知し直す営為である。

　そもそも，法における過去とは記念碑的建造物として歴史のある時点に固定されてしまうものではない。法は〈記憶の場 memorial site〉としてもある。法には過去を再／記憶化する能力が備わっており，原則，規則，手続きはすべからく過去との対話のために開かれている。trans-temporal な認識枠組みの導入は，国際法の記憶化能力を賦活化する契機に転じ，それによって不正義の

治癒を促す法的回路が再定位され，その法的回路を用いて正義を実現するよう迫ったのが「慰安婦」訴訟であったともいえる。

「慰安婦」問題を trans-temporal な正義の観念をもって現在に接続することを可能にしたのは，すでに述べたように，女性に対する暴力・性奴隷・人身売買という認識枠組みにほかならない。この枠組みの導入により，国際法の再記憶化作用が促され，沈黙していた法規の数々が不正義の治癒に向けて議論の前面に躍り出てくることになったのである。強制労働条約やハーグ条約はその最たるものといってよいだろう。奴隷制禁止規範もそうである。ことに「慰安婦」制度の本質を射抜く性奴隷制という法術語は，奴隷制禁止規範の再／記憶化作用の実相を端的に表象するものといってよい。

(2) 国家統合プロジェクトとしての裁判

もっとも，行政府，裁判所とりわけ最高裁は過去への働きかけを行う trans-temporal な正義の営みには紛うことなく後ろ向きであった。2007 年 4 月 27 日の最高裁判決では，被害者たちが「裁判上訴求する権能」(裁判によって救済を求める法律上の能力) をサンフランシスコ平和条約とその「枠組み」なるものによって喪失したという，まるで論理をかなぐり捨てたかのような説示すらなされている[13]。最高裁は，裁判上訴求する権能が失われた理由として次の事情に言及する。

> サンフランシスコ平和条約の枠組みは，日本国と連合国 48 か国との間の戦争状態を最終的に終了させ，将来に向けて揺るぎない友好関係を築くという平和条約の目的を達成するために定められたものであり，この枠組みが定められたのは，平和条約を締結しておきながら戦争の遂行中に生じた種々の請求権に関する問題を，事後的個別的な民事裁判上の権利行使をもって解決するという処理にゆだねたならば，将来，どちらの国家又は国民に対しても，平和条約締結時

---

[13] 最高裁の判決については五十嵐正博の一連の論考がすぐれた批評を加えている。たとえば，「西松建設事件・コメント——最高裁第 2 小法廷 2007 年 4 月 27 日判決」国際人権 19 号（2008 年）90-94 頁，「戦後補償裁判の法理と個人の人権」法律時報 80 巻 5 号（2008 年）43-47 頁，「サンフランシスコ条約と中国——最高裁判決の「サンフランシスコ条約枠組み論」」法律時報 80 巻 4 号（2008 年）88-92 頁。このほか「戦後補償裁判　最高裁は国際法の発展に寄与できるか——日華平和条約・日中共同声明と中国「国民」の請求権」世界 763 号（2007 年）64-72 頁も参照。

には予測困難な過大な負担を負わせ，混乱を生じさせることとなるおそれがあり，平和条約の目的達成の妨げとなるとの考えによるものと解される。

　この一節はサンフランシスコ平和条約（と極東国際軍事裁判）という〈大きな物語〉を揺さぶる訴えは提起してはならない，という司法エリートからの箴言にも等しい。最高裁はその一方で，古典的な国際法観そのままに次のようにも判示する。「上告人らは，国家がその有する外交保護権を放棄するのであれば格別，国民の固有の権利である私権を国家間の合意によって制限することはできない旨主張するが，国家は，戦争の終結に伴う講和条約の締結に際し，対人主権に基づき，個人の請求権を含む請求権の処理を行い得るのであって，上記主張は採用し得ない。」個人は国家に埋没する存在なのだという認識の現われである。

　最高裁の判断は行政府のそれと歩調を合わせ，あきらかに国家中心主義に拠っており，正義の射程を過去に延伸することを拒む近代主義的衝動にかられてもいる。世界に浸潤した，謝罪の時代に連なる女性に対する暴力の認識枠組みは，この国にあって，政策決定エリートたちの頑迷な旧来型認識枠組みを崩すまでには至っていないという現実が，「請求棄却」という裁判所の判断に集約されて投影されているのかもしれない。

　司法は立法・行政とともに国家の三権を成すが，少数者の利益を守り，正義の実現を託されているのは司法にほかならない。だが，そうした期待を背負うといえども，裁判所は結局のところ国家機関であることには変わりなく，また，その職責を担っているのも裁判「官」という国家公務員である。実質的な政権交代がないまま行政府との関係を深め，司法消極主義の立場に立って行政府の判断を追認してきた最高裁の基本姿勢をも考慮するのなら，政策決定エリートたちの築いた〈大きな物語〉を根底から覆す司法判断は本来的に困難であったともいえようか。

　最高裁にとってみれば，極東国際軍事裁判とサンフランシスコ平和条約（の枠組み）への異議申し立ては，維持すべき秩序にとってのノイズであり，混乱を招く因子にほかならない。被害者からの訴えを「平和条約締結時には予測困難な過大な負担を負わせ，混乱を生じさせることになるおそれがあり，平和条約の目的達成の妨げとなる」と断じた箇所には，最高裁が優先的に守ろうとし

ているものの実相が如実に現われ出ている。ルワンダや旧ユーゴスラビアなどで大規模な人権侵害の後に設置された法廷が新しい国家の建設に資する裁判を託されていたとすれば、戦後補償裁判にあたって最高裁の果たした務めは、〈大きな物語〉の正統性を再確認することにより既存の——政策決定エリートの価値を体現した——国家的枠組みの維持に資することにあったと評せよう。国境を越えた普遍的理念（女性に対する暴力の撤廃）に基づき「慰安婦」問題の解決を強く求め続ける国際機関の態度とは好対照をなすものである。

　吉田邦彦は、裁判所の消極的判断を踏まえ、「ともすると「隔離・排除的」「暴力的」に作用しかねない閉鎖的共同体のノモスに対して、「排除される人種の側の矯正原理の声」にも謙虚に耳を傾けて、架橋して新たなナラティヴを生成していく任務——その意味での政治的コミットメント——を司法府は負う」という[14]。この指摘に誠実に対応できるような制度的文化をこの国の司法府の内にも築いていくことが必要なことを痛感する。

IV　国際法の実現と司法の機能

(1)　事実の認定と歴史の語り

　事実上すべての請求が棄却されている「慰安婦」訴訟の実情を見るに、司法への訴えはさしたる成果をあげられなかったとの感を招くことがあっても不思議はない。しかし、これまで論じてきたように、この訴えからは、すでに、思想的な斬新さや法の記憶化能力を活性化させる瞠目すべき果実がいくえにも産み落とされている。加えて看過してならないのは、たとえ敗訴となった訴えにあっても、被害事実が認定され、国際法の違反が認められてきたことの重みである。実務的意義はいうまでもなく、そこは、司法と歴史とが本格的に交差するところでもあった。

　本章では、「国際法の歴史」と「国際法における歴史」という視座から国際法と歴史の接合に触れてきたが、これらはいずれも、適用される国際法規（裁判規準）の確定に係って考察されたものである。法廷では、裁判規準の確定だけでなく、その規準に該当する事実（要件事実）の有無も審理されている。そ

---

(14) 吉田邦彦『多文化時代と所有・居住福祉・補償問題』（有斐閣、2006年）501頁。

して判決に必要な事実の認定には、第二次大戦期における時代状況を見極めることが不可欠とされ、ここにあって、司法の判断と歴史の叙述が重なり合う局面を迎えたのである。

　もっとも、司法による事実の認定と歴史とは、これまで必ずしも良好な関係を築いてきたわけではない。たとえばアイヒマン事件に引きつけてハンナ・アーレントは、裁判所は包括的な歴史を書く責任を負ってはならないことを強調し[15]、また、フランスのバルビー裁判に関連してトドロフは次のようにもいっている。「裁判官が不十分な歴史を書いたということではなく、歴史を書いたというそのことが特に批判に値する。裁判官は法を公正かつ一般的に適用することで満足すべきなのだ。」[16]

　こうした批判を待つまでもなく、民事裁判としての慰安婦訴訟は、弁論主義に依拠した当事者対抗的な場での（要件）事実の抽出という営みから成り立ち、多元的な解釈、評価の余地を認める歴史学の叙述とはたしかに吻合せぬ位相を有している。制度的制約を多々抱えた法廷における歴史の叙述には警戒的な姿勢がとられるべきは当然なのかもしれない。

　ただ、裁判における事実認定は、単に法律要件に該当する事実を現実の文脈から切りはがして構成されるのではなく、歴史の叙述と同じようにナラティヴとして提示されるものでもある。日本軍性奴隷制のような大がかりな事態がかかわる場合には、ナラティヴの構成にあたり、一定の時間的スパンの中で現れるより大きな文脈の評価も欠かせない。実際のところ、人道に対する罪やジェノサイド等に該当する大規模な人権侵害が裁かれる国際法廷にあっては、裁判での事実認定と歴史の叙述とは切り離せない関係に立っているように見受けられる[17]。法廷が当事者たちによって証言の場として選択されていることも忘れてはなるまい。事実性の確定とそのために駆使される手法において、裁判と歴史学との間に少なからぬ共通性があることは否定できないところである。

---

(15) Hannah Arendt, *Eichmann in Jerusalem: A Report on the Banality of Evil* (Rev. & Enlarged ed., 1964), p. 5.

(16) Tzvetan Todorov, "The Touvier Affair, in Memory", in *The Holocaust and French Justice: The Bousquet and Touvier Affairs* (Richard J. Goldsan ed., 1996), p. 120.

(17) See Richard A. Wilson, "Judging History: The Historical Record of the International Criminal Tribunal for the Former Yugoslavia", *Human Rights Quarterly*, Vol. 27 (2005), pp. 917-942.

第3部　ジェンダーの領野

「慰安婦」訴訟では，請求自体はサンフランシスコ平和条約をはじめとする手続的理由[18]をもって退けられながらも，原告の主張した事実をほぼそのまま認定する裁判例が相次いだ。最高裁は行政府とともに訴えの封じ込めをはかり，その試みは外形的には奏功したといえるのかもしれないが，仔細に見ると，日本の裁判所（下級審）は，適用されるべき実体法規を明確にするとともに，性奴隷制に係るきわめて大がかりな事実認定を行ってもいる。それは，単に法廷の審理に必要な事実としてだけでなく，歴史の解釈・歴史の叙述という含意すらもつものであった。

「慰安婦」訴訟における事実認定が歴史学の知見に照らして果たしてどのように評価されるのかについて論ずる余裕も能力も私にはなく，したがってその点の評価についてはいくばくかの留保をしておかねばならないが，ただ，そうした留保を付しつつも，性奴隷制に係る事実の認定と，その事実が日本を拘束する国際法規に違背するものであったという裁判所の判断は，法的にも政治的にも運動論的にもきわめて重大な意義をもつことはたしかなのではないか。日本国の実行した行為が国際法に違反していたと，ほかならぬ日本の国家機関である裁判所が認定したのである。

(2)　歴史の中の国際法

「慰安婦」訴訟は，被害者個人には損害賠償を請求する資格がないなどの理由をもって退けられたので，訴訟技術上は，そもそも事実認定を行う必要はなかったのかもしれない。裁判所はしかし，当事者からの強い働きかけと事案の重大性に鑑みて，事実の認定と法的評価に踏み込んだ。そして，次のような刮目すべき判断を示している。

> ［ハーグ陸戦規則46］条が保護ないしその侵害を認定した個人の権利，利益には，本件加害行為，特に強姦行為によって蹂躙された被害者原告らの性的自己決定権も，原告ら主張の「家ノ名誉」にあえて含めて解釈する必要もないほどに，その保護の対象とされるべきものであって，本件加害行為は，国際法的に是認される余地はおよそなかった（東京地判・2003・4・24）。

---

(18)　ハーグ条約や強制労働条約が国家間の関係のみを定めているとして賠償請求の扉を閉ざしたことも含む。

控訴人ら従軍慰安婦の設置，運営については，当時の日本を拘束した強制労働条約，醜業条約に対する違反がある場合もあったと認められ，それぞれ条約違反による国際法上の国家責任が発生していると認められる。その国際法上の責任を解除するために，日本国は，慰安所経営者，それに加担していたと見られる旧日本軍関係者に対する処罰や是正措置，被害者救済措置等の処分をする義務が生ずる（東京高判・2004・3・26）。

　非戦闘員（一般市民）であった控訴人らを連行して長期間監禁し，繰り返し性暴力を加えたという残虐非道なもので，当時においてもヘーグ陸戦条約及びヘーグ陸戦規則等の国際法に反していたことが明らか［である］（東京高判・2005・3・18）。

　下級審によるこうした国際法違反の評価じたいは上級審によって覆されることはなかった。国内裁判所は，国際法違反を防止し，国際法違反を認定する重要な役割を負っている[19]。その際，裁判所が認定できる違反は個人に権利を与えている国際規範に限定されるわけではない。また，他国の国際法違反の認定を求められるときと違って，「慰安婦」訴訟において日本の裁判所は自国（法廷地国）の行為の法的評価を行っているのであり，それゆえ国家免除や裁判管轄権の問題が生ずるわけでもない。

　日本の行為については違法性を阻却する事由もなく，責任を総体として消失させる事由が発生しているわけでもない。現に最高裁ですら，被害者は裁判上訴求する権能を失ったと言明するにとどまり，日本の責任が解除されていると断じているのではない。上に再述した諸判示が指摘するように，日本は国際違法行為を実行し，その状態が引き続いているというのが日本の裁判所の共通の認識といってよい。

　国際違法行為は国家責任を発生させる。責任は解除されなくてはならない。ホルジョウ工場事件判決において常設国際司法裁判所が説示したように[20]，責任解除のために必要な「賠償は，可能なかぎり，違法行為のすべてを除去し，その行為が行われなかったならばおそらく存在しただろう状態を回復」するものであることが要求される。ここでいう賠償は，原状回復，金銭賠償，満足，再発防止の確認・保証といった形で具体化される。

---

(19) Andre Nollkaemper, "International Wrongful Act in Domestic Courts", *American Journal of International Law*, Vol. 101 (2007), pp. 760-799.

(20) *Chorzow Factory (Germany v. Poland)*, 1928 PCIJ (ser. A) No. 17, p. 47.

第3部　ジェンダーの領野

　国連国際法委員会の手による国家責任条文案が示すように，原状回復が困難な場合には違法行為により生じた損害に対する金銭賠償が支払われなければならない。金銭賠償は，経済的に算定可能な場合を含み，かつ，利子，および適切ならば得べかりし利益を含むものとされる。また，満足とは，とくに，国際法違法行為国によって引き起こされた非有形的損害・精神的損害に対する謝罪であり，陳謝や名目的損害賠償などの形態をとる。こうした諸措置をとることによって国際義務の違反が治癒され，国家責任が解除されることになる。そしてこうした措置こそ，国際的機関によって繰り返し勧告されてきたものにほかならない。

　裁判所は，国家機関として自ら国際法を遵守する義務も負っている。憲法98条2項により一般的受容体制をとる日本では，国家責任の解除にかかる国際法規則もまた国内法化している。それゆえ裁判所は，そうした規則を直接に適用して損害賠償を求める訴えを認容することもできた。それが難しいのであれば，民法の不法行為規定等を国家責任法の要請に適合するように解釈適用して違法状態の治癒を図る選択肢も用意されていた。だが，下級審もそこまでは踏み込むことはなかった。〈大きな物語〉という巨壁がそこに屹立していたということである。

　とはいえ，国家責任が解除されない状態はそのままに残されている。最高裁による判示によって違法状態が解消されたわけではない。こうした事態をそのままに放置するのでは，国際法が歴史の中で有意な存在たりうる契機を喪失させることにもなってしまう。下級審が強い制約を受けながらも果敢に行った事実認定と国際法違反の評価を現実世界において活かすことができるかは，それを可能にする政治的意思をどれだけ整えられるかにかかっている。それは，女性に対する暴力と〈謝罪の時代〉という巨視的な潮流を体現し，「歴史の中の国際法 international law in history」の可能性を現前させることにもつながっていく。

　閉鎖されたノモスにのみ向けられた法解釈をもって国際法の存在を歴史の中に封印し続けることは過去の負担（burden of the past）を増大させて先送りするにも等しい。なにより，再記憶化能力を活性化された国際法は正義の射程をますます過去に延伸する契機を押し広げている。原因行為が「過去」にあったとしても，救済を求める訴えを拒絶されるのが「現在」であるとすれば，その

拒絶自体をもって現在の人権侵害と捉える法解釈の余地も広がっている。救済の拒否という現在の国家機関（行政府，裁判所）の行為そのものが，拷問，非人道的処遇，奴隷制，人種差別等の公的是認にあたるという論理の構成である。

　歴史の真実を覆い隠すことができないように，過去から現在に引き続く不正義の治癒に国際法を振り向けようとする規範的潮流を封じ込めることもますます困難になっている。国際法過程はもはや政策決定エリートの独占物ではなくなっている。サンフランシスコ平和条約と極東国際軍事裁判の残像＝仮象を追い続けることは，もう終わりにすべきである。

◆第4部◆
人権条約の位相

11 自由権規約
―表現の自由の境界―

I はじめに

　他の人権規範が概ねそうであるように，表現の自由もまた第二次世界大戦後に本格化した国際人権法の生成過程においてその国際的地位を確立するに至ったものである[1]。もっとも，精確にいえば，国際社会の関心は当初，情報の自由（freedom of information）の側面に向けられていた。現に国連総会は，1946年の第1会期において情報の自由を他のあらゆる自由の礎となる基本的人権と位置づけ，経済社会理事会に対して「情報の自由に関する国連会議」の招集を早々と要請していた（決議59(I)）[2]。その一方で1947年には国連人権委員会の下に「情報及び出版の自由に関する小委員会」が設置されるなど，組織的にも情報の自由をめぐる問題に高い優先順位が与えられていたことが見て取れる[3]。

---

(1) ただし，表現の自由に連なるものとして，戦間期の1936年に「平和のための放送の利用に関する条約」が国際連盟の下で採択されている。この条約により，各締約国は国内刑法を通じて戦争宣伝を禁止するよう求められた（立松美也子「市民的及び政治的権利に関する国際規約における「戦争宣伝の禁止」の意義」立教法学40号（1994年）288頁）。

(2) 情報の自由についての取り組みは，誤った情報・歪められた情報が政治的プロパガンダとして伝播され国家間の平和が脅かされることを防止しようとする戦後国際社会の平和構築への営みでもあった。1948年3〜4月にかけてジュネーブで開催された「情報の自由に関する国際会議」は，顕在化した冷戦の政治的文脈に影響を受けながらも，3つの条約案（「ニュースの収集及び国際的配信に関する条約案」，「情報の自由に関する条約案」，「国際修正権制度に関する条約案」）と43の決議を採択して閉幕した。これらの条約案は国連の経済社会理事会・総会に送付されたが，採択や署名のための開放への反対意見が強まったため，最終的に発効までたどりついたのは，3つのなかで「はるかに重要性の劣る」修正権に関する条約のみであった（John Humphrey, "Political and Related Rights", in Theoder Meron (ed.), HUMAN RIGHTS IN INTERNATIONAL LAW: LEGAL AND POLICY ISSUES, Vol. I (Oxford University Press, 1984), pp. 186-187. なお，次の文献もあわせて参照。*The right to freedom of opinion and expression : Report of the Special Rapporteur, Ambeyi Ligabo*, UN Doc.E/CN. 4/2005/64, 17 December 2004, Annex: Historical Overview of the Mandate）。

(3) 1947年に設置されたこの小委員会は，組織縮小のためとして1952年に廃止された。

第4部　人権条約の位相

　表現の自由そのものを国際人権規範として明確に定立した最初の文書は世界人権宣言である。宣言の母体となった国連事務局案は表現の自由について4か条を割いていたが，人権委員会起草委員会でこれらが1つの条文に統合され，さらに，上記小委員会，国連会議と総会第3委員会での討議を経て練り上げられた結晶が世界人権宣言19条である[4]。同条はその後，自由権規約（「市民的及び政治的権利に関する国際規約」19, 20条），人種差別撤廃条約（「あらゆる形態の人種差別の撤廃に関する国際条約」5条），「あらゆる移住労働者及びその家族構成員の権利の保護に関する国際条約」（13条）をはじめとする普遍的人権文書や，米州人権条約（13, 14条），「人及び人民の権利に関するアフリカ憲章」（9条），そして欧州人権条約（10条）等の地域的人権文書においてその規範内容を格段に精緻化されていくことになる。

　ここでは，これら諸文書全般を視野に入れながら，主に，世界人権宣言19条を引き継ぐ自由権規約19条[5]の実証的分析を通じて国際人権法における表

　　ただ情報の自由に関する国連の活動はその後も間欠的に続き，1970年代には新国際経済秩序樹立を求める議論の影響を受け，新しい，より公正な情報・通信秩序の樹立が促されるようにもなった（See UN Doc. E/CN. 4/2005/64, *supra* note 2, paras. 10-17）。この時期には国連教育科学文化機関（ユネスコ）でも新世界情報コミュニケーション秩序を求める声が台頭し，米国のユネスコ脱退の1つの引き金になったことはよく知られていよう（最上敏樹『ユネスコの危機と世界秩序：非暴力革命としての国際機構』（東研出版，1987年）参照）。このように情報の自由は国連において長きにわたり政治的関心を集めてきたのだが，その焦点は主として国家間の平和・友好関係・公正な秩序の維持・構築の面におかれてきた。国連（の人権擁護機関）が表現の自由そのものへの関心を前景化させるのはようやく1980年代の後半になってからである。人権小委員会（人権の促進および保護に関する小委員会）において一連の先行研究（その最終報告書は，UN Doc. E/CN/4/Sub. 2/1992/9 & Add. 1）がなされた後，人権委員会も1993年に「意見および表現の自由への権利の促進および保護に関する特別報告者」を任命し（決議1993/45），この問題への直截的な取り組みを開始した。表現の自由にかかわる世界各地の問題状況を調査・報告する特別報告者には，Abid Hussain を経て，2002年に Ambeyi Ligabo が就任し，人権理事会への改組後の 2008 年からは Frank William La Rue がその任に就いている。

[4]　Humphrey, *supra* note 2, p. 184.
[5]　自由権規約19条の規定は次のとおりである。
　1　すべての者は，干渉されることなく意見を持つ権利を有する。
　2　すべての者は，表現の自由についての権利を有する。この権利には，口頭，手書き若しくは印刷，芸術の形態又は自ら選択する他の方法により，国境とのかかわりなく，あらゆる種類の情報及び考えを求め，受け及び伝える自由を含む。
　3　2の権利の行使には，特別の義務及び責任を伴う。したがって，この権利の行使に

現の自由の形姿を見定めることにしたい[6]。むろん表現の自由に関わる他の関連文書・条項にも必要に応じて論及することはいうまでもない。小論では最後に，民主社会の要ともいわれるこの人権規範を包み込んできた自由主義的思考を照射することにより，その規範的境界のありようを批判的に問い直してみようとも思う。

II 規範的潮流

(1) 国内／国際の交差

　国際人権規範は，まったくの真空状態から忽然と姿を現わすのではなく，各国（その多くは欧米の国々）の国内的営みのなかで育まれた人権概念を範型としつつ，時に醜悪さすら晒す国家間政治力学の陰影を引き摺りながら国際的平面に出来するのが一般的である。表現の自由もその例外ではない。

　周知のように，表現の自由については2つの大きな規範的潮流が見られる。1つは，「アメリカという国が『表現の自由』の価値を最も雄弁に語り，その方面の制度化に目に見える形で努力している政治社会であって，その点で世界諸国のいわば一種の準拠国と見なされる傾向にあるのは否めない事実である」と奥平康弘がいう[7]ように，米国の厚き国内的伝統が国際的平面でも相応の存在感を発揮してきた。1919年の連邦最高裁判所法廷意見への反対意見のなかで「真理を決める最良のテストは，市場の競争において承認をかちとる思想の力である」とホームズ裁判官（Oliver Wendell Holmes, Jr.）が述べた[8]「思想の自由市場」というコンセプトが米国型伝統を根幹で支えている[9]。この伝統

　　　については，一定の制限を課すことができる。ただし，その制限は，法律によって定められ，かつ，次の目的のために必要とされるものに限る。
　　　(a) 他の者の権利又は信用の尊重
　　　(b) 国の安全，公の秩序又は公衆の健康若しくは道徳の保護
(6) 自由権規約19条における表現の自由規定は，精確には「意見および表現の自由への権利」という名称の下に描出されるべきだろうが，本章では煩雑さを避けるため「表現の自由」とだけ表記する。
(7) 奥平康弘『「表現の自由」を求めて——アメリカにおける権利獲得の軌跡』（岩波書店，1999年）viii．
(8) *Abrams v. United States*, 250 U. S. 616, 630（1919）．奥平・前掲注(7) 144-151頁．
(9) 内野正幸『差別的表現』（有斐閣，1990年）9-14頁参照．日本国憲法の表現の自由も

の下にあって表現の自由は，厳しい審査基準に守られ，「ほぼ絶対的な保障が認められるべき」[10]特別の規範的位置づけを享受している。

　もう1つは，フランス人権宣言に端を発する欧州の規範的潮流である[11]。同じく自由主義に根差した米国の伝統と本質的には異ならない[12]とはいえ，欧州では米国以上に，他の者の権利保護や表現の自由を行使する者の責任という側面が強調されてきている。公共ラジオ・テレビ放送などメディア文化のあり方を見れば，両者間の相違がどのように顕現しているのかが容易に理解できるのではないか[13]。

　国際人権法における表現の自由は，こうした2つの規範的潮流の影響を濃厚に受けながら，しかし，欧州型伝統により強い親和性をもって定式化され，適用されてきた[14]。たとえば世界人権宣言の自由権部分を条約化した欧州人権条約は10条で表現の自由について規定しているが，そこではこの自由に伴う責任や制限事由が縷々列挙されており，「絶対的」な文言を誇る米国連邦憲法修正1条と規定態様において大きなコントラストを見せている。自由権規約19条もまた3項において「権利の行使には，特別の義務及び責任を伴う」旨を明記し，欧州人権条約に倣い，少なからぬ制限事由を列挙するものとなっている[15]。

　　　また米国の伝統を引いていることはここに改めて確認するまでもない。
(10)　宮崎繁樹編著『解説 国際人権規約』（日本評論社，1996年）217頁（横田耕一執筆担当）。
(11)　もとより，欧州では英国や北欧においても表現の自由にかかわる重要な法的営みが見られたことも看過してはなるまい（Kortteinen Juhani, Myntti Kristian and Hannikainen Lauri, "Article 19", in Gudmundur Alfredsson and Asbjorn Eide (eds.), THE UNIVERSAL DECLARATION OF HUMAN RIGHTS: A COMMON STANDARD OF ACHIEVEMENT (Martinus Nijhoff Publishers, 1999), pp. 393-394）。
(12)　表現の自由を支える自由主義的思考について，Mill, J. S., "Essay on Liberty", in Walter Laqueur and Barry Rubin (eds.), THE HUMAN RIGHTS READER (Temple University Press, 1979), p. 87参照。
(13)　Kortteinen, et. al., supra note 11, p. 399.
(14)　「フランス人権宣言11条は，現代の人権諸条約で採用されている定式にいっそう酷似している」（Paul Sieghart, THE INTERNATIONAL LAW OF HUMAN RIGHTS (Clarendon Press, 1983), p. 330）。
(15)　文言だけからすると，欧州人権条約10条は自由権規約19条よりも表現の自由の保障が脆弱なように見える。たとえば第1に「干渉されることなく意見を持つ」権利が明文で保障されていない。第2に情報を求める権利への明文での言及がない。第3

(2) ヘイト・スピーチへの眼差し

米国型表現の自由と国際人権法における表現の自由との違いを鮮明に示しているのは，いわゆるヘイト・スピーチの取り扱いであろう[16]。米国では表現内容の規制が原則として禁止されているところ，人種差別的言動の規制も特定の表現を狙い撃ちした内容規制とみなされ違憲の扱いを受けている[17]。だがそうした言動こそ，国際人権法が法的保護の対象から明示的に放擲しようとしてきたヘイト・スピーチにほかならない。

戦後国際社会で人権諸文書の起草にあたった人々にとって，ナチス・ドイツの行った人種差別を扇動するプロパガンダの記憶はいまだ生々しく，社会主義諸国グループにとってはファシスト運動に言論の自由を認めることへの強い抵抗感が払拭されなかった。また，しだいに独立を果たしていく発展途上国の代表には，植民地支配を支え続けた白人優越主義のイデオロギーを駆逐することが喫緊の課題として立ち現われていく。こうして1948年，世界人権宣言に先立って採択された「集団殺害罪の防止及び処罰に関する条約」は3条(c)で「集団殺害を犯すことの直接且つ公然の教唆」を処罰すべき行為の1つとして明示するものとなり[18]，1965年の人種差別撤廃条約は4条(a)において，「人種的優越又は憎悪に基づく思想のあらゆる流布，人種差別の扇動，いかなる人種若しくは皮膚の色若しくは種族的出身を異にする人の集団に対するものであるかを問わずすべての暴力行為又はその行為の扇動及び人種主義に基づく活動に対

に「あらゆる種類の」情報及び考えへの明文での言及がない。もっとも欧州人権条約機関は欧州人権条約10条を自由権規約19条と適合するように解釈してきており，両条約間のギャップは実務上埋められているといってよい。Anthony Lester, "Freedom of Expression", in Macdonald, R. St. J., Frang Matscher and Herbert Petzold (eds.), THE EUROPEAN SYSTEM FOR THE PROTECTION OF HUMAN RIGHTS (Martinus Nijhoff Publishers, 1993), pp. 466-467 参照。

(16) Lonis Henkin, Gerald L. Neuman, Diane F. Orentlicher, and David W. Leebron (eds.), HUMAN RIGHTS (Foundation Press, 1999), p. 1005.

(17) *R. A. V. v. City of St. Paul*, 505 U.S. 377 (1992). 米国連邦最高裁における内容規制・内容中立的規制二分論について，市川正人「表現内容の規制・内容中立的規制二分論と表現の自由（三・完）」三重大学法経論叢7巻1号（1989年）2頁以下。また，同「表現の内容規制・内容中立的規制二分論」長谷部恭男編著『リーディングズ現代の憲法』（日本評論社，1995年）100-113頁も参照。

(18) もっとも，この条文は米国憲法との両立性を勘案して起草されたものではあった（Henkin *et al.*, (eds.), HUMAN RIGHTS, *supra* note 16, p. 1005）。

する資金援助を含むいかなる援助の提供も，法律で処罰すべき犯罪であることを宣言する」よう締約国に求めるものとなった。その翌年に採択された自由権規約も 20 条において「1　戦争のためのいかなる宣伝も，法律で禁止する。2　差別，敵意又は暴力の扇動となる国民的，人種的又は宗教的憎悪の唱導は，法律で禁止する」と定め，刑事罰こそ明文では求めていないものの，特定の表現内容をはっきりと禁止する規定ぶりになっている。こうして米国（や日本）などは，「思想の自由市場」を掲げる憲法秩序との整合性への懸念から，条約（特に人種差別撤廃条約）の締結にあたって「留保」を付すべき特別の必要に迫られることになる[19]。

　米国などとは対照的に，欧州には，人種的憎悪を煽る意図を持った言動を処罰する法制を整備している諸国が見られる。欧州人権委員会でも，権利の濫用を禁止する欧州人権条約 17 条の適用により国家社会主義を唱導する者の言論制限を是認する先例がこれまでに数多く蓄積されてきた[20]。より注目すべきことには，自ら制作したテレビ番組において極右集団の若者による人種差別的発言を教唆・幇助した容疑で刑事罰を科せられたデンマークのジャーナリストが提出した申立を審理した際に，欧州人権裁判所も，当該集団構成員による人種差別的発言が「10 条の保護を享受しない」と明瞭に判示するようになっている。この事件において同裁判所の多数意見は，当該ジャーナリストへの刑事罰の賦課が「他の者の信用若しくは権利」を保護する目的と均衡を失していることなどを理由に 10 条違反を認定したのだが，同時に，「人種差別を撲滅する死活的重要性に特に留意し」，同条 2 項の制限事由の有無の判断にあたって人

---

(19) ただし日本は，自由権規約 20 条については留保も解釈宣言も付していない。この点について，斎藤惠彦はかつてこう述べていた。「第 20 条の予想する事態が日本で起こるということは，少なくとも当面考えられないからという理由によるというが，不幸にして第 20 条の適用が必要な状況にいたった時は，適用を留保していないのであるから，積極的に活用して，平和と人権，差別に反対するという日本としての国際的イメージの維持に努めてほしい」(『世界人権宣言と現代──新国際人道秩序の展望』(有信堂，1984 年) 116 頁)。なお，同条「1 項の禁止は，国際連合憲章に反する侵略行為又は平和の破壊の威嚇又はこれをもたらすあらゆる形態の宣伝に及ぶ……。20 条 1 項の規定は，憲章に従って，固有の自衛権又は人民の自決及び独立の権利を唱導することを禁止するものではない」(自由権規約委員会の一般的意見 11 (19) (戦争宣伝・差別唱導の禁止) 第 2 パラグラフ。翻訳は，日本弁護士連合会『国際人権規約と日本の司法・市民の権利──法廷に活かそう国際人権規約』(こうち書房，1997 年) 421 頁)。

(20) See *e. g.*, Applications No. 1747/62, 6741/74, 8384/78, 12194/86, 12774/87.

種差別撤廃条約との適合性を吟味すべき必要性を強調することも忘れなかった(21)。

　米国の隣国カナダでは刑法典においてヘイト・スピーチが禁じられている。高校教師という立場を利用して人種差別的見解を広めた者が特定の集団への憎悪を故意に煽ることを禁じる刑法319条2項により訴追された事件において，連邦最高裁は1990年，当該規定がカナダ権利・自由憲章（以下，憲章）に適合するかどうかについての判断を求められた。その折に示された多数意見(22)は，表現の自由にかかる国内法と国際法の関係について示唆に富む視点を提供している。ここでその要諦をみておくことにしたい。

　法廷の多数意見を代表したのはディクソン長官（Dickson, C. J.）である。ディクソンは，ヘイト・プロパガンダの撤廃に向けた国際的コミットメントと憲章の定める平等・多文化主義に照らし，米国型表現の自由をそのまま採用することはできないという基本認識を示した後，上記刑法規定が憲章1条の定める人権制限事由（「自由かつ民主的な社会において明白に正当化できるものとして法律が定める合理的な制限」）により正当化されうるかどうかを検討する。その際ディクソンは，「カナダの負う国際人権法上の義務が，憲章によって保障された諸権利の内容についての解釈だけでなく，そうした権利の制限を正当化しうる第1条の差し迫った実質的な目的とは何かについての解釈についても指針を与えるべきである」と述べ，特にカナダを法的に拘束している人種差別撤廃条約と自由権規約がヘイト・スピーチを禁止していることに注意を払う。そして「これらの条約による表現の自由の保護は人種的または宗教的憎悪を唱導するコミュニケーションには及ばない」との判断を導くとともに，「ヘイト・プロパガンダの禁止と表現の自由の確保との間のバランスをいかにとるのかについては国際的に論争がある」ことを認めながら，最終的には次のように判示して，上記刑法規定の合憲性を認めるに至る。「国際社会の他のメンバーとともに，カナダもヘイト・プロパガンダ撤廃へのコミットメントを示してきた。刑法319条2項の背後にある政府の目的の性質を検討するにあたり，本法廷はこうした国際的コミットメントに関心を持たねばならないと考える。ヘイト・プロパガンダ

---

(21) *Jersild v. Denmark*, Judgment of 23 September 1994, Series A, No. 298; 19 E. H. R. R. 1, paras. 30, 35, 37.
(22) *Regina v. Keegstra*〔1990〕3 SCR 697.

を非難し，人種差別撤廃条約と自由権規約の締約国にそうした表現の禁止を義務づけるよう国際社会が集団で行動してきたことは，319条2項の背後にある目的と，国際人権法および憲章の双方を貫く平等原則・すべての者の固有の尊厳の重要性を強調するものである」[23]。

　表現の自由を制限しうる憲章1条の適用如何の判断にあたりカナダを拘束する人権条約がヘイト・スピーチを禁止している事情に着目したディクソンの見解は，カナダの人権法曹の間でも評価が高い[24]。反対意見は米国型表現の自由観を支持して当該刑法規定を違憲とする判断を導いた[25]のだが，両者の違いは結局のところ国際人権法の重みをどのように評価するかという点にあったともいえる。

　日本では，憲法上の表現の自由のほうが国際人権法上のそれよりも保障が手厚いという見解が見られる[26]。後述するように，誰にとって保障が手厚いのかが問題になると思うのだが，いずれにせよ，表現の自由についてこうした認識が支持される限りにおいて，カナダ連邦最高裁のような法解釈が広まっていくことは難しいのかもしれない。ただ，国際人権法の拠って立つ価値基準からすれば，米国型表現の自由はヘイト・スピーチが引き起こす害悪への関心が不十分なままにとどまっており，したがって見方を変えれば，保障は手厚いどころかむしろ手薄いとすらいいうるのだということは知っておいてよい。

Ⅲ　規範的形姿[27]

(1)　表現の自由の意味するもの

　表現の自由は国際人権法の要の1つであり，その保障のいかんが他のすべての国際人権規範のあり方に影響を及ぼすきわめて重要な位置づけを与えられて

---

(23)　*Ibid.*, pp. 744, 750, 752, 754, 755.

(24)　*E.g.*, Mark Freeman and Gib Van Ert, International Human Rights Law (2004), p. 227.

(25)　*Regina v. Keegstra, supra* note 22, pp. 838-839.

(26)　たとえば，宮崎・前掲注(10) 220頁において，横田耕一は次のように述べる。「憲法の保障が本条［自由権規約19条］よりも厚いのであるから，日本における表現の自由の規制は，憲法問題として考えれば十分であり，裁判所において本条が独自の役割を果たすことはまずないと考えられる。」

(27)　一般的に次の文献を参照。*Promotion and protection of the right to freedom of*

11 自由権規約

いる⁽²⁸⁾。この自由を享受できるのは,「すべての者」である。年齢,性別,国籍等の違いにかかわりなく,すべての者に表現の自由は保障されている。公務員であることあるいは軍隊構成員であることを理由に表現の自由が否認されることもない⁽²⁹⁾。

　自由権規約は,その正式名称が示すとおり,市民的権利に分類される権利と政治的権利に分類される権利の双方によって構成されているが,表現の自由には,これら2種類の権利の性格が備わっている。一方で,市民的権利として個人の言論への不当な干渉を排除しながら,他方では,政治的権利として政治過程への個人参加を保障する拠り所ともなっているのである。欧州人権裁判所がいうように,「表現の自由は,民主的社会に不可欠な礎のひとつであり,民主的社会の発展と各人の自己実現のための基本的条件のひとつである」⁽³⁰⁾。民主

---

　　opinion and expression: Report of the Special Rapporteur, Mr. Abid Hussain, pursuant to Commission on Human Rights resolution 1993/45, UN Doc. E/CN. 4/1995/32, 14 December 1994, paras. 14-55.

(28) Karl J. Partsch, "Freedom of Conscience and Expression, and Political Right", in THE INTERNATIONAL BILL OF RIGHTS: THE COVENANT ON CIVIL AND POLITICAL RIGHTS (Louis Henkin, ed. 1981), p. 216.

(29) See *Ross v. Canada*, Communication No. 736/1997; *Vogt v. Germany*, Judgment of 26 September 1995, Series A, No. 323; *Engel and Others*, Judgment of 8 June 1976, Series A, No. 22.

(30) *Handyside v. United Kingdom*, Judgment of 7 December 1976, Series A, No. 24; (1979-80) 1 E. H. R. R. 737, para. 48.「人及び人民の権利に関するアフリカ委員会」も「人及び人民の権利に関するアフリカ憲章」9条の定める表現の自由の解釈にあたって同様の認識を示している (*Constitutional Rights Project, Civil Liberties Organisation and Media Rights Agenda v. Nigeria*, Communications 140/94, 141/94, 145/95, THIRTEENTH ACTIVITY REPORT 1999-2000, Annex V., para. 36,cited in Christof Heyns, "Civil and Political Rights in the African Charter", in Malcolm Evans and Rachel Murray (eds.), THE AFRICAN CHARTER ON HUMAN AND PEOPLES' RIGHTS: THE SYSTEM IN PRACTICE, 1986-2000 (Cambridge University Press, 2002), p. 166)。他方で米州人権裁判所は,「表現の自由は民主的社会の存在そのものが依拠する礎石である」と述べるとともに,この自由を次のように評している。「表現の自由は,一方では,何人も自己の考えを表明することを恣意的に制限されまたは阻止されないことを要求するものである。この意味において,表現の自由は各個人に属する権利となる。他方で表現の自由の第2の側面は,あらゆる情報を受けおよび他の者の表明する考えにアクセスする集団的権利を意味している」(Inter-American Court H. R., Advisory Opinion OC-5/85, *Compulsory Membership in an Association Prescribed by Law for the Practice of Journalism*, 13 November 1985, Series A No. 5, para. 50; *Olmedo Bustos et al. v. Chile*, Judgment of 5

的プロセスの促進[31],個人の自己実現,そして自由な言論の交換を通じて可能になる真理の探求・発見といった,各国で共通に認められた表現の自由の価値・機能は,自由権規約の文脈においてもなんら変わるものではない[32]。

自由権規約19条では,意見を持つ権利(right to hold opinions)と表現の自由への権利(right to freedom of expression)が別個の権利として截然と分けられている。起草過程においても明らかにされたように,意見を持つ権利は内面的な自由として絶対的な保障を享受する。「これは,規約がいかなる例外又は制限をも許さない権利である」[33]。法律その他いかなる権力による制限も許容されない。19条3項の制限事由も,外部行為たる表現の自由のみにかかわるものとして規定されている。また干渉主体は公的機関に限られているわけではない。意見を持つ権利は,私人による干渉からも守られなくてはならない。

「意見」が何を指すのかは必ずしも明確ではないが,自由権規約18条のいう「思想」(thought)と密接に関わりながら,しかしそれとは区別されるものではある。両者の境界線は正確には不分明というしかないだろうが,それでも,「思想」とは宗教的またはその他の信条に近く,「意見」とは政治的信念あるいは世俗的な事項にかかわるものといわれることもある。自由権規約委員会(Human Rights Committee)は,大統領に送った公開書簡が政府によって形式的にも内容的にも不適当であると判断されたことにより議員らが逮捕・拘禁され,

---

February 2001, Inter-American Court H. R., Series C No. 73, para. 64)。なお,締約国の「評価の余地」を基軸に,表現の自由をめぐる欧州人権裁判所の判断を詳細に分析したものに,西片聡哉「表現の自由の制約に対する欧州人権裁判所の統制」神戸法学年報17号(2001年)223頁以下がある。

(31) 1996年7月12日に採択された自由権規約委員会の一般的意見25(57)(政治に参与する権利)も,「表現……の自由は投票権の実効的な行使のために不可欠な条件であり,完全に保障されなければならない」(第12パラグラフ)としている。翻訳は,日本弁護士連合会・前掲注(19)465頁。

(32) このほか,これまで国際人権法の領域ではあまり言及がないが,「社会における安定と変化の均衡維持」も表現の自由の持つ重要な機能のひとつである。たとえば,高橋和之「ポルノグラフィーと性支配」『岩波講座 現代の法11 ジェンダーと法』(岩波書店,1997年)所収,223頁。さらに詳しくは,紙谷雅子「性的表現と繊細な神経」長谷部編著・前掲注(17)118頁参照。

(33) 1983年7月29日に採択された自由権規約委員会の一般的意見10(19)(表現の自由)第1パラグラフ。翻訳は,日本弁護士連合会・前掲注(19)420頁。なお,同委員会は2011年9月12日に一般的意見10に代わる一般的意見34を採択し,表現の自由に関する見解をバージョンアップした。

さらに議員職をも剥奪された事案において,「意見を理由に」迫害を受けたとして 19 条 1 項違反を認定している(34)。

なお 19 条 1 項は「干渉されることなく」と定めているが,何が「干渉」に該当するのかも一義的には明らかでない。ただ,内面の自由に関する影響を自己の意思に反して受け,しかもその影響が脅迫,強制または有形力の行使による場合には「干渉」にあたるということは一般には可能であろう。

表現の自由の対象となる「情報 (information) 及び考え (ideas)」は,当たり障りのない無害なものとして好意的に処せられるものに限定されるのではなく,国家や人々に不快な印象,衝撃または困惑を与えるものも含む。これは,民主的社会に不可欠な多元主義・寛容・開かれた精神の要請である(35)。「情報及び考え」は「あらゆる種類」のものに及ぶのであり,そのなかには不敬な言論やポルノグラフィなども包摂される。ただしこうした表現は,後に触れる権利制限事由との両立性が問題にはなる(36)。委員会は,商業的メッセージが 19 条の射程に入るかどうかを問われた事案において,次のように述べ,これに肯定的な認識を示している。「19 条 2 項は,規約 20 条と両立する主観的考えおよび意見であって他の者に伝達可能なもの,ニュースおよび情報,商業的表現および広告,芸術作品などあらゆる形態のものを含むと解さなくてはならない。同条項は,政治的,文化的または芸術的表現の手段に限定されるべきではない」(37)。

「情報及び考え」を「求め,受け及び伝える」のは自ら選択するいずれの方法 (media) であってもよい。きわめて包括的である。先例を見ると,委員会は,

---

(34) *Mpandanjila v. Zaire*, Communication No. 138/1983. また,Mpaka-Nsusu v. Zaire, Communication No.157/1983 も参照。翻訳は,宮崎繁樹編集代表『国際人権規約先例集——規約人権委員会精選決定集第 2 集』(東信堂,1995 年) 330-345 頁 (山岸和彦執筆担当)。

(35) *Handyside v. United Kingdom, supra* note 30, para. 49: *Sunday Times v. United Kingdom*, Judgment of 26 April 1979, Series A No. 30; (1979-80) 2 EHRR 245, para. 64: *Zana v. Turkey*, Judgment of 25 November 1997; 27 EHRR 667, para. 51(i).

(36) また,戦争宣伝や憎悪唱導は,明文で,法律による禁止の対象とされている (自由権規約 20 条)。「委員会の意見では,ここで要求されている禁止は,19 条の表現の自由の権利と完全に両立するのであり,表現の自由の権利の行使には特別の義務と責任を伴うのである」(一般的意見 11 (19) (戦争宣伝・差別唱導の禁止) 第 2 パラグラフ。翻訳は,日本弁護士連合会・前掲書注(19) 421 頁)。

(37) *Ballantyne, Davidson and McIntyre v. Canada*, Communication Nos. 359/1989 and 385/1989/Rev. 1, para. 11.3.

第4部　人権条約の位相

外国の元首が来日した際に同国の人権状況を批判する横断幕を掲げた行為が19条2項の保護を受けることを明らかにしている[38]。また，自ら組織したピケにおいて「現政権に追随している者たちよ！　君たちは人民を5年間も貧困に貶めているのだ。偽りに耳を傾けるのはやめよ。君たちのためにベラルーシ人民前線が率いている闘いに参加せよ」と記したポスターを掲げた行為についても，「ポスターを掲げて表明した特定の政治的意見の表明は規約19条の保護する表現の自由の範囲内のものである」と述べている[39]。同じベラルーシが「被告」となった事案において委員会は，同国の歴史的形成過程を誤って伝えていると同国政府がいうリーフレットの配布も19条2項の保護を受けることを認めている[40]。他方で，商業用の看板を英語で表記することを禁じた法律の自由権規約適合性が争われた事案において委員会は，公用語の選択は自由であるとはいえ，公的生活領域の外にあっては，自ら選択する言語により自己表現する自由を排除することはできないと述べ，表現の自由を実現する方法としての言語の役割にも適切な認識を示している[41]。またその際委員会は，「ある表現の中の商業的要素が屋外広告の形態をとっているからといって，保護される自由の範囲からその表現を除外する効果が生じることはない」[42]と述べ，屋外営利広告もまた19条の保護に入ることを認めている。

　自由権規約の準備作業を見ると，起草者たちがメディアの伝えるメッセージを保護することに心を砕いていたことが窺える。メディアの許認可に関する規

---

(38) *Kivenmaa v. Finland*, Communication No. 412/1990, para. 9.3.
(39) *Dergachev v. Belarus*, Communication No. 921/2000, para. 7.2.
(40) *Laptsevich v. Belarus*, Communication No. 780/1997, para. 8.1.
(41) *Ballantyne et al., v. Canada*（*supra* note 37）; *Singer v. Canada*, Communication No. 455/1991. 司法過程や行政過程など公的機能の発現場面においては，自己の選択する言語による表現の自由までは認められていない。たとえば，*Guesdon v. France*, Communication No. 219/1986 は，フランスの法廷でブレトン語での弁論を認められなかったことが表現の自由に反するという申立てだったが，通報者がバイリンガルであったことから，自由権規約委員会は表現の自由にかかる問題は生じないとしてこの通報を不受理とした（See also, *Yves Cadoret and Herve Le Bihan v. France*, Communications Nos. 221/1987, 333/1988）。公的領域において表現の自由の名の下に言語選択権を認めると国家に積極的な義務（負担）が課せられることになる，という事情がこうした却下決定の基底にあると示唆する論者もいる。Fernand de Varennes, "Language and Freedom of Expression", HUMAN RIGHTS QUARTERLY, Vol. 16 (1994), p. 179.
(42) *Supra* note 37.

定が挿入されなかったこともその現われである。欧州人権裁判所がいうように,「政治問題や公の関心となる他の領域の問題に関する情報及び考えを伝えること」は言論機関・マスメディアに課せられた責務であり,「言論機関にはそうした情報及び考えを伝える責務がある一方で,公衆にはそうした情報や考えを受け取る権利がある」[43]。情報を求め,受ける自由は,情報を伝える自由の単なる裏面なのではなく,それ自体独立した自由であり,それなくして表現の自由の効果的な行使はありえない。メディアはその局面において枢要な役割を果たすものと観念されている。

　もっともその一方において起草者たちはメディアに対して警戒感を抱いてもいた。19条3項に「2の権利の行使には,特別の義務及び責任を伴う」という1節が入ったのはそのためでもある。個人に権利を認め,国家に義務を課す自由権規約の一般構造とは異なる位相が顕現しており,「3項の冒頭で『特別の義務及び責任を伴う』と規定したのは,人権保障を趣旨とする本条約からしても異常である」と,強く批判する向きもある[44]。起草過程ではこうした批判を体現する有力な議論も呈されたが,表現の自由の享受・行使に対してメディアが強い影響力を及ぼしうるとの懸念から最終的にこの規定が維持された事情がある。つまりこの規定は,第一義的には,社会の言論状況に大きな影響力を与えうるメディアに対して,他の者の権利を損うような権限の濫用を慎むよう求めるものとして設計されたわけである[45]。また同時に,言論機関の寡占・独占によって意見の多様性が危殆に瀕したりあるいは多様な意見へのアク

---

[43] *Lingens v. Austria*, Judgment of 8 July 1986, Series A, No. 103; (1986) 8 EHRR 103, paras.41-42.
[44] 宮崎・前掲注(10) 217頁（横田耕一執筆担当）。
[45] また,「公務員の表現の自由の制約については,その『[義]務と責任』として自制の義務（duty of discrétion, obligation de réserve）が権利の行使に一定の規制を及ぼす」（西片・前掲注(30) 243頁）。自由権規約委員会も学校の教員について次のようにいう。「当委員会は,この権利［表現の自由］の行使には特別の義務及び責任を伴うことを想起する。こうした特別の義務及び責任は,学校制度の中で,とりわけ若い生徒たちへの教育にあたって格別の重要性を有する」（*Ross v. Canada, supra* note 29, para. 11. 6）。この通報事件において当事国政府は,教育職から異動させられたところで通報者の表現の自由はなんら制約を受けるものではないと主張したのだが,自由権規約委員会は,教育職からの異動は通報者に実質的な不利益を与えており,しかも当該不利益は通報者が自己の見解を表明したことによって課せられたものなのだから,これは表現の自由の制限であると判断した（*Id.,* para. 11. 1）。

セスが阻まれるような事態が生じた場合には，国家に必要な行動をとるよう求めるものともされている。だが現実を見やれば，「北」の先進工業国において大企業によるマス・メディアの独占・寡占が進む一方で，「南」ではメディアを国家が直接にコントロールする事態がますます広まっている。委員会は一般的意見10において「現代のメディアの発展によって，3項で規定されていない方法で，表現の自由というすべての者の権利への干渉にあたるメディアの支配を防止するための効果的な措置が必要であること」に注意を喚起している[46]が，情報を求め，受け取る権利（知る権利）の保障は世界的にまったくもって良好な環境にあるとはいえないのが実情である。

なお自由権規約委員会へのメディアからの個人通報事例としては，トリニダッド・トバコを相手どったものが2件ほどある。いずれも，同国の新聞社からのものであり，新聞を制作する資材輸入のために必要な外貨の割り当てが不十分だったことが19条等に違背する旨を申し立てたものだが，通報者が個人でなかったために受理（許容性）要件を欠くとしてともに却下されて終わっている[47]。もっともこの決定は，メディアのなかにいる個人が自らの見解を表明する自由それじたいにはなんら影響を及ぼすものではない。

(2) 表現の自由を制限しうるもの

表現の自由は拷問禁止規範などとは違って制限をまったく許さないわけではない。しかし自由権規約委員会がいうように，「表現の自由への権利はいずれ

---

[46] 一般的意見10（注33）第2パラグラフ。さらに近年では，インターネットによる表現の自由への影響も重大な関心を呼んでいる。こうした新たな通信手段を通じて発信される表現（ヘイト・スピーチや子どもポルノ等）の規制問題とともに，国家によるインターネットへのアクセス制限も重大な問題として立ち現われている。表現の自由に関する特別報告者は，1998年に提出した年次報告書以後，新たな通信技術と表現の自由との関連について記述するようになった。同報告者は，インターネットの可能性を好意的に評するとともに，現行国際人権基準の賢明な適用によって新たな通信手段をめぐる諸問題への対応は可能という認識である（*Report of the Special Rapporteur on the promotion and protection of the right to freedom of opinion and expression, Mr. Abid Hussain, submitted in accordance with Commission resolution 1999/36*, UN Doc. E/CN. 4/2000/63, 18 January 2000, para. 56)。

[47] *A Newspaper Publishing Company v. Trinidad and Tobago*, Communication No. 360/1989; *A Publication and a Printing Company v. Trinidad and Tobago*, Communication No. 361/1989.

の民主的社会においても最も重要なものであり，したがって，この権利の行使を制限するには厳格な正当化テストを充足しなくてはならない」[48]。この「厳格な正当化テスト」について定めているのが自由権規約19条3項である。表現の自由の制限を正当化しうるのは，同条項の明記する条件が満たされた場合に限る。もとより，自由権規約の定める表現の自由を国内法を根拠に制限することはできない[49]。個人通報の先例から明らかなように[50]，制限事由が存することを立証する責任は国家の側にある。立証が不十分な場合には，19条違反が認定されることになる。

「締約国が表現の自由の行使に対し一定の制限を課す場合，その制限は，権利の本質を損なうようなものであってはならない。3項は，条件を定めており，そして制限が課されうるのはこの条件に従う場合だけである。すなわち，制限は『法律によって定められ』なければならず，3項(a)及び(b)で定める目的のいずれかのために課することができるだけであり，当該締約国にとってこの目的のいずれかのために『必要』として正当化されなければならない」[51]。以下で，表現の自由の制限を正当化しうる事由を具体的に見ていくことにする。

第1に，表現の自由の制限は「法律によって定められ」ていなくてはならない（法律主義）。ここでいう法律とは，一般的抽象的な規範であって議会の定立する法律の形式で定められたものを指す（ただし，不文法の国ではこの限りでない）。また，当該法律は，公的機関による干渉がいかなる場合に許容されるのかを精確に予見可能とするものでなくてはならない。行政機関が定立した規範のみに基づく干渉や不明確な法律の授権は自由権規約に抵触することになる[52]。これは，行政機関の定立する規範のうち「法規命令の制定には，法律の授権（委任）が必要である。……委任命令の制定についての法律の授権は，包括的なものであってはならず，個別的なものでなければならない」[53]という行政法上

---

(48) *Laptsevich v Belarus, supra* note 40, para. 8.2.
(49) 条約法条約27条参照。「公共の福祉」という憲法上の概念を用いて自由権規約の保障する表現の自由を制限することは，条約の解釈として誤りである。
(50) See e.g., *Laptsevich v Belarus, supra* note 40, paras. 8.4, 8.5.
(51) 一般的意見10（注33）第4パラグラフ。
(52) Manfred Nowak, U.N. COVENANT ON CIVIL AND POLITICAL RIGHTS: CCPR COMMENTARY (N. P. Engel, Publisher, 1993), p. 351.
(53) 芝池義一『行政法総論講義［第4版］』（有斐閣，2001年）115頁。

第 2 に，表現の自由の制限は，19 条 3 項(a)および(b)に列挙されたいずれかの目的を達成するためのものでなくてはならない。このうち「他の者の権利……の尊重」という目的に関して留意すべきは，自由権規約委員会がヘイト・スピーチの問題をここに含めて取り扱うようになっていることである。たとえば，ユダヤ人強制収容所にはガス室はなかったという歴史観を公にしたためいわゆるゲソ法（Gayssot Act）によって処罰された元大学教授が提出した個人通報事件において委員会は，通報者の主張が反ユダヤ人感情を喚起し強める性質のものであったことを理由に，同人の表現の自由の制限はユダヤ人コミュニティ（他の者）が反ユダヤ主義の恐れから自由に生きる権利を尊重するために必要であると判断し，その条約適合性を認めた[55]。また，学校の教員がユダヤ人への強度の敵意をあおる言論活動を行ったため短期間の停職処分を受け，さらに教育職からの異動を命じられた事案において委員会は，「偏見，先入観および不寛容のない学校制度を享受するユダヤ人の子どもたち［他の者］の権利および自由を保護する」ために当該措置が必要であったと判断している[56]。

後者の事件に際して当事国となったカナダ政府は，当該事案が自由権規約 20 条 2 項に該当することを理由に，通報を不受理とするよう申し立てていた。

---

[54] したがって，「一般職の国家公務員がしてはならない政治的行為の規定を包括的に人事院規則に委ねる国家公務員法 102 条 1 項［について］判例はこれを合憲としているが……批判も強い」（同上書，115-116 頁）という指摘が，そのまま自由権規約 19 条 3 項の文脈に置換できる。

[55] *Faurisson v. France*, Communiation No. 550/1993, para. 9.6. もっとも委員会は，その広範な射程によって表現の自由を脅かすゲソ法の規定自体には少なからぬ懸念を有していた（para. 9.3）。具体的には，法律主義との抵触が問われえたわけだが，本件の場合には「フランスの裁判所によって読まれ，解釈され，通報者の事案に適用されたゲソ法」が規約に適合するという判断を導いている（para. 9.5）。いってみれば，「裁判所の判断が本件においては同法の欠陥を『治癒』したということである」（Sarah Joseph, Jenny Schultz and Melissa Castan, THE INTERNATIONAL COVENANT ON CIVIL AND POLITICAL RIGHTS: CASES, MATERIALS, AND COMMENTARY（Oxford University Press, 2000), para. 18.52）。公務員の政治的忠誠義務について定める関連法の内容が連邦憲法裁判所と連邦行政裁判所の判例を通じて明確化されていたことから，申立人は自らの行為がもたらす危険性を予見しえたに違いないと述べた欧州人権裁判所の判断も，法律主義（とくに明確さ）の要請が裁判所の解釈を通じて充足されうることを是認したものである（*Vogt v. Germany, supra* note 29, para. 48）。

[56] *Ross v. Canada, supra* note 29, para. 11.6.

現に自由権規約委員会はかつて類似の事件においてそうした処理の仕方をしていた(57)のだが，本件では，20条2項の問題を実質的に19条3項の文脈に吸収し，本案の段階で審査する手法を採った。委員会はいう。「20条の範囲に入る表現の制限は，表現の制限を許容しうるかどうかを決定する条件について定めた19条3項の下でも許容できるものでなくてはならない。これらの条項の適用にあたり，制限が20条により要請されていると主張されている事実はもちろん重要である。本件では，制限の許容性は本案において検討する問題である」(58)。

---

(57) *J. R. T. and W.G. v. Canada*, Communication No. 104/81. 翻訳は，宮崎編集代表・前掲注(34) 68-72頁（荒牧重人執筆担当）。また，*M. A. v. Italy*, Communication No. 117/1981（翻訳は，宮崎編集代表『同上書』85-90頁（今井直執筆担当））においても，ファシスト党の再結成に関わったために有罪とされた者の通報が自由権規約5条の保護を受けられないものとして不受理とされていた（para. 13.3）。もっとも，19条3項や5条にかかわるこうした処理の仕方には，本案のレベルで判断すべきであったとして強い批判があった（McGoldrick, THE HUMAN RIGHTS COMMITTEE (Clarendon Press, 1994), pp. 166-167）。

(58) *Ross v. Canada, supra* note 29, para. 10.6. 「他の者の権利」保護を目的として表現の自由を制限しうる可能性のある場合として，自由権規約委員会はこのほかに，選挙民に対する脅迫や強制を禁止すること（*Svetik v. Belarus*, Communication No. 927/2000, para. 7.3）や訴訟目的のみに開示された文書の開示規制（*Lovell v. Australia*, Communication No. 920/2000, para. 9.4）などに言及している。また，地方議会の政策決定に深くかかわる一定の上級地方公務員の中立性を維持するための規制措置を，欧州人権裁判所は，「他の者（参事会，選挙民）の権利（地方レベルにおける効果的な政治的民主主義への権利）を保護する」ものと認めている（*Ahmed and Others v. United Kingdom*, Judgement of 2 September 1998, (2000) 29 EHRR 1, para. 54）。なお，ヘイト・スピーチについては人種差別撤廃条約4条が締約国にいっそう詳細な法的義務を課しているが，同条の意義は，人種差別撤廃委員会の示した一般的勧告15において明らかにされている（同勧告の翻訳は，村上正直監修・反差別国際運動日本委員会編『市民が使う人種差別撤廃条約［現代世界と人権14］』（判差別国際運動日本委員会(解放出版社), 2000年) 124-126頁)。人種差別的言動を扱った人種差別撤廃委員会の個人通報事例には，*L. K. v. The Neherlands*, Communication No. 4/1991, *Kashif Armad v. Denmar*, Communication No. 16/1999, *The Jewish Community of Oslo et. al. v. Norway*, Communication No. 30/2003などがある。その簡潔な紹介・分析は，申惠丰「人種差別撤廃条約の個人通報制度の運用——委員会による先例法の展開」青山法学論集44巻3・4合併号（2003年）41-42, 48-50頁，村上正直「人種差別撤廃条約」法律時報77巻12（2005年）号38-41頁。表現の自由と人種差別撤廃条約とのかかわりについて，より一般的には，村上正直『人種差別撤廃条約と日本』（日本評論社，2005年）第2，4，8章参照。

第4部　人権条約の位相

　「国の安全の保護」を口実とする表現の自由の抑圧は世界各地で広範に見られる事象であり，表現の自由に関する国連人権委員会特別報告者が深刻な関心を寄せてきている[59]のも当然のことと思われる。もっとも，表現の自由の制限を正当化しうる「国の安全」は概念的に相当に厳格なものである。

　まず，脅かされる安全は国全体にかかわるものでなければならない。より精確にいえば，国の存在じたいあるいは領土保全が脅かされるほど重大な事態でなければならない。また，「安全」とは「国際の平和」と並んで国連憲章に規定された「安全」に照応するものであり，したがってそこでは，武力による威嚇または武力の行使が含意されている。つまり，「国の安全」とは，武力による威嚇または武力の行使から政治的独立や領土保全を守ることを第一義的に意味するというわけである。もとより，「国の安全」は国の内からも脅かされることがあり，たとえば政府の暴力的な転覆をはかることなども「国の安全」を脅かすものといえる。こうして，軍事機密を頒布する行為や政府の暴力的転覆を呼びかける言論などがこの理由により制限されうることになる。これに対して，非暴力的に政府／政策の変更を呼びかけることや国家／公務員等の批判，良心的兵役拒否，国際人権基準の侵害を伝える言論などは，「国の安全の保護」によって正当化することはできないと解されている[60]。

　「公の秩序」の輪郭はあいまいである。それだけに表現の自由（に限らず関連

---

[59] See *e. g., Promotion and protection of the right to freedom of opinion and expression: Report of the Special Rapporteur, Mr. Abid Hussain, pursuant to Commission on Human Rights resolution 1997/26*, UN Doc. E/CN. 4/1998/40, 28 January 1998, para. 46.

[60] See Alexandre C. Kiss, "Permissible Limitations on Rights", in THE INTERNATIONAL BILL OF RIGHTS, *supra* note 28, pp. 296-297; Nowak, *supra* note 52, p. 355; Joseph *et. al., supra* note 55, para. 18.30; The Johannesburg Principles on National Security, Freedom of Expression and Access to Information, Principles 2 and 7, reproduced in *Promotion and protection of the right to freedom of opinion and expression: Report of the Special Rapporteur, Mr. Abid Hussain, pursuant to Commission on Human Rights resolution 1993/45*, UN Doc. E/CN. 4/1996/39, 22 March 1996, Annex. ヨハネスブルグ原則とは1995年10月1日に，表現の自由を擁護する代表的なNGOであるArticle 19とInternational Center against Censorshipが，ウィットウォータースランド大学応用法学センターと協働で招集した専門家会議において採択されたもので，1984年4月に国際法律家委員会などが招集した専門家会議で採択されたシラクサ原則を踏まえて定式化されている。国連人権委員会の表現の自由特別報告者は，ヨハネスブルグ原則を「表現の自由を適切に保護するために有用な指針を与えるもの」と評し，その参照を積極的に奨励している（UN Doc. E/CN. 4/1996/39, para. 154）。

する人権規範すべて）にとってきわめて危険な概念でもある[61]。欧州人権条約10条2項のいう「無秩序もしくは犯罪の防止」が「公の秩序」に含まれることにはさほど異論はなかろうが，それにとどまるのではなく，「民主的社会が依拠する，人権尊重に適合した，普遍的に受け入れられた基本原則」も含むとされる[62]。要は，社会が平和理にかつ効果的に機能するのを確保するためのルールの総体ということ[63]ではある。

個人通報事例を見ると，「国の安全」と「公の秩序」がセットになって議論されることが少なくない。自由権規約委員会は，カメルーンにおいて行われていた，複数政党制を唱導する言論活動の規制を，「国の安全」と「公の秩序」を理由に表現の自由を制限しようとするものと整理し直したうえで，19条3項に基づく判断を示したことがあった。この事案において委員会は，複数政党制の唱導を抑圧することでは困難な政治状況を克服することはできないという認識により規約違反の判断を導いている[64]。複数政党制を禁じることはそもそも「国の安全」にも「公の秩序」にも該当しえない，ということである。また，労働争議への第三者介入禁止条項に違背して争議を支持する声明を発表したために有罪とされた者が申し立てた通報では，そうした措置が「国の安全」と「公の秩序」を保護するために必要であったかどうかという観点から検討されている[65]。

朝鮮民主主義人民共和国政府の政策に共鳴する意見を表明したために韓国の国家保安法により有罪とされた者が行った通報では，当該通報者の政治的スピーチや政治的文書の配布が「国の安全」を脅かすものであったのかが争点となっている[66]。このように，韓国からの通報には，朝鮮民主主義人民共和国を敵国とみなす国家保安法により表現の自由が侵害されたことを申し立てるものが多い。いずれの事例においても，「国の安全」を理由とする制限が正当化

---

(61) Humphrey, "Political and Related Rights", *supra* note 2, p. 185.
(62) UN Doc. E/CN. 4/1995/32, *supra* note 27, para. 52.
(63) Joseph *et. al.*, *supra* note 55, para. 18.26. 放送を許認可制にかからせる規制などは「公の秩序」により正当化しうる例である。
(64) *Mukong v. Cameroon*, Communication No. 458/1991.
(65) *Sohn v. Republic of Korea*, Communication No. 518/1992. この通報は「アジアで最初のものである」（新納摩子「韓国労調法の第三者介入禁止条項に関する規約人権委員会の見解」国際人権 7 号（1996 年）85 頁）。
(66) *Kim v. Republic of Korea*, Communication No. 574/1994, para. 12.4.

第4部　人権条約の位相

されるかどうかが争われている(67)。

　他方で，新聞記者に議会のメディア施設へのアクセスを保証する許可証が与えられなかったことが情報を求め，受け及び伝える自由の侵害にあたるかどうかが問われた通報において，自由権規約委員会は，メディア施設へのアクセスを規制する「議会の手続きは公の秩序という正当な目的と見ることができ，したがって許可制度もこの目的を達成する正当な手段と見ることができる」という認識を示している(68)。ここでは「公の秩序」が議会内の秩序と同視されて処せられていることがわかる。

　「公の秩序」のみを理由とした表現の自由の規制は自由権規約の個人通報事例にはほとんど見られないが，「公衆の健康若しくは道徳」にかかわる通報はさらに稀である。同性愛の問題を取り扱った番組の検閲と表現の自由との両立性が争われた事件において，自由権規約委員会は，「公衆の道徳の保護」を理由に規約違反なしという見解を導いた。もっともこの見解は最初期のものであり，また本件の処理に際して用いられた「評価の余地」理論はその後一貫して委員会により採用を拒否されてきていることなどから，その「先例」としての価値はきわめて低いといわなくてはならない(69)。

　拘禁施設における処遇に異議を申し立てて通報者が行ったハンガーストライキが自由権規約19条2項によって保護される表現といえるかどうかが問われた事件があった。この事件では，ハンガーストライキのほかにバリケードが築かれるなどしたため子どもや妊婦を含む他の被拘禁者の健康や施設内の秩序維持に相当の影響が生じ，このため通報者が他の拘禁施設に強制的に移送される事態となった。これが表現の自由の侵害にあたるかが問題となったわけである。自由権規約委員会はハンガーストライキが表現の自由に含まれると仮定しても，なお他の施設への移送は19条3項によって正当化されるとの判断を示したの

---

(67) 本文で取り上げたもの以外に，たとえば，*Park v Republic of Korea*, Communication No. 628/1995; *Shin v. Republic of Korea*, Communication No. 926/2000. 韓国が当事国となった個人通報事例（2000年までのもの）については，朴燦運『国際人権法と韓国の未来』（現代人文社，2004年）18-21頁参照。

(68) *Gauthier v. Canada*, Communication 633/1995, para. 13.6.

(69) See Laurence Helfer and Alice Miller, "Sexual Orientationand Human Rights: Toward a United States and Transnational Jurisprudence", HARVARD HUMAN RIGHTS JOURNAL, Vol. 6 (1996), p. 74.

だが，その際3項のなかのいずれの制限事由に依拠したのかは定かでない。他の被拘禁者の健康への影響が考慮されていることから「公衆の健康の保護」が該当するようにも見えようが，当事国政府はむしろ「他の者の権利」に言及しており，この点は必ずしも明瞭とはいえない[70]。

表現の自由を制限する目的は，抽象的・理論的に語られるだけでは不十分である。特に，「国の安全」や「公の秩序」は経験則上，濫用の危険性が高いだけに，なおさら具体的な証明が必要とされている。国家保安法等による表現の自由違反を訴えた通報において，韓国政府は「国の安全」等を理由に制限の正当化をはかったのだが，「脅威の精確な性質」が明確にされなかったとして19条違反が認定されている[71]。このように，「国の安全」や「公の秩序」を制限事由として主張する場合，それらが現実にどう脅かされているのかを明確に示すことができなければ，制限を正当化することは困難である[72]。

(3) 比例原則による審査

第3に，表現の自由の制限は，19条3項(a)および(b)に列挙されたいずれかの目的を達成するために「必要とされるもの」でなくてはならない。これは一般に「比例原則（principle of proportionality）」と称されるものであり，追求される正当な目的とそのためにとられる規制手段とが均衡（比例）していることを求めるものである[73]。目的を達成するために必要とされる程度を超える規制

---

[70] *Baban v. Australia*, Communication No. 1014/2001, paras. 6.7, 4.20. なお本件では，19条にかかる主張は証拠によって根拠づけられていないとして不受理（非許容）とされた。

[71] *Sohn v. Republic of Korea*, *supra* note 65, para. 10.4; *Kim v. Republic of Korea*, *supra* note 66, para. 12.4; *Park v Republic of Korea*, *supra* note 67, para. 10.3; *Shin v. Republic of Korea*, *id.*, para. 7.3.

[72] Alex Conte, "Democratic and Civil Rights", in Alex Conte, Scott Davidson and Richard Burchill, DEFINING CIVIL AND POLITICAL RIGHTS: THE JURISPRUDENCE OF THE UNITED NATIONS HUMAN RIGHTS COMMITTEE (Ashgate, 2004), p. 60.

[73] *Gauthier v. Canada* (*supra* note 68) において自由権規約委員会は，議会施設へのアクセスを許可する制度は表現の自由を制限するものである以上，「恣意的であってはならず，必要とされるものであり，目的と均衡がとれていることが証明されなくてはならない」と述べている。委員会は，当該許可制は「明確で，公正で合理的でなくてはならず，かつ，その適用も透明であるべき」ところ，締約国はその権限を民間組織に全面的に委ねており，メディア施設へのアクセスが恣意的に阻まれない保証はないと述べ，本

第4部　人権条約の位相

はこのテストをクリアできない。19条2項の定める目的を脅かす状況がさほど深刻でもないのに自由を大幅に制限することは許されない。また，権利の制限は常に例外であり，したがって，目的を達成するのにより制限的でない手段があるのであればそちらを採用することが求められる[74]。この意味において，比例原則は違憲審査基準として語られてきている「必要最小限度の基準」あるいは米国の判例にいう「より制限的でない他の選びうる手段（LRA）の基準」とも重なる合うものである[75]。

　Faurisson v. France 事件において示された3名の次の共同個別意見が，自由権規約委員会の採用している比例原則の実質をおそらく最も的確に言語化しているのではないか。

> 　通報者の表現の自由を制限する目的が，19条3項の定める，他の者の権利の保護であることを締約国は証明した。より難しい問題は，通報者の言論について責任を課すことが，当該権利を保護するために必要だったのかどうかということである。……規約は［当該権利］を保護するという目的があるだけでは表現を制限する十分な理由にはあたらないと規定している。制限は［当該権利］を保護するのに必要なものでなくてはならない。この必要性の要件は比例性の要素を意味している。表現の自由に課せられる制限の範囲は，当該制限が保護しようとする価値に比例するものでなくてはならず，その価値を保護するために必要なものを越えてはならない。一般的意見10において委員会が述べたように，その制限はまた，権利自体を危険にさらすものであってはならない[76]。

　上記意見を述べた3名の委員は，ゲソ法による通報者の処罰が「他の者（ユダヤ人）の権利」の保護に密接につながっていたことを認めつつ，本件のような事情の下では，他の手段によってこの目的を達成することはできなかっただ

　　件では「当該許可制が，19条3項の意味において必要な，均衡のとれた制限であることは証明されなかった」との判断から19条2項違反を認定している（para. 13.6）。

(74)　See Nowak, *supra* note 52, pp. 211, 351; Joseph *et. al.*, *supra* note 55, paras. 18.18, 18.39; UN Doc. E/CN. 4/1995/32, *supra* note 27, para. 44.

(75)　辻村みよ子『憲法［第2版］』（日本評論社，2004年）242-243頁，浦部法穂『〈全訂〉憲法学教室』（日本評論社，2000年）92-93頁など参照。

(76)　*Supra* note 55, Separate opinion of Mrs. Evatt and Mr. Kretzmer, co-signed by Mr. Klein, paras. 7, 8. 自由権規約委員会は，自由権規約の人権の制限がこうした比例原則に従うことを一般的意見27（67）パラグラフ15（UN Doc. CCPR/C/21/Rev. 1/Add. 9, General Comment No. 27, 2 November 1999）でも明示している。

ろうとも述べている。「より制限的でない他の選びうる手段（LRA）」がなかったことが指摘されているわけである。同様に，別の委員も，修正主義的歴史観を開陳する通報者の言動がゲソ法によって処罰の対象になっていなければ，反ユダヤ人感情がさらに広まっていったであろうとし，制限の「必要性」を肯認している[77]。

　屋外営利広告を英語で出すことを禁じることが表現の自由の侵害にあたると判断した際に，自由権規約委員会は，カナダにおいて脆弱化するフランス語集団を保護しなければならないからといって英語による屋外広告を禁止する必要まではない，という認識を示した。フランス語と英語の両方による広告を義務付けることでフランス語集団の保護を図ることができたというのが委員会の認識であった[78]。これもまた必要最小限度あるいはLRAの基準を投影した指摘にほかならない[79]。また，反ユダヤ的言論により教育職からの異動を強いられた者が提出した通報では，異動前の停職期間がごく短期間にすぎなかったことも勘案して規制措置の「必要性」が肯定的に解されている[80]。制限が必要最小限度にとどまっていた事情が見極められたということである。

　自由権規約19条3項に定められた制限事由は，一見すると過度に広汎な制限を容認しているような印象を与えるものかもしれない。だが上の検討から，これまでの自由権規約委員会の実務を見る限り，表現の自由は幅広い範囲で認められる一方で，その制限は，特に「国の安全」や「公の秩序」が主張される場合など，けっして容易には認められていないことがわかる。表現の自由の制限は19条3項で特定されたいずれかの事由による以外認められないのであり，しかも制限事由は比例原則という厳格な条約適合性審査をクリアしなければ正当化されえないことになっている。自由権規約をめぐるこうした法状況を見るにつけ，「日本における表現の自由の規制は，憲法問題として考えれば十分であり，裁判所において本条［自由権規約19条］が独自の役割を果たすことはまずないと考えられる」[81]という指摘には同意しかねる思いである。本稿では

---

(77) Separate opinion of Mr. Bhagwati.
(78) *Ballantyne et.al.v. Canada, supra* note 37, para. 11.4.
(79) 宮崎・前掲注(10) 219頁（横田耕一執筆担当）参照。
(80) *Ross v. Canada, supra* note 29, para. 11.6.
(81) 注(26)参照。

立ち入ることができないが，茫洋たる公共の福祉概念による行き過ぎた人権の制限を阻止するうえで，先例が蓄積されつつある自由権規約19条には「裁判所において……独自の役割を果たす」余地が少なからずあるのではないかと私は考えている[82]。

IV　ジェンダーの視座

(1)　誰の表現が守られているのか

表現の自由が性別，国籍にかかわらず「すべての者」に享有されるものと観念されていることはすでに確認したとおりである。もっとも，日本をはじめとする多くの国々においてそうであるように，国際人権法も基本的には自由主義的価値に立脚しており，したがって，権利の主体として第一義的に想定される「すべての者」とは，自由で自律した抽象的な個人にほかならない。個人は，自由な選択を通し自己実現をはかる能力を備えており，「公的」領域において民主的な統治過程に参画する政治的自由を享受しているとされる。こうした自由主義的社会／個人像の実現にとって表現の自由はことのほか重要であり，だからこそ「優越的地位」という格別の厚遇を与えられているのでもある[83]。

自由権規約委員会の実務をみても，現に，表現の自由に関わる事例のほぼすべてが政治過程や公共空間で生起した言論事件によって占められている。この傾向はこれからも引き続いていくに違いあるまい。自由権規約委員会のリベラルな姿勢が国際人権法における表現の自由の保障を強化する主動力になってい

---

[82] この点につき有益な示唆に富む論考として，安藤仁介「人権の制限事由としての「公共の福祉」に関する一考察——日本国憲法と国際人権規約」法学論叢132巻4・5・6号（1993年）51-66頁．とりわけ，論考の最後を締める安藤の次の指摘にはまったく同感である．「日本国憲法にいう『公共の福祉』の内容を明らかにするために，［自由権］規約に規定する"人権の制限事由"を適用することは，日本が［自由権］規約の批准によって負うている国際法上の義務に違反しないことを保障するだけではない．それは，日本国憲法自体の人権規定の，より普遍的な解釈・適用のためにも，大いに有用であるように思われる」（65頁）．

[83] See Mahoney Kathleen, "Destruction of Women's Rights through Mass Media: Proliferation of Pornography", in Kathleen Mahoney and Paul Mahoney (eds.), HUMAN RIGHTS IN THE TWENTY-FIRST CENTURY: A GLOBAL CHALLENGE (Martinus Nijhoff Publishers, 1993), pp. 759-763.

ることは疑いない。そのことは高く評価されてしかるべきである。だが同時に，委員会の関心対象に入っている事件は，あくまで公共空間において可視化された表現活動にすぎないという事実も看過してはなるまい。自由主義的思考によればそこにはことさら問題はないのかもしれないが，しかし，抽象的な人間像を離れ，より具体的にいったい誰がそうした表現活動を担っているのかを問い直した場合，そこにはきわめて偏在化した人間の姿が浮き上がってくるのではないか。公共空間に出来できない人間群，あるいは公共空間から構造的に排除されている声を見定めることで，「優越的地位」を与えられた表現の自由の片面的な位相を見て取ることができよう。

　ここで言わんとしているのは，客観・中立を装う自由主義的価値観のイデオロギー性にほかならない。歴史的に見ても，表現の自由という規範は，著作権と一体になって，特定の人間の活動を優先的に保護するものとして機能してきた。「著作権と表現の自由は，欧州や植民地において政治経済システムが構築される過程で，中産階級が拡張し，男性の支配が深まり，欧州の植民地的主義的影響力が強まっていった近代の公的世界を本質的に表象するもの」[84]であった。「表現の自由も著作権も，ともに，女性や子ども，使用人，奴隷，被扶養者からなるドメスティックな世界を適切に保護するものではなかった。実際のところ，こうした法的レジームは，私的領域に典型的な表現形態にはほとんど無縁のものなのである」[85]。

　政治過程や公共空間に登場するかぎりにおいてその人の表現は保護の対象となりうるだろう。だが，こうした場への参画を，たとえば，世界各地の女性たちは構造的に阻まれ続けてきた。女性差別撤廃委員会がいうように，「民主的制度は女性の政治的活動への参加の機会を与えはしたが，女性が直面し続けている多くの経済的社会的そして文化的障害によって，女性の参加はひどく限られたものとなった。歴史的に安定した民主主義でさえも完全かつ平等に人口の半分である女性の意見や利益を統合することを怠ってきた」[86]のである。公共

---

(84) Shelley Wright, INTERNATIONAL HUMAN RIGHTS, DECOLONIZATION AND GLOBALIZATION: BECOMING HUMAN (Routledge, 2001), p. 119.
(85) Id., pp. 118-119.
(86) 一般的勧告23（1997年）政治的および公的活動，第14パラグラフ。翻訳は，国際女性12号（1998年）22頁（米田真澄・近江美保訳）。

第4部　人権条約の位相

空間に出来しえず，それゆえ可視化されえない人々の声を，表現の自由は十分に救いとれていない。自由主義的な思考枠組みの下で国家からの干渉を排除するためにこの規範が動員されるかぎりにおいて，不均衡な社会構造のなかに埋め込まれた声を保護の対象として認識することは困難なように思われる。

　より根本的にいえば，そもそも女性たちは，政治過程への参画どころか，自由な表現そのものを阻害されたままにおかれてきたのではないか[87]。国連人権委員会・表現の自由特別報告者は，女性に対する暴力が女性たちの表現の自由に深刻な影を落としている事態に着目し，特にカナダについて言及された次の指摘に注意を払っている[88]。「カナダの女性たちは表現の自由を享受しえないでいる。恐怖のために，自分たちが経験した暴力について語ることを躊躇している。カナダの制度は，こうした状況の構築に貢献してきた。つまりカナダの制度は，そうした暴力の存在を否認することで，女性嫌いの感情と権力の濫用を支えてきたのである」[89]。狭義の意味の暴力だけが阻害要因であったわけではない。男女間の権力関係を表象するジェンダーそのものが暴力構造を支え，女性の表現の自由を妨げる最大の要因となってきた。再び女性差別撤廃委員会の言を借りるなら，次のようにいうことができよう。

　　女性が劣等である，または，定型化された役割を有するとみなす伝統的態度は，家族による暴力および虐待，強制結婚，持参金殺人，酸性の劇薬をふりかける攻撃，女性性器切除といった暴力または強制を伴う広く行きわたった慣行を永続化させる。こうした偏見および慣行は，性に基づく暴力を女性の保護または

---

[87] むろん，男性規範を体得した多くの女性たちが男性と同様の政治・経済・社会・文化生活を享受している現実まで否定しているわけではない。ここではただ，にもかかわらず，ジェンダー化された社会構造のなかで沈黙を強いられるのはきまって女性であり，現に「北」，「南」を問わず，圧倒的多数の女性たちがそうした沈黙を強いられ続けてきた現実があるということをいっているだけのことである。

[88] *Promotion and protection of the right to freedom of opinion and expression: Report of the Special Rapporteur, Mr. Abid Hussain, pursuant to Commission on Human Rights resolution 1997/26*, UN Doc. E/CN. 4/1998/40, 28 January 1998, para. 53.

[89] The Canadian Panel on Violence Against Women, CHANGING THE LANDSCAPE: ENDING VIOLENCE-ACHIEVING EQUALITY, EXECUTIVE SUMMARY AND NATIONAL ACTION PLAN (1993), p. vii, cited in Jan Bauer, "Only Silence Protect You: Women, Freedom of Expression and the Language of Human Rights", ESSAYS ON HUMAN RIGHTS AND DEMOCRATIC DEVELOPMENT PAPER No. 6 (International Center for Human Rights and Democratic Development, 1996), available at ⟨http://www.dde-rd.ca/⟩.

統制の一形態として正当化させる危険性がある。女性の身体および精神の安全に対するこうした暴力は，女性の［表現の自由］の平等な享受，行使および認識を奪う結果となる。このコメントは，主として，実際になされる暴力または威嚇的な暴力に向けられるものであるが，これらの形態の性に基づく暴力の構造的な結果によって，女性の劣性な役割の維持が助長され，女性の政治参加の低水準，および，女性の教育，技能および労働機会の低水準が招かれることになる。(90)

　不均衡なジェンダー構造が温存されるかぎり，表現の自由は片面的な規範として顕現するにすぎないということになるのだろう。「自由で自律した個人」の声を聞く営みだけでは，「すべての者」の人権を標榜する国際人権法の営みとしては不十分といわなくてはならない。表現の自由の言説構造全体のなかにジェンダーの視点を組み入れることで，問題のありかを浮き上がらせていく必要があるのではないか(91)。

---

(90) 一般的勧告19（1992年）女性に対する暴力，第11パラグラフ。翻訳は，国際女性7号（1993年）190頁（米田真澄訳）を参考にした。また，世界に蔓延する女性に対する暴力の問題については，国連人権委員会において1994年に任命された「女性に対する暴力，その原因と結果に関する特別報告者」Radhika Coomaraswamy の最終報告書（*Integration of the human rights of women and the gender perspective: Violence against women*, UN Doc. E/CN. 4/2003/75, 6 January, 2003）参照。この報告書の翻訳として，ラディカ・クマラスワミ［VAWW=NETジャパン翻訳チーム訳］『女性に対する暴力をめぐる10年——国連人権委員会特別報告者クマラスワミ最終報告書』（明石書店，2003年）がある。なお，女性に対する暴力の究極の形態ともいえる性奴隷制問題を扱った「日本軍性奴隷制を裁く女性国際戦犯法廷」も，その判決（特に第1, 11パラグラフ）において，サバイバーたちの沈黙がジェンダー化された社会構造によって強いられていたことに言及している（松井やよりほか責任編集・VAWW-NET Japan編『女性国際戦犯法廷の全記録［Ⅱ］』（緑風出版，2002年）108, 110頁）。女性国際戦犯法廷については，前田朗「「女性国際戦犯法廷判決」を読む」国際人権13号（2002年）81-87頁, Christine M. Chinkin, "Women's International Tribunal on Japanese Military Sexual Slavery", AMERICAN JOURNAL OF INTERNATIONAL LAW, Vol. 95 (2001), pp. 335-341.

(91) ポルノグラフィをめぐる言説ではジェンダーの視点が明瞭に打ち出されているが，表現の自由とジェンダーの関係性はこの問題に収斂されるわけではあるまい。キャサリン・マッキノン［奥田暁子・加藤春恵子・鈴木みどり・山崎美佳子訳］『フェミニズムと表現の自由』（明石書店，1993年），キャサリン・マッキノン＝アンドレア・ドウォーキン［中里見博・森田成也訳］『ポルノグラフィと性差別』（青木書店，2002年）など参照。なお，人種差別撤廃条約を中心に国際人権法は人種差別的言論と刑事罰すらもって闘う姿勢を打ち出している。これに対して，同じ差別でありながら女性差別的言論と

(2) どのような情報が守られているのか

　ジェンダーの位相は，伝え，求め，受ける情報の内容にも現われ出ている。表現の自由が擁護してきた情報とは，概して，公共空間で流通しうる類の情報であるのだが，しかし私的領域に割り振られた人々が欲し，あるいは最優先の順位をおいているのは，必ずしもそうした情報であるとは限らない。たとえば，アルゼンチンの「5月広場の母親たち (Mothers of the Plaza de Mayo)」が何十年にも渡って欲し続けているのは，「汚い戦争」のさなか強制的に失踪させられた夫や子どもたちの安否の確認である[92]。彼女たちが求めている情報はきわめて「私的」な性質のものでもあろう。実際のところ，世界各地で女性たちが強く求めている情報は，政治的・経済的出来事に関わる「公的」な情報だけでなく，日常の生を永らえさせるための情報であり，喫緊のものとしては性と生殖に関する情報であったりする。現に女性差別撤廃条約は 10 条(h)において「家族の健康及び福祉の確保に役立つ特定の教育的情報（家族計画に関する情報及び助言を含む）を享受する機会」を確保するよう締約国に特に求めている。だが，1994 年の国連人口開発会議行動計画（パラグラフ 7.20）や 1995 年の第 4 回世界女性会議（北京会議）北京行動綱領（パラグラフ 103, 107(e)）でも示唆されているように，こうした義務は少なからぬ国において軽視され，場合によっては正面から否認されてきたのが実情である。女性の健康に関わる情報が表現の自由に密接に関わっているという認識自体，公私の区分に固執する自由主義的思考からは容易に出てこないのかもしれない。

　避妊方法に関する情報を伝えることが犯罪とされている国も少なくない一方で，他国における中絶の情報を伝えることすら禁じてきた国もある。そうした国のひとつであるアイルランドでは 1989 年に，英国で合法に人工妊娠中絶を実施しているクリニックに関する情報の頒布を差し止める命令の合憲性が最高

闘う強い内容をもった規定は存在しない。一般国際法のレベルで見ても，強行規範としての地位を獲得している人種差別禁止規範に比べ，女性差別禁止規範はあまりにも脆弱なままにおかれている。国際（人権）法の男性中心性がこうした規範の取り扱いからもうかがい知ることができよう。ヒラリー・チャールズワース＝クリスチーン・チンキン［阿部浩己監訳］『フェミニズム国際法――国際法の境界を問い直す』（尚学社，2004 年）166-168 頁参照。Cf. Henkin *et. al* (eds.), *supra* note 16, p. 1025.

(92)　「5月広場の母親たち」については，さしあたり，阿部浩己「国連人権委員会と「失踪」――「失踪」ワーキング・グループの成立経緯と活動の実態」富山国際大学紀要 1 巻（1991 年）123-124 頁参照。

裁によって支持された。しかし欧州人権裁判所は、そうした情報の頒布を禁じられることで女性の健康に有害な影響が生じる危険性があることを適切に勘案し、当該禁止が欧州人権条約の保障する表現の自由の侵害にあたるという判断を下している[93]。性と生殖に関する情報を求め、受け、伝える権利は、自らの健康に直接にかかわるものとして、女性にとって最も重要な規範のひとつに数えられるであろう[94]。表現の自由は「すべての者」が有する権利であるとはいえ、このように、必要とされる情報や権利行使の態様は、男性と女性とでは必ずしも同一なわけではない[95]。自由で自律した抽象的な個人を権利主体として想定しているだけでは、その実態が見えにくくなってしまう。

　だからこそいっそう自覚的になるべきなのは、表現の自由（ひいては国際人権法そのもの）が、特定の人間モデルを暗黙のスタンダードとして採用してきたこと、そしてそれによって「排除・周縁化」の力学が必然的に生み出されてきたことについてである。むろん、事はジェンダーの視座を導入すれば済むわけではない。連綿たる新／植民地主義の圧力により消滅への道を強いられた多くの先住民族の歴史・文化・語りを想起するまでもなく、沈黙の闇に埋没し、あるいは、国際人権法のメインストリームによってけっして正当に聴かれ／視られることのない表現は他にも無数にあるに違いあるまい。表現の自由は何も、公的に表現されえているものだけを扱わねばならないわけではないだろ

---

(93) *Open Door Counseling Ltd. and Dublin Well Women Centre Ltd. v. Ireland*, Judgment of 29 October, 1992, Series A No. 246: (1993) 15 EHRR 244.
(94) もっとも、家族計画に関する表現（情報）の自由は、近年、Global Gag Rule と称される米国の政策により縮減を強いられている。この政策は 2001 年にブッシュ大統領が導入したもので、米国国際開発庁（USAID）の補助金を得て外国で活動している組織に対し、人口妊娠中絶の実施や、その医療情報の提供を控えるよう求めている。この政策の帰結として、少なからぬ国で女性の健康の劣化が報告されている。See Amnesty International, IT'S IN OUR HANDS: STOP VIOLENCE AGAINST WOMEN (2004), pp. 26-27; Rebecca J. Cook and Bernard M. Dickens, "Human Rights Dynamics of Abortion Law Reform", HUMAN RIGHTS QUARTERLY, Vol. 25 (2003), p. 48.
(95) See UN Doc. E/CN. 4/1998/40, 28, *supra* note 87, para. 50. むろん女性といっても「北」と「南」、人種、国籍、階級などによりその実相は大きく異なる（この点は、男性もまったく同じである）。ジェンダーの認識も本来はこうした諸要因と連結させて論じなければならないことはいうまでもない。本稿でも、暴力や性・生殖に関する問題が、すべての女性（の表現の自由）にとって同程度の重要性を有しているというつもりはない。

う。構造的に視えなくされている営み，聴こえなくなってしまっている営み。民主化を促進し，真理にたどり着くことに忠実であろうとするのなら，そうした「他者」たちが周縁で担い続けてきた無数の営み（表現）への関心を欠かすことはできないのではないか。表現の自由を普遍化し，そして文字通り「すべての者」に開放しようとするのなら，国際人権法学は，法の周縁・外に放り出してきた「法の他者」たちと出会い，その多彩な表現活動を正当に包摂できるよう法の射程を拡張していくことに力を注ぐべきだろう。表現の自由はまさしく人権の精髄をなすものだろうが，しかしその相貌は，本来，自由主義的思考が「抽象的な個人」という外套を添えて用意した外延をはるかに超え出る広がりと豊かさをもちうるはずのものなのである[96]。

---

(96) Wright, *supra* note 84, p. 133. なお，「表現の自由」が社会における知の生産のありようを規定していることについて，Joel Bakan, JUST WORDS: CONSTITUTIONAL RIGHTS AND SOCIAL WRONGS (University of Toronto Press, 1997), p. 63-76 参照。

12 難民条約
――迫害の相貌――

> 難民条約における難民の定義の射程は国際法の問題であり，その解釈はいずれの国にあってもその国特有の法的，文化的または政治的要素による変動を受けるべきでない[1]。

I　はじめに

　国際法が妥当する国際社会は主権国家を基本単位として構成されてきた。前世期後半以降，強度の学問的・実務的挑戦を受け，その躯体には無数の修正痕が刻まれているとはいえ，ウェストファリア・パラダイムと呼び慣わされるこの社会構造は，21世紀が深まる現時点にあってなお頑強なまでに屹立してそこにある。この構造にあって個人は国籍を媒介に結びついた国家の保護を受けることを原則とし，その一方で，国家の側は自国民に対してたとえ領域の外に逃れ出ようと管轄の手を伸ばすことを許容されてきた。
　庇護の付与は，一般国際法の認めるその管轄権行使の回路を遮断し，本国の主権的権限の及ばぬ存在をつくりあげる。そのため，関係国間で高度の政治的緊張を生じさせることも少なくない。そうであるだけに，庇護付与の正当化根拠につき国際社会が認識を共有すべき望ましさについてはここに改めて確認するまでもあるまい。この点で，今日，出身国を逃れ出てきた者を庇護する正当な基準として「迫害」という指標が広く認知されていることは周知のとおりである[2]。その規範的先導役を担ってきた国際文書の1つが難民条約（およ

---

[1] Erika Feller, "Challenges to the 1951 Convention in its 50th Anniversary Year", (Speech delivered at the Seminar on International Protection within One Single Asylum Procedure, Norrkoping, Sweden, 23-24 April 2001).

[2] Matthew Price, "Persecution Complex: Justifying Asylum Law's Preference for Persecuted People", *Harvard International Law Journal*, Vol. 47 (2006), p. 416. もっとも，庇護付与の正当化基準を迫害のみに連結させることは狭隘にすぎるとして批判も強い。

第4部　人権条約の位相

び同議定書）であることはいうまでもないが，同条約を論じてハサウェイが喝破するように，実に，迫害こそが「国際的な難民の地位にとって無二の指標（exclusive benchmark）」[3]にほかならぬものとされてきた。

　難民条約上の難民の定義は出入国管理及び難民認定法（入管・難民法）によって日本の難民認定手続きに直接に投射されている。迫害の有無を見極めることは難民認定の核心的営みにほかならず，また，この国が付与する庇護に国際的正統性を装着する重大な政治的含意を孕んだ営みでもある。

　迫害を逃れてきた者を保護すべき必要は 1905 年の英国外国人法にすでに明文で法定されていたとされるが，その国際的次元への投影にはいましばらくの時を要した[4]。戦間期に国際連盟下で締結された諸条約において難民は一般的な特質によってではなく，ロシア難民，ドイツ難民というように，特定の集団への帰属と本国による保護の欠如を構成要素として定義されていた。人種・宗教・政治的理由により生命・自由を脅かされ出身国を離れざるをえなかった個人が難民と類型化された最初は 1943 年のことであり，政府間難民委員会（IGCR）の任務改正を通してである。1946 年になると国際難民機関（IRO）憲章（A節第2項）が「人種，宗教，国籍もしくは政治的意見を理由とする迫害または迫害の恐怖」を有する難民を保護の対象に取り込み，「ここにおいて，難民の要件にはじめて迫害又はその恐怖という要素が導入され」[5]ることになったわけである。

See Aristide R. Zolberg Astri Surhke and Sergio Agnayo *Escape from Violence: Conflict and the Refugee Crisis in the Developing World*（Oxford University Press, 1989）．庇護と迫害の関係性につき，さらに，芹田健太郎『亡命・難民保護の諸問題 I』（北樹出版，2000 年）第 4・5 章参照．

(3) James Hathaway, *The Law of Refugee Status*（Butterworths, 1991），p. 99．（同書の日本語訳として，ジェームス・ハサウェイ［平野裕二・鈴木雅子訳］『難民の地位に関する法』（現代人文社，2008 年））．山神進『我が国と難民問題——激変の時代』（日本加除出版，2007 年）77，79 頁も同旨．

(4) 歴史的叙述については，主に，Gunnel Stenberg, *Non-Expulsion and Non-Refoulement: The Prohibition against Removal of Refugees with Special Referenie to Areides 32 and 33 of the 1951 Convention Relating to the Status of Refugees*（Iustus Förlag, 1989），ch. 2，ハサウェイ・前掲注(3)（日本語版）14-18 頁，本間浩『政治亡命の法理』（早稲田大学出版部，1974 年）第 3 章第 1 節参照．

(5) 川島慶雄「国際難民法の発展と課題」覚道豊治編集代表『法と政治の現代的課題』大阪大学法学部創立 30 周年記念論文集（有斐閣，1982 年）259 頁．

12 難民条約

　1951年に採択された難民条約は，IGCRからIROへと引き継がれた難民の定義を踏まえて成立した。その後背を成していたのは紛れもなくナチス・ドイツの蛮行であり，とくに，人種，宗教，国籍，特定の社会的集団の構成員，政治的意見という，明文で名指しされた5つの迫害事由はいずれをとってもナチス政権下で生起した人権の蹂躙を想起させるものにほかならない[6]。そしてもう1つ，難民条約の生誕過程を覆っていた背景として看過してならないのは，東西冷戦による政治的緊張の高まりである。その実相については別稿で分析を加えた[7]のでここでは立ち入らないが，要するに，東側から逃れ出てくる者に保護を与え，社会／共産主義の劣等性を自在に演出できるよう，西側主導の全権会議において柔軟な難民の定義が採用されたということである。

　もっとも，柔軟な，といえば響きはいいものの，別して言えば，難民条約の起草過程にあって迫害概念については実質的な検討がなされず[8]，その解釈はとらえどころがないままに，各国の大幅な裁量に委ねられていった。この図式はなお本質的には変わっていないともいえよう[9]が，ただ，冷戦の終結により難民条約の恩恵を優先的に供与すべき受益者群が消滅したため，この条約に新たな息吹を注入する契機が生じ，そこに国際人権法の飛躍的な発展も相まって，難民の定義とりわけ迫害概念についてはいまやかつてないほどの知的・実践的営為が世界各地で積み重ねられるに至っている。こうした動態を評して，ハーバード法科大学院の移民・難民クリニックを主導するアンカーは次のように述べる。

> 　国際難民法は成年に達しつつある。特にこの10年の間に，難民法は国際人権の淵源を主張し，各国の国境を横断して発展してきた。難民法が成熟するに伴い，各国の最高裁判所を含む司法機関によってより多くの事案が審理されるように

---

(6) Kristen Walker, "Defining the 1951 Convention Definition of Refugee", *Georgetown Immigration Law Journal*, Vol. 17 (2003), p. 590.
(7) 阿部浩己『人権の国際化――国際人権法の挑戦』(現代人文社，1998年) 第Ⅲ部.
(8) 難民条約を採択した全権会議の議長であったロビンソンは「難民の実質的な資格要件についてはなんら関心が払われなかったも同然である」という。*Conference of Plenipotentiaries On The Status of Refugees And Stateless Persons*, UN Doc. A/Conf. 2/SR. 22 (1951) (speech by Mr. Robinson, Israel). そして，「それはおそらく意図的であった」とされる (Atle Grahl-Madsen, *The Status of Refugees in International Law*, Vol. I (A. W. Sijthoff, 1966), p. 193)。
(9) 本間浩『国際難民法の理論とその国内的適用』(現代人文社，2005年) 42頁。

なっている。洗練された行政システムをもつ国も増えている。……いくつかの国の行政機関と裁判所は相互に生産的な対話に従事してもいる。お互いの先例や諸文書（国家ガイドラインなど）を借用したり，自国向けに調整したり，さらにそれらに依拠したりすることにより，複雑で豊かな『国境横断的な』国際法が創出され始めている[10]。」

迫害を国際人権法に結合して解釈する手法は，後述するように難民条約そのものの本来的要請でもある。以下では，国境横断的に推進される近年のダイナミックな法的営みの相貌に迫ってみる[11]。

II 迫害の「国際的意味」

日本の裁判実務にあっておそらく最も頻繁に引用されてきた迫害の定義は次のものではないか。「『迫害』とは，通常人において受忍し得ない苦痛をもたらす攻撃ないし圧迫であって，生命又は身体の自由の侵害又は抑圧を意味する」[12]。

---

[10] Deborah Anker, "Refugee law, Gender, and the Human Rights Paradigm", *Harvard Human Rights Journal*, Vol. 15 (2002), pp. 133, 135-36.

[11] 本章の執筆にあたり，問題関心と思考方法を深く共有する Michelle Foster, *International Refugee Law and Socio-Economic Rights*（Cambridge University Press, 2007）に多くを学んだ。同書は，自由権／社会権二分論の脱構築を進める国際人権法の最先端の理論を駆使して，難民と経済移民とを分かつ古典的定式を脱臼させる意欲作であり，国際難民法と国際人権法とがいかに切り離しがたくあるかを指し示す最良の学術的証左ともなっている。

[12] 東京地判昭 64・7・5LEX/DB27806151。比較的最近の数例として，東京地判平 16・2・25LEX/DB28090942，大阪高判平 17・6・15LEX/DB28111464，東京地判平 17・8・31（公刊物・ウェブページ未登載），東京地判 2007 年 2 月 2 日 LEX/DB28130435，東京地判平 19・11・2LEX/DB25421172，東京高判平 20・4・21LEX/DB25450734，名古屋地判平 20・4・24LEX/DB25440137 など。入国管理当局の法律解釈及び実務運用をベースに編まれた坂中英徳・斉藤利男『出入国管理及び難民認定法』（日本加除出版）も，初版（1994年）から迫害を同様に定義している。ちなみに，日本の難民条約加入に際して特集が組まれた『法律のひろば』34 巻 9 号（1981 年）掲載の田中利彦「難民の概念について」（14 頁）において迫害は「通常人において受忍し得ない苦痛をもたらす攻撃ないし圧迫であって，生命，身体又は身体の自由の侵害又は抑圧及びその他の人権の重大な侵害を意味する」とされていた。このほか，黒木忠正・細川清『外事法・国籍法』（ぎょうせい，1988 年）170 頁では，「迫害とは，生命，身体又は自由の侵害又は抑圧及びその他の人権の重大な侵害」とされている。

12 難民条約

　迫害を「生命又は身体の自由」の侵害・抑圧に限局するこの狭隘な定義は，難民条約の解釈からも各国の法実践に照らしても妥当性を欠くとして痛烈な批判を受けてきた[13]。判例のなかには迫害を「その生命，身体又は重要な自由権に対する侵害を加えられるおそれがあること」[14]としたものもあるが，ここでもその射程は自由権の域を出ることはない。迫害事象を人権全域に延伸して定式化したものもある[15]とはいえ，現時点までは例外的な存在にとどまっているのが実情である。それ以上に，国際人権文書をもって迫害という語を解釈することへの関心は，日本では控えめにいっても希薄といわなければならない[16]。

　難民条約は，国家が自国の市民を重大な危害から保護し（でき）ない場合に国際社会（他国）が代わって保護する，代理／代替保護（surrogate/ substitute protection）の理念に礎をおく[17]。英国貴族院（最高裁）のホフマン卿が簡潔に描き出したように[18]，〈迫害＝重大な危害（serious harm）＋国家［出身国］による保護の懈怠（the failure of State protection）〉という図式がそこから成立するわけである。難民認定に関して近年各国（特にコモンロー諸国）で顕在化しているのは，迫害の概念とりわけ重大な危害の内容を国際人権基準に照らして明確化する営みである。その推進力となってきたのはハサウェイの圧倒的ともいえる知的貢献であり，ことに1991年刊行の一書に刻まれた清冽な解釈の数々は，冷戦の終結により時代錯誤的になりかねなかった難民条約の存在を同時代的に蘇生させるに十分な迫力と精密さがあった。同書においてハサウェイは，「迫害とは，基本的人権の持続的または組織的な侵害であって，国による保護

---

(13) 新垣修「難民条約における「迫害」の解釈——国際社会と日本」志學館法学3号（2002年）169頁。See also Arakaki Osamu, *Refugee Law and Practice in Japan*（Ashgate, 2008), p. 166.
(14) 名古屋地判平16・3・18LEX/DB28091578。
(15) 「『迫害』とは……本国に在留し若しくは帰国することを不可能ならしめる程度の生命，身体又は身体の自由に対する脅威や人権に対する深刻な侵害をいう」（大阪高判平5・7・1 LEX/DB27818831），「『迫害』とは，生命又は身体の自由の侵害又は抑圧並びにその他の人権の重大な侵害を意味する」（東京高判平17・5・31公刊物・ウェブページ未登載）。
(16) Arakaki, *supra* note 13, pp. 186-189.
(17) *Canada (Attorney General) v. Ward,*［1993］2 S. C. 689, p. 45; *Horvath v. SSHD,*［2000］3 All ER 577, para. 1.
(18) *Shah and Islam v. SSHD,*［1999］2 WLR 1015, para. 10.

の懈怠を示すもの」[19]と明快に定義し，そのうえで普遍的妥当性を有する国際権利章典（世界人権宣言と国際人権規約）に依拠して迫害の有無を見定めるべきことを説得的に論じるのであった。

カナダでは，連邦最高裁においてこの迫害の定義がそのまま採用される[20]だけでなく，ハサウェイの基本認識を敷衍したラ・フォレ同裁判所裁判官の次の一節が難民認定機関・判例において広く言及されるようになっている。「難民条約を通底しているのは基本的人権の差別なき確保に向けた国際社会のコミットメントである。これら基本的人権は一国の主観的見地から検討されるべきものではない。……それらの権利は，当然ながら，主観的で偏狭な視座を超越し，国境を超え出ていくものである」[21]。迫害をこうした横断的な視点に立って解釈する人権アプローチは英国やニュージーランドなどでも本格的に採用されるなど，「支配的な見解」と言われて久しい[22]。オーストラリアでは「難民の分野ほど国際人権文書の考慮が重要なところはない」とまで評されている[23]。

本稿との関連では，「迫害」が国際条約上の術語であることにまずもって留意しておく必要があろう。入管・難民法上の難民は難民条約の定める難民を指すものとされる。それゆえ，難民認定わけてもその中核を成す迫害の同定は難民条約の要請に沿ったものでなくてはならない[24]。難民認定は難民条約の「国

---

(19) Hathaway, *supra* note 3, pp. 104-105. ハサウェイ・前掲注(3)（日本語版）125 頁。「組織的」という訳を充てたのは systemic という語に対してである。systemic な侵害とは，国家システムの機能の一部としてもたらされた侵害であって，明示または黙示に国の是認・支持を受けたものを指す，とされる。systematic という語との異同も含め，Gina Clayton, *Textbook on Immigration and Asylum Law* (2006), p. 437。

(20) *Canada v. Ward, supra* note 17, pp. 70-71.

(21) *Chan v. Canada (Minister of Employment and Immigration)*, [1995] S.C.R. 593, p. 635 (La Forest J). See Immigration and Refugee Board of Canada, *Interpretation of the Convention Refugee Definition in the Case Law* (31 December 2005), ch. 3.

(22) UNHCR Division of International Protection, "Gender-Related Persecution: An Analysis of Recent Trends", *International Journal of Refugee Law*, Vol. 9 (1997), p. 82. 英国については，たとえば UK Immigration Appellate Authority, *Asylum Gender Guidelines* (2000), ニュージーランドについては，新垣修「ニュージーランドにおける「迫害」概念の再構築」難民問題研究フォーラム編『難民と人権』（現代人文社，2001年）91-107 頁参照。

(23) *Premalal v. Minister for Immigration, Local Government and Ethnic Affairs* (1993) 41 FCR 117, p. 138.

際的な意味」に立脚した作業でなくてはならず[25]，各国の行政機関や裁判所が特有の基準を打ち立てて迫害の有無を認定するのでは条約の断片化を招きかねない。それは，普遍的適用を企図された難民条約の存在価値を損い，締約国が条約上の義務を自発的に引き受けている意味を根本から没却するにも等しいことである[26]。「すべての申請者が同一の基準に従って取り扱われることを確保する」[27]必要性を国連難民高等弁務官事務所（UNHCR）が強調してきたのも，そのことを汲んでのことにほかならない。スタイン卿が説示したように，「各国の国内裁判所は，国内法文化の諸観念に囚われることなく，難民条約の真に自律した国際的意味を探し求めなくてはならない」[28]。その際に好個の助けとなるのが国際人権基準ということである[29]。

同性愛者であることを理由に迫害を受けるかどうかが争われた事案において「同性愛者は，その意思により，訴追等の危険を避けつつ，同性愛者としての生活を送ることができると認めるのが相当である」という判断が東京地裁によって示されたことがある[30]。だが，「市民的及び政治的権利に関する国際規約」（自由権規約）の履行を監視する自由権規約委員会によれば，たとえ訴追されておらずとも，同性愛が犯罪化されているため性的指向を公然と表示できな

---

(24) 憲法98条2項により難民条約は日本にあって国内的効力を有し，入管・難民法よりも上位の効力を与えられている。したがって入管・難民法は難民条約に適合するように解釈されなくてはならない。加えて，難民の定義については，入管・難民法自体が難民条約上の難民の定義をそのまま用いることを自ら宣言している（2条3の2）。

(25) *R v. Secretary of State for the Home Department, ex parte Osungo* (English Court of Appeal (Civil Division), Buxton LJ, 21 August 2000), para. 9.

(26) この点に関連して，難民の定義には留保を付すことが一切禁止されている（難民条約42条1項）という事情も確認しておく必要がある。

(27) UNHCR, *Report on International Protection*, UN Doc. A/AC. 96/527 (1996).

(28) *R (on the Application of Adan) v. Secretary of State for the Home Department* [2001] 1 All ER 593, p. 517.

(29) 「迫害概念の内容上の特定は庇護供与主体である個別国家の行うところであるから……国際標準依拠はあり得ない」（久保敦彦「難民保護に関する現今の法的諸問題」国際法外交雑誌82巻6号（1984年）15頁）といわれることもあったが，近年は，女性や子どもの庇護申請処理の場合にとくにそうであるように，関連国際人権文書ぬきに迫害概念を語ることは困難な法状況が訪れている。難民支援協会編『支援者のための難民保護講座』（現代人文社，2006年）第2章（長島美紀執筆），高見智恵子「女性難民申請者の認定手続きの現状と諸問題」難民問題研究フォーラム編・前掲注(22) 144-162頁参照。

(30) 東京地判平16・2・25前掲注(12)。

いこと自体が規約上の問題であるとされている[31]。また同地裁は，性表現の規制は当該国の「国民全体の価値観」によってその許容度を決すべきとも断ずるのだが，その根拠も特段，示されていない。判断が客観的な基準に依拠して行われないのなら，その帰結は特殊主観的な評価に堕しかねない[32]。「判断基準を何ら設定せずに迫害概念を曖昧なまま放任しておくことは，認定権者の勝手自由な判断を制御し得ないという危険性を容認することになりかねない」[33]。代理保護を礎とする条約上の術語であればなおのこと，その解釈は国際的に通用する基準を用いて行われなくてはなるまい。

III 国際人権基準への連結

迫害概念の解釈にあたり国際人権基準を援用するのは，条約の断片化を避けるうえでの要請からだけでなく，国際法の定める条約解釈規則がそれを命じているからでもある。「条約法に関するウィーン条約」31条および32条に記された規則のことである[34]。これらの規則によれば，迫害の解釈は「文脈によ

---

(31) *Toonen v. Australia,* Communication. No. 488/1992. 公然化を避けることにより迫害を回避できるとする論理の問題性について，Rodger Haines *et.al.,* "Claims to Refugee Status based on Voluntary but Protected Actions", *International Journal of Refugee Law,* Vol. 15 (2003), pp. 430–443; John Vrachnas Kim Boyd, Mirko Bagaric and Penny Dimopoulos, *Migration and Refugee Law* (Cambridge University Press, 2005), pp. 203–205，新垣・前掲注(13) 182–183頁。

(32) 同判決は，帰国後，同性愛者の人権侵害を続ける本国政府を批判する政治活動に従事した場合に発生しうる迫害のおそれは「仮定的なものにすぎず」，これをもって難民性を認めることはできないとも判示するが，この認識は，難民認定が将来において発生しうる危険を回避する意味合いをもつことについての基本的理解を欠いたものと言わなくてはならない。オーストラリア連邦裁の表現を借りるなら，「将来の行動の可能性（いわゆる『自発的で任意の政治的意見の表明』を含む。）は，現に存する十分に理由のある迫害の恐怖の基礎を提供しうるものである」(Omar *v. MIMA,* 179 ALR 525 (Aust. Full Fed. Ct., Oct. 16, 2000))。国連難民高等弁務官事務所『難民認定基準ハンドブック──難民の地位の認定の基準及び手続に関する手引[改訂版]』（国連難民高等弁務官事務所・財団法人法律扶助協会，2000年）パラグラフ82参照。See *also,* Haines *et.al., supra* note 31, p. 433.

(33) 新垣・前掲注(13) 175頁。

(34) 条約法条約を自由権規約に適用する可能性について言明した大阪高裁の判決（平6・10・28日 LEX/DB27826292）に倣っていえば，1980年に発効した条約法条約は遡及効をもたないが，条約の解釈について定めた31, 32, 33条にかかる内容は従前からの国

りかつその趣旨及び目的に照らして与えられる」用語の通常の意味に従って誠実に行われなくてはならない。また，当事国の間で適用される国際法の関連規則も文脈とともに考慮することを義務付けられている。

　条約の趣旨・目的，文脈を見極めるにあたって重要な役割を果たすのは前文であるが，難民条約はその劈頭において，国連憲章・世界人権宣言を紹介しながら，すべての人間の基本的権利および自由の保障を条約の根幹に据える旨を明らかにしている。難民の権利保障に向けた多くの条項を有する本文の内容も合わせて勘案するに，この条約が国際的人権保障の枠組みのなかで難民の権利擁護を目指していることは明白である。「歴史的に形成されてきた民主主義や人権保障の重要性が国際間で広く認識されるようになり，難民条約もかかる認識を前提として締約されていると考えられる」[35]という名古屋地裁の認識はその旨を的確にとらえたものと言えるのではないか。オーストラリア連邦最高裁のブレナン判事も，基本的人権の保障が難民条約の前提であるとの理解を前文から引き出したうえで，「すべての者が等しく基本的権利および自由を享受することについての保障を趣旨および目的とした国際文書の1つに［難民条約が］位置づけられる」ことを強調している[36]。

　UNHCRが示唆するように，「難民条約は人権を基礎としていることから，より広い人権文書の枠組みの内に直截に根差すものとなっている。様々な人権条約監視機関ならびに欧州人権裁判所および地域的機関の発展させる判例はこの点を補完する重要なものである」[37]。自己完結的なレジームに自らを閉ざすのではなく，国際人権法の枠組みとつながりながら，つまりは，国際人権法に連接される文脈の中に自らを位置付けながら難民保護に焦点を絞った文書として難民条約はある，ということである[38]。迫害という語は，上述した趣旨・

　　際慣習法を成文化したものであり，そのようなものとして，難民条約・議定書の解釈にあたっても適用がある。なお，難民条約の解釈につき条約法条約を明示に援用したものに，東京高判平12・9・20LEX/DB28070097。

(35)　名古屋地判平14・4・15LEX/DB28091801。

(36)　*Applicant A and Another v. Minister for Immigration and Ethnic Affairs and Another* (1996), 190 CLR 225, pp. 231-232 (Brennan CJ).

(37)　Executive Committee of the High Commissioner's Programme, *Note on International Protection*, A/AC. 96/951, 13 September 2001, para. 4.

(38)　See Niraj Nathwani, *Rethinking Refugee Law* (Martinus Nijhoff Publishers, 2003), p. 18.

目的や，こうした文脈に照らしてその意味を確定されなくてはならない。

迫害の解釈にあたっては，「国際法の関連規則」を考慮することも求められている。これは，国際法システムの体系的統合（systemic integrity）を念頭に入れてのことである[39]。先に難民条約の断片化について言及したが，ここでの問題は国際法システム全体の中で生ずる断片化事象への対応でもある。難民条約にとって「関連」する規則といえば，国際的枠組みの中で難民の人権擁護を目指すものである以上，国際人権文書がこれに該当するのは当然であろう。とくに，国際人権規約や子どもの権利条約，女性差別撤廃条約，人種差別撤廃条約などは世界の大多数の国を締約国とするものであり，人権について普遍的に受け入れられた国際基準を指し示す文書ととらえて差し支えない。申請者の出身国や場合によっては庇護国じたいが締約国でなくとも，難民条約における迫害の解釈にあたってそれらを「国際法の関連規則」とみなすことに問題はない。

実際のところ，各国の法実践を見ると，難民認定にあたって考慮されるべき基準には主要人権条約はいうまでもなく，非拘束的な国際文書や場合によっては地域人権条約も含まれているが，申請者の出身国がそれらによって拘束されているかどうかはまったく問題とされていない[40]。国際人権文書は国際法の

---

[39] *Fragmentation of International Law: Difficulties Arising From the Diversification and Expansion of International Law* (Report of the Study Group of the International Law Commission Finalized by Martti Koskenniemi), UN Doc. A/CN/4/L. 682, 13 April 2006, para. 413. 松井芳郎「条約解釈における統合の原理」坂元茂樹編『国際立法の最前線』藤田久一先生古稀記念（有信堂，2009年）131頁。

[40] See *e.g.*, Heaven Crawley, *Refugee and Gender* (2001), pp. 12-16. 米国では，自らが締結していない子どもの権利条約，女性差別撤廃条約を参照したガイドラインが難民認定機関において適用されている。英国でもジェンダーガイドラインにおいて自国が署名も批准もしていない条約が考慮の対象とされている。Foster, *supra* note 11, at 77, n. 197. なお，条約法条約が考慮することを指示しているのは「国際法の関連規則」であって，関連しない規則の考慮は求められていない。たとえば，国際刑事裁判所規程は人道に対する罪を定義した第7条2項(g)において，迫害を「国際法に違反して基本的な権利を意図的にかつ著しくはく奪することをいう」と定めている。「意図的に」という要件が入っているのは個人の刑事責任を問うためである。したがって，同じ「迫害」ではあっても，責任の追及ではなく難民の保護を目的とした難民条約上の迫害の解釈にあたって国際刑事裁判所規程の条項をそのまま「国際法の関連規則」として考慮することは条約法条約の要請にそぐわない。もっとも，そうした点を留保すれば，迫害概念の具体化にあたって，難民法と国際刑事法との間での相互作用は望ましいことであり，また現に進行中である。See *e.g.*,Valerie Oosterveld, "Gender, Persecution,

体系的一体性に配慮しながら難民条約の解釈に資する関連規則として考慮されるにすぎないのであり，それによって出身国が当該国際人権文書の実施を迫られるわけではないことを確認しておく必要がある。

ただし，本間が説示するように，「難民条約に基づいて一外国人を難民として保護することは，本来，対内的にも対外的にも人道的かつ非政治的な措置と見なされなければなら［ず，］このような意味を支えるのは，なによりもまず，難民としての認定または庇護の付与が庇護国の客観的判断の結果であることを通じての公正性であり，合理的に見てその公正性が難民の本国に対しても信頼を与えるものでなければならない」[41]。別言すれば，庇護の付与には国際的正統性の外観が求められるということである。それゆえ，出身国に対抗でき，さらには締約国一般との関係で通用力をもつ国際法規則を考慮することがなにより重要となる。この意味からも，圧倒的多数の難民条約締約国が同意しており，かつ，普遍的な基準を映し出していると一般にみなされる国際人権文書こそが迫害の認定にあたり「関連規則」として考慮されるにもっともふさわしい。

もう一点付言するに，迫害は難民条約締結の時点においてその内容を固定されてしまっているわけではない。国際司法裁判所が判示したように，「国際文書は解釈の時点において有効な法システム全体の枠内で解釈され，適用されなくてはならない」[42]。これはいわゆる発展的解釈（evolutive interpretation）と称される解釈手法を示唆したものであり，欧州人権条約を「今日の条件に照らして」解釈すべき「生ける文書」としている欧州人権裁判所にその先鋭的実践例を見ることができる[43]。人権条約は一般にこうした手法により解釈されることでその趣旨・目的の効果的な実現を図ってきている[44]。難民の人権保障を

---

and the International Criminal Court: Refugee Law's Relevance to the Crime Against Humanity of Gender-Based Persecution", *Duke Journal of Comparative & International Law*, Vol. 17 (2006), pp. 49-89; Matthew Smith, "The Relevance of the Work of the International Criminal Court to Refugee Status Determination", *International Journal of Refugee Law*, Vol. 20 (2008), pp. 166-185.

(41) 本間・前掲書注(9) 87 頁。
(42) *Namibia (Legal Consequences) Advisory Opinion* (1971) ICJ Rep. 31.
(43) 江島晶子「ヨーロッパ人権裁判所の解釈の特徴」戸波江二ほか編『ヨーロッパ人権裁判所の判例』（信山社，2008 年）29-30 頁。
(44) 阿部浩己「国際人権法——社会権規約」宮川成雄編『外国人法とローヤリング』（学陽書房，2005 年）89-92 頁。

目指す難民条約についてもこのことはそのまま妥当する。そもそも，難民条約の起草者たちは迫害を定義しないことにより，その解釈を将来の展開に委ねたものと解することができ[45]，また1967年に議定書の作成を通して時間的・地理的制限を撤廃することで新たな事態に対応できるようその姿を変容させてもいる。こうした経緯からしても，難民条約の発展的性格は十分に裏付けられる。「国際法の関連規則」は，条約の実効性を確保するために，難民条約が締結された時点ではなく解釈される時点において有効な国際文書，なかんずく国際人権文書を含むものと考えるのが相当である[46]。

Ⅳ 迫害の解析

(1) 階層モデル・再考

代理保護の理念に依拠する難民条約にあって，迫害とは「重大な危害」と「国家（出身国）による保護の懈怠」という2つの要素が合わさって成立するものであることについては既に述べた。ハサウェイは，重大な危害を基本的人権の持続的または組織的な侵害として具象化し，さらに普遍的妥当性を有する国際人権文書をその引証基準とすることで，迫害の認定を判断権者の主観的評価から解き放つグローバルな理論的枠組みを打ち立てた。この枠組みは机上の理論にとどまることなく，各国の実務過程に浸潤していき，難民条約を国際人権法に連結して解釈する人権アプローチの広まりに絶大な貢献を果たすことになる。

もっとも，いまや「支配的」となった人権アプローチにあっても，すべての人権侵害がただちに迫害に帰結しているわけではない。ハサウェイは，人権規範を義務のタイプに応じて4つに分類した。第1類は世界人権宣言に掲げられ，自由権規約にあって緊急事態に義務の免脱（derogation）を許されていないもの，第2類は世界人権宣言に掲げられ，自由権規約にあって義務の免脱を許容され

---

[45] UNHCRによれば，「難民条約が法的に迫害を定義していないという事実は，過去の経験をもとに，起草者は迫害という用語によって将来のすべての形態の迫害が含まれるよう意図したことを強く示唆するものである」（UNHCR「1951年難民の地位に関する条約第1条の解釈」パラグラフ16）。

[46] もとより国際人権文書に限ることなく，事案の内容によっては国際人道法や国際刑事法の文書が「国際法の関連規則」として考慮しうることはいうまでもない。

ているもの，第3類は世界人権宣言に掲げられ，社会権規約（経済的，社会的及び文化的権利）に規定されているもの，第4類は世界人権宣言のみに定められているもの，である[47]。そして，第1類の権利が侵害される深刻な可能性があるときは常に迫害のおそれが成立する一方で，第2類の権利侵害については通常は迫害が認められるものの，緊急事態において短期的にかつ非差別的に権利の保障が停止されている場合はこのかぎりでないとされる。第3類の権利は前二者に属する権利ほど絶対的な保護が求められておらず，一定の経済的・社会的権利の侵害は極端なレベルにあって生命のはく奪や非人道的取扱いに等しく，迫害を構成するものとされている。第4類の権利は通例はそれだけでは迫害を構成するものとはみなされていない。

この階層モデルはニュージーランドやカナダ，英国などでほぼ全面的に実務に受容され，刮目すべき成果をあげてきたと言ってよいだろう。ただ，各国においてこのモデルが適用される際に，階層構造が法益の軽重を映し出すものとして扱われてきた点は容易に看過できるものではない。ニュージーランドについて新垣が詳述するように，第3類よりは第2類，第2類よりは第1類と，階層構造の「上層に配置される人権ほど重要性が高い法益と見なされ」てきた[48]。その結果として，最上層に配置されている人権の侵害は直ちに迫害と認められる一方で，下層に位置づけられる人権の侵害については「加害の集積ないし不利益の複合や総和が結果的に重大な効果を生ずる場合」[49]にはじめて迫害と認定されるという認識が正当化されることになる。ありていにいえば，第1類に属する拷問のおそれは重大な法益の侵害なので即座に迫害とみなされるのに，第3類の社会権侵害は法益がそれほど重要ではないので「集積・総和」を勘案しないと迫害たりえないとされてきたわけである。

ハサウェイの説明からは確かにそのような理解が導かれてもおかしくないように思えるが，ただ国際人権法は今日，自由権と社会権が不可分で，かつ相互に依存し，関連し合っているという前提の下にある。1993年のウィーン宣言および行動計画5が明記するように，「国際共同体は，公正かつ平等な方法で，同一の基礎に基づき，等しく重点を置いて，人権［自由権・社会権］を地球的

---

[47] ハサウェイ・前掲注(3)（日本語版）129-132頁。
[48] 新垣・前掲注(22) 96頁。
[49] 同上論文 102頁。

第4部　人権条約の位相

規模で取り扱わなければならない」。人権を自由権と社会権に二分し，前者を優先的に処遇する思考は，両者を価値的に等視・融合させて扱う国際人権法の現在の理論・実務にはあきらかに適合しなくなっている。

　実際のところ，自由権は即時的義務を課すが社会権は漸進的な義務しか課さず，したがって前者は裁判適合的であるのに対して後者は裁判規範性をもたない，という認識や，社会権は国家に積極的義務を課すものなのだから差別禁止規範であっても財政的配慮に従属せざるをえない，などといった謂いは，もはや国際人権法の領域では規範的通用力を失っている[50]。自由権と社会権の違いは本質的な次元で溶解しており，女性，子ども，障害者にかかる条約などでは，両者は混成・混和されて取り扱われるようになっている[51]。自由権のほうが社会権よりも重要な法益を有するという理解に立った階層構造論は，こうした国際人権法の現状にそぐわない。

　ハサウェイのモデルは，また，義務の免脱が認められるかどうかを階層区分の重要な指標としている。免脱が許されない権利は絶対的な性質のものとして，そうでない権利よりも上位に位置づけられるというわけだが，しかし，公の緊急事態にあって免脱が許されないのは必ずしももそれが絶対的な権利だからなのではなく，その必要がないというにすぎない場合もあり，また良心の自由のようにそもそも免脱が不可能という場合もある[52]。それ以上に，社会権規約にあってはいっさいの権利の免脱が認められていない。自由権・社会権を混成・混和させた女性，子ども，障害者等にかかる人権諸条約においても同様である。社会権規約の文脈では，さらに，「いかなる事情にあっても，不遵守

---

[50] 社会権の裁判規範性を実証的に分析したものに，Malcolm Langford ed., *Social Rights Jurisprudence: Emerging Trends in International and Comparative Law*（2008）. See Also, Manisuli Ssenyonjo, *Economic Social and Cultural Rights in International Law*（2009）, pp. 343-353. さらに，社会権規約にも権利侵害を申し立てる個人通報が付置されたことを想起しておくべきである。阿部浩己「自由権／社会権二分論の終焉」法学セミナー54巻9号（2009年）4-5頁。

[51] 川島聡・東俊裕「障害者の権利条約の成立」長瀬修・東・川島編『障害者権利条約と日本』（生活書院，2008年）16-18頁。

[52] たとえば，自由権規約委員会の一般的意見24，パラグラフ10参照。翻訳は，http://www.nichibenren.or.jp/ja/kokusai/humanrights_library/treaty/liberty_general-comment.html#24。自由権規約上の諸権利には重要性の階層区分がないこともそこでは明記されている。

を正当化できない中核義務（core obligation）」の存在が強調されるようにもなっている。中核義務とは各権利について「最低限不可欠なレベルを満たす」よう締約国が求められるものであり，社会権規約委員会によれば「この義務の免脱は許されない」[53]とされる。義務の免脱を法益の重みに連結させるのであれば，免脱を許される第2類が，免脱を許されぬ第3類よりも上層に位置づけられている説明がつかないことになってしまう。

難民条約が国際人権法と密接な連関をもって発展してきていることを想起するに，迫害の認定にあたって上記階層モデルにそのまま依拠することは，どうにも不適切というしかない[54]。しかしだからといってあらゆる人権侵害をただちに迫害とみなすこともまた実務からはかけ離れた事態ということになる。いったい，代理保護を必要ならしめる「重大な危害」とは，国際人権法の現状に照らし，いかなる類の人権侵害というべきなのか。

(2) 指標としての「中核義務」

日本を含む各国における迫害認定事例を詳細に追った新垣の分析[55]によれば，生命や身体への脅威が迫害とみられることについてはほぼ争いがなく，精神的自由の禁圧の場合にも迫害は成立し得るとされる。また，経済的・社会的権利の侵害であっても，生活手段が剥奪され，最低限の生活が困難になる場合には迫害が積極的に認められ，それほど劣悪な状況ではなくとも人間としての尊厳が損なわれるときにはそれをもって迫害と認定されることがある，という。UNHCRの見解では，「生命又は自由に対する脅威は常に迫害にあたる」一方で，「その他の重大な人権の侵害（other serious violations of human rights）」も迫害を構成しうるものとされている[56]。

---

(53) 社会権規約委員会の一般的意見3パラグラフ9，同14パラグラフ47，同15パラグラフ37，同16パラグラフ17など。翻訳は，http://www.nichibenren.or.jp/ja/kokusai/humanrights_library/treaty/society_general-comment.html。中核義務について，今井直「社会権規約における締約国の義務の性質」島田征夫ほか編『変動する国際社会と法』（敬文堂，1996年）231-233頁。Ssenyonjo, *supra* note 50, pp. 65-69.

(54) それゆえ，階層モデルに忠実であったニュージーランドでも，すべての人権の一体性等を考慮して，その厳格な適用を回避するようになっている。*E.g., Refugee Appeals, Nos. 72558/01 and 72559/01*, RSAA, 19 November 2002, para. 114.

(55) 新垣・前掲注(13)。

(56) 国連難民高等弁務官事務所・前掲注(13)パラグラフ51。

新垣の分析やUNHCRの定式が指し示すとおり，拷問であるとか不当な逮捕・拘禁，殺害など生命・身体の自由に対する脅威は，日本の裁判所にあってもまず例外なく迫害と認められてきている[57]。生命・身体の自由への脅威はただちに「重大な危害」にあたるということである。しかし，その他の人権なかんずく社会権侵害の場合には，UNHCRの表現を借りるなら，単なる侵害では足らず「重大な」侵害でなくてはならない[58]。単なる侵害は人権の侵害ではあっても代理保護を発動させる迫害にはあたらないとされる。ではどのような条件を充足すれば重大な侵害となるのか。新垣の言葉を借りるなら，最低限の生活が困難になり，人間としての尊厳が損なわれる場合，ということにもなろうが，それをより客観的な基準を用いて定式化できないものか。この難問に挑んだフォスターは，前述した中核義務の概念をもってこれを明晰に鋳直してみせる。

　中核義務という概念は社会権規約委員会によって国際人権法の次元に導入されたものである。同委員会は権利を中核部分とそうでない部分とに区分し，前者をいかなる事態にあっても逸脱できぬ「本質的要素」と位置づけ，権利規範ごとにその内容を一般的意見の中で具体化してきている。「権利の本質」を損なってはならないと述べる[59]自由権規約委員会も，明示的ではないにせよ，権利の構造が中核部分とそうでない部分から成るとの認識を共有しているといってよい。

　フォスターが説くように[60]，人権規範はまずもって，その中核部分を侵害される場合に重大性を帯び，迫害とみなされている，といえるのではないか。生命・身体の自由は規範構造のほぼすべてが中核部分から成るといってよく，

---

[57] 前掲注(12)所掲の迫害の定義からすれば当然ではあるが。もっとも，日本の裁判所では「迫害と刑法上の訴追・処罰の関連性が，迫害の具体的形態として不必要に強調されている」（新垣・前掲注(13) 188頁）。なお，大阪高判平17・6・15前掲注(12)では，「身体的，精神的な危害」が迫害に連結されているが，日本の裁判例において迫害は圧倒的に生命・身体の自由にかかわって認定されており，精神的自由その他の人権侵害を直截に迫害と認めた裁判例を私は寡聞にして知らない。

[58] 国際刑事裁判所規程では基本的人権の著しい剥奪（severe deprivation）という表現が用いられている（前掲注(40)参照）が，「重大な」と「著しい」との間における有意な差を確認することはできない。

[59] たとえば，移動の自由を扱った一般的意見27パラグラフ13参照。

[60] Foster, *supra* note 11, pp. 195-201.

したがってその侵害は迫害に直結する。その一方で、他の権利には中核部分とその周囲に非中核部分が広がるため、権利侵害が常に迫害と認められるわけではない。ただその違いは、再確認するまでもなく法益の重要性の相違に由来するのではない。自由権諸規範・社会権諸規範の重みは等しく、後述するように社会権の侵害であっても中核部分を損なう場合にはそれだけで迫害の存在が認定されている。また、非中核部分の侵害についても「集積・総和」を通して迫害に相当する場合があることは新垣も述べるとおりである[61]。

社会権規約委員会の一般的意見等[62]を参照してこの点を敷衍するに、たとえば労働の機会が法律上あるいは事実上剥奪される場合には、労働へのアクセスを保障する中核義務の不遵守が生じ、それをもって迫害のおそれが認められる。労働機会の剥奪は生活手段の喪失に等しく、生存そのものを脅かす深刻な事態になりうるが、生存自体が危殆に瀕せずとも、人間の尊厳を著しく毀損する重大な人権侵害として代替保護の発動を必要とするわけである[63]。

初等教育へのアクセスが阻まれる事態も、中核義務の不遵守として迫害に該当すると解される[64]が、他のすべての人権侵害についてそうであるように、この権利について議論する際にも、庇護申請者が多様な人間存在であることを見落としてはならない。日本の裁判所・行政府が使用してきている前述した迫害の定義には「通常人」という語が登場する。それが誰を範型としているのか

---

[61] 念のために付言するが、権利の侵害は迫害（重大な危害）の有無を見極めるための客観的指標にすぎない。最も重要なのは、中核的義務の侵害あるいは非中核的義務の侵害の集積という術語をもって描写／評価される、個々の申請者のおかれた現実にほかならない。

[62] その翻訳は、http://www.nichibenren.or.jp/ja/kokusai/humanrights_library/treaty/society__general-comment.html。中核義務の内容を権利別に詳論したものに、Audrey Chapman and Sage Russell (eds.), *Core Obligations: Building a Framework for Economic, Social and Cultural Rights* (Intersentia, 2002).

[63] 「出身国政府が一定の民族に対して行った、稼動に係る全ての可能性の法律上の取り消しは、迫害に該当すると解釈されている」新垣・前掲注(13) 178頁が、それはまさしく労働の権利の中核部分が損なわれ、人間の尊厳を根底から脅かす深刻な事態が生じたからにほかならない。

[64] 現に、各国の事例を見るに、初等教育を受ける権利が否認される場合はそれ自体で迫害とみなされてきている。Foster, *supra* note 11, p. 216, n. 270. 教育機会の剥奪は中長期的に当人に深刻な影響をもたらすものであり、単に学校に通えないというだけの問題ではない。

は判然としないものの，これまでの法実践に照らすなら，大人が含意されていると解したところで真実からかけ離れてはいまい。カナダの難民認定機関が認めるように，「条約難民の定義とそれをめぐって発展してきた法は，ほとんどが大人についてであった」[65]。むろん日本にあっては，これまでの裁判例を見る限り，大人に加えて健常者たる男性が「通常人」の内実を彩ってきたことは想像に難くない。

　教育へのアクセスは法律上のみならず事実上阻止されるときも中核義務の不遵守を構成する。子どもの場合には，いじめや嫌がらせといった事情をもって学校へのアクセスが著しく困難になることも少なくない。また，家庭や地域内での暴力や不均衡なジェンダー構造，あるいは障害をもつ者に向けられた差別的まなざしなどが教育機会の剥奪をもたらすことも往々にしてある。こうした事情は「通常人」を範型に迫害を見定めるのでは精確な把握が難しい。このゆえに，国際人権規約以外にも，女性差別撤廃条約や子どもの権利条約，障害者権利条約といった「多元的人間モデル」[66]に親和性のある人権条約を迫害の認定にあたって参照することがいっそう重要になる[67]。

　中核部分の侵害と違って非中核部分が侵害される事態はただちには迫害とはみなされていない。職場における差別的な降格や昇進機会の剥奪，あるいは教育施設における差別的な取扱い（不当な成績評価など）といったケースである。こうした場合には，侵害の「集積・総和」をもって「重大な危害」が認められるのだが，そうなると問題はどの程度の集積が必要なのか，というところに逢着する。侵害の集積が総和として申請者の生存や生活を破壊するほどの水準に

---

[65] *BNY (Re)*, Nos. TA1-03656, TA1-03657, TA-1-03658 [2002] RPDD No. 223, para. 7.
[66] See Frédéric Mégret, "The Disabilities Convention: Human Rights of Persons with Disabilities or Disability Rights?", *Human Rights Quarterly*, Vol. 30 (2008), pp. 494-516.
[67] 本文で確認したように生命・身体の自由に対する侵害はただちに迫害にあたるとされているが，その場合であっても，大人の男性を範型に判断するのでは誤った結論をもたらしかねない。女性や子どもが被る特有の侵害は，大人の男性との比較を通してではなく，それ自体で侵害のいかんを見極めることが大切である。本間・前掲注(9) 179-184頁。前掲注(29)所掲の文献以外に，長島美紀「ジェンダーに基づく迫害の視点」法学セミナー49巻12号（2004年）52-55頁，同「難民保護におけるジェンダーに基づく迫害概念の適用の可能性」法政論叢44巻1号（2007年）66-79頁も参照。See *also*, Jacqueline Bhabha, "Internationalist Gatekeepers?: The Tension Between Asylum Advocacy and Human Rights", *Harvard Human Rights Journal, supra* note 10, pp. 175-180.

達すれば結論は明白だろうが，しかしそこまで高いハードルが常に要求されるわけではあるまい。中核義務が侵害される場合との均衡性を考慮するなら，人間の尊厳を保つために必要な生活の確保が困難になる危険性があれば，たとえ生存それ自体が脅かされるほどのものではなくとも，「重大な危害」の存在が認められてしかるべきであろう[68]。

本稿では詳細に分け入る余裕がないが，このほか医療へのアクセスを阻止される場合や飢餓状態に貶められる場合なども，健康権や食糧権の中核部分の侵害としてそれ自体をもって迫害とみなすことができる[69]。フォスターの分析をやや大雑把に約言してしまえば，迫害を構成する「重大な危害」は国際人権文書の提示する権利規範の中核部分の侵害あるいは非中核部分の侵害の集積（必要な程度については上述のとおり。）を指標として認定することができる，とまとめられようか。中核／非中核の区分はすべての人権条約機関において常態的に使用されているわけではないのでなお不透明さが残り検討を深めるべきところも少なくないが，それでも，あらゆる人権の相互不可分性を前提にしたうえで，迫害が認められる場合と認められない場合とを切り分ける指標として，この概念は精錬されるほどに有用性を高めていくのではないか。茫洋たる扱いにさらされてきた社会権侵害のかかわる事案にあっては，なおのことそうであろう。

自由権であろうと社会権であろうと国際人権規範は人間の尊厳を確保するうえでいずれ劣らぬ価値を有する。人権条約機関の一般的意見等を通じ，各権利規範の内実を知り，その本質的要素（中核部分）を見極める作業を通じて認定業務の予測可能性も高まっていくに違いあるまい。日本においては行政官僚以

---

[68] 諸権利の否認の集積が「基本的生活水準」あるいは「人間らしい生活を送る基本的権利への干渉にあたる」程度に達した場合に迫害と認めるべきことを示唆した英国の事例について，Foster, *supra* note 11, p. 105, n. 73, p. 214, nn. 257-259。

[69] 飢餓については，自由権規約の定める生命権の侵害という観点からも迫害を構成し得る。北朝鮮難民との関連につき，Elim Chan and Andreas Schloenhardt, "North Korean Refugees and International Refugee Law", *International Journal of Refugee Law*, Vol. 19 (2007), p. 229。食糧権と生命権とを融合して語ることができるのは，すべての人権が相互に連関し，一体のものとして認識されるようになっているからであることは言うまでもない。医療へのアクセスの阻止についても，生命権の侵害を構成する場合があることはもとよりである。なお，健康権の侵害については，障害者やHIV感染者らが被る特別の不利益に留意してその重大性が判断されなくてはならない。

第4部　人権条約の位相

外にも法曹とりわけ裁判官の間において国際人権法への関心がけっして高いとはいえず，迫害の認定にあたって国際人権文書を援用することには抵抗感すら覚える向きもあるかもしれない。しかし，すでに指摘したことだが，認定権者の主観的な評価を回避し，普遍的妥当性を有する判断を導くうえで国際人権文書の果たす役割はことのほか大きい。主要国際人権文書へのアクセスを強め，迫害概念の同定に国際人権基準が日常的に利用される法文化を築いていってしかるべきである[70]。

V 国家の保護

迫害が成立するには「重大な危害」に加えて「国家（出身国）による保護の懈怠」もなければならない。ここで要求される国家の保護とはいかなるものなのかを考察するにあたって，結婚強制・名誉殺人のおそれに基づく難民性の主張を退けた東京地裁の判断[71]が1つの手がかりを与えてくれる。難民条約上の迫害主体が国家機関に限定されないことは日本の判例においても認められるようになっている[72]ところ，同地裁は強制結婚・名誉殺人が基本的には私人間の行為であるとしたうえで，原告の出身国である「アフガニスタンの暫定行政機構下において，これらの行為が，社会的慣習に基づく正当な行為であるとして容認されたり，黙認されていたものとは到底考え難いところであり，しかも，……大局においてはアフガニスタンの治安は回復しつつあったのであるから……国家機関・当局等が原告の主張するような［名誉殺人等］の行為を放置・黙認することも想定し難い」と判示した。

この判断枠組みは，国家責任法上の「相当の注意（due diligence）」義務を想起させる。国家は私人の不正行為について相当の注意をもってこれを規制でき

---

[70] 本稿の直接のテーマではないので立ち入ることは控えるが，国際人権法をあらゆる場合に〈絶対善〉であると短絡的に発想してしまうことには警戒的である必要もある。See Bhabha, *supra* note 67, pp. 164-166.
[71] 東京地判平17・8・31前掲注(12)。本件では供述の信憑性を否認されたことが請求棄却の主因ではあった。
[72] たとえば，東京地判平19・2・2前掲注(12)。ただし，次のように迫害主体を国家機関に限定する判断が示されたこともあった。「難民条約にいう『迫害』とは，当該国の政府当局による行為に関連するものを意味するものと解すべきであ［る］」（名古屋地判平6・3・28公刊物・ウェブページ未登載）。

288

なかった場合にはじめて国際法上の責任を負う，とするものである。この基準をそのまま難民認定に持ち込むと，「市民を保護する制度と，それを運用する国家の合理的な意思」があれば，国家による保護の懈怠はない，ということになる[73]。アフガニスタンには市民を保護する制度が相応に回復しつつあり，政府にはそれを発動する合理的な意思もあるに違いない。だから名誉殺人は事前に取り締まられるだろうし，事後には必要な制裁もなされよう。それゆえ，国家による保護がないとはいえない。東京地裁の判断はこうした論理のもとにあったといえる。

しかし，難民条約が求めているのは「相当の注意」義務が果たされるかどうかの審査ではない。迫害を受けるおそれが「十分に理由のある」ものであるかどうかについての判断である。難民の認定は出身国の責任を追及する営みではなく，重大な危害を逃れる者を保護するためにこそある。国家の制度が整っていても，政府の意思があっても，非国家主体から受ける迫害のおそれが「十分に理由のある」ものであるのなら，国家の保護はない，というべきである。とりわけ本件のようにジェンダー関連の迫害の場合には，市民を保護する制度の実効性と政府の意思の確認にいっそうの注意を払う必要がある。制度や意思があることが決定的なのではない。個別具体的な事案において，迫害の危険性が「十分に理由のある」おそれ以上の水準にあるかどうかが分岐点なのである。「相当の注意」義務が果たされてもなお「国家（出身国）による保護の懈怠」は成立しうる[74]。その意味で「名誉殺人は社会に深く根ざした行為であり，警察が女性の訴えに耳を貸す保証はない」という点に警鐘を鳴らした軽部の批判[75]は正鵠を射ている。

---

[73] Horvath v. SSHD, *supra* note 17, para. 1.
[74] Penelope Mathew, James Hathanay and Michelle Foster "The Role of State Protection in Refugee Analysis", *International Journal of Refugee Law*, Vol. 15 (2003), p. 452 に，女性性器切除（FGM）からの保護を求めるケニヤ人女性の訴えが，「「ケニヤ」はFGMを強制された女性に保護を与える意思と能力を有しており……申立人も帰国後にFGMを強制された場合には救済措置を求めることができるであろう」という理由をもって退けられた英国の事例が紹介されている。事後の賠償等の支払いにより国家責任は解除できようが，難民認定の局面では，申立人がFGMからの保護を受けられるかどうかを焦点とすべきであった。
[75] 軽部恵子「ジェンダー及び名誉殺人と難民条約上の迫害理由」ジュリスト1313号（2006年）298頁。

第4部　人権条約の位相

　国家による保護の問題は，非国家主体による迫害との関係で前景化するものではあるが，精確にいえば，迫害主体が国家機関であればただちに国家の保護がないと判ずることができるのかという問いも残されてはいる。国家機関が迫害を手掛ける場合には国家による保護はありえない，と一律に断ずる向きもある[76]が，ハサウェイの定式にあるように，国家による保護の懈怠は基本的人権の持続的または組織的侵害の別面であり，それゆえ，国家機関による迫害であっても，その実態・文脈を他の国家機関との関係もあわせて多面的に検討する必要もあろう。いずれにしても，帰国後に迫害を受ける十分に理由のあるおそれがあるかどうか，その要件に忠実な判断がなされるべきことはいうまでもない。

　難民の認定は，迫害者を処罰するためのものでも迫害国の責任を追及するためのものでもなく，庇護申請者の人権保護に向けられた人道的営為である。それゆえにこそ国際人権法との接合が求められてしかるべきなのだが，こうした人権アプローチとりわけ社会権侵害を重大な危害に含める解釈には，庇護の門の開けすぎであり，受入国が難民であふれかえってしまうのではないか，という懸念を呈されることも少なくない[77]。カナダやオーストラリアの連邦最高裁判所は，そうした懸念について法的議論としての妥当性を疑い，明瞭にこれを退けている[78]が，そもそも人権アプローチはすべての人権侵害の被害者を難民とするものではなく，「重大な」という敷居を超える侵害のみを迫害に連結するものである。また，迫害が認められてもそれだけで難民と認められるわけではなく，迫害理由が条約上5つに限定されていることも忘れてはならない。なにより，人権アプローチを長年にわたって採用している諸国が難民であふれかえっているという客観的事実もない。むしろ，圧倒的多数の庇護希望者は依然として「南」（発展途上国）にとどめられたままにある。

　日本は欧米諸国とは違う特殊な地政学的条件のもとにあるという主張もあろうが，だからといって，難民条約を誠実に遵守する国際法上の義務を免れられ

---

[76] See Mathew *et. al.*, *supra* note 74, p. 452.
[77] たとえば2009年5月17日の移民政策学会シンポジウム「日本の難民政策は変わっているか」において，コメンテーターをつとめられた吹浦忠正氏からもその趣旨の発言がなされた。同氏と私とのやりとりについて，http://blog.canpan.info/fukiura/category_7/2 参照。
[78] Chan, *supra* note 21, p. 57; Applicant A, *supra* note 36, p. 241.

るわけではない。21世紀が深まる今日にあって，国際的正統性を担う国際人権法の規範環境に無視・軽視を決め込むことはますます困難になっている。そのことをなにより心に留めおき，迫害の認定にあたるべきである。

13 障害者権利条約
――権利義務の構造――

I　はじめに

　人権とは，すべての人が人であることを理由に等しく有する権利であると定義されている。国民国家にかかわる様々な与件を制度的負荷として内蔵した各国憲法とは異なり，国境を超え出る客観的な法秩序を志向する国際人権法にあって，そうした人権の定義はことのほか強く妥当するもののようにも思えよう。

　法律学の中枢を担ってきた古典的リベラリズムによれば，人は法に先立って存在する主体とされる。現に，社会契約に先立つ自由意思をもった人々の存在なくして政体創造の物語が起動しないことは，あまりにもよく知られているところではないか。だが社会構築主義の知見が鋭利に照らし出したように，この物語には擬制の契機が巧妙に仕込まれている。人は法に先立つ主体なのではなく，法言説によって法に先立つ主体として立ち上げられたにすぎない。支配的な法言説は，人というカテゴリーの産出にまつわるそうした原初的事実を覆い隠し，法の出自の正当性を確保する厚きヴェールとなって機能してきた[1]。

　これを本章の主題に引き付けて敷衍するに，人権／法は，前―法的な人という主体に依拠して組み立てられたわけではなく，むしろ人権／法言説によって人というカテゴリーが産出され，その存在が事後的に自然化されてきたということになる。もっとも，人というカテゴリーそのものは空疎な器にすぎない。したがってそこに注ぎ込まれる内容物が，人権法言説を紡ぐ社会集団の価値・情動を濃密に投射したものとなるのは事理の必然である。歴史を遡行して確認するまでもなく，人という容器に注がれた人間像とは，自己決定権を行使しうる自律した個人，つまりは健常者（非障害者）のそれであったことはいうまでもない。ひとえに，健常者こそが支配的な社会集団にほかならなかったからで

---
[1] 江原由美子『ジェンダー秩序』（勁草書房，2001年）32頁。

ある。

　健常者が人権法において人というカテゴリーを占有したことにより，社会的仕組み・資源もまた健常者の利益を最大化するように構築され，動員されてきた。健常者にとってみれば自由とは放任（レッセ・フェール）を通して実現されるものであり，国家の関与は自由を脅かす不当な干渉にもほかならない。私的領域は自由の砦であり，そこにあって公的規制はなにより忌諱すべき対象となる。そうした健常者の実情に即して社会制度が構築されるや，今度はその事実によって障害者の言動が非正統化されるという連環が社会のすみずみにまで行きわたっていく。そこにはもちろん，象徴資本を有する「権威ある」専門家集団の絶えざる知的・実践的働きかけがあったことは言を俟たない。

　社会制度にあって障害者の排除を自然化するのにおそらく最も大きく寄与してきたのは，法制度であろう。なかでも，〈近代知〉に特有ともいうべき二分法思考に全身を覆われた権利義務構造こそがその最大の元凶であったといって過言でない。「権利の定式・構造そのものが障害のある人々を排除する根本原因なのかもしれない。実際のところ，人権法に半ば常在する二分法こそが障害者を周縁に追いやり，十分な人権の享受を妨げてきたのではないかというのが私の主張したいところである」[2]。

　二分法において，2つの項はけっして対置されることはない。両者の関係は水平ではなく垂直である。そこには截然たる階層が設定され，その関係性の発動により下位の項の軽視・無視が自然化されていく。健常者をモデルとした権利義務構造にあって障害者は常に下位の項に位置づけられ，それゆえ法が想定どおりに適用されればされるほどに障害者の劣位性は強まり，周縁化が促進されていった。

　障害者権利条約の最大の法的意義の1つは，そうした権利義務構造の偏頗性を俎上にのせ，明文の規定を通じてその脱構築に挑んでいるところにある。むろん既存の人権条約機関の動態的な法解釈により人権分野において二分法思考がすでにその土台に動揺をきたしていることはたしかである[3]。本条約は，

---

[2] Frédéric Megret, "The Disabilities Convention: Towards a Holistic Concept of Rights", *The International Journal of Human Rights*, Vol. 12 (2008), p. 263.
[3] この点は，国家の多面的義務の実在を精密に描写する，申惠丰『人権条約上の国家の義務』（日本評論社，1999年）に詳しい。

そうした法実践の蓄積に立って，法文そのものを通じて二分法からの決別をはっきりと宣言するものとなった。そしてそうすることにより，人権法が事後的に立ち上げた人のあり方，あるいは人権概念そのものの根源的な変容を促してもいる。別していえば，この条約は，「障害者の権利」に関する条約である以上に，「障害のある人の人権」という観念を通して，既存の人権観／人権法体系そのものを根本から揺り動かす先鋭的なフロンティアを拓いてもいるのである。

II 障害者排除の力学——二分法言説の実相

(1) 自由権／社会権と公／私の二分

　障害者の構造的排除を促してきた二分法思考は，権利義務に関わる言説のそこかしこに横溢しているといってよいが，最も代表的なものを拾い出すに，その第1は自由権／社会権二分論ということになろう。自由権とは国家からの自由を意味する消極的権利とされ，社会権とは国家の作為を求める積極的権利とされる。だが二分法の掟が指し示すとおり，両者は並び立つのではなく，実際には自由権を優越的地位におく片面構造が確然と築かれてきた。その偏頗性を正当化するためにきまって召喚されるのが，自由権を実現する国家の義務は即時的なもの（法的義務）だが，社会権を実現する義務は漸進的なもの（政治的責務）にすぎない，というもう1つの二分法言説である。自由権／社会権二分論は，即時的／漸進的義務二分論と相補関係に立つことにより，紛れもなく，前者の優先的実現を自然化する言説として機能してきた[4]。

　自由権は国家からの自由であり国家による放任によって即時に実現される，とする自由権概念は，しかし健常者に妥当することはあっても，障害者には同じようにはあてはまらない。移動や表現において機能的制約を受ける者にとってみれば，放任されることは権利の実現が阻害される事態に陥ることを意味する。つまるところ，健常者をモデルとした放任型の自由権は，それが促進されればされるほど自由権分野における障害者の排除を促すことにもなってきたの

---

[4] See *e.g.*, G. J. H. van Hoof, "The Legal Nature of Economic, Social and Cultural Rights: a Rebuttal of Some Traditional Views," in Philip Alston and Katarina Tomasevski (eds.), *The Right to Food* (Martinus Nijhof Publishers, 1984), pp. 97-110.

である。

　これに対する健常者側からの応答は、経済的・社会的側面を重視するいわゆる古典的な福祉体系の提供であったが、この体系こそが障害者の客体化を促し[5]、なにより、自由権の実現という本質的要請を没却させる効能をもたらしてきたことは、1993年の「障害者の機会均等化に関する基準規則」においてすら窺い知れるところではないか。事は、福祉への配慮を前面に出せばよいのではない。社会権と自由権の優先順位を変更すればよいのでもない。健常者をモデルとした権利義務のあり方そのものを変容させなくては、障害者にとって権利わけても自由権の実現はままならない。だからこそ、川島・東が説くように[6]、障害者の権利条約では「いかなる権利の階層もつくらないようにするため、自由権と社会権という2つのカテゴリーの権利は分離されていない」のであり、「その全体的構造のみならず、個々の条文の多くも、それ自体、両方のカテゴリーの権利を混和する」ものとして定式化されることになったわけである[7]。「混和」とは、自由権・社会権を単に水平に並置するにとどまらず、両者を合有させ、その協働性をもって権利の十全な実現を確保するということにほかならない。

　障害者排除を自然化してきた第2の言説は公私二分論である。フェミニズムによって徹底的に論難されているように[8]、人権が公的機関と市民の間に着床するものと定式化されたことにより、法の適用にあたって私的領域内での事象は必然的に劣位の扱いを強いられるものとなった。健常者（たる男性）にとってみれば、私的領域は公的規制なく自由（あるいは権力行使）を謳歌しうる

---

(5) 関川芳孝「JDAの立法構想をめぐって」河野正輝・関川芳孝編『権利保障のシステム（講座　障害をもつ人の人権　第1巻)』（有斐閣, 2002年）331-332頁参照。

(6) 川島聡・東俊裕「障害者の権利条約の成立」長瀬修・東俊裕・川島聡編『障害者の権利条約と日本』（生活書院, 2008年）18頁。クインもまた、障害者の分野以上に自由権と社会権の相互連結を強調すべき領域はまずありえないという認識を示している。Gerald Quinn, "The International Covenant on Civil and Political Rights and Disability: A Conceptual Framework," in Theresia Degener and Yolan Koster-Dreese (eds.), *Human Rights and Disabled Persons* (Martinus Nijhoff Publishers, 1995), p. 70.

(7) 義務の側面からも、第4条2項は、社会権義務の実現にあたって即時実施を求められるものがあることを確認している。

(8) ヒラリー・チャールズワース＝クリスチーン・チンキン[阿部浩己監訳]『フェミニズム国際法──国際法の境界を問い直す』（尚学社, 2004年）は、ジェンダー化された公私二分法の徹底した批判の上に立って、国際法の再構築を試みている。

聖域ということなのだろうが，障害者の実情に照らしていえば，そこはおよそ自由を謳歌できる場などではない。解決を要する問題は公的機関との関係でのみ生じるわけではなく，それこそあらゆる場において参加を阻まれてきたところにこそ障害の本質があるといってよい[9]。公的領域に焦点を当てて良しとすることは，障害者の実生活に占める深刻な経験の多くを法の暗渠に押し込め，その不可視化を促すにもひとしいことであった。

　それゆえに障害者の権利条約は健常者を範型とした公私の区分に敏感に反応し，数多の条項を費やして私的領域への関心を喚起するものとなっている。たとえば，前文においてではあるがまず個人の義務・責任が明記され，本文では，一般的義務を定めた第4条において個人・団体・民間企業での差別の撤廃を謳い，さらに続けて，施設・サービスへのアクセス，金融上の信用，移動，情報，労働，地域など多岐にわたる生活領域を特定して障害者の権利の実現を求めている。

　また第16条では「家庭の内外におけるあらゆる形態の搾取，暴力及び虐待」からの保護が特記されているが，この条項に関連して，障害者に対する肯定的意識の涵養を規定した第8条が「家族を含む」社会全体を規制の対象に取り込んでいることにも留意しておく必要があろう。障害者の経験を踏まえれば，国家・社会はもとより家族の中もまた国際的監視を受けるべき危険区域たりうるということである。

(2) (司)法／非(司)法の二分

　障害者排除を構造的に促してきた第3の言説は，(司)法／非(司)法二分論とでもいうべきものである[10]。人権義務の履行にあたって主要人権条約が一貫して要請してきているのは，権利の承認・立法措置と，司法作用を通じた効果的な救済措置の提供である。この要請に特段の瑕疵はないと思われるかもしれないが，しかし，どのような法令が制定されそれがどう実施されるのか，ある

---

[9] Quinn, *supra* note 6, p. 75. 「障害のある人もない人も共に暮らしやすい千葉県づくり条例」の制定過程で県に寄せられた約800件の「差別に当たると思われる事例」からもその一端を推察できよう。http://www.pref.chiba.lg.jp/syozoku/c_syoufuku/keikaku/sabetu/sabetuzirei.html (last visited August 27, 2009).

[10] Mégret, *supra* note 2, pp. 272-273.

いは，どのような救済措置が講じられるのかについて，人権諸条約は各締約国に大幅な裁量を認めている。人権の実現という「結果」が達成されればそれでよいという理屈からだが，障害者が不可視の存在であったこともあり，裁量権行使の条約適合性判断に際して条約実施機関もまた健常者標準に呪縛され，障害者の処遇については沈黙を決め込むか差別禁止法が制定されていればそれで事足れりとする判断が示されてきたきらいがある[11]。なにより人権条約そのものが，立法措置を重視する一方で，その実施態様や実現に向けた政策について二義的な関心しか払ってこなかったことは否定できないところであろう。

　また，効果的な救済措置の実現には，人権侵害が個別の事後的対応で対処でき（個別性），被害者自らが救済を訴え出られる（自己責任），という2つの前提を欠かせない。このため，障害者に関わる事態のように，人権侵害が社会構造に起因して恒常的に引き起こされていたり被害者個人が救済を訴え出られない場合には，その現実的効能は著しく減殺される。それどころか，従来の構造をそのままに救済措置の強化に走ることは，障害者のいっそうの疎外を招来するだけである。

　こうした認識の上に，障害者の権利条約は，とられるべき措置について締約国の裁量を著しく縮減するとともに，立法／司法／事後的救済というオーソドックスな環の優位性を相対化しながら，権利の実現に向けて多面的なアプローチを採用するものともなった。たとえば社会全体の意識の向上や教育・研修の実施，施設・サービスへのアクセスの確保といった要請は，条約実現にあたって軽視されがちであった事前対応型の非（司）法的アプローチを前景化させるものであり，この条約の際立った特徴をなすものといえる。

　以上3つの二分法言説に加えてもう1点だけ確認しておくべきは，この条約が障害と障害者の定義を回避した意味合いである。条約起草にあたった特別委員会議長の言に依拠しながら，川島・東は「障害と障害者を定義するのは困難であることと，これらを定義することにより特定の障害者を意図せずして排除

---

[11] デゲナー（Theresia Degener）らの研究に依拠しながら，ローソンは自由権規約委員会が障害者の権利に十分な関心を示してこなかったことに注意を喚起している。Anna Lawson, "The United Nations Convention on the Rights of Persons with Disabilities: New Era or False Dawn," *Syracuse Journal of International Law and Commerce*, Vol. 34 (2007), pp. 578-579.

する危険性があること」をその主たる理由として紹介する[12]。たしかに定義づけは境界の画定にほかならず，したがってそこには必然的に境界の内を重視し，外を排除するという二分法の磁場が設定されてしまう[13]。障害・障害者の定義づけを差し控えた判断には，排除の力学を脱臼させようとするこの条約の積極的な理念が投影されていると評してもよいのかもしれない。

Ⅲ　平等から多元性の承認へ

(1)　差異ある平等

障害者の排除を自然化する二分法言説を脱構築しながら，障害者の権利条約は健常者／障害者間の平等の実現を社会の責任とするのみならず，人間間の差異（障害者特有の経験）を多元的人間モデルあるいは多元的人権観への礎石と位置付ける重要な契機を胚胎させており，そこに，この条約の先鋭性が端的に浸出しているように思える[14]。

障害者の権利条約の起草過程において再三確認されたのは「本条約が既存の人権条約において保障されている権利とは異なる「新しい権利」を創るものではない，という基本方針」であった[15]。そのためこの条約はまずなによりも「障害者がすべての人権及び基本的自由を差別なしに完全に享有することを保障することが必要であることを再確認」（前文(f)）することから始めている。健常者に保障される人権はすべからく障害者にも保障されるということの改めての確認である。あまりにも当然のことではあるが，「既存の主要人権条約は障害者の人権をたしかに「理論」のうえでは保障しているが，「現実」には保障してこなかった」[16]ことからすれば，この点の確認を怠るわけにはいかなかったであろう[17]。

---

(12)　川島・東・前掲注(6) 21頁。
(13)　See Arlene S. Kanter, "The Promise and Challenge of the United Nations Convention on the Rights of Persons with Disabilities," *Syracuse Journal of International Law and Commerce, supra* note 11, p. 292.
(14)　なお，多元的人／権モデルは子どもの権利条約や先住民族権利宣言などにも看取でき，差別撤廃型の条約も「複合差別」観念の導入などにより多元化の位相を強めている。
(15)　川島・東・前掲注(6) 15頁。
(16)　同上13頁。

また，障害者がすべての人権及び基本的自由を「差別なしに」完全に享有する，とされていることから明らかなように，この条約は障害者の人権を確保するために差別撤廃アプローチを前面に押し出してもいる。障害を理由とする差別は「人間の固有の尊厳及び価値を侵害するもの」（前文(h)）とされ，「差別されないこと」は一般原則の1つに明文で指定されている（第3条(b)）。差別撤廃型の条約は，新しい権利を創設するものではなく，既存の権利の享有を妨げる障壁の撤廃に向けられる。人種差別撤廃条約や女性差別撤廃条約がその典型であるが，この条約もまた，障害という障壁を取り除くことで既存の人権規範の完全な享有を確保しようとする戦略を掲げているわけである。

　障害を理由とする差別は包括的な人権保障を掲げる国際人権規約において「他の地位」による差別に含まれるものであり，したがって理論的にはすでに禁止の対象になりえてはいる。ただ明示に禁止されているわけではなく，自由権規約委員会は1989年に公にした非差別に関する一般的意見18においても障害を差別禁止事由に名指すことを差し控えていた[18]。主要人権条約にあって障害による差別禁止を明記しているのは子どもの権利条約以外にない[19]ことも勘案するに，この条約が明文で障害差別を禁止したことにはいっそうの実践的意義を見出すことができよう。

　もっとも，同じ「差別撤廃」とはいえ，先行する諸条約と障害者の権利条約との間には少なからぬ相違があることも見落としてはなるまい。たとえば，人種・女性差別の障壁を撤廃するため，それらの条約の締約国は「適切な」方法・措置をとることを義務づけられているものの，既に述べたとおり，とるべき措置には大幅な裁量が認められている。そしてなにより，人種・性差別を撤廃した先に訪れるのは，少々大雑把にいってしまえば，すべての人に同一の人

---

(17) その一方で，障害者を排除してきた言説面での力関係の転換がそこに象徴的に表出しているということも看過してはならない。

(18) ただし，社会権規約委員会は障害者を主題とした1994年の一般的意見5において，合理的配慮を含む先進的な障害者差別の定義を打ち出している。また2008年12月10日に採択された社会権規約選択議定書は，同規約・選択議定書，同規約委員会の見解・勧告に関する情報を「障害者に利用可能な形式」により普及させるよう明文（16条）で求めている。

(19) 子どもの権利条約には障害のある子どもの権利に関する特別の条項（23条）もおかれており，子どもの権利委員会は2006年の一般的意見9において障害のある子どもについて詳細な見解を表明してもいる。

権が保障される事態とされる。人が人権を等しく享受できないのは人種・性という壁が立ちはだかっているからであり、それさえ消去してしまえば、同一であるはずの人（白人と非白人，男と女）は同じ社会にあって同一の人権を等しく享受できる、というシナリオが描かれているといってよい。その前提をなすのは「同一人／権モデル」，つまり、人間みな同じという基本的人権の物語を一貫して支えてきた認識である。

これに対して障害者の権利条約はそうした前提には必ずしも立脚しておらず、むしろ人間（集団）間の恒常的差異・多様性を認める「多元的人／権モデル」に親和性がある[20]。現に第3条(d)は、本条約が「人間の多様性及び人間性の一部として、障害者の差異を尊重し、及び障害者を受け入れる」ことを一般原則の1つとして明記している。多元性の証として何より留意すべきは、各人権規範が障害者の歴史的・社会的経験を踏まえ特有の具体性をもって定式化されていることである。一例として政治的権利・公的活動への参加についてみるに、人種・女性差別撤廃条約（第5条(c)・第7条）と本条約（第29条）の規定態様の相違は一目瞭然であろう。同一人／権モデルの大本をなす世界人権宣言（第21条）・自由権規約（第25条）と比較すればなおあきらかなように、障害者の権利条約にあって権利の内実は障害者向けに改めてしつらえ直されている。もとよりそこでは新たな規範が創設されているのではなく、あくまで同じ人権の実現が問われているのだが、障害という特定の文脈に即して権利の実質化をはかるため、規範内容が大幅に鋳直されて提示されるところに斬新さがある。同じ人権といえども常に同じ定式で足りるわけではないということである。

これを義務の観点から論ずれば、権利を実施するため締約国のとるべき措置もまた障害の文脈に沿って鋳直されているということである。人権条約が締約国に対して具体的な実施措置の指示を躊躇しがちだった背景には、いずれの政治経済システムからも等距離を保とうとする外交的配慮が働いていたのかもしれないが、その帰結として障害者の排除がいっそう遍在化したことから、この条約は従来に見られぬ積極さをもって締約国のとるべき措置を具象化するものとなった。施設・サービスへのアクセスについて規定した9条はその代表格で

---

[20] この点につき、Frédéric Mégret, "The Disabilities Convention: Human Rights of Persons with Disabilities or Disability Rights?," *Human Rights Quarterly*, Vol. 30 (2008), pp. 494-516 はきわめて示唆に富み、本章も着想の多くを同論文に依っている。

あり,「適切な措置」の内容が障害者の実情を踏まえ圧倒的な具体性をもって描出されている。これらは紛うことなく締約国を拘束しているのであり,その懈怠はいうまでもなく条約違反となる。障害者の権利の侵害を構成するといってもよい。換言すれば,実施措置の具体化は,締約国の義務を列挙すると同時に,障害者に保障された権利の中身を表象するものにもほかならない。同じ人権規範ではあっても,顕現する形姿は健常者の場合のそれと重なり合うわけではなく,そこに多元性の一端を見出すことができるわけでもある。

(2) 多元性の承認

この条約には,権利義務の顕現態様において差異＝多様性を認めるにとどまらず,新しい人権の創造に近づいている側面も見て取ることができる。現に条約の各所には,他の人権条約には定められてこなかった権利・原則が幾重にも配置されている。これらの権利・原則は,人間としての尊厳が社会・家庭において脅かされやすい障害者の実態を踏まえ,私的領域での作用を主に想定して条約に挿入されたものでもある。

その1つは第16条に定める「家庭の内外におけるあらゆる形態の搾取,暴力及び虐待」からの自由である。身体の自由・安全,残虐な・非人道的な取扱いからの自由といった従来型の人権規範と密接なかかわりをもちうるものでもあろうが,より根源的あるいは構造的な次元において障害者に焦点をあてて規範化されたことがうかがえる規定である。

また,「地域社会で生活する権利」を定める第19条は,第3条に定められた一般原則の1つ「社会に完全かつ効果的に参加し,及び社会に受け入れられること」と連結し,障害者を客体から主体に転換させる「パラダイムシフト」を象徴する条項として格別の位置づけを与えられているものである[21]。前文(e)が示すとおり社会への参加が阻害されてきたことは障害の本質的一部を構成する。この条約に「参加」・「地域社会」という語が頻繁に登場するのはまさしくそこに障害なるもののエッセンスが投射されているからにほかならない。

健常者にとってみれば,社会に参加し,受け入れられることや地域社会で生活することはとりたてて問題とはならない。それゆえ権利として定式化する必

---

(21) 崔栄繁「自立生活」長瀬・東・川島編・前掲注(6) 185, 192頁。

要もなく，実際に，健常者を暗黙裡に想定した主要人権条約にあってこうした権利を明定したものは皆無である。より精確にいえば，私生活の尊重など既存の権利のいずれかのなかに密かに沈潜している状態なのだろうが，障害者の場合はこれをことさらに顕在化させ，その保障を求め出る特別の事情の下にある。参加・地域社会での生活を既存の権利の再定式化あるいは既存の権利の枠内における新しい概念の導入と説明することに異論を唱えるつもりはないが，ただそうとしても，障害者の文脈を背景にして初めて顕現しえたという意味において，多元的人／権モデルの発現をそこにいくばくか感じ取れることもまたたしかなのではないか。

第19条の表題には「自立した生活」という表現が含まれている。「障害者にとって，個人の自律（自ら選択する自由を含む。）及び自立が重要であること」は前文(n)においても認められ，一般原則を列記した第3条では劈頭に登場している。「自立」と「自律」の異同には必ずしも明確でないところがあるとはいえ，崔のいうように，第19条の文脈にあって自立は「「自律」すなわち「自己決定」の意で使用されている」[22]。「必要な介助・サポートを受けながら，自らの生活を自らで選択・決定していく」[23]という障害者による自立生活運動の強いメッセージがそこに込められているといってよい。

自立／自律は，障害者の権利を語る際に最も中心的な重要性を担う概念と評して過言でないだろう。第12条が単に「法の前に人と認められる権利」を確認するにとどまらず，健常者と平等に「法的能力」を享有・行使できると踏み込んで規定しているのは，まさしく障害者にとっての自立／自律の特別の重要性を強調してのことにほかならない[24]。

もっとも，そうであるがゆえにこそ，健常者を主体に据えたこれまでの人権諸条約には自立／自律を明文で規定するに及んだものは1つもなかった。自立／自律は，権利行使，さらにいえば法主体たることの前提条件とされてお

---

(22) 崔・前掲注(21) 195頁。
(23) 瀬山紀子「声を生み出すこと——女性障害者運動の軌跡」石川准・倉本智明編著『障害学の主張』（明石書店，2002年）155頁。
(24) 「第12条は条約すべての条項から誰一人として障害者を排除しない重要な条文であ〔る〕」。山本眞理「強制医療・強制収容」長瀬・東・川島編・前掲注(6) 76頁。なお，自立生活を可能とするため施設・サービスの利用可能性に関する規定（第9条）が特別におかれたことも，障害者特有の経験を踏まえたこの条約固有の一側面といえる。

り，わざわざ法文をもって定めるべきものとはみなされてこなかったのである。個人であれば当然に備えているもの，ということだが，その個人とは健常者にほかならず，障害者排除の論理がここでもまた作用するのであった。カント（Immanuel Kant）の個人主義・自由主義観を引き合いに市野川が次のように述べるとおりである。

> 人間は自立的である，つまり自分で生活の秩序を維持できるがゆえに自由を与えられなければならないのだから，自立的たりえない，つまり他人の理性に依存しなければならない人間に自由を与えることはできない，というわけだ。……近代の個人主義は，すべての人間に自由を与えてきたわけではない。自立能力をもつ者だけが自由を享受してきたのであって，この能力を欠いているとされた人間に対しては，まさにこのことを根拠として，様々な抑圧や暴力が正当化されてきたのである[25]。

障害者の権利条約は，自立／自律の尊重を条約の基調に据えることにより，旧来の支配的な言説を溶解させ，障害者を人権の完全なる主体として定礎し直すことに資している。人権を享受・行使するのに必要な前提条件を健常者と変わることなく備えていることの確認である。自立／自律は本来すべての個人の存在を支えるものであってしかるべきだったにもかかわらず，障害をもつことによりその実現を徹底的に阻害されてきた歴史を背負っている。それゆえ，障害をもつ人間集団にとって格別の意義を有するものといってよく，条約上は権利として定式化こそされていないものの，また，他の規範と同じ次元で認識できるかどうかは別として，障害者に欠かすことができない人権としての位置づけを与えられてしかるべきではないかとも思う。

人は平等ではあってもけっして同一ではない。図らずして組み込まれた偏頗な社会構造にあって特定の人間集団が被る特有の不利益は，当該集団の生存や尊厳の回復に向けて，特別の人権規範の定立を必要とすることがありうる。レッセ・フェールを基本形とする既存の人権条約にその任を担わせるのでは本質的な困難を免れない。障害者の権利条約はこうした固有の事情を背景に誕生したものといってよく，わけても自立／自律の尊重に，多元的人／権モデルへ

---

[25] 市野川容孝「優生思想の系譜」石川准・長瀬修編著『障害学への招待』（明石書店，1999年）148頁。

の展開を示唆するこの条約の精髄が最もよく現れ出ているといってよいのではないか。

Ⅳ　おわりに

　障害者の権利条約は，障害者の被る不利益を負担するのは個人ではなく社会の側であるという「社会モデル」を基底に据えている[26]。第一義的な義務の名宛人として国家を指名している点で古典的なウェストファリアパラダイムの枠内にあることは紛れもないが，それでも，障害者の生活経験を踏まえ，私人間の領域に積極的に分け入り，様々なアクターが条約の実現のために重大な責務を負っていることを多岐にわたって明記しているところが際立っている。

　社会構造を変革し，健常者／障害者間の平等を実現することに条約の目的がおかれていることは既に論じたとおりである。ただし，平等とは同化を意味するわけではなく，差異を人間の多様性の発現として尊重することが一般原則のなかに明文で謳われている。平等と差異とは排他的関係に立つのではなく，同時に並び立つものとされており，条約を支える人／権観が多元的なそれへと開かれていることが見てとれよう[27]。

　障害者の権利条約は，障害者運動・NGOの駆動力を支えに生み出された障害者のための条約であることは疑いえない[28]。しかしこの条約は紛れもない「人権」条約であり，その先端性は，人権法全体に少なからぬ理論的・実践的影響を及ぼさずにはいまい。支配的集団の利益を自然化するために動員されて

---

(26) 社会モデルにおいて障害者への不利益は，差異に対する社会の側からの「否定的な対応」が契機となってもたらされるものとされる。それゆえこの条約は社会制度の変革を要求し，8条で意識の向上にも特別の関心を寄せているのだが，その際に，否定的対応の淵源を「心」あるいは「情」の問題に帰着させてしまうことの危険性（害悪）には特に意を配っておくべきだろう。この点につき，好井裕明「障害者を嫌がり，嫌い，恐れるということ」石川・倉本編著・前掲注(23) 105-117頁参照。

(27) もとより，この条約の前文(i)が示すように，障害者自らもまた多様性に富む。障害のある女性や障害のある子どもの特記（第6，第7条）はそうした多様性を例証するものであり，合理的配慮の概念にも「特定の場合において必要とされるもの」という要素が挿入され，障害の多様性が前提視されている。東俊裕「障害に基づく差別の禁止」長瀬・東・川島編・前掲注(6) 48頁

(28) 長瀬修・川島聡編著『障害者の権利条約──国連作業部会草案』（明石書店，2004年）参照。

きた二分法言説の脱構築を推し進め，そしてなにより，社会を構成する人間が単一ではなく多元的なこと，したがって，多元的な経験を背景に規範化される人権もまた多元的たりうることを指し示すこの条約の存在は，人権規範の在り方を再定位し，人間間の同一性を追求してきた人権法のなかに，人間間の差異を尊重する重大な契機を押し広げるものとなっていこう。

14 女性差別撤廃条約
―― CEDAW の挑戦 ――

I 条約の規範構造

「性……による差別なくすべての者のために人権及び基本的自由を尊重するように助長奨励することについて，国際協力を達成すること」[1]を機構の目的に掲げる国連が設立されて以降，今日にいたるまで，性差別なき人権の尊重は数多くの国際文書において何度となく確認されてきた。男性中心社会にあって法的能力を否定されていた女性たちは，20世紀の深まりとともに，父・夫の所有物としてではなく，一個の独立した人格としてその存在を国際法上，認知されるに至ったことは紛れもない。

にもかかわらず，世界の現実を見やれば，21世紀が時を刻む現時点にあっても，政治，健康，教育を含むほぼすべての領域において女性たちは男性よりも劣位の条件を強いられ続けている。女性に対する暴力が各地で蔓延している事態も依然として変わりない[2]。人権法規範が誠実に遵守されていないゆえのこと，という理解もむろん誤りではないだろうが[3]，より本質的な問題は，法規範それ自体がジェンダー化されているというところにある。換言すれば，国際人権文書そのものが男性をモデルとした人間像を前提に作られてきたということである。

人権が伝統的に依拠してきた自然権の物語にあって，人間は法に先立つ存在

---

[1] 国連憲章第1条3。
[2] *In-depth Study on All Forms of Violence against Women*, UN Doc. A/61/122/Add. 1 (6 July 2006), para. 58.
[3] 性差別撤廃に向けた条約義務については留保を付す国が少なくない。そのためもあって，強行規範のレベルに達している人種差別の禁止とは異なり，性差別の禁止はその慣習法性すら否定的に解されることもある。Hanna Beate Schöpp-Schilling, "Treaty Body Reform: the Case of the Committee on the Elimination of Discrimination Against Women", *Human Rights Law Review*, Vol. 7 (2007), p. 213.

として描かれている。しかし社会構築主義の知見が説きあかすように，実相はその逆であり，人間こそが人権／法によって構築された存在にほかならない[4]。人権が人間に属しているのではなく人間が人権言説によって作られた，というのが正しき謂いだということである。女性たちにとって厄介なのは，そこにあって範型とされるのが（西洋の健常な大人の）男性であったため，人権法文書を推進するほどに男性の優位性が強まってしまったことである。このゆえに，女性たちは自らの特殊性を前面に掲げ，女性特有の被害・不利益を法的に可視化する営みに力を注ぐ[5]のだが，その帰結はといえば，女性の特殊性＝有標性を強化する反射効として男性の普遍性＝無標性が再刻印されるという，なんとも逆説的な事象の深まりであった。一般的な法文書にあっては女性が男性のなかに埋没してしまい，さりとて特別の法文書によっては女性の特殊化（周縁化）が促されてしまう。オランプ・ドゥ・グージュがいうところの「フェミニズムのパラドックス」が現前する事態となったわけである[6]。

　避けがたきこの究極のパラドックスと対峙しながら，国際社会にあってジェンダー平等を推し進める拠点の1つとなってきたのが女性差別撤廃委員会（以下，委員会）である。委員会の設立文書でもある「女子に対するあらゆる形態の差別の撤廃に関する条約」（以下，CEDAW）は，国際権利章典以来継承される差別撤廃に向けた一般的アプローチに加え，女性特有の経験を照らし出す特殊アプローチも前景化させながら女性の人権状況の改善をはかる戦略を打ち出している。形式的平等ではなく実質的平等（結果の平等）の達成を志向している[7]ところに，性差別撤廃に向けたこの条約の「決意」が現われ出ているといってよい。CEDAWの有意な特徴を確認しておくとすれば，さしあたり次

---

[4]　江原由美子『ジェンダー秩序』（勁草書房，2001年）32頁参照。

[5]　詳しくは，Eva Brems, "Protecting the Human Rights of Women", in *International Human Rights in the 21st Century : Protecting the Rights of Groups* (Gene M. Lyons & James Mayall eds.2003), pp. 100-137. 阿部浩己「ジェンダーの主流化／文明化の使命──国際法における＜女性＞の表象」島田征夫・古谷修一編『国際法の新展開と課題』林司宣先生古稀祝賀（信山社，2009年）273-282頁。

[6]　ヒラリー・チャールズワース［近江美保訳］「内側／外側──女性と国際法」国際女性23号（2009年）87頁。

[7]　General Recommendation No. 25 (30th session, 2004), paras. 4, 8, 9. http://www2.ohchr.org/english/bodies/cedaw/comments.htm. 一般的勧告の日本語訳については内閣府の仮訳参照。http://www.gender.go.jp/teppai/kankoku.pdf.

の点を指摘できよう[8]。

　第1に，CEDAWには包括的な女性差別の定義が明記されている（第1条）。そこには直接差別と間接差別が含まれ，性だけでなく婚姻も差別禁止事由にあげられる[9]。差別は人権の認識，享有または行使を妨げるものとされ，その禁止は「いかなる分野」にも及ぶ。実際のところ，公的領域のみならず，個人・団体・企業など私的領域にも条約の規制が及ぶことは第2条(e)が明文で規定するとおりであり，委員会も同条項との関連で，私人の行為を規制する「相当の注意 due diligence」を怠った場合に国が国際法上の責任を負うことを確認している[10]。

　第2に，CEDAWは，実質的平等を実現するため，生物学的，社会・文化的条件の違いを考慮して，暫定的特別措置をとることを推奨している（第4条）。「実質的平等という目標の追求は，女性の過小代表の克服と男女間の資源と権力の再分配を目的とした効果的戦略も要求する」からである。「特別」という言葉は特定の目的の実現に向けられていることを意味するのであって，女性を父権主義的な観点から弱者とみなしているわけではないことにも留意しておく必要がある[11]。

　第3に，CEDAWは女性に対する差別の原因にまで義務の射程を延伸している。こうして締約国は，「男女の定型化された役割に基づく偏見及び慣習その他あらゆる慣行の撤廃を実現するため，男女の社会的及び文化的な行動様式を修正する」（第5条(a)）措置をとるよう求められる。男女の異なる取り扱いを「自然化」してきたジェンダーの所在をあぶり出し，その是正をはかるという本源的な義務が課されているわけである[12]。実質的平等の実現をめざすCEDAWの先鋭性をそこにはっきりと見て取ることができるのではないか。

---

[8] See Dianne Otto, "Women's Rights", in Daniel Moeckli, Sangeeta Shah and Sandesh Sivakumaran (eds.), *International Human Rights Law* (Oxford University Press, 2010), pp. 352-354.
[9] 雇用分野に言及する第11条2などでは，婚姻に加えて「妊娠・出産 maternity」による差別も禁じられている。
[10] General Recommendation No. 19 (11th session, 1992), para. 9. http://www2.ohchr.org/english/bodies/cedaw/comments.htm.
[11] General Recommendation No. 25 (*supra* note 7), paras. 8, 21.
[12] この点を詳論したものに，Rebecca Cook and Simone Cusack, *Gender Stereotyping: Transnational Legal Perspectives* (University of Pennsilvania Press, 2010).

第4部　人権条約の位相

　もっともその一方で，この条約には時代的制約もあっていくつかの限界も付着している[13]。委員会がその活動を通して克服していくべき課題といってもよいかもしれないが，ここでは2点だけ記しておくことにする。

　第1は平等の定義にかかわる。この条約にあって平等は基本的に男性との比較を通して観念づけられており，男性と同一であるかどうかが決定的な重みをもつ。それゆえ，男性が比較対象になりえない事態においては差別の認定が困難になる。また，差別が男女間で想定されているために，女性の多様性あるいは女性間の差異への関心が希薄になってしまうきらいもある。

　第2に，女性に対する暴力の問題が明文で取り扱われていない。その理由は上述したことからも明らかなように，男性のおかれた事態が比較対象にならないからである。女性に対する暴力撤廃宣言や委員会の一般的勧告19[14]を得てこの問題が条約の枠内に位置づけられたことは歓迎すべき展開ではあるが，そうであっても，暴力はあくまで女性差別の枠内の問題とされ，それ自体で直截に生命権などの侵害を構成するものとはみなされていないところになお制約が残ることは否定できない。

　この点で，2003年に採択された「アフリカにおける女性の権利に関する人及び人民の権利に関するアフリカ憲章の議定書」はおそらく最も先進的な規定態様を示しているといえるのではないか。女性に対する暴力がそれ自体で生命権を始めとする諸人権規範の侵害とされるだけでなく，暴力の定義が，身体的・性的・精神的危害に加えて「経済的危害」を引き起こしうる行為にまで及んでいるところに際立った特徴がある[15]。こうした新たな規範的展開がCEDAWの営みにどのように反響していくのかが注目されるところである[16]。

---

[13]　See Otto, *supra* note 8, pp. 354-359.
[14]　*Supra* note 10.
[15]　同議定書第1条（j）。http://www.africa-union.org/root/au/Documents/Treaties/treaties.htm.
[16]　CEDAWの限界については，このほか，異性愛者間での婚姻が家族生活の基本とみなされているため（第16条），非婚関係にある女性や同性愛者の取扱いが不可視化しがちだったこともあげられる。もっとも委員会は，一般的勧告21を通してこの点に一定の対応を見せている。General Recommendation No. 21（13th session, 1994), para. 22. http://www2.ohchr.org/english/bodies/cedaw/comments.htm.

II 周縁から主流へ

　CEDAW の履行を監視する委員会は，条約が発効した翌年の 1982 年に 23 人体制で活動を開始した。4 年任期の委員は，他の人権条約機関についてそうであるように地理的衡平や異なる文明形態・主要な法体系を考慮して選出される。徳望が高く，十分な能力を有する者が「個人の資格で職務を遂行する」ものとされるが（第 17 条 1），委員の間に国際社会の政治的現実が投影されることは稀ではない[17]。現に 1980 年代には東西冷戦の陰が濃厚に見てとれたし，昨今も，アフリカ出身の委員の増加もあって南北間の緊張が議論の中で顕在化している[18]。宗教的な相違も伴って生じる委員会内部の緊張をどのように建設的に昇華させられるかが叡智の見せどころである。委員会は，異なる文化的背景をもつ専門家が相互の尊重と対話を通じて実質的平等への道のりを切り拓いていく実験場そのものといってよい[19]。

　ほぼすべての人権条約機関において依然として男性の占める割合が圧倒的な中にあって，委員会は，特異というべきか，それゆえにというべきか，これま

---

[17] 委員会については，自由権規約委員会や拷問禁止委員会などに比べ，政府関係者の占める比率が高いという問題も指摘されてきた。委員会の構成をめぐる実情・課題を詳細に分析したものに，渡辺美穂「女性差別撤廃委員会の構成と性格」山下泰子・植野妙実子編『フェミニズム国際法学の構築』（中央大学出版部，2004 年）171-195 頁。ちなみに，1984 年に赤松良子が選出されて以来，日本からは佐藤ギン子，多谷千香子，齊賀富美子，林陽子の 5 人が連続して委員に就任しているが，行政官ではなく民間から任命されたのは林が初めてであった（2008 年 1 月就任）。渡辺美穂「第 17 条 女性差別撤廃委員会」国際女性の地位協会編『コンメンタール 女性差別撤廃条約』（尚学社，2009 年）369 頁。

[18] 2009 年のジェンダー法学会シンポジウム＜国際人権法におけるジェンダー＞に際して，林陽子委員からもその旨の指摘があった。川眞田嘉壽子・安藤ヨイ子「フロアとの討論」ジェンダー法学会編『国際人権法とジェンダー［ジェンダーと法 vol. 6］』（日本加除出版，2009 年）115 頁。

[19] 20 年にわたって委員を務めたドイツのショップ・シリングは，委員会を「文際的学習 intercultural learning の実験場」と表している。Hanna Beate Schopp-Schilling, "The Nature and Mandate of the Committee" in Schop-Schilling (ed.), *The Circle of Empowerment: Twenty-five Years of the UN Committee on the Elimination of Discrimination Against Women* (The Feminist Press at the City University of New York, 2007), p. 250.

で委員のほぼすべてを女性が占めてきた。発足時から2009年までで，男性は4人を数えるだけである。その実情を否定的に評する向きもあるだろうが，男性中心の社会にあっては，女性の人権問題に対処する者が女性であることには相応の有意性があることを忘れてはならない。ジェンダー化された世界の現状に照らしてみれば，女性中心の委員会であることにはむしろ積極的な意味が見出されてしかるべきであろう[20]。是正の対象とすべきは，人権条約機関一般における男性委員の比率の高さでなくてはならない[21]。

　不幸なことに，委員会は数々の足かせを装着されたままに始動せざるをえなかった。まず第1に，委員会はCEDAWの明文規定（第20条1）によりその会合を「原則として毎年2週間を超えない期間」に限定された。起草過程をたどり直してみるに，履行監視機関を国連女性の地位委員会（CSW）の政府間アドホック・グループとする案が，最終段階に至り，独立した専門家から成る現行案に変更されたのだが，その際，前者の案に組み込まれていた会合期間の限定（CSWの会期前に2週間を超えない期間会合する）がそのまま変更されずに残ってしまったというのが事の真相のようである[22]。第2に，履行監視のために託された任務が定期報告審査と「提案及び一般的な性格を有する勧告」に限られた（第18, 21条）。個人通報・国家間通報審査権限は女性差別の問題にはふさわしくないという根強い見解を受けてのことである[23]。第3に，委員会の活動

---

[20]　渡辺・前掲注(17) 176-177頁。また委員会は，多様な専門領域を有する委員によって構成されてきているところにも特徴がある。「この経験の多様性は，委員会の質問に現われ出ており，経済的・社会的権利や開発の分野において有益である」と評されてきた（Andrew Byrnes, "The 'Other' Human Rights Treaty Body: The Work of the Committee on the Elimination of Discrimination Against Women", *Yale International Law Journal*, Vol. 14（1989）, p. 9）。なお，人権条約機関の活動に多様な知・経験が反映されることの価値を説くものに，Craig Scott, "Body of Knowledge: A Diversity Promotion Role for the UN Human Rights Commissioner for Human Rights", in Philip Alston and James Crawford（eds.）, *The Future of UN Human Rights Treaty Monitoring*（Cambridge University Press, 2000）, pp. 403-437.

[21]　人権条約機関一般における女性委員の比率が有意なレベルに達したときに委員会も女性中心の構成を脱すべきとスコットは説くが，同感である。Scott, *supra* note 20, p. 437.

[22]　Schöpp-Schilling, *supra* note 19, p. 261, n. 7. See also Lars Adam Rehof, *Guide to the Travaux Preparatoires of the United Nations Convention on the Elimination of All Forms of Discrimination Against Women*（Martinus Nijhoff Publishers, 1993）, pp. 206-207.

を支える事務局が国連女性の地位向上部（DAW）とされ，人権活動の拠点であるジュネーヴから切り離されてしまった。普遍的な人権条約は国連人権委員会（現人権理事会）を母体に生み出されるのが一般的であったが，CEDAW は CSW によって作成された条約であったという事情がそこに映し出されてもいた。

　これらの足かせを基層にあって補強してきたのは，CEDAW を人権文書ではなく開発文書とみなす（誤）認識であったとショップシリングは示唆する[24]。現に，CEDAW 第3条は女性の「完全な能力開発及び向上を確保する」よう締約国に命じており，それには政治経済社会条件の改善がなにより必要と考えられてきた。これを敷衍すれば，開発には財政コストが欠かせず，したがって女性の地位の向上は漸進的に達成すれば足りるとの認識が広くみられるようになってしまった[25]。上述したとおり，女性の地位の「向上」をはかる部署が事務局を担ったところにも，CEDAW を人権ではなく開発と結びつける契機が潜んでいたように思う。こうして，締約国は女性差別を非難し撤廃するための政策を「遅滞なく追求することに合意し」（第2条）たはずなのに，その義務はまるで各国の完全なる裁量に委ねられたかのごとく解されていった。その後背にはいうまでもなく女性の劣位性を当然視するジェンダー観が横たわっており，各国の政策決定エリートたちは，そうした社会意識を巧みに動員しながら，法的義務を稀釈し，性差別撤廃にかかる取り組みの遅れを正当化していったのである。

　事態を抜本的に変革し，CEDAW の理念の本格的な実現に向けた潮流を生み出すきっかけとなったのは1993年の第2回世界人権会議であった。「女性の権利は人権である」という同会議を席巻したスローガンは，ジェンダー主流化の流れを一気に加速し，これにより CEDAW もまた主要人権条約の一つとしての位置づけを明確にされることとなった[26]。その2年後に北京で開催され

---

(23) Laura Reanda, "The Commission on the Status of Women", in Philip Alston (ed.), *The United Nations and Human Rights: A Critical Appraisal* (Oxford University Press, 1995), p. 274.
(24) Schöpp-Schilling, *supra* note 3, pp. 213-215..
(25) こうした認識は，住友電工訴訟（大阪地判2000年7月31日 LEX/DB28060168）に際して提出された被告国の最終準備書面に顕著に現れ出ていた。阿部浩己『国際人権の地平』（現代人文社，2003年）111-114頁。
(26) 山下泰子『女性差別撤廃条約と日本』（尚学社，2010年）187-190頁。

た第4回世界女性会議でも再述された要請を受けて，各人権条約機関にはジェンダーの視座が徐々に浸透し，CEDAWとその履行監視を担う委員会も，国際人権の周縁から中心へとその位置づけを移行していく。その変化は，当初の足かせが徐々に解除される様を通してなによりよく感知できる。

第1に，委員会の円滑な活動を阻む重大な要因であった会合期間の制約については，1980年代末から会期前作業部会の開催に加え，1週間の会期延長が国連総会の承認を得て例外的措置として実施されていたのだが，1995年に委員会はそうした変則的事態の解消を求め，一般的勧告22を採択して第20条の改正を強く促した[27]。同年に招集された締約国会議はCSWの支持を背景に同条1の改正案を採択し，その年の国連総会も当該改正案を承認するところとなった[28]。これにより時間的制約が解除され，会合期間は締約国会議が（国連総会の承認を条件に）別途決定することになったのだが，改正条文が効力を生ずるために必要な締約国の3分の2以上の受諾という条件が充足できず，改正手続きはいまに至るも完了していない。もっとも，国連総会は北京会議以降，1会期3週間の期間延長とともに年2ないし3会期の委員会開催を認めてきており[29]，さらに2007年には，2010年以降改正案が効力を発生するまでの間，委員会が毎年3会期，各3週間の会合をもつことを認める決議を採択している[30]。

第2に，1999年の選択議定書採択により，委員会の履行監視の仕組みに新たに個人通報制度と調査制度が加わった[31]。なかでも，その欠落がCEDAW

---

[27] General Recommendation No. 22 (14th session, 1995). http://www2.ohchr.org/english/bodies/cedaw/comments.htm.
[28] A/RES/50/202.
[29] 山下・前掲注(26) 58-59頁。
[30] A/RES/62/218. 同決議では，このほか，会期前作業部会と個人通報作業部会を会期ごとに各1週間開催することも承認された。林陽子「国連女性差別撤廃委員会第40・41会期」国際女性22号（2008年）27-28頁。
[31] 選択議定書の制定経緯とその意義について，西立野園子「女性差別撤廃条約選択議定書——個人通報制度と調査手続の導入」ジュリスト1176号（2000年）74-81頁，多谷千香子「個人通報制度に関する女子差別撤廃条約選択議定書の発効について」ジュリスト1999号（2001年）42-46頁，軽部恵子「制定過程の分析」『フェミニズム国際法学の構築』注(17) 199-216頁，山下泰子『女性差別撤廃条約の展開』（勁草書房，2006年）62-77頁，同『女性差別撤廃条約と日本』前掲注(26) 194-220頁，IWRAW Asia Pacific編［国際女性の地位協会訳］『女性差別撤廃条約選択議定書活用ガイド——私た

の制度的脆弱性を端的に物語っていた個人通報制度の付置は，実務的にも象徴的にもきわめて大きな意義をもつ。通報制度は女性差別問題にはふさわしくない，という見解がもはや普遍的通用力を失ったことを，そこにはっきりと見て取れるのではないか。第 3 に，委員会の会合は，DAW の所在地がウィーンにあったことからウィーンまたはニューヨークで開催されていたのだが，2008 年に事務局が国連事務総長の決定により人権高等弁務官事務所に移管されたことに伴って，他の人権条約機関と同じようにジュネーブとニューヨークでの開催となった。事務局が統合されたことにより，主流人権条約との分断が解消されるだけでなく，人権理事会など関係国連機関との制度的連携も強化される環境が整備された[32]。

　こうして委員会は，会合期間の延長，履行監視権限の強化，そして事務局の統合を通し，国際人権保障システムの内に，他の人権条約機関と並び立つ，確たる体制を整えるにいたったといってよい。

Ⅲ　報告審査と一般的勧告

　委員会は現在，主に定期報告・個人通報・調査という 3 つの手続きを通してCEDAW の履行を監視し，さらに，一般的勧告・提案により条約解釈の指針等を提示している。

　1982 年の第 1 会期で手続規則を制定した委員会は翌 83 年の第 2 会期に報告書作成にかかるガイドラインを採択したが，その採択を待つことなく同会期にすでに 7 カ国について第 1 回目の報告審査が行われている。CEDAW 締約国は，第 18 条において，条約の実施のためにとった措置とそれによってもたらされた進歩に関する報告を，条約が効力を生ずる時から 1 年以内に，その後は少なくとも 4 年ごとに提出することを義務づけられている。条約の実施に影響を及ぼす要因・障害についても記載すべきこととされている。同条には，このほか，「更には委員会が要請するときに」報告の提出を求められることも規定されている。この特別報告（exceptional reports）は，重大なまたは組織的な女性の人権侵害など，特別の懸念を要する事態に際して要請されてきたが[33]，定期報告

　　ちの権利は"選択"の問題じゃない！』（国際女性の地位協会，2007 年）。
（32）Schöpp-Schilling, *supra* note 3, pp. 218-223.

のフォローアップの形をとって要請されることもあった[34]。フォローアップ報告について委員会は，2008 年の第 41 会期にその制度化を決定し，総括所見に記載された特定の勧告（2 項目以内）についての実施状況を 2 年以内に報告するよう求める手続きを整え[35]，2009 年からその運用が始まっている[36]。

　報告審査の態様は委員会のガイドライン等[37]によって詳細に示されている。報告書は一般的・事実的性格を有する共通中核文書（common core document）と条約特定文書（convention-specific document）によって構成される。第 1 回目の報告では CEDAW のすべての実体条項について具体的な情報の提供が求められ，2 回目以降の定期報告では前回の総括所見を踏まえた対応が要求される。国別報告者が当該国に関する報告審査を主導し，総括所見案も策定する。会期前作業部会で国連機関や NGO の意見聴取も経て争点・質問リストが作成され，その送付を受けた審査対象国は 6 週間以内の回答を招請される。報告審査は，第 1 回目であっても 2 回目以降であっても 2 会合を割いて行われる。

　他のすべての人権条約機関においてそうであるように，委員会にあっても報告審査の要諦は「建設的対話 constructive dialogue」という一語に集約される。その目的は，「条約上の権利に関する当該国の事態の改善」[38]にあり，したがっ

---

(33) Decision 21/I, A/54/38/Rev. 1, p. 45. 1994 年にボスニア・ヘルツェゴビナ（口頭での報告）と旧ユーゴスラビアについて，1995 年にクロアチアについて，1996 年にルワンダ（口頭での報告）について，それぞれ特別報告の審議がなされている（A/49/38, paras. 729-776; A/50/38, pp. 556-591 A/51/38, para. 301-331）。1997 年に連絡途絶のためザイール（現コンゴ民主共和国）の第 1 回報告審査が議題から削除されていたところ，同国政府代表が委員会の場に到着したため口頭での報告が認められたことがある。これも特別報告に分類されている（A/52/38/Rev. 1, paras. 344-347）。

(34) たとえば，2002 年に，アルゼンチンにおける経済危機が女性に及ぼす影響に関する情報が欠けているとしてフォローアップ報告が求められ（A/57/38, paras. 353-355. その審議は A/59/38, para. 356-387），2007 年には，インド・グジャラートで 2002 年に起きた虐殺が女性に及ぼした影響についてフォローアップ報告が求められている（CEDAW/C/IND/CO/3, paras. 67, 68. 提出された報告書は CEDAW/C/IND/SP. 1）。

(35) *Overview of the working methods of the Committee on the Elimination of Discrimination against Women in relation to the reporting process*, CEDAW/C/2/2009/II/4, paras. 23, 24.

(36) 林陽子「女性差別撤廃委員会第 42・43・44 会期」国際女性 23 号（2009 年）26-27 頁。

(37) *Reporting guidelines of the Committee on the Elimination of Discrimination against Women*. http://www2.ohchr.org/english/bodies/cedaw/docs/AnnexI.pdf; *Overview of the working methods*（*supra* note 35）.

(38) *Overview of the working methods*（*supra* note 35）, para. 10.

て，締約国代表の出席・参加が報告審議には必要とされる。締約国代表の同席なき場合に報告審査を行うことは現段階では考えられていないが，代表の出席さえ得られれば，場合によっては最後の手段として報告書の提出がないまま審査が行われることもありうる[39]。会合期間に過度の制約があったために報告審査は延滞しがちであったものの，開催回数・会合期間の拡大に加え，2006年の第36会期から2つの並行チェンバーによる審査制が導入されたことにより，滞留報告問題は2010年までに解消した。

　委員会が報告審査後に組織的な評価を行うようになったのは1994年のことである。長くその名称には「最終コメント Concluding comments」が用いられていたが，他の人権条約機関と歩調をあわせるため，2008年の第40会期に「総括所見 Concluding observations」という表記を用いることが決定された[40]。審議は一般に公開されるものの，総括所見の採択は委員会の全体会合において非公開で行われる。総括所見の様式には既定のものがあり，「序論」・「肯定的側面」・「主要な懸念事項および勧告」の3部構成となる。締約国による条約実施を促すために，詳細な所見と，具体的かつ実現可能な勧告が示されることになっている[41]。勧告の一部についてフォローアップ報告を要請される場合があることについては既に述べたとおりである。

　報告審査の有効性を高めるにあたり，NGOの果たす役割はきわめて大きい。NGOの存在はCEDAW自体において明文の認知を受けているわけではないものの，委員会は初期の段階から報告審査過程へのNGOの関与を奨励しており，今日では会期前作業部会や本会期において発言の場を与えられるなど，その貢献は欠かすことができないものになっている。なかでも，各国NGOの声を委

---

(39) *Overview of the working methods* (*supra* note 35), para. 15. たとえば，2009年の第43会期におけるドミニカの報告審査がそうであった。林「女性差別撤廃委員会第42・43・44会期」（注36）26頁。なお2008年の第42会期において委員会は，10年以上にわたって報告書未提出の3か国（イラク，スリランカ，ウガンダ）について，2年以内に報告書を提出しない場合に最後の手段として報告書ぬきに審査を実施することを明らかにしている。A/64/38, para. 25.

(40) Decision 40/III, A/63/38, p. 2.

(41) *Overview of the working methods* (*supra* note 35), para. 21. 2006年に発足した人権理事会での普遍的定期審査（UPR）に資する意味からも，委員会の総括所見を明瞭で説得的なものとしようとする認識が委員の間で高まっているとされる。林・前掲注(30) 30頁。

員会につなぐにあたり，国際女性の権利監視協会（IWRAW：1986 年設立）が担ってきた役割には圧倒的なものがある。現在も，IWRAW を母体とする「アジア太平洋女性の権利監視機構（IWRAW AP：1993 年設立）」がその任を引き継ぎ各国 NGO を精力的にサポートしている(42)。日本でも「IWRAW の姉妹 NGO として」1987 年に設立された国際女性の地位協会を基点に報告審査過程への NGO の関与が深まっていき，2003 年の第 3 回報告審査と 2009 年の第 4 回報告審査に際しては日本女性差別撤廃条約ネットワーク（JNNC，JNNCII）が結成され，委員会への力強い効果的な働きかけが行われている(43)。

　こうした制度的・実務的進展がある一方で，全体的にみれば，報告書の未提出・提出期限の途過は後を絶たず，また，日本がその典型であるように，総括所見に示された勧告が容易に実施されない事態も依然として例外ではない。こうした情景は CEDAW に特有というわけではなく，他の人権条約にもおおむね共通して見られるものであるが，制度の拡充が現実の人権状況といかに切り結んでいるのかについては絶えず批判的なまなざしをもって検討すべきことはいうまでもない。

　CEDAW 第 21 条 1 項は，委員会に対して提案・一般的勧告を行う権限を与えている。一般的勧告は 2013 年 11 月までに合計 30 作成されており，その内容を踏まえた報告書の作成が要請されている。当初は技術的な中身に終始していたが，しだいに実質的なものに変容し，女性に対する暴力についての一般的勧告 19(44)以降は格段にスケールアップした内容となり，関連条文の詳細な解釈が示されるようになっている(45)。

　一般的勧告の法的性格については，他の人権条約機関における一般的意見と同様に，種々の議論がありうる。たとえば，第 1 次法たる CEDAW に基づいて作成された第 2 次法としてそれ自体に法的拘束力がある，という主張も不可能ではないかもしれない。もっとも，CEDAW は委員会に立法権限まで与えているわけではなく，また，締約国の黙示の同意を擬制してその法的拘束性を

---

(42) Schopp-Schilling, *supra* note 19, p. 257.
(43) 山下・前掲注(26) 66, 221-275 頁。
(44) 前掲注(10)。
(45) 一般的勧告の変遷・作成過程について，川眞田嘉壽子「第 21 条　委員会の報告・提案・勧告」『コンメンタール　女性差別撤廃条約』前掲注(17) 399-402 頁。

認める議論も現実からはやや乖離している。

　その一方で，立法ではなく，既存の条文の明確化となれば話は別である。現に，CEDAW には女性に対する暴力に関わる明文の規定がないものの，委員会はこれを第 1 条により禁止される女性差別にあたるとみなし，この解釈が締約国の同意を得られるところとなっている。一般的勧告は，こうした発展的解釈の手法を通じ，変容する現代社会の中で CEDAW を再活性化していく動力となるものでもある[46]。実体条項の文言自体は採択以来なんら変更されてはいないものの，現代を生きる人権条約 CEDAW の実相を精確に把握するには，いまやその内容を詳細に描き出した一般的勧告の理解が不可欠といわなくてはならない。

Ⅳ　個人通報と調査手続き

　個人通報審査と調査という 2 つの新しい任務は，1999 年の選択議定書（2000 年発効）によって課せられたものである。CEDAW の個人通報は先行する人権諸条約の法実践を踏まえて設置されたものではあるが，いくつかの注目すべき特徴も備えている[47]。

　第 1 に，通報者適格が「個人」だけでなく「個人の集団」に広げられており，通報の提出は本人のみならず「それらの者のために行動する者」にも許されている。第 2 に，通報は CEDAW の規定するいかなる権利の侵害に関するものであってもよい。自由権のみならず社会権の侵害も通報の主題になりうる。第 3 に，通報者に回復不能な損害が生ずる可能性がある場合に，委員会は，本案の決定までいつの時点にあっても暫定措置を要請することができる。他の人権条約とは違って，手続規則ではなく条約本文（第 5 条）に暫定措置の規定がおかれたことにより，遵守への期待がいっそう強まっていることはいうまでもない。第 4 に，委員会の見解・勧告については「十分な考慮」を払うものとされ，

---

[46] Christine Chinkin, "Sources", in *International Human Rights Law* (*supra* note 8), pp. 109-110.

[47] Cees Flinterman, "Strengthening Women's Human Rights through Individual Complaints", in *The Circle of Empowerment* (*supra* note 19), pp. 286-290, 近江美保「個人通報制度と調査制度」『コンメンタール　女性差別撤廃条約』前掲注(17) 479-501 頁。

第4部　人権条約の位相

かつ，その実施のためにとった措置について追加情報を提供するフォローアップ措置が明記されている（第7条4，5）。第5に，締約国は，通報者の安全を確保するための措置をとるとともに，CEDAW・議定書の周知と，見解・勧告に関する情報へのアクセスを容易にすることを約束している（第11，13条）。

　委員会は2012年11月5日までに24件の見解・決定を公にしている。その内訳は，不受理が11件，違反認定が12件，違反なしが1件[48]である。当事国は100を超えているにもかかわらず，10年余を経てなお25件弱の事例しか処理されていない事態については，林の次のような分析が参考になる。「個人通報は国内的な救済手段を尽くしていることが手続的要件の1つであるが，社会的・文化的に女性が置かれた状況の困難さ，とりわけ司法への女性のアクセスの困難さがこのような［事態］となって現れていることが推察される」[49]。

　これまでに公表されている事例についていえば，通報は過半が西洋諸国から提出されている[50]。離婚時の財産分与[51]や出産休暇手当の受給[52]，貴族の称号継承[53]，子への国籍の継承[54]，姓の選択[55]など，法制度上の差別的問題が通報の主題とされる一方で，違反認定第1号となった事例[56]がそうであっ

---

[48] http://wwwbayefsky.com/docs.php/area/jurisprudence/treaty/cedaw/opt. 米田眞澄「選択議定書の事例研究」『コンメンタール　女性差別撤廃条約』前掲注(17) 502-513頁，林陽子「女性差別撤廃条約個人通報制度の現段階」『国際人権法とジェンダー［ジェンダーと法 vol. 6］』前掲注(18) 98-112頁，近江美保「女性差別撤廃条約」法律時報77巻12号（2005年11月），49-55頁，Bonita Meyersfeld, *Domestic Violence and International Law* (Hart Publishing, 2010), pp. 42-52; Andrew Byrnes and Eleanor Bath, "Violence against Women, the Obligation of Due Diligence, and the Optional Protocol to the Convention on the Elimination of All Forms of Discrimination against Women", *Human Rights Law Review*, Vol. 8 (2008), pp. 517-533.

[49] 林「個人通報制度の現段階」前掲注(48) 105頁。同旨，Flinterman, *supra* note 47, pp. 296-297.

[50] アジアからの初の通報として，2007年11月29日にフィリピンを相手取ったもの（*Karen T. Vertido v. The Philippines*）が提出されている。CEDAW/C/46/D/18/2008, September 2010. See also, Clara Rita Padilla, "A Call for Philippine Implementation of Women's Rights Under CEDAW", *Ateneo Law Journal*, Vol. 52 (2008), pp. 773-774.

[51] *B-J. v. Germany*, CEDAW/C/36/D/1/2003.

[52] *Dung Thi Thuy Nguyen v. The Netherlands*, CEDAW/C/36/D/3/2004.

[53] *Christina Munoz-Valgas y Sainz de Vicuna v. Spain*, CEDAW/C/39/D/7/2005.

[54] *Constance Ragan Salgado v. The United Kingdom*, CEDAW/C/37/D/11/2006.

[55] *G. D. and S. F. v. France*, CEDAW/C/44/D/12/2007; *Dayras et.al. v. France*, CEDAW/C/44/D/13/2007.

たように，ドメスティックバイオレンス（DV）など女性に対する暴力が問題となったものも少なくない[57]。

受理要件に関して特記すべきは，国内手続きにおいて女性差別を主張していなかったことを理由に国内救済措置が尽くされていないと判断されたものが目に付くことである[58]。委員会に通報するにあたっては，CEDAW違反にかかる実質的な主張をまずは国内で適切に行っておかなくてはならない[59]。この点は実務的にきわめて重要である。また委員会は，国内救済措置が効果的であることについても格別の注意を払っている。生命の危険にさらされるDV事案などにおいてとくにそうである。

このほか時間的管轄（*ratione temporis*）に関して，委員会は，選択議定書発効前に同意なく不妊手術を受けていた者からの通報をその被害が恒常的であるとして受理し，公務員資格を剥奪された者からの通報についてもその経済的損失が継続していると判断している[60]。もっともその一方で，貴族の称号の継承が選択議定書発効前であったことを理由に通報を不受理とし，離婚時の財産分与に関する事件についてもこれを発効前のこととして受理しなかった[61]。主張される侵害が選択議定書発効時からどれほど遡って発生したのかによって結論を違えているという分析も示唆されている[62]が，委員会の介入を必要とす

---

(56) *A. T. v. Hungary*, CEDAW/C/36/D/2/2003. 内縁の夫から深刻なDVの被害を受けていた女性からの通報。

(57) *Goekce (deceased) v. Austria*, CEDAW/C/39/D/5/2005; *Yildirim (deceased) v. Austria*, CEDAW/C/39/D/6/2005; *NSF v. The United Kingdom*, CEDAW/C/38/D/10/2005. *Goekce*と*Yildirim*は，夫からのDVにより死亡したトルコ人女性のために遺族の同意を得てDV被害者保護団体が提出した通報で，いずれも違反認定に帰結した。*NSF*はパキスタン送還後に元夫から被る暴力等を訴えた通報だが，国内救済措置不消尽により不受理となった。このほか，*Zhen, Zhen Zheng v. The Netherlands*, CEDAW/C/42/D/15/2007は中国人女性が人身売買からの保護の欠如を訴えたものだが，これも国内救済措置を尽くしていないとして受理されなかった。

(58) たとえば，*NSF v. The United Kingdom*; *Zhen, Zhen Zheng v. The Netherlands*; *Rahime Kayhan v. Turkey*, CEDAW/C/34/D/8/2005. *Rahime*は，スカーフ着用により教職を追われ，公務員資格を剥奪されたことの条約適合性が問われた事例。

(59) Flinterman, *supra* note 47, pp. 291-292.

(60) *A. S. v. Hungary*, CEDAW/C/36/D/4/2004; *Rahime Kayhan v. Turkey*, *supra* note 58.

(61) *Christina Munoz-Valgas y Sainz de Vicuna v. Spain*, *supra* note 53; *B-J. v. Germany*, *supra* note 51.

第 4 部　人権条約の位相

る事案であるかという結果志向の判断が継続的侵害を認めるかどうかの分かれ道になっているようにも見受けられる。

　本案段階では，まず，私的領域における DV 事案について相当の注意義務概念を駆使して締約国の義務違反を認定していることが特筆される[63]。DV に対処する包括的な法制が整備されていても，それが実際に機能しているかどうか，つまり，現場にあって担当係官が国家に課せられた相当の注意義務を現に遵守しているかどうかが丁寧に検討される。そして，被害者のおかれていた深刻な危険を警察が知っていたか知っているべきであったにもかかわらず適切な対応を怠ったとき，当該義務の懈怠が認定されている[64]。

　また，判断規準として，関連する一般的勧告を CEDAW と一体のものとして用いていることも特徴的である。たとえば強制不妊手術の事案にあたって委員会は，女性と健康に関する一般的勧告 24[65]を召喚し，実質的に，条約違反を認定するための直接の規準として援用している[66]。DV 事案については一般的意見 19 が判断規準として機能していることはいうまでもない[67]。このほか，一般的な義務について規定する CEDAW 第 2 条や第 5 条を直接の規準として違反認定を行っているところも注目に値する[68]。

　委員会は違反の認定を行った場合に救済措置を勧告しているが，これまでの

---

[62]　Byrnes and Bath, *supra* note 48, p. 532.

[63]　林「個人通報制度の現段階」前掲注(48) 105-109 頁。

[64]　Byrnes and Bath, *supra* note 48, pp. 523-525. なお，相当の注意義務は事前と事後の両面に及ぶ。それゆえ，事後に十全な刑事的措置をとった場合であっても，事前の防止を怠った場合には義務違反の責を免れない。See *e.g.*, *Yildirim*, *supra* note 57, para. 12. 1. 5.「防止のために合理的な措置をとる義務と処罰義務とは 2 つの別個の義務である。国家行為体の場合，行為は当該国家に直接に帰属し（違反），処罰義務もなお存する。非国家行為体の場合，義務は相当の注意義務になるが，［事前に］当該義務が履行されてもなお私人による暴力が女性に加えられることがある。その場合，国家が暴力を防止する合理的で適切な措置をとったとしても処罰義務は生じる」(Byrnes & Bath, *supra* note 48, p. 525)。

[65]　General Recommendation No. 24 (20th session, 1999). http://www2.ohchr.org/english/bodies/cedaw/comments.htm.

[66]　*A. S. v. Hungary*, *supra* note 60, para. 11. 3. この事件を分析したものに，Bal Sokhi-Bulley, "The Optional Protocol to CEDAW: First Steps", *Human Rights Law Review*, Vol. 6 (2006), pp. 147-152.

[67]　米田・前掲注(48) 508-511 頁。

[68]　同上，506-507 頁。

322

事例を見るに，通報者との関係で具体的な救済措置（安全の保護，損害賠償の支払いなど）を指示するだけでなく，より一般的に法制度の改善・是正を求めることにも積極的である。たとえば，DV事案を扱った *Goekce* では，相当の注意義務に従った現行法の強化，DV実行者の効果的な訴追，適切な刑事的・民事的救済の提供，法執行官間の連携改善，訓練プログラムの強化などが勧告事項に列記されている[69]。

選択議定書が個人通報とともに導入した調査手続きは，2013年末までの時点で1件しか公表されていない。委員会は，締約国がCEDAWに定める権利の重大なまたは組織的な侵害を行っていることを示す信頼できる情報を受理した場合に，調査を開始することができる（議定書8条）。当事国の協力を得ながら，現地調査などを交えて手続きが遂行される。すべての作業が終わるまで，手続きは非公開のままに進む。

委員会が実施した調査はメキシコについてのものであった[70]。チワワ州シウダ・ファレス市で起きた長期間にわたる若い女性に対する暴力により多数の死者と失踪者が生じている事態が対象とされた。委員会は，女性に対する暴力を容認する文化を背景として多くの犯罪行為が放任されたままにあることを認め，CEDAW諸条項の違反を認定するとともに，16項目の勧告をメキシコに対して行った。「本調査の結果と勧告の意義は，事件が起きた社会的・文化的背景に言及し，それが事件を引き起こし，拡大に寄与していったことを明らかにした点にある。また，それゆえに，勧告にも女性に対する暴力の根本的な原因を解決し，平等で女性の人権が尊重されるような文化を作り出すための項目が盛り込まれた。これは，女性差別撤廃条約ならではの貢献ということができる。」[71]

調査結果は広く報道され，メキシコの事態に対して国際的な関心が集まった。

---

(69) *Goekce, supra* note 57, para. 12.3. なお，これまで委員会は *A. T. v. Hungary*（*supra* note 56）と *A.S. v. Hungary*（*supra* note 60）においてフォローアップ報告者を2人づつ任命している。

(70) CEDAW/C/2005/OP. 8/MEXICO; Maria Regina Tavares Da Silva and Yolanda Ferrer Gomez, "The Juarez Murders and the Inquiry Procedure" in *The Circle of Empowerment, supra* note 19, pp. 298-308; 近江「女性差別撤廃条約」前掲注(48) 52-53頁。

(71) 近江「女性差別撤廃条約」前掲注(48) 53頁。

323

委員会の調査は，米州人権委員会やNGOの活動を踏まえて展開されたものであったが，委員会の調査結果自体も，メキシコを被告とする米州人権裁判所の審理[72]に接続されている。国際人権機関間の興味深い連携例といってよい。

V おわりに

個人通報事例の中には，通報者に不利な判断が下される場合であっても，委員会から通報者の主張，つまりは，女性のおかれた状況に対して強い共感が示されることが少なくない[73]。個別意見にも，女性差別の撤廃に向けた強いコミットメントが例外なくにじみ出ている。すべての委員がそうだと断言しきるのはいささか乱暴かもしれないが，設置当初から，時期的に多少のブレがあるにしても，委員会が一貫してCEDAWの理念を真摯に追求してきたことは疑いあるまい。委員のほぼすべてが女性であったこともあずかって，委員会は女性の人権水準の向上を主導する世界の法的拠点であり続けてきた。ジェンダーの主流化によって脱周縁化が実現し，委員会の存在感はますます大きなものになっていくであろう。

もっとも，主流の存在になろうとも，自らの法的思考を主流のそれに馴致させる必要は毛頭ない。むしろ，その本来的な「特殊性」をもって主流の在り方を変容させていくことこそが期待されている。「フェミニズムのパラドックス」は，結局のところそうやって打ち破っていくしかあるまい。一般的勧告や見解の法源性などについても，既存の国際法言説を揺さぶるような認識を示すことがあってよい。

この点で個人通報制度との関わりに立ち戻るなら，たとえば国内救済措置消尽の要件にも男性中心主義が深く浸透してきた実情があり，そのことを委員会は折に触れて明確にしていくべきではないか。すでに委員会はこの要件の検討

---

[72] Inter-American Court of Human Rights, *Gonzalez et al ("cotton field") v Mexico*, (Preliminary Objection, Merits, Reparations and Costs), judgment of 16 November 2009, http://www.corteidh.or.cr/docs/casos/articulos/seriec_203_ing.pdf.

[73] たとえば，被害者の資格を欠くとして不受理決定をした事件において，委員会は，通報者が母の姓への変更を認められなかったことにより被った苦痛や，国内での手続きに要した労苦への共感を記録にとどめるよう特に希望している。*G.D.and S.F. v. France, supra* note 55, para. 11. 14.

には鋭敏な姿勢を見せているところだが，そもそも各国の国内裁判がおしなべてジェンダー化されている実情をどうとらえるべきなのか。法廷において女性の証言が証拠として低い評価しか与えられない場合が多いこと，国内手続きが制度的に完備されていても社会的に期待される女性像がそうした手続きの利用を妨げる圧力になっていること，当事者対抗的な法廷の構造が女性たちを裁判から遠ざけるよう作用しがちであること，など国内救済措置とジェンダーの関連性は世界のどの国にあっても緊密きわまりない[74]。国内救済措置のあり様を見定めるにあたり，（健常な大人の）男性を暗黙のモデルとしてきた人権諸条約機関の法実践を無批判に移入させることには，ことのほか慎重であってしかるべきである。

また時間的管轄にしても，女性の劣位性は社会に構造的に埋め込まれてきたものである。複合化した差別を受ける人々にあって，その様にはいっそう根深いものがある。今日の不利益は過去から引き続く事態の帰結でもあり，そうとすれば，原因行為が議定書発効前にあるという事実をもって通報を機械的に門前払いすることには抑制的であるべきだろう。委員会の先例は時間的管轄の適用に柔軟なようにも見えるが，差別行為は重大であるほどにその効果（不利益）を深く持続させるという不変の真理を改めて確認しておく必要がある。

個人通報の利用度を高めることも含め，国際社会の法状況を変えていくには，なにより委員会自身が既存の支配的な法言説の脱構築を推し進め，社会的被傷性の強い人々の発する声を聴き届ける法的枠組みの整備に心を砕いていかなくてはならない。幸いなことに，数多ある人権条約機関の中にあって，学術的にも運動面でも，委員会ほど多くの支援を得ているところはそうはない。知と実務／運動が結び付く稀な場として機能する委員会の真価が，本格的に問われるときである。

---

(74) Cook and Cusack, *supra* note 12, pp. 144-145.

◆第5部◆
国際法学・批評

15 国際社会の法構造
——【書評】国際法外交雑誌 103 巻 4 号 (2005 年)——

I 「責任」の意味するもの

　日本の国際法学の文字通りの牽引者であった田畑茂二郎先生が他界されたのは，2001 年 3 月，90 歳の誕生日を目前にしてのことであった。その圧倒的な研究業績のなかには，国家平等の理論や承認の理論，国際法思想史，国際人権保障など，国際法研究の道しるべとしてバイブルのように参照させていただいたものも少なくない。とりわけ 1973 年に有斐閣から刊行された『国際法 I [新版]』は，私にとって国際法学の原風景をなすにも等しく，同書に対する思い入れには格別のものがある。

　毎週土曜日，田畑先生主催の「国際法研究会」が京都で開かれていた。本書は，その研究会の「シニア・メンバー」，いってみれば「国際法の京都学派」を中心的に担う研究者たちによって編み上げられたものである。編集代表の山手治之・香西茂，編集幹事の松井芳郎など，日本の国際法学を代表する 24 名の錚々たる顔ぶれが，田畑先生への追悼の念を込め，力のこもった論考を寄せている。800 頁を超える本書は上下 2 巻本からなり，「21 世紀国際社会における人権と平和：国際法の新しい発展をめざして」という共通タイトルのもとに，上巻には「国際社会の法構造：その歴史と現状」，下巻には「現代国際法における人権と平和の保障」という表題がつけられている。田畑先生の辿った半世紀以上に及ぶ研究の足跡を象徴するこの表題は，「田畑国際法学」の発展的な継承に向けた執筆者たちの強い決意の表明でもある。

　こうした決意は，小畑郁「近世ヨーロッパにおける外国人の地位と本国による保護——近代外交的保護制度の史的研究への序論的覚書」(上巻所収) に鮮明に現われ出ている。国際法の社会経済史的研究の基礎を築いた田畑の古典的著作 (『外交的保護の機能変化』) を高く評価しながら，小畑は，「先人の時代とは比較にならないような資料的に恵まれた位置にある」自覚をもって，外交的保護

の歴史的生成過程の細微に立ち入っていく。外交的保護を私的復仇からの移行と捉える従来の理解に対する根本的な疑問に突き動かされ，近世における外国人の取扱いと本国の関与の実際を，入手し得た資料の精密な分析を通じて描き出したのが本論文である。私的復仇が廃れつつあったのは17世紀なのに，外交的保護の実行が確認されるのは19世紀以降になってから。この時間的懸隔への鋭敏な着目が，外交保護制度の歴史研究をさらに深化させることになった。

この論文の中で小畑は，先人たちよりも資料的に恵まれた「われわれ」の「世代的な責任のようなもの」を感じていると告白している。幾分かのためらいと自負をもって発せられたこの一言が，とても強く印象に残った。後進の「われわれ」は，新たに発掘された資料や「後知恵」を駆使することで，先達の研究業績を相対化し，さらに進化させていくことができる。少なくとも，それを可能にするだけの特権的位置を与えられている。そのことは小畑の示唆するとおりである。しかし，「世代的な責任」というからにはそれだけにはとどまるまい。「責任 responsibility」とは，response する ability，つまり応答する能力のこと。他者からの呼びかけに対して応答する営みこそが「責任」を構成する。むろん，呼びかけは現実のものであっても仮定のものであってもかまわない。「世代的な責任」を果たすと宣明したとき，では，小畑には誰の声が聞こえていたのだろう。いったい，誰からのどんな呼びかけに応答しようとしているのか。

この問いは，五十嵐正博「オーストラリアにおける先住民の権利──オーストラリア法に対する法の影響──」（下巻所収）のなかでも浮上する。五十嵐論文は，オーストラリア連邦最高裁の一連の判決，とりわけ1992年に下されたマーボ判決（No.2）を起点に，同国の先住民族がおかれた法的現況を解き明かす実証的論考である。「無主地」概念に関する国際司法裁判所の勧告的意見（西サハラ事件）や国際人権諸条約の影響を濃厚に受けた同判決は，先住民族の土地権が植民地支配によっても消滅していなかったことを認める画期的な内容のものであった。この判決を受け，翌年には先住権原法（連邦）が新たに制定されることになったのだが，しかしこの先進的なオーストラリアの潮流は，その後，裁判官が大幅に交代した連邦最高裁自身の判例や修正先住権原法（1998年）などを通じて退行を余儀なくされていく。特に98年のフェジョ判決は，単純不動産権の取得によって先住権原が絶対的に消滅してしまうことを全員一致で

宣言する衝撃的なものであった。

　この判決においてカービー裁判官は「法の歴史，法の権威，法原則および法政策」が先住権原の消滅を正当化するのだ，と述べてはばからなかった。だが，こうした認識には，五十嵐論文が紹介する，ある論者の次のような批判が向けられてしかるべきだろう。「誰の法の歴史なのか。そして誰の権威により先住民の権利が奪われるのか」。ここにも「世代的な責任」の問題が伏在している。メリアム人マーボの住むマレー諸島が植民地法制に編入されてから 1 世紀以上を経て，カービー裁判官には，誰からの呼びかけが聞こえていたのだろう。いったい誰に対する応答として「法の歴史」の所有を宣告したのか。

　呼びかけへの応答，それは，論者（書き手，語り手）の「視線」あるいは「眼差し」の問題であり，さらには，論者の「位置性（positionality）」の問題でもある。社会のなかで，歴史のなかで，どのような位置に身をおいて，なんのためにそれを論じているのか，という問いである。「京都学派」は日本の国際法学の紛うことなき主翼を担ってきた。本論文集は，その意味で，日本の国際法学の現在（いま）を映し出す格好の指標といってよい。だからこそいっそう，「世代的な責任」を手がかりに，論者の視線／眼差し／位置性の問題にこだわってみてもよいだろう。日本の国際法学は，いったいどこに自らを位置づけ，誰のために，誰のための国際法／史を描き出してきたのか。言い換えるなら，日本の国際法学が一貫して応答を拒んできたのは，はたして誰の声・記憶・歴史だったのか。

II 「人権」が覆い隠したもの

　本論文集の巻頭を飾っているのは，松井芳郎「社会科学としての国際法学——日本におけるその形成と展開——」である。「日本における国際法研究が輸入法学を超えて学問の一分野として確立する」1930 年前後から第二次世界大戦以後の「戦後第一世代」に属する研究者の業績を中心に日本の国際法学の形成と展開を跡づけた本論文は，はからずも，田畑国際法学の軌跡を描き出す好個の作品ともなっている。日本の国際法学は，横田喜三郎による規範論理構造の分析と田岡良一による社会的・歴史的基盤の分析によって社会科学としての基礎を据えられた。その後に登場した田畑は，「純粋法学をいかに乗り越える

か」という問題関心にいざなわれ，国際法の歴史研究，とくに社会経済的基礎の研究に向かっていく。この過程で生み出された業績の一部についてはこの小論の冒頭でも触れたとおりだが，実に，この分析手法こそが「京都学派」の真骨頂といっても過言であるまい。小畑のいう「そびえたつ山々，あるいは実り豊かな森とでもいうべき伝統的遺産」が田畑の薫陶を受けた研究者たちによって次々に生み出され，ここに1つの学派が自生する。

「京都学派」はまた，伝統的国際法から現代国際法への構造転換を国際社会の構造変化に求める田畑の認識を積極的に展開するグループでもあった。田畑のこの視角は，「戦争の違法化」に伴う規範論理構造の転換を変化のメルクマールとみる石本泰雄らの見解と対比して語られることもあるが，しかし現代国際法の特徴を総合的に把握するには両者を相互補完的に捉えるべきであるという藤田久一の見解に，松井は賛意を表している。

この構造転換にかかる議論については，挑発的な言辞を操りながら，山形英郎「伝統的な政治的紛争理論と戦争違法化——国際法の構造転換に対する一視座——」（上巻所収）が，さらに直截的に論及している。山形は，田畑の構造転換論が「国際社会の変化に応じ，永遠に続く過程である」のに対し，二元的構造を有していた国際法が戦争の違法化により一元化された点に着目する石本の構造転換論は「完結しており，あとは個々の国際法規の変容でしかない」と明快に述べる。そして石本の分析視角に立ち，2つの議論を展開する。1つは，戦争の違法化により「政治的紛争理論」の基礎が消失したこと，もう1つは，紛争解決の方法としては，伝統的国際法の時代から今日まで，実は「平和的解決」しかなかったことである。

戦争が違法化された以上，裁判管轄権に関する同意さえ得られていれば，今やすべての紛争が裁判によって解決しうるものとなった。これによって政治的紛争理論の出番はなくなり，「ここに初めて，国際法が法になった」。それなのに，日本の国際法学は依然として戦前の二元的体系の呪縛を抜け出られないでいる。「戦争違法化及び国際法の構造転換の認識が曖昧であることが，体系の甘さに通じている」。山形はそう諫言する。山形の批判の矛先は，国際裁判の分析に重厚な実績を積み重ねてきた杉原高嶺の認識にも向けられるのだが，その杉原は，「近代国際法の法規範性に関する一考察——戦争の位置づけとの関係において——」（上巻所収）において，「無差別戦争観」と称される見解が近代国

際法学者の支配的な立場ではなかったことを実証的に示すとともに，近代国際法の法規範性が戦争の位置づけいかんにはかかわっていなかったことを説いてみせる。

　19世紀の国際法学者は，「何らかの普遍的な理念のなかに国際法の法的性質を基礎づけようとしていた」のであり，だからこそ，戦争を権利救済の強制手段として位置づけるか否かに関係なく，近代国際法は法たる性質をもつものと広く理解されていた，と杉原は述べる。戦争が違法化され，「初めて，国際法が法になった」という山形の見解とは，ここでも好対照をなしているように見える。もっとも，そうはいっても，国際法が法なのか，という問いが両者の共通の関心事であることには変わりない。この問いは，あるいはこの問いに対する回答は，だが，誰との関係でどのように成立しているのか。

　松井は，巻頭論文の後半部分で，「国際法における個人の解放を求めて」挑んだ田畑の学問的営みを明晰に整序している。「被支配者としての個人の国際法主体性が認められて初めて国際法における個人の解放について語ることができる」。そう考えた田畑は，法の妥当性＝実効性の立場から，「国際裁判における当事者能力が認められる」ときにのみ個人は国際法主体性を獲得する，という日本の国際法学の通説ともなる見解を提示する。ちなみにこの見解は，本書の「まえがき」でも特記された「原爆訴訟」の判決結果にも影響を与えているのだが，山手論文（後述）でも紹介される20世紀最後の10年を彩った戦後補償裁判は，実は，個人の国際主体性に関するこの田畑説をいかに克服するかの闘いでもあった。「個人の解放を求めて」提示されたはずの説が，時を経て，逆に個人の解放を封じ込めるために援用されるとは，なんとも皮肉な情景ではあった。

　田畑は，個人の地位についての研究に引き続き，「人権の国際的保護の動向の社会的基礎に目を向ける，より社会科学的な」人権研究に移行する。社会権や第三世代の人権への目配りにおいて傑出した認識を示した田畑は，同時に国際的実施措置の意義も高く評価するが，しかしそれが「特定の国家群による共同干渉」の性格を帯びかねないことを警戒し，安易な主権制限論には与しなかった。ただそうなると必然的に残されるのは国家主権と人権の対立というアポリアである。この難問を解く鍵として田畑が照射したのは，内的側面を重視する自決権の重要性であった。松井は，小畑が名づけたこの「主権・自決権ア

プローチ」がグローバリゼーションの波に洗われる現時点において再検討を迫られていることを認めながら，なお，国際社会の法定立には国家意思を経由するしかないことを説く。そして「国内における人権および民主主義と国際社会とをつなぐ環を見いだすところ」に社会科学としての国際法学の課題があるとしてその論考を結ぶ。

　個人・人権に関するこうした田畑の研究を先鋭的に継承する金東勲は，「現代国際法における個人の地位」（上巻所収）において，構造転換への眼差しを見定めるのに不可欠な視座を提供している。この論文は，近代国際法の生み出した，一見して価値中立的な国家の成立要件が，個人（集団）を不可視化し，さらに国家性を与えられぬ実体をつくり出すことによって，いかに暴力的に機能したのかを解き明かす。近代国際法に向けられた金の眼差しは欧米の支配エリートとは対極に位置する国際法の「他者」のそれであり，当然のごとくそこに描かれた国際法の風景は一般の国際法の教科書に登場するものとは見事なまでに異なっている。金はまた，近代国際法のキーワードともいえる「文明」の概念が，非欧米に対する差別的処遇を正当化するために動員されたことも激しく告発している。

　もっとも，この論文の本旨はそうした批判の側面にあるわけではない。金が最も強調しているのは，人種差別の腐臭を蔓延させていた近代国際法が，「言語に絶する悲哀を人類に与えた」第二次世界大戦を契機にその姿を劇的に変貌させたことである。国家の内には人間が厳然と生きている。その人間たちが国際法主体性をもって立ち現われた「画期的ともいえる変動」の内実を，金は，国際諸文書の分析を通じて丁寧に浮きあがらせる。「現代国際法を特徴づける国際人権法そして国際刑事法により，個人および人民・民族などの個人集団は，国際法上の権利を直接に享有するとともに国際法上の責任もしくは義務を負う……法主体であることが一層明らかになったことを確認できる」。この過程で自決権が法定され，植民地主義も国際法の世界から放擲された。個人とアジア・アフリカという，近代国際法によって暴力的に抑圧されていた諸因子が法主体に昇華し，その存在を国際法じたいによって正統化されるようになった。これはまさしく「画期的ともいえる変動」そのものであろう。そしてそれこそが，国際法の構造転換を物語る代表的な事象なのでもあった。

　だが苛烈なまでに刺激的なこの金論文は，第二次世界大戦を境に，突如とし

て「他者」の眼差しを後退させているように思える。金は、「非人間化」された近代国際法と、国際人権法を擁する現代国際法とを異質の法のように対照的に描く。しかし、差別的処遇を自然化していたあの「文明」概念はいったいどこにいってしまったのだろう。第二次世界大戦が「言語に絶する悲哀を人類に与えた」ために一夜にして消失してしまったわけではあるまい。金が田岡の言説をとらえ的確に批判していうように、そもそも「委任統治」制度に導入された「文明の神託」なるものは実に欧米中心的なものであった。むろんそれは、むき出しの植民地搾取に比べるとまだしも道徳的な「進歩」ではあったかもしれない。だがそこに美しき道徳の外観を装着させようと、欧米をモデルとした「近代化＝進歩」のために国際法が動員されていたことは紛れもない。この潮流は第二次世界大戦を機に霧消してしまったわけでは毛頭ない。むしろ、さらに高尚な言語的外観を羽織って国際法のなかに埋め込まれていったのではないか。「文明」に代わって出現したものを端的に言い表せば、「開発」という語に集約されることになろう。欧米の制度モデルを「近代化＝進歩」とみなし、国際法を使って近代化を推し進めていく営みは、対象が植民地であろうと独立国であろうと変わらない。植民地という言葉が第三世界に変わったからといって、そこに本質的な変更があったわけではない。

　奇妙なことに、「文明」に代わって出来した「開発」そのものについての評価は金論文には出てこない。本論文集全体のなかでこの問題に本格的に論及するものがないことも私には奇妙に思える。金論文についていえば、そもそも国際人権法が「開発」をまったくといっていいほど扱ってこなかったのだからやむをえないともいえようか。けれども、そうだとして改めて問われなくてならないのは、ではなぜ国際人権法は「開発」について沈黙してきたのか、ということである。先を急いでいってしまうと、それは、国際人権法が「開発」の促進じたいを所与の前提としてきたからなのではないか。

　国際人権法は、人間の身体や精神に加えられる「暴力」をすべて禁止しているわけではない。たとえば、経済的な暴力、市場による暴力などは、私的な事象として長い間まったく扱ってこなかった。松井論文が田畑と並び高く評価する祖川武夫は、伝統的な「外国人法」の時代から人権が経済的基礎によって規定されてきたことを喝破していた。国連憲章の人権規定にも「投資環境整備のための市民的権利の法的拡充を求める」政治的意図が働いていたとされる。国

際人権法の現実世界における機能の一端がここにはっきりと映し出されている。国際人権法の「解放言説」としての可能性を私も強く信じている。しかし人権法は、現実には「個人の解放」という高邁な理念に支えられながら、「開発」の暴力性を不可視化する政治的機能を担わされてきたのではないか。それはなにも、祖川が言及する自由権に限られない。「欠乏からの自由」に等置される社会権も同様である。現に、より高次の生活水準への権利は欧米並みの生活を暗黙の前提とし（健康権の実現に西洋型医療制度の拡充が不可欠とされるように）、労働権は当然のように市場あるいはフォーマル・セクターでの労働を想定してきた。既存の開発概念を転覆させる革命的な契機を秘めた「発展の権利宣言」ですら、欧米化の追求、つまりは「近代化＝進歩」モデルの呪縛を抜け出られなかったのである。

III 「平和」という介入

　国際法は、平和や「国際」の言辞を用いながら「南」への介入を自然化してみせる機能ももってきた。家正治「国際連合による領域統治」（下巻所収）は国連による領域統治の系譜と実態を、国連以前の実行をも踏まえて記述する。この論考が改めて思い起こさせてくれるのは、国際組織がその歴史を通じ一貫して「領域統治」に関わってきた事実、そしてその「領域統治」がいかに政治的な色彩を帯びてきたか、ということである。家の分類によれば、国連による領域統治の方式は「従属地域に係わる領域紛争においてまず使用され」、次いで第2段階として国連加盟国でもあるカンボジアに「平和の条件を生み出すために使用され」、そして第3段階に至り「憲章第7章に基づくかたちが取られている」。この過程を家は好意的に提示しているようでもあるが、私にはこれは「国際」による周辺地域への介入が深まっていった過程そのものに映る。

　介入の問題は、楢橋健司「国際連合による人道的介入──文民のための『保護地域』の設置をめぐって──」（下巻所収）でも取り上げられている。クロアチア、ボスニア・ヘルツェゴビナ、ルワンダにおいて設定された「保護地域」の状況が、安保理の議論を中心に実証的に考察される。楢橋の関心は、文民の保護を企図した国連の「人道的介入」がどのように国内管轄事項不干渉原則と折り合いをつけていたのかを分析するところにある。これら3つの事例におい

て，国連はPKOと強制措置を明確に区別せず，また国内管轄事項不干渉原則への目配りも不十分であった。楢橋は，その反省の上に立ち，「保護地域」を設定するのであれば，この原則の枠内で行動するのか，強制措置に基づく行動とするのかを明確にすることが不可欠であると結論する。

　この結論に接しながら考えたのは，では，剝き出しの暴力にさらされた当の「文民」たちはなにを思うのか，ということである。こうした問いの立て方は不適当だろうか。楢橋の問題意識と直接には交わらないかもしれないが，それでも知っておいてよいのは，「保護地域」の設定が人の移動の自由を著しく制約する事態をもたらしたことである。現に，安全とはとてもいえない状態であっても，こうした地域が設定されたことにより，「文民」たちは他国で難民として保護される可能性を削り取られてしまった。自国に避難できる所ができた，という理由によって。「保護地域」の設定は必ずしも所期の目的を達成できなかったと評されるが，しかしそれによって難民の「現地封じ込め」は確実に進んだ。その点において紛れもなく「保護」された利益はあった。

　平和にかかわる国連の活動を，歴史的視座に基づいて精確に論じているのは，香西茂「国連による紛争解決機能の変容——『平和強制』と『平和維持』の間——」（下巻所収）である。この論考では，冷戦終結後の国連の平和強制機能と平和維持活動の変容が批判的に分析されている。湾岸戦争は，多国籍軍への「授権」という，「外注型」あるいは「下請け型」の軍事強制行動のモデルを作り出した。その後このモデルは，ソマリア，ハイチからアルバニア，コソボ，東チモールにいたるまで数多くの機会に援用され，その過程で任務の内容は多様化し，強制行動についての判断も「白紙委任」が慣行化していった。こうした事態を国連憲章本来の姿に引き戻そうとする試みは，米国の思惑もあって容易に実現しない。香西は多国籍軍方式という国連内での分権化現象を現状では「やむをえない選択」としながらも，「憲章の本来のシステムの実現という課題に真剣に取り組むことは，世界平和機構としての国連の正統性と権威保持のためにも必要である」として，「国連用待機制度」の参照可能性や授権決議の履行状況についての国連の監督機能の拡充を訴える。

　他方で，平和維持活動の変容について香西が強い危惧を示しているのは，平和維持と平和強制機能の結合現象である。ソマリアとボスニア・ヘルツェゴビナでの教訓から，「平和への課題——追補」では伝統的PKOへの回帰が推奨さ

れたのだが，コソボや東チモール，シエラレオネ，コンゴなど直近のPKOにはソマリア型への再回帰がみられる。2000年9月に発表されたブラヒミ・レポートも，内戦の状況下ではPKOの伝統的三原則の弾力的な適用を求めるものであった。香西は，「追補」の示した反省を援用しながら，原理と存立基盤を異にするPKOと強制行動との区別をあいまいにするブラヒミ・レポートへの批判を隠さない。「正しい解決方法は『平和維持』機能の『平和強制化』ではなく，2つの異なる機能を如何に使い分けるか」である。両機能の結合を招いている背景には，平和強制の組織化を阻む「加盟国の主権への執拗なこだわり」がある。したがって「国際社会の統合化に向けて一歩でも前進するよう国家の政策を改めること，それ以外に解決の方法は見出せない」と香西はいう。論旨明快，安定感溢れる論考である。問題は，いうまでもなく，いかにして主権国家（米国）の政策を変更させるのかということなのだが，これは，松井のいう「国内における人権および民主主義と国際社会とをつなぐ環」をどのように構築するかという問題につながっていくのだろう。

　常に犀利な論理展開をみせる酒井啓亘は，香西論文を引き受けるかのように，「国連憲章第三九条の機能と安全保障理事会の役割——『平和に対する脅威』概念の拡大とその影響——」（下巻所収）において，「平和に対する脅威」概念を素材に知的関心を大いにそそる分析をみせている。安保理は冷戦終結後，「多彩な」事態において「平和に対する脅威」を認定するようになった。酒井は，国内の人道的危機や政体の暴力的変更あるいは国際人道法・国際協定違反の事態においてこうした認定がなされ，さらに「脅威」の時間的要件が緩和されていることを明らかにする。

　「平和に対する脅威」が認定される事態が増加するということは，安保理が憲章第7章に基づいて措置を執る機会の増加も意味するが，その変化は，量的なものにとどまらず，質的なものでもあった。特に留意すべきは，武力行使を容認する決議が増えただけでなく，それによって保護される法益に大きな転換があった——端的には「人道目的」が法益のなかに浸潤してきた——ことである。酒井はここで，法的思考・法解釈の特質を踏まえながら，「脅威」の認定と措置採用との構造的連関を解き明かす。そして，「事態のロジックではなく，対応のロジック」が支配するというスールの言を引用し，両者が実は「一連の連動した営み」であることを示してみせる。もっともそうした営みには「内在的

制約」が見出せないため，平和回復のためにとられる措置が拡大し，当事者の法的地位に影響を与えることが不可避となる。酒井はそれを国際立法と認識することには抑制的で，むしろ，安保理は国連憲章等に依拠し平和の維持の枠内でしか「法を作る」ことができないのだから，平和と法の尊重とをいかに「調整・衡量」できるかが安保理の行動を制約する鍵となると述べる。平和は国家主権の枠を超える正義の要請であるのに対し，国際社会の安定は国家の主権性にかかる。この両者の相克を「調整」し「止揚」する役として最後に召喚されるのは「人間性」の原理である。「平和に対する脅威」という概念が柔軟に操作されることにより，国連憲章7章の文脈にはすでに「人間性」の原理というべきものが導き入れられている。現実の「脅威」に対処する措置の有効性は，この原理が国連という国家間システムにいかに浸透しうるかにかかっているとされる。

「平和」と「脅威」の概念的枠組みが「人間性」の原理によって拡充されていく様を，「近代主権国家間に妥当するものとは異なる原理を国際法平面に導入する」徴表として酒井は積極的に評価している。だがこれらの概念の広がりが，実際には第三世界の深部に向けた国連の介入を正当化するものとして機能してきたことは紛れもない。「平和」のなかに人権・人道あるいは「人間性」の原理が浸潤したことにより，国連という「国際」は，今や第三世界の中に奥深く，強引に侵入していく正統性を獲得したのである。「中心」から最も遠くに位置する「周縁」のさらに「ローカル」な風景が，「中心」とイコールで結ばれる「国際」によって覆われていく，それも「人間性」の原理によって。しかしそうして守られるものとは，いったい何なのだろう。そもそも，酒井自身が考える「人間性」という抽象的な原理は，第三世界の先住民族たる女性と，「北」の政策決定エリートたる男性市民とをいかにして同じ「人間」ととらえうるのか。

酒井は，「人間性」の原理の把握に「大きな示唆を与えるもの」として，国際人権保障制度に言及する。しかしこれまでの実相をみるかぎり，国際人権法は「主権国家という近代的な表象を克服」するものからはほど遠かったことを確認しておかなくてはならない。国際人権法の効果的な実施には強力な国家機構が必要される。国際的実施措置の重要性を唱える田畑たちの主張を，酒井は，自然法主義者や自由主義者とともに，国家主権を縮減する契機として高く評価

している。けれどもこれまでの国際人権法の枠組みを前提とするかぎり，国際的実施措置を通じた人権の実現には例外なく国家機構（顔なき官僚機構）の強化が求められている。社会権であっても自由権であってもこの点は変わらない。そして，その国家機構とは，支配的な人権法言説のなかにあっては，欧米型の国家制度にほかならない。国際人権保障制度は，国家主権を弱めているようにみえながら，現実には，第三世界の国々を欧米型国家に移行するよう制度的にいざなっているに等しい（この点は祖川の指摘にも連なる）。それだけに，「平和」のなかに酒井のいう「人間性」の原理を浸潤させていく営みは，「平和」を通じた第三世界の欧米化，つまりは「近代化」を促すにも等しくなるのではないか。となればこれは，「文明化」，「開発」と同円に位置づけられる，国際法の1世紀以上にわたる壮大な近代化プロジェクトの一環ということにもなりかねない。

　冷戦の終結とともににわかに台頭した「民主化」という語は，「開発」を補い，「文明化」以来の国際法のプロジェクトを継続させる絶好の言説効果を発揮している。「民主化」は，国家を所与の前提とする「人権」によって内装を施される一方で，「平和」と不可分の関係にあるものと認識されるようになった。そしてこれらすべてを一体化させた国際法言説をこれまでにないスケールで現実世界に投影しているのが「第二世代のPKO」であり，憲章7章の下で採られる「多彩な」諸措置であるように思える。香西は，先述した論考のなかで，第二世代のPKOが従来のPKOに「本質的な変容をもたらしたとはいえない」という。けれども，第二世代のPKOは，開発と人権，民主化を平和の下にたばね，欧米化＝近代化の営みを第三世界のローカルなスペースにまで展開していく点で，従来のPKOとは本質的に異なるものといわなくてはならない。それは，開発，人権分野で連綿と遂行されていた近代化の営みが平和の分野にも本格参入してきたことを意味する。変容する「平和に対する脅威」概念は，この潮流をさらに推し進める法的契機となっている。近代化の促進，なにより欧米的な人間／社会／国家のあり方を強制力をも使って構築するプロジェクト（それが成功するかどうかは別として），これこそが「平和に対する脅威」概念の変容とともに私たちが目撃している法の風景なのではないか。酒井がいうように「平和」の意味内容は確かに大きく変化した。そして，まさに「対応のロジック」に従い，「国際」の介入も深化している。その様は，国際法における

「歴史の終焉」を祝福するかのようにも見える。

Ⅳ　自由主義／実証主義の相貌

　国際法事象への接近方法として，「京都学派」には自由主義と実証主義の位相も濃厚に見て取ることができる。国家／公的制度を揺るぎなき基軸として国際法言説を組み立てていくところに，その手法が顕著に現れている。たとえば，薬師寺公夫「国際法委員会『国家責任条文』における私人行為の国家への帰属」(上巻所収)。この重厚な論考は，私人の行為に関する伝統的な国家責任アプローチが「大きな転換点を迎えつつある」状況を，ILO における議論と関連判例の詳細な検討を通じて描き出したものである。相当の注意義務違反を契機とした国家責任の発生という伝統的な「国家義務アプローチ」は 1998 年のクロフォード提案を受けた「国家責任条文」において，その軸足を「行為の帰属アプローチ」に大きく移動させることになった。こうした転換を促したのは，ICJ や旧ユーゴ国際刑事法廷，イラン・米国請求権裁判所，欧州人権裁判所における一連の司法判断である。薬師寺は，アゴー提案に基づく暫定草案との懸隔が著しい条文を中心に読解作業を進め，「国家機関で対処できなければ統治機能の要素を行使する実体，それに漏れる場合には国が指揮又は支配する行為というように行為帰属アプローチを拡大し，国家責任を容易に認定する方向で規則化」が測られている様を精密に描き出す。

　「全般的支配」理論を打ち出した欧州人権裁判所の判断のように本来，人権条約上の特殊な論理・価値判断のもとで導かれたはずの結論がそのまま行為の帰属の規則に読み替えられるなど，この規則は「絶えず自己増殖していく可能性をはらんでいる」。こうした変容がもたらされる背景には，「外国性を帯びた国内民族間紛争……あるいは国家と国際テロリズムがなんらかの結びつきをもつといった国際的現象とともに，他方で公的機能の急速かつ大規模な私人化が進むという状況」があることはいうまでもない。薬師寺は，行為帰属アプローチについて「一言でいえば国家責任追及の間口を広げる機能が顕著である」と指摘する。だが，「私人の侵害行為自体を国の行為として国際義務違反を問うため，その法的効果も私人行為によって生じた損害と直結させることが可能となる」と薬師寺自身がいうように，このアプローチの広がりは，実質的には私

人の行為を国家の行為に置換する法的フィクションの広がりにほかならないのではないか。そう考えたとき，この絶えざる「民営化」の時代状況のなかで，国家責任法はいったいどこまで国家の姿（しかしその実体は非国家主体）のみを追いかけていかねばならないのか，という思いを強くする。

坂元茂樹「国際機関による留保の許容性決定——IWC の事例を素材として——」（上巻所収）は，商業捕鯨をめぐる国際捕鯨委員会（IWC）の政治的対立が，国際捕鯨取締条約（ICRW）への再加入に際してアイスランドが付した留保の許容性をめぐる問題として争われた一件を，意外感溢れる巧みな筋立てを用いてダイナミックに描き出した論考である。法的適用の是非が直接に問われたのは条約法条約 20 条 3 項の規定である。具体的には ICRW が「国際機関の設立文書」に当たるのかということと，IWC は「権限のある内部機関」といえるのか，が問題となったのだが，それとともに坂元は，実質的な問題として，留保にかかる両立性基準の適用について本件固有の難題が生じていたことも強調する。ICRW を担う IWC が，条約の文言から遊離し，鯨を「管理」する組織ではなく「保護」する組織に変質してしまっていたからである。留保の許容性判断の基盤として機能するはずの条約目的についての共通の理解が締約国の間で失われてしまっていた。これが問題の位相をさらに複雑化し，「起こりうる，また現に起こっているすべての問題を解決するには程遠い」（ペレ）20 条 3 項の実情とあいまって，「むき出しの政治的対立の中で，強引ともいうべき決定」を導くことになってしまった。

混沌とするアイスランドの処遇に国際法的な説明をほどこすため，坂元の専門的知見が次々に動員されていく。それでも最終的にこの論文がたどり着いた結論は，国際機関による留保の許容性決定に関していかに多くの未解決の問題が残されているか，ということであった。「むき出しの政治的対立」が生み出す事象をそれでも法的に整理しなければならぬ国際法学の困難な側面が見事に浮き彫りにされている。もっとも，躍動感に満ちたこの論考には，「むき出しの政治的対立」を担った真の当事者たちの顔と声がまったく登場しない。IWC での政治的対立・国際法上の議論を，国家（代表）のみをみつめて描き切ってしまうところに，坂元の国際法への眼差しが端的に現われているように思える。

留保については，中村道「条約法条約の紛争解決条項に対する留保——日本

の異議を手掛りとして——」(上巻所収) も論及する。中村は, 紛争解決の義務的手続に関する条約法条約66条への留保に対する日本の異議申立を手掛かりとして,「拡張的異議」をめぐる諸側面を精緻に分析する。拡張的異議とは,「留保された規定と不可分の関係にあると異議申立国がみなす他の一部の規定について条約関係を否認する」異議, つまり, 留保に係る規定を越えて他の規定にまで及んでいく異議であって条約関係の全面的な拒否までは意図しないものを指す。緊密な結合関係にある諸規定の一部に留保が付された場合,「交渉によって達成され条約に結実した利害のバランス」が崩れてしまう。この損われたバランスを回復することを意図しているのが「拡張的異議」であり, これは,「条約法条約の柔軟な留保制度がもたらす留保国の過度に有利な地位を是正し, 異議申立国との間で相互性を回復するため」に案出された新しい実行である。この実行を, 留保国と異議申立国との合意に基礎を置く「柔軟な留保制度」と捉える見解に中村は好意的である。ただ紛争解決条項の留保に対する拡張的異議の実効性は, 実際には, 慣習法規則の介在によって相当に制約されてしまっている。留保国が拡張的異議に異議を申し立てない (つまり合意する) のはこの事情によるのだと中村は分析する。

　黒澤満「軍縮条約の交渉・起草過程の特徴」(下巻所収) は, 変貌するジュネーブ軍縮委員会／軍縮会議の姿を確認しながら, そこを舞台に生み出された核不拡散条約と包括的核実験禁止条約 (CTBT) を素材に, 軍縮条約の起草過程で作用する政治力学の変容の実態を解き明かすものである。軍縮会議の将来に向けた展望も最後に述べられている。整然と整理された論考で, 先の坂元論文を「動」とすれば間違いなく「静」の部類に入るが, それでも, 国際法学の議論の土俵に国家しか登場させない点において, この論考に表出する国際法への眼差しは坂元のそれに通底している。

　CTBT は, 浅田正彦「未発効条約の可能性と限界—— CTBT を素材として——」(下巻所収) でも取り扱われている。設定されたテーマが斬新なことに加え, 提示される個々の論点とそれに対する回答がテンポよくかつ精確につながっていくこの論考は, 起草段階から発効が困難と思料された CTBT が, まさにそのことのゆえに, 未発効状態において条約目的を失わないように制度設計されていた点に着目する。そして CTBT の事例を, 条約法と慣習法に関する国際法の議論一般に鋳直しながら, その法的評価と現状・限界の分析に進んでいく。

この論考では，未発効条約の署名国・批准国の義務について定めた条約法条約18条の議論が特に重視されるが，この点に関連してとりわけ興味深いのは米国を取り巻く法状況である。同国は，CTBTに行政府が署名しながら立法府がその批准案件を拒否することで，股裂き状態に陥ってしまった。行政府が「署名撤回」（ただし，この表現が国際法的には不正確であることを浅田は教えてくれる。）しながら，議会が批准案件を承認することもありえないわけではない。このような一見して矛盾する事態を法的にはどう整序すればよいのか，この論考はその道筋も明快に示す。浅田はまた，CTBTの検証制度のうちIMS（国際監視制度）が暫定的に稼動している法的根拠とその有効性についても詳細に吟味する。その際に展開された，「条約の発効を待つことなく効力を生じている」CTBT4条についての議論は非常に示唆に富む。もっともこの秀逸な論考もまた，その認識対象を徹底して国家（機構）に絞っている点は変わりない。世界各地に棲まう平和運動からのあれほど粘り強い働きかけも，あるいは，そこかしこで反響する無数の民衆の声も，国際法学にはまったくかかわりがない（に等しい）かのように。

安藤仁介「条約承継条約と最近の国家実行――とくに自由権規約の承継に関連して――」（上巻所収）は，自由権規約非当事国であった中国に香港が返還されて以後も規約の適用が続くことを狙って打ち出された「自由権規約継続の原則」が，実際に同規約の承継にかかわる国家実行により裏付けられるのかを検証したものである。条約の国家承継に関するウィーン条約の関連規定を踏まえ，安藤は，10の事例を「領域の一部移転」，「国家結合・併合」，「主権回復・分離独立」，「国家分裂」という4つの類型に分類して検討を進める。そしてそれぞれについての分析結果を導いた後，最終的にこう結論する。「人権関係条約が条約承継条約にいう"領域制度"のように，国家承継の影響を受けることなく効力を維持し続けると主張することは，立法論としてはともかくも，実定国際法規としてはむずかしいように思われる」。

「自由権規約継続の原則」が現実にはそのままに適用された事例があまり見られないことから，「度を過ぎた立法論主張は，かえって実定法の望ましい変動を阻害しかねない」と，きわめて強い批判も加えられている。実定法に先んずる判断を意欲的に示す自由権規約委員会の判断は，いうまでもなく「価値志向的」なものである。そうした様を，同じ委員会の委員である安藤がどのよう

に見ているのかがわかりきわめて印象深い。もっともそれ以上にここでは，安藤の関心が徹頭徹尾「国家実行」に向けられていることを確認しておかねばならない。

　田中則夫「みなみまぐろ事件――国連海洋法条約の統一解釈への影響――」（下巻所収）は，日本がおよそ100年ぶりに国際裁判の当事国となったみなみまぐろ事件の二つの司法判断を，実証主義的解釈論の手法を駆使して分析した明晰な論考である。管轄権の存在を推定し暫定措置命令を出した国際海洋法裁判所（ITLOS）の判断を，国連海洋法条約附属書Ⅶに基づき設置された仲裁裁判所は実質的に覆す判断を示した。田中は，この２つの司法判断の論理を詳細に追いかけ，幾重にも思考の往来を重ねながら，国連海洋法条約281条1に関する仲裁裁判所の解釈が「問題を残したというほかない」との見解に到達する。ボイルの言に語らせながら，同裁判所の解釈では，地域協定が国連海洋法条約第15部第２節の適用を不可避的に排除することになってしまうと田中は説く。また，仲裁裁判所の判断は，たまたま被告であった日本にとって「諸刃の剣」にもなりかねないことも警告する。

　田中が最も恐れるのは，海洋法条約に基づく複数の司法機関の間において，条約解釈に基本的な不一致が生じる事態の出現である。みなみまぐろ事件では，現に，２つの司法機関の間で，管轄権の存否をめぐる関連条項の解釈に「ギャップ」が生み出されてしまった。パッケージディール方式が採用された海洋法条約は，起草過程から一体性の確保と条約の統一的解釈への期待が確認されていた。しかし条約発効後明らかになったのは，統一的解釈・適用がけっして容易でないという現実である。そうした危機意識にも促され，この論考は，仲裁裁判所の解釈の妥当性・問題点のいっそうの分析が必要なことを訴える。

　田中は条約を円滑に実施する中心的役割を司法機関（の統一的解釈）に求めているが，同じように牧田幸人も「国際司法裁判所の勧告的意見の意義」（下巻所収）において国際司法裁判所（ICJ）への強い期待を表明する。この論文では，勧告的意見の法的価値が確認された後，主要事例の検討を踏まえ，ICJの権限行使をめぐる諸問題が分析される。牧田は，ICJが「国際法の機関」であると同時に「国連の機関」としてこの機能を展開してきていることに注目する。ICJは，政治的色彩が濃厚な問題であっても要請主題が法律問題として定式化されているかぎり勧告的意見権限の行使に肯定的であるが，これは，「国連の

機関」として国連活動に積極的に関与する姿勢の現われなのでもある。もっとも，国連諸機関からの意見要請は活発に行われているとはいいがたい。牧田は，その背景に，「国際社会の特殊な権力構造のもとで，『法の論理』に対する『力の論理』の優位が支配的な政治状況」があると分析する。だからこそ，「『法の論理』の優位を基調とした国際秩序の樹立に向けた，諸国の積極的な意思と対応が必要」とされるのである。だがそうであるとすれば，問題は，そうした「意思と対応」をどう醸成できるかが鍵となる。松井のいう「国内における人権および民主主義と国際社会とをつなぐ環を見いだす」営みが再び重要となるのだろう。

　ここで取り上げたすべての論考にみられる自由主義／実証主義的な手法は，国家や公的制度を基軸とした言説展開の当然の帰結として，事件（出来事）の抽象化とエリート的視座の構築をもたらしている。政府代表，裁判官あるいは学者こそが法を創り解釈適用するアクターであるという言説が連綿と再生産されることにより，「彼ら」に寄り添うエリート的眼差しが「正統」なものとして国際法学の「身体技法」のなかに埋め込まれていく。これに，「人権」や「平和」との関連で既に述べた欧米的な眼差しが抜きがたく結合することにより，世界の圧倒的多数の人間たちの存在や営みが「自然に」非正統化され不可視化されていく。上記諸論考に国家／国際機関以外のアクターが登場しないのは，単なる偶然ではなく認識枠組みの構造的帰結にほかならない。紛れもなく第一級の論文が居並ぶこの論文集は，それゆえにこそ，この国の国際法／史が，欧米の男性（生物学的な意味での男性ではない。）支配エリートの眼差しの下に産出され継承されてきたことを雄弁に映し出すものとなっている。

　「文明」や「開発」という言葉に表象される国際法の基層に本質的な変更があったわけではないことは既に述べた。にもかかわらず，国際法がその形を変容させ続けていることは紛れもない。それは，いうまでもなくエリートのみの営為によってもたらされたわけではない。エリートたちだけが国際法の適用態様を決定しているわけでもない。フーコーの指摘をまつまでもなく，「権力」は国家／公的制度とともにのみあるのではない。「個人的なことは政治的なこと」。権力は日常の微視的なレベルでも作用するのであり，国際法はそこで創られ，そこで実践されてもいるのである。主要な法事象は「制度」の外でも生じている。いや，「制度」の外の人間たちの営みこそが「制度」のあり方その

ものを規定する真の動因なのかもしれない。

V　境界を超える

　この観点から注目したいのは，本論文集のなかでたった1つ女性によって執筆された，小寺初世子「人権条約の実施課題」(下巻所収)である。この論考は，日本において人権条約の効果的実施をいかにして促進できるかについて論じたものだが，小寺はそれを「われわれ自身が日常的に自らの努力で作り出しうる」と述べている。条約の適用過程に私たちが参加することで，「遠い存在と思われがちな『条約』による人権の保障が，にわかに身近に感じられもするのである」。小寺は，人間たちの営みが法状況を変ええた例として指紋押捺制度の廃止を例示し，個人通報制度の受諾によって「人権条約はいよいよ身近になる」との期待を表明する。一読すれば明らかなように，小寺論文は啓蒙的な色彩も強く帯びており，その意味でも特徴的である。もっともその小寺にしても，「国家」を軸に自由主義的な人権論を展開している点で他の論者と本質的に異ならない。この思考を超えないかぎり，人権条約は日々を生きる人間たちには「遠い存在」で終わってしまいかねない。

　国際法のエリート的眼差しを逆照射した代表的な事例が「慰安婦」問題である。戦後補償裁判についての緻密な研究成果を次々に発表してきた山手治之は，この論文集にも「アジア人元慰安婦の対日本政府訴訟に関する米国連邦地裁判決」(下巻所収)を寄せる。分析の焦点が当てられるのは，外国人不法行為請求権法に基づきアジア人女性15名が提起した集団訴訟である。日本政府が被告となったこの訴えについての連邦地裁判決は2001年10月に下された。日本企業が訴えられたカリフォルニアにおける一連の訴訟との相違を確認した後，この論文は判決の検討に入る。主な争点となったのは外国主権免除法上の免除例外(平和条約による明示的放棄，ユス・コーゲンス違反による黙示的放棄，商業活動例外)と政治的問題の理論であったが，裁判所は原告の主張をすべて退け，訴え却下を求める日本政府の申立を認めた。山手は，関連文献や先例の検討を踏まえ，これを妥当な結論と評する。同時に，事実認定の仕方や「慰安婦」制度をユス・コーゲンス違反と連結する裁判所の認識に疑問を呈するとともに，原告の主張，さらには，この訴訟の提起じたいに強い懐疑の念を投げかけている。

山手の分析は「法律要件を個々の要件要素に分け……要件要素の予定する要件事実が事実関係に含まれることを明らかにして始めて法律効果の発生を認める」（酒井）概念法学のアプローチの手法をとっている。しかし、「事実関係への法の解釈・適用という法的判断［は、実際には］……複数の解釈の可能性を前提とし、何らかの価値判断によってそれらの中から妥当と思われる解釈が選択され、事後的に法的構成によりこれを正当化するというプロセス」であるという酒井の指摘に私も同感である。山手はこの論文で「同じ日本国民として自責・悔恨の念にかられる一方……日本の慰安婦制度のみがとりあげられることに一種の偽善と政治性を感じる」と述べている。こうした「慰安婦」問題への眼差しと山手の法解釈のあり方には、どのような関係が成り立っているのだろう。

欧米のエリート的な眼差しから自覚的に距離をおいて法の風景を描こうとしているのは、松本祥志「アフリカ連合（AU）設立の法的背景と意義──政治的解決と司法的解決──」（下巻所収）である。ケルゼンの指摘を引用しながら山形が「法的な進化は、第一に、国際裁判に向かう」と、司法的解決への「進化論」を説いているのとは対照的に、松本は、ナンシーの『無為の共同体』を引き合いに、「何かが重視されるから、他の何かが排除されるということであってはならない。他者とされたものを排除するのではなく、それと共に複数的に存在する空間が開かれなければならない」として、そうした「進化論」がアフリカには必ずしも妥当しないことを説く。むろんアフリカでも紛争解決にあたる司法的解決のスペースは着実に増加している。しかしこれは「進化」というよりは紛争解決メカニズムにおける多様性の増加とみるべきなのだろう。排除選別ではなく多様性に支えられた「共に」の思想がいかにアフリカの制度設計に反映されているかを、松本は、アフリカ統一機構からアフリカ連合（AU）への移り変わりに焦点をあてながら例証する。

「AUの設立を契機に、既存の国家観を超えるようなポスト・オリエンタリズム時代の国家観が『共に』開かれなければならない」。思想的にも強い興奮をかきたてるこの論考は、そう結ばれている。そこにまったく異論はない。しかしにもかかわらず、松本の議論は、国家、裁判所、議会、個人、人民といった既存の抽象的な法学概念に依然として強い期待を抱いているように見える。「共に」の思想は、私法原理とは異なるコミュニティ／自治の原理によってグ

ローバル化の暴力に対峙しようとする新たな社会運動の思想そのもののように思える。99年の「シアトル」や2001年来の「世界社会フォーラム」など，既存のシステムを乗り越えようとする巨大な世界的潮流によって支えられた「サバルタン」（スピヴァク）の視点をAUのシステムはどれだけ汲み上げていくことができるのだろう。

　「21世紀国際社会における人権と平和」を考えるには，支配的な国際法言説が法の外に放り出してきた「サバルタン」の声・記憶を法の前に召還する営みが欠かせないのではないか。すでにその作業は進行中である。むろんそれは，既存の制度を破壊することではない。進行中なのは，脱構築の営みである。桐山孝信「人権規約のなかの自決権——先住民族と民主化と——」（下巻所収）はその一端を垣間見せる。桐山は自決権に関する田畑の議論を引き受け，その現代的意義をさぐることを念頭においているのだが，特記されるのは，先住民族の動きが中心的に見据えられていることである。この論考では，自由権規約1条が個人通報の対象から排除されたにもかかわらず，27条と25条を活用することにより，実質的にその内容が実現されていく様が多面的に描かれている。そうしたコンテクストの紡ぎ直しを主導する重要な役割を果たしていたのが先住民族なのである。近代国際法の推進してきた（新）植民地主義（「文明化」，「開発」）によってその存在・声・記憶を奪われてきた先住民族が，現行の国際法システムを，新たな原理を用いながら脱構築し，自らの存在を可視化しつつあることがうかがえる。

　芹田健太郎「東アジア人権委員会設立の提案——東アジアにおける国際人権保障制度設立の可能性——」（下巻所収）は，この論文集の共通タイトルにふさわしい未来志向性を見せる。「アセアンを核として，政治的にも経済的にも，比較的に一体性をもっている」東アジアには，政治的にも経済的にも，また「信念の共有」という点からも地域的人権保障機構を設立するのに必要な「すべての客観的条件」が整っている。こうした認識にもとづき芹田は，米州の経験などを参考に，東アジア人権委員会の設置について具体的な提言を行う。実際にアセアンではこうした機構の設置に向けた動きが続いており，この提言が生かされる日もそう遠くはないのかもしれない。けれども，東アジアに地域人権機構を設置するのであれば，それは，国家エリートではなく，先住民族などこの地域を支える人間たちの生の声に呼応するものでなくてはなるまい。国家

的枠組みのみに依拠した自由主義的な人権保障機構では，現実の生活を生きる多くの人間との切り結びが困難なことは，20世紀の経験が幾重にも物語っていることであろう。

　これまで紹介したように，本論文集では実に多様なテーマが論者によって取り上げられている。だが藤田久一「国際法の法源論の新展開」(上巻所収)がいうように「国際法のすべての重要な論争の十字路にある」のが法源の問題であることは疑いない。「国際法とは何か」という問いへの解を示す法源の問題は，国際法への眼差しを語るにも避けられぬテーマである。藤田論文は，法源をめぐるこれまでの混沌とした議論からの脱却をはかるため，まず基本的な概念の整理から論を進める。そして，一般国際法の同定問題を基底に据えながら，慣習規則を作り出す「錬金術」の現況(二要素理論の再検討，「ヌーベルバーグ慣習法」の出現)，条約との関係性の変容状況を巧みに描写していく。藤田は，こうした分析を展開した後，「一般国際法規範形成のために，慣習および条約という従来の二形式だけでは十分に応ええないことが明らかになってきた」として，最後に法律行為アプローチの可能性を提示する。とくに重視されるのは国連機構の決議の取り扱いであり，なかでも国連諸機関の決議・内部規則を国連システムの法律行為として編成する可能性に強い関心を寄せる。

　国際法をどのような手続によりどう創り出していくのか，その過程に参加できるのは誰なのか，その変更はどのように行えるのか，といった法源をめぐる諸問題は国際法のあり方に決定的ともいえる影響を与える，最も古くからのしかし最も新しい問題でもある。

　藤田論文が描き出すように，法源論は国家(集団)の行動を見据えて構築されてきている。国際法の国家中心性はここに集約的に表出しているといってよい。松井は巻頭の論文において，日本の国際法学が「独自の成功を収めることができた」理由に関連して次の点を指摘している。「平和といい人権といい，自由・民主主義の国際法学が追及してきた諸価値が，帝国主義の利益のためにイデオロギー的役割を果たしてきたし現に果たしていることは明らかだとはいえ，他方ではこれらの諸価値が『全人類的希求の表現』(石本)であることも否定できない。われわれの課題は，自由・民主主義の国際法学が追及してきた諸価値のイデオロギー批判に留まることなく，それをわれわれ自身の手に取り戻す道を考えることでなければならない」。この一文に，小論の批判的趣旨

がすべてすくいとられてしまっているようでもあるが，だが何度も引用したようにその松井が期待をかけるのは「国内における人権・民主主義と国際社会との環」であり，それは国家を通じた国際法の変革にほかならない。この主張は，藤田の認識とも軌を一にしている。

だが，「世界社会フォーラム」にみられるように，人間たち，とりわけ既存の国家的枠組みに収まらぬ新たな社会運動は，明らかに自由主義的思考を超えた行動の軌跡を描き始めている。経済のグローバル化や9/11にも促され，国際法にかかわる行動は，国際法学が構築した境界の外でますます活発に行われるようになっている。農民，漁民，先住民族，フェミニスト，同性愛者，反グローバル化運動，反戦運動，環境運動，民衆法廷。21世紀の社会を深く見据えた法源論は，いや日本の国際法学は，国家だけでなく，そうした人間たちの呼びかけに応答できる眼差しを構築することにこそ力を注いでいくべきなのではないのか。「われわれ」の「世代的な責任」は，国際法学自らが屹立させた境界の内側に閉ざされてしまっているわけではあるまい。国際法は，エリートだけが担っているのではない。

初出一覧

第1部 国際法の言説構成
1 「国際法の人権化」 国際法外交雑誌11巻4号（2013年）
2 「原子力災害と人権」 世界法年報32号（2013年）

第2部 グローバリゼーションの中で
3 「グローバリゼーションと国際人権法」 法律時報77巻1号（2005年）
4 カナダに見る拷問禁止規範の揺らぎ 国際人権18号（2007年）
5 「〈文明化の使命〉と難民の現在」
　　愛敬浩二編『講座人権論の再定位2　人権の主体（法律文化社, 2010年）
6 「〈人類の敵〉海賊──国際法の遠景」 現代思想39巻10号（2011年）

第3部 ジェンダーの領野
7 「国際法におけるフェミニスト・アプローチ」　山下泰子・植野妙実子編著
　　『フェミニズム国際法学の構造』（中央大学出版部, 2004年）
8 「国際法とジェンダー──国家, 権力, 平和への視座」　大沢真理編集『ジェンダー社会科学の可能性　第4巻　公正なグローバルコミュニティを』（岩波書店, 2011年）
9 「国際法／暴力／ジェンダー」　　ジェンダー法学会編『講座ジェンダーと法　第1巻　ジェンダー法学のインパクト』（日本加除出版, 2012年）
10 「「慰安婦」訴訟・再考──国際法の歴史／歴史の中の国際法」
　　女性・戦争・人権10号（2010年）

第4部 人権条約の位相
11 「自由権規約──表現の自由の境界」
　　芹田健太郎・棟居快行・薬師寺公夫・坂元茂樹責任編集
　　『講座国際人権法2　国際人権規範の形成と展開』（信山社, 2006年）
12 「難民条約──迫害の相貌」　渡邉彰悟・大橋毅・関聡介・児玉晃一編
　　『日本における難民訴訟の発展と現在』（現代人文社, 2010年）
13 「障害者権利条約──権利義務の構造」
　　松井亮輔・川島聡編『概説　障害者権利条約』（法律文化社, 2010年）
14 「女性差別撤廃条約──CEDAWの挑戦」
　　芹田健太郎・戸波江二・棟居快行・薬師寺公夫・坂元茂樹編
　　『講座国際人権法4　国際人権法の国際的実施』（信山社, 2011年）

第5部 国際法学・批評
15 「国際社会の法構造【書評】」 国際法外交雑誌103巻4号（2005年）

事項索引

あ行

新しい人道主義　*121*
アフリカ人権憲章　*23*
安保理　*14, 138, 190, 193, 196, 198, 210, 211*
安保理決議1325　*140, 193, 210*
慰安婦　*24, 168, 217*
一般国際法　*5*
移動する海洋　*140*
欧　州　*115, 116, 118*
欧州司法裁判所　*14*
欧州人権裁判所　*10, 26, 51, 53, 244*
大きな物語（metanarrative）　*79*
オーフス条約　*54*

か行

開　発　*79*
核の軍事利用　*66*
核の平和利用　*42, 67*
核兵器　*40*
カディ事件　*14*
カナダ権利・自由憲章　*90*
環境権　*49*
記憶の場　*227*
強行規範（jus cogens）　*13, 34*
強制移動研究　*120*
均衡性の原則　*166, 207*
近代化　*79*
グローバリゼーション　*75*
刑事化／犯罪化　*141*
ゲソ法　*254*
原子力安全条約　*44*
建設的対話　*316*
権利・自由憲章　*102*
権　力　*189*
拷問等禁止条約　*93, 163*
国際共同体（international community）　*13, 34, 133, 141*
国際金融機関　*80*
国際原子力機関（IAEA）　*42, 43, 56, 65*
国際司法裁判所（ICJ）　*6, 11, 21, 26, 40*
国際法協会（ILA）　*5, 11*
国際法の断片化（fragmentation）　*5, 29*
国際法の人間化　*6*
国際立憲主義　*29, 31*
国内避難民（IDP）　*121*
国内避難民に関する指導原則　*60*
国連海洋法条約　*135*
国連国際法委員会（ILC）　*9, 25*
国連人権高等弁務官　*104*
国連難民高等弁務官事務所（UNHCR）　*118, 121, 275*
個人通報　*319*
国家の「性」　*185*
国家の要件　*171*
国　境　*186*

さ行

サンフランシスコ平和条約　*228*
自衛権　*128, 206*
ジェンダー主流化　*192, 199*
自己完結的レジーム（self-contained regime）　*9*
社会権規約委員会　*57, 125, 282, 300*
謝罪の時代　*219*
自由権／社会権二分論　*295*

353

事項索引

自由権規約（市民的及び政治的権利に関する国際規約） 10, 23, 47
自由権規約委員会 20, 26, 50, 67, 98, 219, 248, 275
私掠船（privateer） 131
充足義務 19
集団安全保障 209
常設国際司法裁判所（PCIJ） 8, 21, 30, 233
条約法に関するウィーン条約 276
女性に対する暴力 164, 205, 264
人権義務の特殊性 11
人権差別撤廃委員会 124
人道主義 39
相当の注意（due diligence） 19, 205, 288, 309, 322
尊重義務 19

た 行

大韓民国憲法裁判所 24
対世的義務（obligation erga omnes） 12
対テロ戦争 96, 129, 190, 211, 213
多国間投資協定（MAI） 77
チェルノブイリ原子力発電所事故 42, 48
中核義務（core obligation） 282
東海村 JOC 臨界事故 57
trans-temporal な正義 227

な 行

難民条約 105, 270, 273

ノン・ルフールマン 115

は 行

庇護（難民認定）申請者 112
庇護の付与 269
必要性の原則 206
避難の権利 61
標的殺害（targeted killings） 127
比例原則 259
フェミニズムのパラドックス 308, 324
普遍的管轄権（普遍主義） 132-134, 137
米州人権裁判所 11, 19, 125
ヘイト・スピーチ 243, 245
平和への権利 197, 214
保護義務 19, 35
補充的保護 113
ポスト・モダン 82, 157

ま 行

マーストリヒト原則 52
密入国議定書 117

や 行

ヨハネスブルグ原則 256

ら 行

陸戦の法規慣例に関する条約（ハーグ条約） 221
留保 26
レイプ（性暴力） 167, 169, 187, 194, 211

〈著者紹介〉

阿部浩己（あべ こうき）

1958年生まれ。現在，神奈川大学法科大学院教授，国際人権法学会理事長。早稲田大学大学院法学研究科博士後期課程修了。博士（法学）。バージニア大学 LL.M. 国際法・国際人権法専攻。主な著書に，『国際法の暴力を超えて』（岩波書店，2010年），『無国籍の情景』（UNHCR駐日事務所，2010年），『抗う思想／平和を創る力』（不磨書房，2008年），『国際人権の地平』（現代人文社，2003年），『人権の国際化』（現代人文社，1998年），『テキストブック国際人権法［第3版］』（共著，日本評論社，2009年）など。

学術選書
126
国際人権法

❦ ❈ ❦

国際法の人権化

2014年（平成26年）7月31日　第1版第1刷発行
6726-6:P368　¥6200E-012:045-010

著　者　阿部浩己
発行者　今井 貴・稲葉文子
発行所　株式会社 信山社
編集第2部

〒113-0033　東京都文京区本郷 6-2-9-102
Tel 03-3818-1019　Fax 03-3818-0344
info@shinzansha.co.jp
笠間才木支店　〒309-1611 茨城県笠間市笠間 515-3
Tel 0296-71-9081　Fax 0296-71-9082
笠間来栖支店　〒309-1625 茨城県笠間市来栖 2345-1
Tel 0296-71-0215　Fax 0296-72-5410
出版契約 2014-6726-6-01011　Printed in Japan

ⓒ阿部浩己, 2014　印刷・製本／ワイズ書籍・牧製本
ISBN978-4-7972-6726-6 C3332　329.501-a005

JCOPY 《(社)出版者著作権管理機構 委託出版物》
本書の無断複写は著作権法上での例外を除き禁じられています。複写される場合は，そのつど事前に，(社)出版者著作権管理機構（電話 03-3513-6969, FAX 03-3513-6979, e-mail: info@jcopy.or.jp）の許諾を得てください。

◆**抗う思想／平和を創る力**

阿部浩己 著　本体：1600円（税別）

◆**国際人権　1号〜**　　国際人権法学会 編

講座　国際人権法 1　国際人権法学会15周年記念
◆**国際人権法と憲法**
　編集代表　芹田健太郎・棟居快行・薬師寺公夫・坂元茂樹

講座　国際人権法 2　国際人権法学会15周年記念
◆**国際人権規範の形成と展開**
　編集代表　芹田健太郎・棟居快行・薬師寺公夫・坂元茂樹

講座　国際人権法 3　国際人権法学会20周年記念
◆**国際人権法の国内的実施**
　編集代表　芹田健太郎・戸波江二・棟居快行・薬師寺公夫・坂元茂樹

講座　国際人権法 4　国際人権法学会20周年記念
◆**国際人権法の国際的実施**
　編集代表　芹田健太郎・戸波江二・棟居快行・薬師寺公夫・坂元茂樹

◆**ブリッジブック国際人権法**
　芹田健太郎・薬師寺公夫・坂元茂樹 著

◆**国際人権法** ― 国際基準のダイナミズムと国内法との協調
　申　惠丰 著

◆**ヨーロッパ人権裁判所の判例**
　戸波江二・北村泰三・建石真公子・小畑郁・江島晶子 編集

◆**ヨーロッパ地域人権法の憲法秩序化**
　小畑　郁 著

信山社